小泉政府的外交政策

潘誠財 ★ 著

五南圖書出版公司 印行

張序

　　在地球儀上日本是版圖南北狹長的小國，自明治維新以降，常懷大國夢。在「武道精神」與脫亞入歐的近代化下國富兵強，成為東亞唯一的工業國家，乃興入主中原之念，外侵東亞之舉。二次戰後，日本淪為廢墟，經生聚教訓，爆發為國家復興力道，遂有 1980 年代「日本第一」的榮景。1990 年代後，因榮景中暗伏泡沫危機，遂陷入長期蕭條。此時，正值中國和平崛起，一躍而成為世界工廠。興衰之間，民族情懷油然而生。情勢發展至此，小泉政府乃應運而生。

　　《小泉政府的外交政策》一書，係作者之博士論文，經修正補充後，付梓出版之專著。主旨在於論述日本小泉純一郎政府邁向大國的外交政策，其中包括以聯合國為中心的政治外交、以美日為基軸的軍事外交、政府開發援助的經濟外交以及文化外交。作者在書中，論述 21 世紀日本外交，提出甚多新穎觀點和分析，對認識當今日本外交，瞭解日本企圖假借以日美為基軸之外交力圖重振雄風，為日後縱橫天下預做準備等國家行為之瞭解，當有所助益。

　　於今，日本現任首相安倍晉三倡議「積極和平主義」新戰略，然不顧違憲爭議與多數日本民眾的反對，在國會強行通過解禁集體自衛權的「新安保法案」，強調只要和平安全遭到威脅，即可隨時出兵，甚至遠赴世界各地，因此有捲入或挑起戰爭之虞，以致國內反對聲浪四起。何去何從，日本恐需重新定位，並慎重再三。

張啟雄　謹識
於中央研究院
2017 年 7 月

自序

近年來國內日本研究方興未艾，惟政治外交方面著作較少。本書係以 2010 年博士論文《小泉政府邁向大國的外交政策：大國外交模式之分析》為藍本，經修正後付梓。此書乃從宏觀的角度，研析小泉純一郎政府企圖走向大國外交的外交政策。

由戰後日本外交藍皮書中看出，日本外交政策有其一貫性，即強調以日美為基軸的獨立自主外交。現任首相安倍晉三，曾任小泉政府第三次內閣的「官房長官」，他倡議「積極和平主義」新戰略，主張修改憲法第九條，以強大的軍力為後盾，有意成為舉足輕重的世界大國，其外交理念承襲小泉政府邁向大國的外交政策。因此，本書可作為瞭解日本之外交走向和內涵的參考。

作者曾四次在國際學術研討會中，發表相關論文。2015 年 10 月，在中研院近史所舉辦的「近代東亞國際秩序的變遷與原理」學術研討會，發表〈小泉政府非核反戰與和平的國策及其後續〉；2011 年 11 月，在中研院近史所舉辦的「中國與周邊國家關係學術研討會，發表〈小泉政府邁向政治大國的外交政策〉；2011 年 10 月，在中國大陸重慶西南大學舉辦的「第四屆東方外交史」學術研討會，發表〈小泉政府邁向軍事大國的美日基軸外交〉；2010 年 11 月，在國立師範大學舉辦的「第一屆全國大學院校日本研究中心聯合會年會暨 2010 年東亞區域發展」學術研討會，發表〈日本政府開發援助的實際〉的論文。

國防大學政治作戰學院的培育，政治學系趙明義老師、楊爾琳老師和洪陸訓老師等杏壇前輩，長期以來的鼓勵與提攜，一直是我在學術領域耕耘的原動力，感恩在心。

1982 年至 1985 年，在日本茨城縣國立筑波大學留學期間，論文

指導教授阿部齊教授與副指導教授井出義光教授、明石紀雄教授，就國際政治與美國研究的議題，親切教導，開拓視野，奠定學識及研究基礎，甚為感激與懷念。

　　學術大海，汪洋無盡，中央研究院近代史研究所張啟雄教授直指問題意識與淬煉分析架構的重要，要求冷靜而理性的觀點，並鼓勵嘗試創新理論驗證，遂以日本邁向大國的外交政策為題，站上「當代日本研究」的起跑線，謹銘記師恩。

　　中國文化大學政治研究所就學期間，承蒙曹俊漢博士、呂亞力博士、楊泰順博士、閻嘯平博士和洪丁福博士等師長諄諄教誨，受益良多，敬致謝忱。

　　衷心感謝博士論文口試委員，邵玉銘教授、陳鵬仁教授、徐興慶教授、何思慎教授和蔡增家教授，提出許多寶貴的審查與指正意見，使之益加周全完備。本書如能有助於促進台灣、中國大陸與日本的區域交流與和諧，提升邦誼，是所至盼。

潘誠財　謹識
於新北市
2017 年 7 月

目錄

圖目錄

表目錄

第1章

緒 論

　　小泉純一郎（Junichiro Koizumi）於 2001 年 4 月 26 日執政，同年 9 月 11 日，反美入侵阿拉伯世界的凱達恐怖組織挾持民航客機，對紐約世貿中心進行自殺攻擊，造成近 3,000 人死亡的慘劇，舉世震驚。小泉政府全力支持美國布希政府反恐戰爭，提升《美日安保條約》至軍事同盟的層次，一方面卻與和平崛起的中國，在東亞形成兩強抗爭的局面。內政上，小泉政府持續國內各項改革，消滅派閥政治，擴大自民黨中央對國會黨籍議員的約束力，發揮強勢內閣總理的領袖地位，主導政策內容之擬訂。無論內政外交均一反過去自民黨之保守作法，贏得人民期望改革的支持。

　　2005 年 9 月 11 日日本舉行眾議院大選，是小泉純一郎任內關鍵性的一次選舉，他領導的自民黨獲得壓倒性勝利，十五年來首次單獨獲眾議院半數以上席次，達到 296 席，取得國會絕對安定多數席次，贏得這場政治競爭，除得以繼續他的改革路線，也創造自民黨的新面貌。最大在野黨民主黨慘敗，席次從眾議院解散時的 177 席大幅滑落到 113 席。[1] 這次大選小泉純一郎的競選口號，其實只有一個，就是：「郵政改革」，在野黨全

---

[1] 「第 44 回衆議院議員総選挙」，維基網（日本），http://ja.wikipedia.org/wiki/%E7%AC%AC44%E5%9B%9E%E8%A1%86%E8%AD%B0%E9%99%A2%E8%AD%B0%E5%93%A1%E7%B7%8F%E9%81%B8%E6%8C%99#.E9.81.B8.E6.8C.99.E7.B5.90.E6.9E.9C，上網檢視日期：2010 年 1 月 3 日。

力攻擊他的外交失策,並未收效。因而,選舉結果被簡單化約成民意不分內政外交整體的全面支持自民黨政策,讓小泉政府的外交政策再次得到強化。

　　小泉首相剛上任時最高曾贏得 84% 的支持率,到 2006 年 8 月還保持 47% 的支持率,他主動提供媒體一天兩次的公開採訪機會,有問必答、暢所欲言,媒體曝光率高也是維持高知名度的原因之一。2006 年 9 月小泉卸任前,日本各大媒體的民調顯示,小泉的政績受到民眾的肯定,《朝日新聞》統計,有 68% 的人肯定小泉首相的執政實績,此外,有 65% 的人認為小泉首相改變了自民黨。[2] 小泉政府的支持度雖起伏不定,但大致上維持五成以上的支持度。

　　2006 年 9 月 26 日,小泉純一郎任滿交棒。任期中,他出國 51 次。訪問國家次數達 81 次,實際到過 49 國。當中美國 8 次、韓國 7 次、印尼 4 次、中國 3 次、泰國、馬來西亞和越南各 2 次,到訪的國家多數為亞洲近鄰各國,計 41 次。去過俄羅斯 4 次、北韓 2 次,到過歷任總理未曾去的烏茲別克和哈薩克,亦到以色列、約旦、巴勒斯坦、沙烏地阿拉伯、埃及、土耳其等中東國家,及印度、巴基斯坦、南非、迦納、衣索比亞等南亞及非洲國家,加上中南美洲的巴西、智利、墨西哥等國,同時去過自衛隊參與和平維持活動的東帝汶。[3](參見附錄一「小泉內閣總理大臣外交記錄」)

第一節　研究動機與目的

　　小泉純一郎對外交工作用力甚深,意在提升日本的國際政治地位,以大國角色,發揮對國際事務的影響力。1991 年 12 月 31 日蘇聯解體,正式進入後冷戰時代。1980 年代,日本以其蓄積之國力,意欲提升國際政治地位,在全球層次展現足以與其經貿科技實力相稱的國際影響力,惟受美日

---

[2]　黃菁菁,〈劇場政治落幕 評價兩極化〉,《中國時報》,2006 年 9 月 20 日,版 A14。
[3]　飯島勳,《実録小泉外交》,東京:日本經濟新聞出版社,2007 年,頁 2。

安保條約與非戰憲法之限制，在國防軍事上難以獨力維護國家安全，更難以加入全球安全體系的實際運作。冷戰後聯合國的重要性與日俱增，聯合國真正成為國際政治權力的中樞，針對國際衝突與合作相關議題，透過組織的協商、辯論以凝聚共識或予擱置。波灣戰爭，聯合國第二次以集體防衛的決議，制裁伊拉克入侵科威特。日本因未派一兵一卒飽受冷落，經此刺激，1991 年起日本開始大幅調整其對外政策。

　　1991 年海灣戰爭中，日本先後向以美國為首的多國部隊提供 130 億美元的戰爭費用，占多國部隊戰爭總費用 760 億美元的 17.1%，出資比例僅次於沙烏地阿拉伯和科威特。戰爭結束後，科威特在《紐約時報》刊登巨幅廣告，感謝所有曾在海灣戰爭中出兵相助的國家，連派出醫療隊的捷克和斯洛伐克都榜上有名，就是沒提到日本。[4] 日本深感屈辱並痛加檢討，決心改弦易轍，從此考慮應該派兵海外，參與聯合國維持和平部隊或聯合國名義下的集體防衛（或制裁）行動。

　　1992 年 6 月，在日本的對外關係上發生具有象徵意義的兩個事件：一是國會通過《聯合國維持和平活動合作法》；二是宮澤喜一（Kiichi Miyazawa）內閣制定《政府開發援助大綱》。前者，為戰後日本在軍事外交上努力尋求的突破性進展，乃日本企圖假借聯合國名義打開向海外派兵的大門；後者，標誌著日本的對外援助方針，已從經濟中心開始朝政治中心轉變，為日本運用對外援助增強在國際政治中的發言權提供依據。[5]

　　二戰後，日本在外交論爭中奉行「安全」、「自立」與「和平」的價值，如圖 1-1 所示，轉換成「日美安保體制派」、「改憲再軍備派」與「非武裝中立派」等三種政策主張，於 1950 年代後半鼎足而立。[6] 到 1990 年代，「改憲再軍備派」有日漸高漲的趨勢。

---

[4]　趙憶寧，《轉軌中的日本：一個中國記者跨越邊界的國際調查報導》，北京：中信出版社，2007 年，頁 106。

[5]　李建民，《冷戰後日本的「普通國家化」與中日關係的發展》，北京：中國社會科學出版社，2005 年，頁 2。

[6]　五百旗頭真，〈日本外交五〇年〉，《国際問題》，500 号，東京：日本国際問題研究所，2001 年 11 月，頁 13。

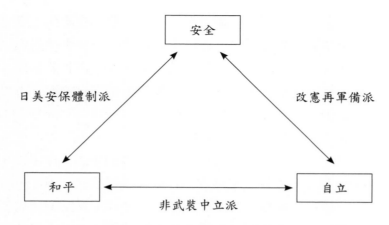

圖 1-1：日本戰後外交論爭構圖

資料來源：五百旗頭真，〈日本外交五〇年〉，《國際問題》，500号，東京：日本國際問題
　　　　　研究所，2001 年 11 月，頁 13。

壹、研究動機

　　自 19 世紀以來，中日兩國關係密切，今日我國的國際發展空間，受
到中國大陸和平崛起和日本積極走向政治大國的深遠影響，與國內學界對
於中國大陸研究之熱烈相較，研究日本外交政策之論著相對缺乏。有鑑於
此，本書將以大國化政策的「大國外交」概念，分析小泉純一郎政府的外
交政策，探討日本外交工作的得失，希望藉此增進國人對日本外交內涵的
認識與瞭解，且可作為我國與日本外交政策推展及運作之參考。

　　進入 21 世紀，日本國內經濟雖依然陷於困頓，對外發展卻更為積極，
冀望在國際社會「自立」，「安全」與「和平」理念的落實已退為其次的
考量。亦即以建立一個「正常國家」為號召，主張修改憲法第九條，使自
衛隊成為國家的軍隊，消除出兵海外的障礙。推行一連串「大國化」的外
交政策。其理論論述的主要推手之一，即前日本民主黨黨代表小澤一郎
（Ichiro Ozawa）。

　　小澤一郎指出，隨著經濟大國化的發展，日本已處於一舉一動都能對世界各個角落產生影響的狀態，不管願意與否都不能免除作為大國的責任。為履行這種責任，日本需要制訂「主體的、綜合的、長期的、靈活的與首尾一貫的政策」，[7] 而重視聯合國與對美協調行動，是「日本對世界和平做貢獻的最合理且最有效的方策」。[8] 日本開始以「大國」自我期許，並希望作出「國際貢獻」。

　　1994 年小澤一郎在〈新日本藍圖：重新思考國家方向〉的一份報告中，力促日本要變成「一個正常國家」，必須維持美日安全合作關係、在國際上放棄被動作為、積極參與國際政治，尤應率先參加國際維持和平活動，因此有必要修憲，廢止限制派軍出國的條款。1990 年代下半期，務實派主張在公眾思考中漸占優勢，影響到日本外交政策的制訂。1996 年上半年，日本政府開始思考「自主外交」。[9] 對日本而言，要成為國際體系中的「正常國家」，必須實行「自主外交」；實行「自主外交」，才有機會實現「大國」的願望。因此，「自主外交」，正意味著日本已經走向大國的外交路徑。一般而言，大國的外交路徑，可分三個進程。第一階段是，透過國家統一、經濟發展、整軍經武等，蓄積大國的實力；第二階段是，獲得國際社會（尤其是大國）的承認，接受其大國的身分，在國際舞台上發揮影響力；第三階段是，實行自主外交，提出國際公共財，推動普世價值，善盡大國責任，協助維護國際秩序。

　　日本的國力蓄積，自戰後以來，經韓戰特殊景氣，復興日本經濟，再經神武景氣（Jinmu boom, 1954-1957）、岩戶景氣（Iwato boom, 1958-1961）等徹底改造日本的經濟體質，走向現代化；其後，又創造奧林匹克景氣（Olympic boom, 1962-1964），進而走向伊弉諾景氣（Izanagi boom,

---

7　小沢一郎，《日本改造計画》，東京：講談社，1993 年，頁 2。

8　同前註，頁 116。

9　Zbigniew Brzezinski, The Grand Chessboard (New York: Basic Books, 1997), pp. 181-182.

1965-1970），在歷經近二十年景氣的經濟發展，日本的經濟規模在 1969 年已超越法英西德，成為資本主義世界第二位的經濟大國和科技大國，1980 年代更被視為僅次於美國的「Japan as No. 1」，因而嘗試朝向政治大國、軍事大國邁進。[10] 此時，在國際上，日本開始希冀大國集團能夠承認其世界大國的國際地位，而且也增加政府開發援助預算，並熱心考慮國際生態環境問題。

小泉純一郎上任之際，日本國力蓄積已達足以承擔更多國際責任的程度，菁英階層亦逐漸孕育出希冀在國際社會揚眉吐氣的壯志。進入 21 世紀後，在外交領域上，期盼成為一個「正常國家」，有正式受憲法賦予合法地位的國防力量，可以自由參加聯合國和平維持部隊，甚至多國聯軍的集體安全行動，脫離以美國為基軸的追隨外交，走向與美國結盟的對等外交，或脫美獨立的「自主外交」，更進一步以「大國外交」的內涵與實力，影響國際體制各項規範的制訂與修改，使日本逐漸從「經濟大國」，落實成為「軍事大國」與「政治大國」，並不斷充實「文化大國」的內涵。對小泉純一郎而言，五年五個月任期中，積極擴展外交正是日本政府的核心工作。

小泉純一郎政府是 21 世紀後，日本在外交上有別於戰後歷屆政府外交表現的政府。小泉首相有極高的民意支持度，作為推展外交政策的動力。小泉將「官邸外交」發揮到極致，外務省完全由他調度指揮。他在內政上號召「結構改革」，外交上更是全力衝刺，與美國在反恐戰爭中攜手合作，與中國採取正面的戰略對抗。在變動的世代中，小泉政府使日本的國際角色更為突顯。這樣的一個具有特色的政府，如何對外塑造新的日本大國形象，是個值得探討的議題。

---

[10] 張啟雄，〈日本第一 vs. 和平崛起 —— 冷戰前後東北亞國際秩序的衝突與整合〉，《興大歷史學報》第 17 期（2006 年 6 月），台中：國立中興大學歷史學系，頁 606-610。

貳、研究目的

本書的目的，主要在探討小泉政府大國外交的作為，一方面，從理論上探討大國的基本條件，分析日本今日是否已是一個世界大國；另一方面，驗證日本小泉外交政策是否符合大國外交的模式。

因此，將探討以下幾個重點主題：

一、小泉執政時期以聯合國為中心的政治外交，如何展開使日本成為聯合國安全理事會常任理事國的工作，以及若干不易克服的難題。

二、小泉執政時期以支援美國反恐作戰為前提的軍事外交，如何具體的使日本的戰略設計，從國內「專守防衛」變成全球「集體防衛」。其成效如何？有何爭議？

三、小泉執政時期以政府開發援助為工具的經濟外交，如何在經濟不景氣的年代，持續發揮大國的影響力，以及今後應該努力的方向。

四、小泉執政時期以公眾外交的概念從事文化外交，如何在反戰、環保和自由開放的議題上，使日本得以引領世界描繪美好的願景。日本務虛的精神力量，有哪些應作調整或改變？

第二節　問題意識與研究架構

在國際政治領域，論及日本的國家力量，一般視日本為富強國家；在評量國家綜合國力時，其計量方式、標準或有不同，結果亦傾向於判定日本是一個世界大國。但仍有不少學者在進一步分析日本大國地位時，質疑其穩定性或基本條件之欠缺。近年，美國的獨一超強國際地位，因反恐戰爭長期在國外用兵，國力受到侵蝕。在亞洲，中國以和平崛起的態勢逐步建立大國地位，印度以資訊或軟體科技優勢儼然有明日大國的潛力，日本則明白宣示，進入從經濟大國邁向軍事大國與政治大國的時代。歐盟的統合力量可以一個大國對待，加上俄羅斯的再起，南美巴西的地大物博，都具「大國」地位。然而，何謂「大國」，嚴格來說尚無定於一的普遍共識。

芝加哥大學教授約翰・米爾斯海默（John J. Mearsheimer）認為，「大國主要由其相對軍事實力來衡量。一國要具備大國資格，它必須擁有充足的軍事資源，以承受與世界上最強大的國家打一場全面的常規戰。」[11] 米爾斯海默強調國家軍事力量的關鍵性因素。

耶魯大學教授保羅・甘迺迪（Paul Kennedy）描述，要成為一個大國，即定義為「一個能保衛自己並可對付任何國家的國家」，必須有可使國家欣欣向榮的經濟基礎。[12] 他並表示：「一個國家的崛起，始於求取若干經濟優勢，然而經濟優勢非僅物資一項，至少同等重要的是制度。例如世界霸權之所以在 16 世紀時轉入歐洲，是由於歐洲在制度上的多樣性、彈性和開放性。」[13] 甘迺迪強調經濟因素和制度創新的重要性。

中國學者趙英指大國為：「在國際體系中居於舉足輕重的地位，這包括對國際秩序和戰略格局產生決定性的或重大的影響，在制定和維護國家間交易制度與規則時處於決定性的或有重大影響的地位，並有創造和修改的權力和力量，是重要區域組織或全球性組織內有決定性的或有重要影響的成員。」[14] 趙英著重國家對產生國際秩序和戰略格局及國際組織內規則制定的影響。

英國倫敦經濟學院教授巴里・布贊（Barry Buzan），將世界的主要國家，區分為超級大國和大國。他指出，「超級大國必須具有一流的軍事政治實力，而且具有支撐這類實力的經濟。它們必須有能力影響而且干預全球的軍事及政治事務。它們需要從言語和行動上把自己看成具有這個水平，而且被其他國家所接受。除在極端衝突的國際體系外，超級大國還將

---

[11] John J. Mearsheimer, *The Tragedy of Great Power Politics* (New York: W. W. Norton & Company, 2001), p. 5.

[12] Paul Kennedy, *The Rise and Fall of the Great Powers: Economic Change and Military Conflict from 1500 to 2000* (New York: Vintage Books, 1987), p. 539.

[13] 'Is American Falling Behind?', American Heritage, Sep. & Oct. 1988.

[14] 趙英，《大國天命 —— 大國利益與大國戰略》，北京：經濟管理出版社，2001 年，頁 134-135。

是那種作為鞏固國際社會所必需的普遍價值的源頭。」[15] 布贊的超級大國定義與一般學者的大國定義類似，但含有霸權國家的地位和能力。

布贊另指出就實力和行為而言，實現大國地位的標準沒有那麼苛刻。大國沒有必要在所有方面具有龐大的實力，它們也不需要在國際體系的所有領域中積極參與安全化或經濟發展的過程。在通常的情況下，這意味著一個大國是在其他主要國家的考量中得到對待的，彷彿就短期和中期而言，它在經濟、軍事和政治上具有明顯的潛力去追求超級大國地位。[16] 布贊對大國的定義，類似超級大國的候選國，即有朝一日可能成為大國集團所認可的超級大國的國家。

壹、問題意識

本書將從較嚴謹的尺度描繪「大國」的條件，接近布贊「超級大國」的地位，對「大國」的定義，界定如次：「具特定程度以上的人口、領土、資源，並擁有軍事與經濟的優越性，願意提供國際公共財、有遠見創立強化世界長期福祉的建制，且在文化層面具全球格局普世價值的國家。」

另以近似布贊對一般「大國」的描述，或可稱為「區域大國」，擬一「強國」的定義，與前述所擬「大國」的定義區隔。為：「具世界或區域經濟、軍事、科技實力，並願意在全球層次積極參與國際事務，支持當前國際建制的運作，維護體系穩定與發展的國家」。

居於「大國」與「強國」間，為「準大國」的角色。「準大國」之定義為：「具世界或區域經濟、軍事、科技實力，並願意在全球層次積極參與國際事務，支持當前國際建制的運作，維護體系穩定與發展的國家，其

---

[15] Barry Buzan, *The United States and the Great Powers: World Politics in the Twenty-First Century* (Cambridge: Polity Press, 2004), p. 69.

[16] Barry Buzan, *The United States and the Great Powers: World Politics in the Twenty-First Century*, pp. 69-70.

外交作為顯然已超出一般強國之表現，或採取進一步邁向大國之外交政策者。」慶應大學教授添谷芳秀（Yoshihide Soeya）主張日本應採取「中等大國」外交。[17] 無獨有偶，關西大學教授真鍋俊二（Shunji Manabe）亦提出「中等國家」論。[18] 無論添谷芳秀或真鍋俊二的主張，皆不同程度的視日本為一「準大國」，而非單純的「強國」或「大國」。日本在 1969 年成為世界第二大經濟體時，「準大國」的地位，已經確立。

　　以日本「準大國」的國際地位之假設為前提，本文之問題意識為，日本在小泉純一郎執政期間的外交政策，是否符合「大國外交」之概念與作為？全文將以外交決策研究途徑的「大國外交」模式作為分析架構。

　　本書定義之「大國」，非「超級大國」，亦非霸權或帝國，而係較嚴謹定義之「大國」，惟今日的「大國」仍有潛力成為明日的「超級大國」，這些「大國」在政治、軍事、經濟、文化領域，明顯的影響國際體系的運作和內涵。對「大國」的定義，特別強調精神層面的國家力量，而非如現實主義學派專注重物質層面的國家力量。雖然這條精神判準線是條不易突破的線，然而以此區分王道與霸道、大國與強國，是非常重要的。王道的治理是以德服人，會使被治者從內心願意順從，可長治久安；霸道的治理是以力服人，只可能得到表面的臣服，難以長久持續。此一精神層面的力量，一般以意識形態或文化力量概括論述。其中，社會價值觀與傳統文化亦深刻地影響一國的外交政策。價值觀影響政策決策者及一般大眾對政策的偏好，同時也反映在政治制度中，它們不僅影響政策的選擇，也合理化既有的政策。大國則須倡導普世價值，以影響國際社會，在國際體系中起領導作用。

---

[17]　添谷芳秀，《日本の「ミドルパワー」外交》，東京：筑摩書房，2005 年，頁 23。
[18]　真鍋俊二，《現代日本外交論》，東京：関西大学出版部，1999 年，頁 288。

貳、相關理論

　　迄今為止，與本書分析架構「大國外交」模式脈絡相通之理論甚多，茲引介國際關係學者史奈德（Richard Snyder）、布魯克（H. W. Bruck）與沙賓（Burton Sapin）的對外決策互動模式與決策因素研究，以及詹姆斯·羅斯諾（James Rosenau）研究外交決策過程的理論如次。

　　國際關係學者針對外交決策過程，進行認識與有系統探討，一直到戰後 1950 年代，以美國為研究中心，才進行超越史料學（historiography）的傳統研究法；且格外著重於某一時空下局部的（點式的）意志行為；易言之，不再單純地視決策為「個人特質」（idiosyncratic）之結果（個人創造歷史），而是將政治系統（political system），或政府（Government），視為決策行動單位。以史奈德、布魯克與沙賓三位美國學者為主，提出的對外決策過程模式，是最早與最全面性的理論模式。圖表說明 X 國於某一情勢下的對外決策互動模式與決策因素（參見圖 1-2）。[19]

　　研究日本小泉純一郎政府的外交政策，是以其整個政府，亦即整個政府體系的對外政策為分析觀察標的，而非僅小泉純一郎首相一人之表現，因此同樣具有體系研究的內涵。

　　圖 1-2 標誌 D 之小框，代表來自決策者之決策過程（C 框）之行為，此一歷程是受到行動、互動與社會結構（B 框）與其他條件（A 框）所影響。在民主結構之政治體系內，隸屬基層的社會結構、行為模式與價值取向，尤其政治文化、各種的社會組織、利益團體與個人，皆各自對決策過程產生一定影響力。[20]

　　日本大國化政策下的「大國外交」模式的分析架構，涉及日本政治、經濟、軍事與文化各層面，其外交決策之形成，受到日本社會結構、行為模式與價值取向的影響，將作重點解讀與驗證。

---

[19]　洪丁福，《國際政治的理論與實際》，台北：啟英文化，1996 年，頁 180。

[20]　同前註，頁 183。

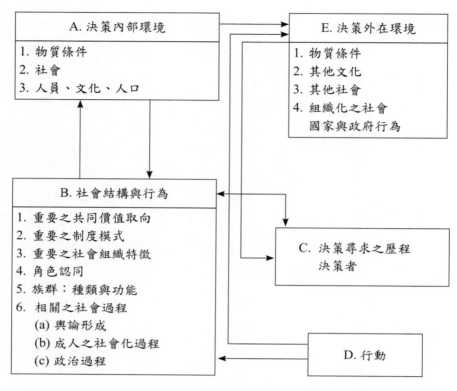

圖 1-2：對外決策之決定因素圖

資料來源：Richard Snyder / H. W. Bruck / Burton Sapin, *Foreign Policy Decision Making*
　　　　　(Revisited) (New York: Palgrave Macmillan, 2002), p. 64.

　　另一美國政治學者羅斯諾根據五組變數：個人、角色、社會、政府體制與國際體系，列出影響外交決策過程的條件與因素，並依據國家大小、開發階段與統治體制，歸類以下五組變數；其中依政治統治性質，又區分開放性社會與封閉性社會，也就是劃分自由民主體制與威權體制兩種。若以民主國家如美國為例，顯然，決策者在憲政體制內之角色最具決定性，如總統、國務卿等；至於個人因素、特徵與願望，則居最末。換言之，決策者個人好惡並不是主要影響因素，除體制內角色外，決定決策因素重要性，依次則是美國社會（媒體、利益團體）、政府體制（國會）與國際體

系（參見表 1-1）。[21]

表 1-1：對外決策過程之條件與因素表

地理與自然資源	大型國家				小型國家			
	開放	封閉	開發	封閉	開放	封閉	開發	封閉
五個變數次序	角色	角色	個人	個人	角色	角色	個人	個人
	社會	個人	角色	角色	國際體系	國際體系	國際體系	國際體系
	政府體制	政府體制	政府體制	政府體制	社會	個人	角色	角色
	國際體系	國際體系	國際體系	國際體系	政府體制	政府體制	社會	政府體制
	個人	社會	社會	社會	個人	社會	政府體制	社會
例子	美國	蘇聯	印度	中國	荷蘭	捷克	肯亞	迦納

資料來源：James Rosenau, 'Pre Theories and Theories of Foreign Policy', in The Science Studies of Foreign Policy (N. Y. / London, 1971), p. 113.

　　在國際關係學界這二項外交決策途徑研究成果的基礎上，本文基於「史奈德／布魯克／沙賓之決策歷程模式」，各國外交決策受到內部與外在環境及社會結構與行為規範影響之論點。認為「大國外交」政策，受到其基本國力（面積、人口與資源等）、軍事實力（國防經費、遠洋作戰能力、核武力、太空衛星等）與經濟實力（GDP、外貿總額、援外金額）的限制，也深受政治體系內，隸屬基層社會結構、行為模式與價值取向，尤其政治文化等無形國力的影響。同時，羅斯諾主張外交政策即是政治系統面對國內外環境挑戰下的反應，其中強調領導人的期望、想法、態度的改變。他所提在「對外決策過程之條件與因素」中最重要的「體制內角色」

---

[21]　洪丁福，《國際政治的理論與實際》，頁 183-184。

因素，為本文強調論述分析的重點，即以小泉純一郎擔任總理任內相關之外交政策，作為分析日本「大國外交」的標的。

「大國外交」模式之理論分析架構，將結合國際關係理論的三大典範，新現實主義學派、新自由主義學派與建構主義學派之論點，兼顧軍事與經濟實力、價值取向及思想和對話的研究手段。

當前西方國際關係理論的發展，逐漸由現實主義觀點朝理想主義移動，但這不代表現實主義論的觀念已被壓制，事實上它還是國際關係的主流，甚至是各國外交決策的根據。儘管如此，新自由主義與建構主義的論點，在解釋國際關係現象時，仍有其特定的價值與貢獻。本文由權力均衡理論，認為 21 世紀仍是個大國競爭的時代，引申出「大國外交模式」的理論架構，兼顧新現實主義主張國家追求自身利益，為權力和安全而進行無休止的競爭，及新自由主義關注政治經濟因素有關的權力，追求發展富裕，促進自由價值；並含建構主義，強調國家行為由思想信念、集體規範和社會認同決定的不同觀點。假設並描述形成大國外交的條件，需包含人口、面積、資源、軍事和工業力量等物質條件，及價值觀、文化、政策與制度等屬軟性權力的精神條件。並以 2001 年至 2006 年日本小泉純一郎政府之實際外交政策作為，驗證其是否符合「大國外交」之內涵與實力。

參、研究架構

本書之理論研究架構嘗試建立「大國外交」模式，綜合採納新現實主義、新自由主義與建構主義之論點。主要分析單位是國家。主要研究手段，兼顧政治、軍事、經濟和價值取向。對 21 世紀的發展，預測可能出現公開的大國競爭，但隨著自由價值、自由市場和國際制度的發展，跨國合作會得到加強。

一個國家能夠採取大國外交政策，向外擴展發揮國家的影響力，必定有其優越的條件，包括物質方面的基本國力與軍事經濟實力，並在精神層

面同時具有強烈的國家中心主義，以及足以扮演世界領袖角色的世界主義觀點和內涵。國家中心的理念及軍事實力和經濟實力，是新現實主義學派所強調；重視國際制度、經濟交流、擴展民主等價值取向是新自由主義所主張；肯定國家行為由思想信念、集團規模和社會認同決定，是建構主義的理論基礎。「大國外交」政策的制定與推展，必須融合這三種不同的理論觀點，互不排斥。「大國外交」既是世界主義也是國家本位主義。「大國」重視硬實力，也重視軟實力，更需要「精神條件」的宏觀格局，求同存異，創造並宣揚普世價值，描繪明日世界的理想願景。

　　茲以「大國外交的基本條件圖」說明如下（參見圖 1-3）：在物質條件方面，「大國」需要有世界各國排名前十名的眾多人口，廣闊領土，豐富資源，以支應遍及全球的需要，否則一定難以為繼，或只能在區域稱雄，當「區域大國」。雖然領土有被侵占或割據的時候，資源有匱乏的一天，人口數量長時間更可能遞增或縮減。相較於軍事和經濟實力，領土、資源和人口，是較固定的基本國力，變動性小；回顧歷史的大國，無論英、法、日、德，其本土領土、人口和資源，以今日標準都只能列為「強國」的標準，但是當年的英、法、德、日，相對而言擁有較多的人口，且均以殖民政策，擴充它的領土、人口和資源，故能稱其為「大國」，在 21 世紀的今天，英、法、德無論哪一國都無法單獨擁有「大國」的地位，而必須以「歐盟」的集體力量展現「大國」地位。

　　漢斯‧摩根索（Hans J. Morgenthau）指出，國家在評估它們自己的權力以及其他國家的權力時，它們所犯的錯誤中，有三種常犯的，同時它們也生動地說明評估工作中固有的知識陷阱和實際冒險，因之此三種錯誤，需要作進一步討論。第一類錯誤是，忽視權力的相對性，把某一特定國家的權力，視為一項絕對的不變事實。第二類錯誤是，把過去一度具決定性作用的某一權力因素的永久性，視為當然，因而忽視：大多數權力因素的重要性都可能遭遇突然的重大變化。第三類錯誤是，對於某一單一因素，賦予決定性的重要性，因而忽視所有其他因素。換言之，第一類錯誤，在

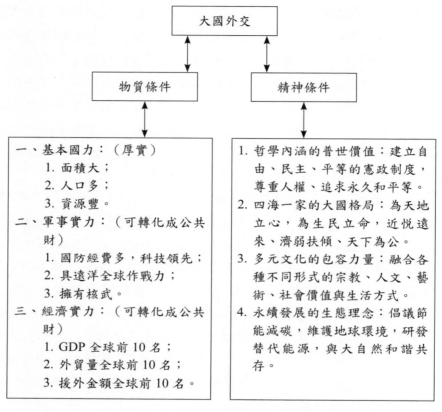

圖 1-3：大國外交的基本條件圖

資料來源：本圖係作者自行整理。

於未曾把一個國家的權力和其他國家的權力聯繫起來，第二類錯誤在於未曾把某一時間的實際權力和將來某一時間的可能權力聯繫起來，第三類錯誤在於未曾把一個權力因素和同一國家的其他權力因素聯繫起來。[22] 總之，我們必須注意國家力量的相對性、變遷性與全面性，才能正確評估一個國家的綜合國力。

---

[22]　Hans J. Morgenthau, *Politics among Nations: The Struggle for Power and Peace*, Sixth Edition, Revised by Kenneth W. Tbompson (New York: McGraw-Hall Inc., 1985), p. 174.

　　冷戰時期美蘇兩國堪稱「超級大國」（參見表 1-2）。分析其原因，蓋
因美蘇二國在政治上掌控聯合國安理會，且分別是自由陣營與共產陣營的
領導國家，率領成員展開冷戰對抗；另各自擁有最大規模的軍隊與核子武
器，並支出最多的軍事預算，在軍事上呈現二分天下的局面；在經濟上具
有全球性的規模；在文化上更鼓吹自由民主與共產革命的意識形態，成為
二極對立的世界觀，普遍影響世界各國與人民，樹立其理想的建設藍圖。

表 1-2：冷戰體制下美國與蘇聯大國特徵表

國別	美國	蘇聯	備考
特徵	1. 富：世界規模的經濟	1. 富：世界規模的經濟	1980 年代起蘇聯經濟疲弱不振
	2. 強：世界規模的軍事與科技工業	2. 強：世界規模的軍事與科技工業	美蘇均係全球軍事強權 美國：擔任世界警察 蘇聯：支援共產革命
	3. 維持國際秩序	3. 維持國際秩序	為聯合國安理會常任理事國
	4. 建立遊戲規則	4. 建立遊戲規則	冷戰二極體制的建立
	5. 重視文化建設	5. 重視文化建設	美蘇均重視教育、文化、藝術領域之建設；惟美國以基督教立國為宗教信仰自由的國家，而蘇聯係無神論國家。
	6. 世界主義的普世價值（自由民主、開放多元）	6. 世界主義的普世價值（經濟平等、社會和諧）	美國：接受世界各國移民 蘇聯：專制統治，言行不一，終致傾毀
	7. 呼籲建立自由民主國家	7. 鼓吹建立共產世界	美國：推廣美式民主憲政制度 蘇聯：主張消滅殖民帝國主義

資料來源：本表係作者自製。

　　一個國家要被認定為「大國」，必須全面性推動大國化政策，其外交
政策的內涵，必需同時是「經濟大國」、「軍事大國」、「政治大國」與「文

化大國」等政策的大國（參見圖1-4）。由此可推論出大國外交之基本模式
為：大國外交＝政治大國的外交＋軍事大國的外交＋經濟大國的外交＋文
化大國的外交。在政治大國的外交領域，參與規則與議題的設定；在軍事
大國的外交領域，展現軍事實力維持各該國際體系的秩序；在經濟大國的
外交領域，協助貧困國家，濟弱扶傾；在文化大國的外交領域，宏揚普世
價值樹立典範。

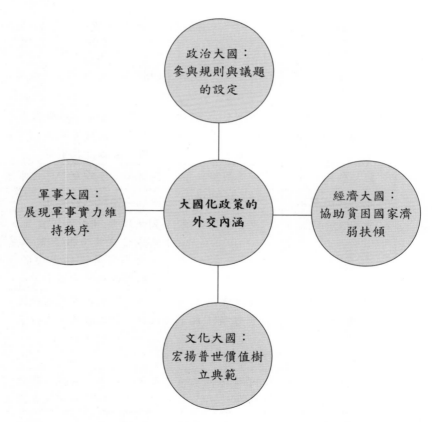

圖1-4：大國化政策的外交內涵圖

資料來源：本圖係作者自行繪製。

　　本書將就日本小泉純一郎政府之國家政策中的數項主題，即聯合國中心、美日軸心、政府開發援助與公眾外交的環保和平理念，分析其展現大國外交政策的作為。其外交政策的重點有四：一、成為聯合國安全理事會的常任理事國，直接參與全世界的重大政策議題的形成，及貢獻心力於國際規則的修改與制訂，使日本在國際政治上有舉足輕重之地位，成為「政治大國」。二、以美日安保條約（Security Treaty between The United States of America and Japan）為基礎，配合美國九一一之後的反恐作戰，積極將自衛隊派赴海外協助聯合國在阿富汗和伊拉克的和平維持行動，使日本自然成為「軍事大國」。三、延續自 1992 年以來的政府開發援助（Official Development Assistance, ODA）工作，在聯合國援助計畫統籌之下，憑其居全世界第二的經濟力量，協助第三世界發展中國家解決貧困與動亂，展現其「經濟大國」的實力。四、以公眾外交的視野，全力推動領導全球抗拒暖化的環保議題，落實「京都議定書」之宣告；以其「非戰」與「反核」之理念，追求和平與沒有戰爭的世界，亦即有意在普世價值上，成為世界級的領導國家，有「文化大國」的內涵。

　　本書第三章至第六章，分析日本小泉純一郎政府大國化政策（參見圖 1-5）：含推動「聯合國中心的外交」，追求「政治大國」的外交政策作為；透過「美日軸心的外交」，經營「軍事大國」的外交政策作為；從事「政府開發援助的外交」，建立「經濟大國」的外交政策作為；宏揚「公眾、和平與環保的外交」，形成「文化大國」的外交政策作為。日本誠然有心追逐大國地位，從事大國外交，惟在其成為大國的基本條件上與其目標與內涵是否符合本文對大國外交之定義，則有待逐一分析。

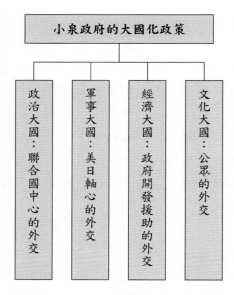

圖**1-5**：小泉政府的大國化政策圖

資料來源：本圖係作者自行繪製。

第三節　文獻探討

　　日本由於戰後經濟的成就，自 1980 年代起，即冀望藉由經濟大國成為軍事大國與政治大國，並開始執行大國的外交政策。事實上，國際關係領域及國際新聞媒體，在綜合國力上，一般均視日本為當今世界大國之一。惟仍有少數學者與國際政治領袖，對日本是否擁有大國地位，以及今後國勢之發展，持保留或批判的態度。日本亦有不少學者和政治人物，對日本的外交政策作為，提出深刻的反省與檢討。

　　日本曾經在甲午戰爭中戰勝中國，又在日俄戰爭中擊敗俄國。由於軍國主義的侵略政策，導致日本在二次世界大戰與美國正面對抗，其後，因戰爭失利而走向敗亡；然而，日本在戰後奇蹟似的快速復甦，這種成就卻讓舉世刮目相看。1969 年日本已成為世界第二大經濟體，如今更躍升為八

大工業國（G8：美、日、英、法、德、俄、義、加）高峰會議的參與國，擔任聯合國非常任理事國最多屆（迄 2015 年，達 11 屆），全球軍事預算排名第二，援外金額第五。[23] 在小泉純一郎執政時期，更因反恐與美國並肩行動，全面配合，派兵至伊拉克參與重建與維持和平的任務，積極活躍於世界舞台。凡此種種，使得許多國際關係學者，包括中國大陸的學者，認定日本是當今世界大國之一。日本國內政界除前東京都知事石原慎太郎（Shintaro Ishihara）等少數極右派外，多半採低調作法，以恢復「正常國家」為口號，希望在國際上取得與經濟實力相稱的政治地位與發言權，惟國家主義有轉趨激烈的疑慮。

壹、日本綜合國力

摩根索指出，國家權力的要素包括地理、天然資源（食物、原料）、工業能力、軍事準備的程度（技術、領導素質、武裝軍力的數量和品質）、人口（分配、趨勢）、國民性格、國民士氣、外交素質和政府素質。[24] 這些權力要素交織形成綜合國力。

根據北京出版《各國綜合國力排行榜》的排序，日本的綜合國力於 1998 年在全世界排名第七，除國土面積排名第六十一，其他人口數量第八，經濟實力第二，人均經濟實力第四，軍事實力第六，競爭力第六，堪稱世界大國（參見表 1-3）。

---

[23] (1) 1998 年主要國家國防經費與占 GDP 比率之比較（單位：億美元；%），1. 美國 2,518，3.1；2. 日本 513，1.0；3. 法國 460，2.8；4. 德國 389，1.5；5. 英國 323，2.6。「國政研究報告」，2001 年 12 月 7 日，http://old.npf.org.tw/PUBLICATION/FM/090/FM-R-090-066.htm，上網檢視日期：2008 年 5 月 12 日。

(2) 2007 年援外金額排名：美、德、法、英、日。日本外務省，「ODA 實績」，http://www.mofa.go.jp/mofaj/gaiko/oda/shiryo/jisseki.html，上網檢視日期：2008 年 5 月 13 日。

[24] Hans J. Morgenthau, *Politics among Nations: The Struggle for Power and Peace*, pp. 127-169.

表 1-3：世界各國綜合國力排行榜表

區分	綜合國力排序	國土面積排序	人口數量排序
美國	1	4	3
俄羅斯	2	1	5
中國	3	3	1
法國	4	47	20
英國	5	78	19
德國	5	62	12
日本	**7**	**61**	**8**
義大利	8	69	21
巴西	9	5	6
加拿大	10	2	32
澳大利亞	11	6	48
印度	12	7	2

區分	經濟實力排序	人均經濟實力排序	軍事實力排序	競爭力排序
美國	1	7	1	1
俄羅斯	5	68	2	47
中國	8	139		28
法國	4	14	3	19
英國	6	24	4	11
德國	3	8	5	15
日本	**2**	**4**	**6**	**6**
義大利	7	21	7	33
巴西	10	61	16	44
加拿大	9	18	30	4
澳大利亞	13	25	31	16
印度	15	164	9	45

資料來源：海平、運平與王景濤編著，《各國綜合國力排行榜》，北京：中國經濟出版社，1998 年。

　　根據表 1-3，日本國土面積排名第六十一，雖較德國、義大利與英國略大，惟小於法國，更遠小於加拿大、巴西、澳大利亞與印度，幅員受限，長期而言對綜合國力之維持與提升，成為一種限制因素。

　　二次大戰後，特別是進入 1960 年代中期，是日本歷史上綜合國力發展最重要的年代。1968 年，日本 GDP 超過德國，成為僅次於美國的市場經濟國家。[25] 冷戰後國際情勢改變，進入 21 世紀，依大陸學者黃碩鳳在其著作《大國較量》中，分析各國綜合國力，日本排名居第二位，僅次於超強美國。雖然不同的學者和機構，對綜合國力的分析有不同的換算程式或加權比重，日本綜合國力排名居前，依然十分明朗。

　　隨著世界政治與經濟形勢的不斷發展，綜合國力及其構成要素的內容和作用也在不斷地變化。例如，二戰後的冷戰時期，在美蘇爭奪世界霸權的兩極戰略格局形勢下，軍事力量及戰略資源在國際比較中顯得更為重要。但蘇聯解體之後，在世界變為多極化格局的情況下，滿足人民物質文化生活需要及國家建設需求的經濟、科技要素就顯得比較突出。因此，應該從不同時期的形式和需求出發，採取修正權重的方法，進一步測算各國綜合國力對比，以保證綜合國力比較研究的客觀性、科學性。通過專家徵詢調查分析結果，對硬國力要素的權重進行修正如下：經濟力由 0.35 調增為 0.37；科技力由 0.30 調高到 0.32；突出當代發展綜合國力，必須以經濟發展為基礎，科技創新為先導的思路。國防力則由 0.17 降為 0.16；資源力由 0.18 降為 0.15。以此標準在「綜合國力動態方程」模型，對 2005 年世界主要國家的綜合國力進行實測。測算結果如下（參見表 1-4）：[26]

---

[25]　黃碩鳳，《大國較量：世界主要國家綜合國力國際比較》，北京：世界知識出版社，2006年，頁 124。

[26]　同前註，頁 108-109。

表1-4：世界主要國家綜合國力對比表（2005年）

國別	硬國力				α	軟國力			β	協同力	綜合國力	位次
	經濟力	科技力	國防力	資源力		文教力	政治力	外交力				
美國	683	582	478	392	0.72	0.53	0.42	0.59	0.70	1.55	523.32	1
日本	499	498	101	98	0.72	0.56	0.42	0.50	0.64	1.54	325.42	2
德國	303	406	99	102	0.73	0.54	0.42	0.48	0.65	1.56	306.02	3
俄羅斯	201	302	314	315	0.72	0.51	0.42	0.59	0.69	1.55	304.81	4
法國	303	302	102	101	0.73	0.51	0.43	0.47	0.64	1.55	232.46	5
中國＊	271	286	104	103	0.71	0.48	0.46	0.50	0.61	1.49	220.03	6
英國	269	304	103	105	0.71	0.52	0.45	0.48	0.61	1.48	210.12	7
加拿大	202	212	74	211	0.72	0.49	0.43	0.44	0.60	1.47	197.45	8
義大利	201	201	71	101	0.74	0.44	0.41	0.41	0.60	1.44	180.04	9
澳大利亞	204	200	74	203	0.72	0.48	0.40	0.40	0.62	1.41	180.11	10
韓國	196	204	95	107	0.71	0.50	0.41	0.41	0.60	1.50	166.70	11
巴西	126	198	76	210	0.72	0.43	0.39	0.39	0.55	1.40	151.82	12
印度	136	218	101	103	0.70	0.44	0.39	0.40	0.57	1.41	132.77	13
墨西哥	127	187	53	106	0.71	0.43	0.39	0.39	0.56	1.40	123.5	14
南非	98	134	94	101	0.69	0.45	0.39	0.40	0.53	1.39	101.74	15

＊計算中包括中國香港、澳門的綜合實力。

資料來源：黃碩鳳，《大國較量：世界主要國家綜合國力國際比較》，北京：世界知識出版社，2006年，頁109。

　　根據表1-4，日本綜合國力表現非凡，仔細分析，其軟國力和協同力甚佳，各項參數居前。硬國力中經濟力與科技力表現突出，堪稱「經濟大國」與「科技大國」；國防力與印度相當，略高於德國，排序在美國、俄羅斯、中國、英國、法國之後。資源力，則在表列15個主要國家排序最後。

　　2006 年 1 月 5 日，中國社會科學院發布的國際形勢黃皮書《2006 年：全球政治與安全報告》，公布世界主要大國綜合國力實測結果。黃皮書報告在具體測度各國的經濟力、外交力、軍事力和國力資源、政府調控力的基礎上，考慮各類力量分配協調性，對主要大國進行綜合國力實測，如下表 1-5。[27]

表 1-5：2006 年世界主要大國綜合國力各類指標得分表

國家	技術力	人力資本	資本力	信息力	自然資源	軍事力	GDP	外交力	政府調控力
美國	97.42	73.38	99.59	87.06	79.34	91.85	100.00	98.64	76.11
英國	73.75	71.77	66.63	79.29	60.36	54.26	56.87	78.52	63.61
俄羅斯	56.33	67.05	52.44	56.77	89.84	84.79	50.00	87.46	52.14
法國	73.50	68.12	62.33	74.81	56.39	56.29	56.42	82.12	58.61
德國	77.35	66.46	59.71	80.02	53.66	54.03	59.49	72.25	59.93
中國	61.42	76.36	59.29	56.20	73.62	54.69	54.76	78.24	63.40
日本	**86.31**	**71.93**	**66.13**	**81.15**	**50.78**	**52.34**	**68.30**	**66.57**	**54.79**
加拿大	65.51	71.15	59.58	76.66	83.84	50.00	51.82	61.14	96.90
韓國	69.19	65.06	52.80	60.88	50.02	50.72	50.41	54.35	57.18
印度	50.00	65.09	50.59	51.40	61.80	51.13	50.19	50.42	53.59

資料來源：新華網，「社科院黃皮書：中國綜合國力排名第 6 日本第 7」，2006/1/5，http://big5.xinhuanet.com/gate/big5/news.xinhuanet.com/fortune/2006-01/05/content_4012616.htm，上網檢視日期：2008 年 10 月 4 日。

　　根據表 1-5 與圖 1-6，日本綜合國力排序第七，次於美國、英國、俄羅斯、法國、德國和中國，除自然資源外在所有項目上都排在較高的位置。

---

[27]　新華網，「社科院黃皮書：中國綜合國力排名第 6 日本第 7」，2006/1/5，http://big5.xinhuanet.com/gate/big5/news.xinhuanet.com/fortune/2006-01/05/content_4012616.htm，上網檢視日期：2008 年 10 月 4 日。

表 1-5「自然資源」項，日本被評為 50.78，在世界主要十個大國中，為除韓國外資源最欠缺的「大國」。資源缺乏，加上國土面積狹小，人口眾多，勢必仰賴國外資源，或移民海外。一旦國際情勢惡化，外來資源是否足以支撐國內需求，將成一大考驗。人力等於國力，減少或控制人口增長，又會影響成為「大國」宜有眾多人口的另一基本條件。這種兩難局面，並不容易處理。

　　對照表 1-5 的「綜合積分」，顯示世界主要大國綜合國力，如圖 1-6。

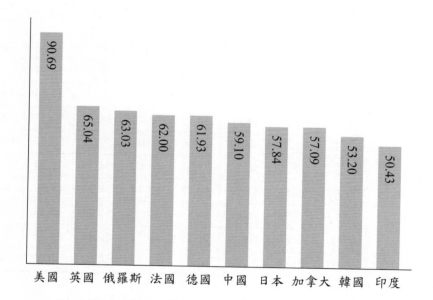

圖 1-6：世界主要大國綜合國力各類指標總分圖

資料來源：新華網，「社科院黃皮書：中國綜合國力排名第 6 日本第 7」，2006/1/5，
　　　　　http://big5.xinhuanet.com/gate/big5/news.xinhuanet.com/fortune/2006-01/05/
　　　　　content_4012616.htm，上網檢視日期：2008 年 10 月 4 日

　　但是，根據 2009 年 12 月 24 日，中國社科院公布的 2010 年國際形勢黃皮書，對 11 個國家的綜合國力進行分析評估，評估的指標體系包括領土與自然資源、人口、經濟、軍事、科技五個直接構成要素，以及社會發

展、可持續性、安全與國內政治、國際貢獻四個影響要素。11 個國家的綜合國力排名順序為：美國、日本、德國、加拿大、法國、俄羅斯、中國、英國、印度、義大利、巴西。[28] 日本作為總排名第二的國家，除了領土與資源、人口兩項得分極低，軍事力量較弱之外，其他項目都位居前列。[29] 此一評估結果，與黃碩鳳在《大國較量：世界主要國家綜合國力國際比較》一書中的計算相同，日本的綜合國力高居世界第二。

貳、日本大國地位

　　關於日本國力的評價，見仁見智，毀譽參半。有研究指出，奧運成績與綜合國力強弱相關，綜合國力的排序和奧運金牌數之排序相當接近。[30] 2008 年 8 月 24 日北京奧運落幕，中國金牌數 51 面，銀牌 21、銅牌 28 共100 面，首度成為奧運霸主；美國金牌 36，其後依序是俄羅斯 23、英國19、德國 16、澳大利亞 14、南韓 13、日本 9、義大利 8 與法國 7 面。[31] 2004 年雅典奧運成績，美國第一金牌 35 面，依次是中國 32、俄羅斯 27、澳大利亞 17，日本 16；單就日本而言獲金牌 16、銀牌 9、銅牌 12 共 37面，第五名，戰果輝煌。[32] 二次大戰後日本歷次參加奧運均表現優異，在體育世界展現實力，更多次名列十大體育強國。除體育競技場上的表現，

---

[28] 〈社科院黃皮書 中國軍力全球第 2 綜合國力排第 7〉，《聯合報》，2009 年 12 月 24 日，版 A23。

[29] 同前註。

[30] 雷桂成，「試析奧運會金牌與綜合國力關係」，《浙江體育科學》，2002 年，第 24 卷第 1 期。iLib2 網，http://scholar.ilib.cn/Article.aspx?AIT=QCode&AI=zjtykx200201009&A=zjtykx200201009，上網檢視日期：2008 年 10 月 24 日。

[31] 〈奧運獎牌榜〉，《聯合報》，2008 年 8 月 25 日，版 A6。
2012 年倫敦奧運，日本拿到金牌 7 面，排名第 11；2016 年里約奧運，日本拿到金牌 12 面，排名第 6。

[32] 中華奧林匹克委員會，「奧運風雲」，http://www.tpenoc.net/changes/changes_03.asp，上網檢視日期：2008 年 8 月 27 日。

在國際政治領域，無論外交的實際或學術的研討，日本同樣的普遍讓人認定是個大國。

英國倫敦經濟學院教授布贊指出，冷戰後全球權力結構，由美國一個超級大國，和歐盟（英國／法國／德國）、日本、中國和俄羅斯等 4 個大國力量所構成。[33] 美國耶魯大學教授甘迺迪指出，美國、蘇聯、中國、日本與西歐是當今世界的大國。[34]

大陸學者趙英指出，21 世紀世界大國俱樂部的成員屈指可數，它們是美國、歐盟、俄羅斯、日本、中國、巴西、印度。[35] 高恒主編，《2020 大國戰略》，論及大國綜合國力與對外戰略。包括：美國、俄國、日本、德國、中國。[36] 蕭佳靈與唐賢興主編的《大國外交：理論·決策·挑戰》，主要探討美國與中國的大國外交，兼論歐洲聯盟與日本。[37] 中共中央黨校教授王彥民認為，所謂大國，從綜合國力及世界影響看，主要有美國、俄國、中國、日本、英國、法國、德國和印度等。[38] 我國學者王任超，分析美國、蘇俄、英國、法國、德國、日本的外交政策，指出日本的國策是與中俄爭陸權、與英美爭海權、與西洋爭商權及與世界爭霸權。[39]

前中共社會科學院政治學研究所所長嚴家祺，在其所著《霸權論》指出，在 21 世紀中後期，太平洋地區將形成五大政治板塊，即美國、中國、日本、東南亞共同體、拉美共同體。俄羅斯仍然主要是歐洲國家，但在太平洋地區影響有限。日本面臨人口減少和老齡化的危機，但日本仍是一個

---

[33] Barry Buzan, *The United States and the Great Powers: World Politics in the Twenty-First Century*, p. 86.

[34] Paul Kennedy, *The Rise and Fall of the Great Powers: Economic Change and Military Conflict from 1500 to 2000*, p. 540.

[35] 趙英，《大國天命 —— 大國利益與大國戰略》，頁 134-135。

[36] 高恒主編，《2020 大國戰略》，石家莊市：河北人民出版社，2000 年。

[37] 蕭佳靈與唐賢興主編，《大國外交：理論·決策·挑戰》，北京：時事出版社，2003 年。

[38] 王彥民，《大國的命運》，成都：四川人民出版社，2000 年，頁 1。

[39] 王任超，《六國外交政策》，台北：三文印書館，1976 年。

太平洋大國。澳大利亞地大物博，是兩、三個世紀後的太平洋中心，但在
21 世紀還難於全面開發。[40]

　　此外，英國劍橋管理學院學者查理斯・韓頓透拿（Charles Hampden-
Turner）與荷蘭國際企業研究中心執行董事亞峰斯・特羅潘納（Alfons
Trompenaars）合著，《全球七大富邦》（*The Seven Cultures of Capitalism*）[41]
一書，主要闡述美國、英國、瑞典、法國、日本、荷蘭和德國等七個施行
資本主義並長期表現卓越的國家，他們的社會文化與企業行為。美國人強
調競爭，日本人注重和諧，德國人採高標準，瑞典人善用科技，荷蘭人重
視專業，英國人追求利潤，法國人尋求肯定。

　　美國前國務卿亨利・季辛吉（Henry Kissinger）認為，20 世紀的國
際秩序具有彼此相矛盾的特點：一方面愈來愈分散；一方面又愈來愈全球
化。在國與國之間的關係上，這個秩序更接近 18、19 世紀的歐洲民族國
家體系，較不像冷戰時期嚴格劃分的兩大陣營。此時至少有六大強權：美
國、歐洲、中國、日本、俄羅斯，或者再加上印度，此外尚有許許多多中
小型國家，使得國際關係首次真正地全球化。[42]

　　美國學者羅伯・帕斯特（Robert A. Pastor）[43] 在其著作《20 世紀之旅：
七大強權如何塑造二十世紀》中，指出在擁有 192 個會員國的聯合國，七
個大國（英、法、德、俄、美、日、中）就占全球貿易之半，產能的三分
之二，和全球國防開支的近四分之三。這與以前一樣，強權的界定在於其
跨越國界的影響和因應的能力。[44] 並說明美國真正的權勢來自於第二次世

---

[40]　嚴家祺，《霸權論》，香港：星克爾出版，2006 年，頁 280。

[41]　查理斯・韓頓透拿（Charles Hampden-Turner）與亞峰斯・特羅潘納（Alfons Trompenaars），
　　　《全球七大富邦》（The Seven Cultures of Capitalism），台北：智庫文化，2004 年。

[42]　Henry Kissinger, *Diplomacy* (New York: Simon & Schuster, 1994), pp. 23-24.

[43]　羅伯・帕斯特（Robert A. Pastor），墨瑞大學（Emory University）國際關係所教授，曾於
　　　1977-1981 年服務於國家安全會議，並任美國國防部顧問。

[44]　羅伯・帕斯特（Robert A. Pastor），董更生譯，《20 世紀之旅：七大強權如何塑造二十
　　　世紀》（*A Century's Journey: How the Great Powers Shape the World*），台北：聯經出版，
　　　2000 年，頁 4。

界大戰後所設立的機構和制度，而不是其財富和武器。[45]

　　以上學者與政治人物，在其著作中，無論從國際政治角度（布贊）、歷史視野（甘迺迪）、大國戰略（趙英、高恒、蕭佳靈與唐賢興）、綜合國力（王彥民）、外交政策（王任超）、霸權論（嚴家祺）、社會文化與企業行為（韓頓透拿與特羅潘納）、大國外交（季辛吉）或影響與因應能力（帕斯特）各種不同的觀點切入分析，均將日本列為世界大國。然而，日本的基本國力與外交政策實際上的表現，有其侷限，遠不如一般性的觀察和認知。

參、日本國力侷限

　　日本在經濟貿易方面的表現，誠然非常出色，稱之為「經濟大國」毫無愧色。日本體制上的優勢有五：即經濟上有如德國參謀本部的通產省、日益增加的研究與開發資金、極高水平的國民儲蓄、日本公司擁有一個幾乎有保證的國際市場和高質量的勞動大軍。[46]日本為經濟大國、貿易大國或科技大國的可靠性已無庸置疑，且其綜合國力在國際政治領域，亦常位居大國行列。不過，進一步分析，日本是否同時稱得上是「經濟大國」、「政治大國」、「軍事大國」以及「文化大國」，亦即日本是否真正具有「大國地位」，是一個值得深入探討的議題。

　　在當今國際政治領域少數例外，沒將日本列為世界大國或強國之林的，德國前總理赫爾穆特‧施密特（Helmut H. W. Schmidt）是其中一位，他在《未來列強 —— 明日世界的贏家與輸家》一書中，論述美國、中國、印度、俄羅斯、歐洲聯盟係未來的列強，[47]惟不含日本在內。他指出中國具有潛力的同時，卻也大力批判日本的外交作為。

---

[45]　同前註。

[46]　Paul Kennedy, *The Rise and Fall of the Great Powers: Economic Change and Military Conflict from 1500 to 2000*, pp. 463-464.

[47]　赫爾穆特‧施密特（Helmut H. W. Schmidt），《未來列強 —— 明日世界的贏家與輸家》，北京：世界知識出版社，2005 年，頁 109。

施密特未特別舉出哪些條件可成為世界強權，但肯定中國的綜合國力在經濟和金融上的表現，估計中國不到幾十年，國民生產毛額將位居世界第二；在金融政策方面，在今後三十年，人民幣將同美元和歐元一起成為全球貨幣三角的組成部分；[48] 印度亦將成為經濟大國，俄羅斯則是一個「懸念中的世界強國」。[49] 不論美國、中國、歐盟、印度和俄羅斯，施密特眼中的強國，都是地大物博、人口眾多、生產力大的國家。

日本在世界上的朋友甚寡，部分歸因於在德川幕府統治時期長達兩百六十五年之久的自我孤立，更多是因為後來奉行帝國主義政策，給所有鄰國帶來災難，鄰國對此銘心刻骨；但關鍵還是日本人對過去的征服行徑和犯下的罪行不願意承認和表示歉意。[50] 日本「成王敗寇」的現實主義觀念根深蒂固，無意接受國際社會法律道德的約束，此為主要因素。其次，在渴望成為「正常國家」的目標後面，「軍國主義」的強權理念，依然潛藏且躍躍欲試，隨時準備再度揚威國際。

布贊也認為，中國、北韓、韓國，以及台灣和東南亞國協，對 1945 年以前的日本帝國主義均抱有負面的回憶，而且仍然對日本軍事力量復活的任何暗示懷有猜疑。[51] 總之，在任何近期或者可能在任何時間，日本似乎非常不可能是提升作為超級大國地位的候選者。[52] 布贊雖混淆了「超級大國」及「大國」的概念，兩者在位階上應有不同，但基本上對日本的評價不高。冷戰結束後，由於日本右翼言論的抬頭，藉著首相參拜靖國神社、修改教科書對歷史的認識等，更使日本近鄰政策雪上加霜。

季辛吉於其著作《大外交》（Diplomacy）中指出：「在所有的大國或潛在大國中，中國聲勢最盛。美國已經最為強盛，歐洲必須努力整合得更

---

[48] 同前註，頁 11-12。

[49] 同前註，頁 4-5。

[50] 同前註，頁 109。

[51] Barry Buzan, *The United States and the Great Powers: World Politics in the Twenty-First Century*, p. 112.

[52] Ibid., p. 113.

加團結，俄羅斯是步履艱辛的巨人，日本財富可觀卻仍怯懦」。[53] 季辛吉此一觀點頗具見地，日本在國防上幾乎完全仰賴美國的保護，亦步亦趨，在國際安全或區域穩定的維護上，難顯舉足輕重的力量。

哈佛大學教授撒姆爾·杭廷頓（Samuel P. Huntington）則指出：「日本缺少身為 20 世紀超強必備的幅員、天然資源、軍力和外交盟友，而最重要的是，它提不出對世人具吸引力的意識形態」。[54] 日本為接近百分百的單一民族所組成，無多元文化並存的歷史經驗，在哲學思想上，自然不易提出具世界性文化號召力的普世價值，或建立博大精深的思想體系。

美國約翰霍普金斯大學教授布里辛斯基（Zbigniew Brzezinski）亦明確指出：日本仍是弱國，它經不起全球資源及貿易略有騷動的打擊，更經不起全球穩定發生變化，而且其內部人口、社會及政治等方面的問題亦紛紛浮現。日本是富裕、有活力的經濟大國，但是同時是區域孤立的國家，政治上受限於安全必須依賴美國。日本目前的地位，一方面是全球尊敬的經濟大國，一方面又是美國勢力的地緣政治延伸。[55] 日本在明治維新的時代，在福澤諭吉（Yukichi Fukuzawa）號召下，曾以脫亞入歐為國策，至今心態上與亞洲鄰國仍格格不入，在亞洲自認高人一等，對待鄰邦，或輕視、或排斥、或防備，結果在東亞地區反而有被孤立的疑慮。

芝加哥大學教授米爾斯海默甚至認為日本是個半主權國家（semi-sovereign states）而非大國。因為日本沒有自己的核武器，它依靠美國的核子嚇阻力量來保護（參見表 1-6）。[56]

---

[53] Henry Kissinger, *Diplomacy*, p. 829.

[54] Samuel P. Huntington, "America: Fall or Revival", *Foreign Affairs*, 1989, Spring.

[55] Zbigniew Brzezinski, *The Grand Chessboard*, p. 174.

[56] John J. Mearsheimer, *The Tragedy of Great Power Politics*, p. 382.

表 1-6：2000 年的亞洲均勢表

區分	潛在力量		實際力量	
	國民生產總值（萬億美元）	人口（億）	軍隊規模（人）	核彈頭數量（枚）
中國	1.18	12.4	2,200,000	410
日本	4.09	1.26	151,800	0
俄羅斯	0.33	1.47	348,000	10,000

資料來源：John J. Mearsheimer, *The Tragedy of Great Power Politics* (New York: W. W. Norton & Company, 2001), p. 383.

　　日本為全世界唯一被原子彈傷害過的國家，二次大戰後，反核反戰追求永久和平，成為基本國策，初期甚至放棄武裝力量。目前，其國防預算已名列前茅，惟擁有核武仍是禁忌。沒有核武嚇阻力量，以國際政治現實主義學派的觀點，自然難成大國。不過，以新自由主義學派而言，軟性國力是其訴求重點，亦即並非一定要擁有核武才是大國。

　　中央研究院近代史研究所張啟雄教授則指出，日本只是「區域大國」。他認為：當今世界各國的競爭，簡單來說，就是「綜合國力」的競爭。綜合國力是一個國家政治、經濟、外交、國防、安全、資源、科技、教育、文化、民族意志、凝聚力等要素之有機競爭。中日兩國在東北亞的競爭，其實就是綜合國力的競爭，而綜合國力的競爭結果，無形中就會產生霸權。在「一超多強」的世界框架之下，從綜合國力的角度來評量的話，東亞霸權相較於世界霸權，暫時只能算是區域性的霸權之爭而已。惟目前日本正從「經濟大國」朝向「政治大國」、「軍事大國」邁進，為讓大國集團能夠承認其世界大國的國際地位，則希冀透過配合美國的世界戰略布局而舉足輕重於世界。[57] 日本具有區域大國的實力，但在全球領域，「經濟大國」距全面性的「世界大國」地位仍有差距。

---

[57] 張啟雄，〈日本第一 vs. 和平崛起 —— 冷戰前後東北亞國際秩序的衝突與整合〉，頁 600。

　　日本國土狹小，資源匱乏，在 15 個主要國家的資源中居末位（參見表 1-4），但日本綜合國力卻是世界第二位的強國。日本究竟強在何處呢？它既不像美國、俄羅斯有遼闊國土、豐富資源來支持；也不能像明治維新以來純粹依靠傳統的軍事擴張，進行侵略占有資源和市場增強國力。

　　日本綜合國力的形成，主要依靠於冷戰後美國所建立的和平體系，在其下進行國際貿易、大力發展經濟和科技，這是世界經濟政治中一種極獨特的現象。同時也帶來一定的侷限性，日本這種強權不如美俄強國那樣穩定。像日本這樣狹小的島國，海洋並不能絕對防止外敵的入侵，沒戰略縱深，沒迂迴餘地，很難保證其生存能力。[58] 日本國土面積 37.78 萬平方公里，比美國最大州加利福尼亞州的 41 萬平方公里還小，也比中國第五大省四川省的 48.5 萬平方公里為小。在世界各國中排名第六十一位，是各項大國要素中最弱的一環。國土面積狹小，自然資源貧乏，對國力的發展是直接而且永久的一個限制。

　　此外，日本綜合國力增強中面臨的一些棘手問題。第一是經濟問題，據國際貨幣基金會指出：資訊技術出口及國內需求下降將影響這個世界第二大經濟體的發展。日本經濟存在下滑的危險。據估計，日本 2005 年國內生產總值增長率將從 2004 年的 2.6% 降至 0.8%。第二是軍事能力問題，日本正加速彈道導彈防禦系統實用化的步伐。實現這些計畫需強大的經濟做支持，對其綜合國力增強將發生影響。[59] 換言之，大幅的軍事支出，固然可提升其軍備力量，卻會影響其全國經濟成長的動力，並稀釋國家整體資源的分配。

　　再者，日本和歐洲一樣，都面臨嚴重的人口問題。到 21 世紀中期，除非吸引到 1,700 萬移民，日本的人口會比現在少 30%，對這個長久以來抗拒移民的國家，將是極大的挑戰。[60]1970 年日本老齡人口比例達到 7%，也

---

[58]　黃碩鳳，《大國較量：世界主要國家綜合國力國際比較》，頁 110-111。

[59]　黃碩鳳，《大國較量：世界主要國家綜合國力國際比較》，頁 111。

[60]　Joseph S. Nye, Jr., *Soft Power: The Means to Success in World Politics* (New York: Public Affairs, 2004), p. 87.

就是說進入老齡化國家的行列。而在 1994 年的時候就已經超過 14% 的比例。日本從 1970 年進入老齡化社會，到 1994 年進入老齡社會。現在，高齡人口更已超過 21%，5 人當中有 1 人是高齡者。[61] 我們亦可用此一人口老化的因素，來解讀自 1991 年以來，日本經濟陷入困境，並已開始倒退的根本難題之所在。

老年人口比率增加，年輕人減少，國防上，將無足夠兵員建立強大的軍隊；產業上，將無足夠工人在生產線上提升國家競爭力。同樣的情形會在政治、經濟、社會、教育、文化面，以及金融貿易、農林漁牧、餐旅服務等各行各業，出現斷層，使成長停滯，整個社會將不易再有開拓力，不再有太多的創新與發明。

18 世紀的日本，國民識字率之高堪稱當時全球第一，這種人才的培養極為重要。早在 20 世紀爆發性的產業化開始之前，日本的人口已增加到足以支應這種變革的程度。1850 年，若比較人口多寡，則依次為法國、日本、德國、英國和美國，當時有 3,200 萬人口的日本，是在法國的 3,500 萬人之下。德國、英國、美國都還不到 3,000 萬人。[62] 這個人口數，意味著在競爭力薄弱時候的國內市場大小，和戰爭時可動員官兵的規模。總體上來說，人口就是國力的泉源。[63] 歷史上，日本曾經占有人口優勢，方足以與西方列強一爭長短；今天日本面臨的人口問題，倘若無法解決，國力不免趨緩，甚至走向衰微，不要說變成「政治大國」、「軍事大國」或「文化大國」，恐怕連「經濟大國」的地位，亦會受到撼動。

日本綜合國力有其優勢，亦有其先天與後天的弱點。本書第二章回顧日本戰後大國外交的緣起與拓展；三至六章，將嘗試在學理上探討日本小泉政府的外交政策，論證其政治、軍事、經濟和文化層面的外交表現，並於最後一章結論時，分析其外交政策是否符合「大國外交」模式的內涵。

---

[61] 日本內閣府，《平成 19 年度高齡化の状況及び高齡社会対策の実施状況》，東京：內閣府，2009 年，頁 2。

[62] 西川俊作，《日本経済の成長史》，東京：東洋経済新報社，1985 年。

[63] 豬口孝，《日本：経済大国の政治運営》，東京：東京大学出版会，1993 年，頁 35。

第 2 章

戰後日本大國外交的序曲

　　日本於 1945 年 8 月 15 日戰敗宣布無條件投降，有史以來第一次受外國軍事占領。同盟國占領日本後的政策，是由美國政府策劃，極少與盟國磋商，其基本目標為使日本不再成為世界和平與安全的威脅。華盛頓當局要求日本推進民主建設工程，在新憲法中加強由選舉產生的國會的地位，削弱軍方與皇室的權力。新憲法經日本國會決議後，於 1946 年 11 月 3 日由天皇公布，1947 年 5 月 3 日生效。1951 年 9 月 8 日，二次世界大戰盟國與日本簽訂舊金山和約；同日，美國與日本簽訂美日安保條約，結束盟軍對日本的占領統治。1956 年 12 月 18 日，在鳩山一郎（Ichiro Hatoyama）首相任內，日本成為聯合國的會員國，正式返回國際社會。

　　二戰以後，日本在 1948 年 10 月至 1954 年 12 月，吉田茂（Shigeru Yoshida）任首相時期，制定以「經濟立國」為核心的國家戰略和以日美為基軸的外交路線。日本此一國家戰略和對外路線，在經濟發展上帶來巨大成功。[1] 吉田茂首相計畫集中於經濟發展，以恢復日本國運，在美國保護下，採取「低姿態」外交。繼任者大略也繼承他的路線，以參加聯合國獲取尊重，以非政治手段，例如 1964 年東京奧運，爭取國家榮譽。至於日本在世界地緣政治上的國際地位，則由美日聯盟來承擔。但，這種策略並不為日本人所完全接受。[2]

---

[1]　金熙德，《21 世紀初的日本政治與外交》，北京：世界知識出版社，2006 年，頁 89。

[2]　畢士禮（W. G. Beasley），葉延燊譯，《現代日本的崛起》（The Rise of Modern Japan），台北：金禾出版社，1992 年，頁 203。

一方面，日本右翼保守陣營的國家主義者，懷念昔日帝國雄風，不甘雌伏於美國，淪為二流國家；另一方面，以社會黨為主的在野政黨，批判政府放棄和平主義的憲法精神，而不斷攻擊主政的自民黨。1960年4月，因美日安保新約的換文簽字及國會批准過程，造成社會主義與共產主義分子、工會和全國學聯發動群眾反對，在國會外發生暴力示威。其後，安保新約雖在國會強行通過，卻以岸信介（Nobusuke Kishi）首相辭職落幕。

本章將回顧日本戰後外交，針對下列二項主題：1.日本從「經濟大國」外交走向「政治大國」外交路線的變化；2.日本大國外交戰略的浮現和不同的「正常國家」[3]（normal country）理念，探討日本戰後實踐「大國外交」的經緯，並比較小泉純一郎政府實踐「大國外交」和歷屆日本政府的異同及特色。

第一節　從「經濟大國」走向「政治大國」

日本從1955年開始的「神武景氣」期間，國民生產總值增長12%，消費熱潮逐漸升溫，消費品的三大家電，洗衣機、電冰箱和黑白電視迅速普及，進入尋常百姓家，自此日本的消費時代開始來臨。從1958年到1961年，日本經濟接著經歷一場長達四十二個月景氣，超過神武景氣，日本人稱為「岩戶景氣」。[4]

當年，日本政府在經濟中發揮最重要的作用是，充實社會資本，基本任務為整頓和完善產業基礎。在公路、港口、鐵路、機場、電信、工業用地和用水、農林水產的現代化方面，投入大量資金。這一計畫的傑出形象

---

[3] 「正常國家」理念，係由日本民主黨幹事長小澤一郎在1993年，於其著作《日本改造計畫》一書中提出，日文漢字為「普通國家」，有時以「正常國家」作說明。中國大陸和香港地區直接翻譯為「普通國家」；在中華民國台灣，無論學術著作或新聞報導，一般翻譯為「正常國家」。「普通國家」與「正常國家」，二者意義相同。

[4] 陳錦昌主編，《大國崛起：日本》，台北：青林國際出版公司，2007年，頁187。

代表，是東京到大阪時速 200 公里的新幹線，在 1964 年東京奧運前九天通車，從東京到大阪只要 4 小時。[5]

1964 年 10 月，日本主辦東京奧林匹克運動會，象徵戰後新日本的再度崛起。1969 年日本國民生產總額名列世界第二，經濟大國的日本已經能夠設定自己的國家目標，處於可主動執行任務的國際地位。日本的大國意識，亦逐漸生根茁壯。1972 年，日本與中國建交，隨後在中日友好和平條約的簽訂過程中，採取與中蘇的等距外交。1973 年在中東石油危機中，日本採取偏向阿拉伯陣營的立場。1975 年日本參與在法國舉辦的先進國家領袖高峰會，正式確立經濟大國的地位。1978 年，由福田赳夫（Takeo Fukuda）首相帶動在東亞地區展開「全方位外交」。1980 年，大平正芳（Masayoshi Ohira）首相在澳洲宣示「環太平洋圈構想」的理念。日本作為一個初試啼聲的「大國」，開始有不同於戰後初期的各種外交表現。

壹、1960 年代後日本的經濟大國外交

1960 年 1 月，日美簽訂《日美共同合作和安全條約》，代替舊的安保條約。新條約刪除駐日美軍可以鎮壓日本內亂的「內亂條款」，和不經美國同意日本不得向第三國提供軍事基地的條款，確立日本政府基本上恢復完整的國家統治權，政治上的獨立權。新條約中還規範美國對日本的防衛義務，確定發生緊急情況時，駐日美軍更換裝備時，以及在日本領土以外進行軍事行動時，兩國隨時協商的制度。根據新條約，日美兩國在政治、經濟及安全保障方面的關係進一步明確，使日美經濟與軍事合作得到加強，形成「平等夥伴關係」。[6]

---

[5]　同前註，頁 188。

[6]　馮特君主編，《當代世界政治經濟與國際關係》（第 4 版），北京：中國人民大學出版社，2008 年，頁 223。

　　日本軍力的產生，原係補充美軍撤退後的不足（1955 年至 1960 年之間約為 10 萬人），至 1961 年 7 月始有較為遠大的防衛計畫，其構想係日本一旦受攻擊，於等待美軍增援或核子報復時，所應具備防阻敵人的力量。佐藤榮作（Eisaku Sato）首相對擴張軍力的問題較為小心翼翼，他於 1967 年宣布「核子三不原則」，就是日本決不製造、不保有或不由他國輸入核子武器。惟在 1970 年，防衛廳長官中曾根康弘（Yasuhiro Nakasone）於防衛白皮書中，進一步表示，日本要「軍事自主」，以備美國未能及時協助時，仍可生存。[7] 自 1970 年代以來，日本的軍事安全政策，在排除核武的原則下，逐漸擴充武裝力量，以因應國力的壯大。此一情況至今未變。

　　1972 年美國將沖繩歸還給日本，清除美國占領所留下的一個重要法律陰影，雖然美軍仍留駐該島，然終於得到長期以來渴望的主權，替日美關係提供一個新的平等機會。不過前一年有兩樣事件發生，削弱兩國關係，可以稱為「尼克森震撼」。首先，在 1971 年 7 月，美國總統尼克森宣布訪問中國，這消息震撼世界，而且美國與中國迅速建立正常的外交關係。其次，在同年 8 月，尼克森宣布美國放棄金本位，准許美元與其他貨幣匯率浮動，日圓因此急劇上升，它固然反映出日本的經濟實力，但亦使日本出口付出更大的代價。因此沖繩雖然歸還日本，尼克森震撼卻象徵著日本與美國一個新衝突時代的來臨，這個時期橫跨 1970 年代與 1980 年代，尤以經濟問題最為嚴重。[8] 由於美國的經濟實力在全世界的相對優勢逐漸降低，日本有機會重新站上國際舞台。

　　1970 年，中國在文化大革命的動亂之後，逐漸恢復與世界接觸。日本國會與主要商業組織團體，發出追隨加拿大承認北京政府的呼聲，中國的反應則為，願意對日本在台灣的現有投資，採取彈性看法。當尼克森總統

---

[7]　畢士禮（W. G. Beasley），《現代日本的崛起》（The Rise of Modern Japan），頁 205。

[8]　安德魯・戈登（Andrew Gordon），李潮津譯，《二十世紀日本：從德川時代到現代》（A Modern History of Japan: From Tokugawa to the Present），香港：中文大學出版社，2002 年，頁 357-358。

於 1971 年 7 月，宣布將往中國訪問，以尋求恢復自 1949 年以來中斷的關係時，東京表示歡迎。日本於 1971 年秋天派遣兩個商務代表團前往中國，10 月間中國進入聯合國，使得正式外交行動更易於展開。[9]

1972 年 7 月，田中角榮（Kakuei Tanaka）內閣成立，在就任首相時的談話中，田中表示將很快的展開與中國關係正常化。同年 8 月，田中在華盛頓與尼克森總統召開領袖會談，讓美國明白相關進程；9 月田中訪問中國，達成日中兩國邦交正常化。至此，除北方領土問題和北韓關係正常化外，已經完成二次大戰後的善後處理工作。[10]中日兩國關係正常化，提升日本在東亞的外交自主性，並為與東南亞國家更綿密的互動，解除可能的攔阻或顧慮。

1973 年 10 月爆發第四次中東戰爭，「阿拉伯石油輸出國家組織」（Organization of Arab Petroleum Exporting Countries, OAPEC）的阿拉伯產油國宣示，對美國以及支持以色列的國家實施全面禁運，並對其他國家實施部分禁運。11 月 14 日美國國務卿季辛吉到東京，要求日本與美國採取同樣的行動，但無法答應日本希望由美國供應原先從阿拉伯國家供應的石油。因此，田中內閣於 11 月 22 日，由二階堂進（Susumu Nikaido）官房長官表達，請以色列自 1967 年第三次中東戰爭占領地撤軍等「偏向阿拉伯陣營」的觀點，而確保了從中東來的石油供應。[11]1973 年的石油危機，日本為國家的生存發展，採取與美國不同的中東政策，其後衍生為「總合性安全戰略」的理念，國家安全涵蓋軍事、經濟、資源、環境等各方面。

1974 年三木武夫（Takeo Miki）擔任首相，三木在外交上的最大成就是參加先進國家領袖高峰會。1975 年 11 月，法國總統季斯卡（Valéry Giscard d'Estaing）提議，面對石油危機後的世界經濟不景氣，美國、英

[9]　畢士禮（W. G. Beasley），《現代日本的崛起》（*The Rise of Modern Japan*），頁 206。

[10]　田中康友，〈日本外交史〉，東海大學教養学部国際学科編，《日本の外交と国際社会》，神奈川：東海大學出版会，2005 年，頁 8-9。

[11]　同前註，頁 9。

國、法國、西德、日本和義大利等國領袖，應就總體經濟政策、貿易、通貨、能源等問題商議，而於法國朗布依埃（Langbuyiai）聚會。日本成為工業大國高峰會（G6）的創始國，也在國際社會確立經濟大國的地位。[12] 1976 年 6 月在波多黎各召開的高峰會，加拿大入會成為 G7。歷屆高峰會除 1980 年在義大利舉辦時，因大平正芳首相驟逝，派大來佐武郎（Saburo Okita）外相代理參加外，日本政府均由首相出席。

不過，日本在高峰會的表現，顯示日本還沒有準備或決心成為一個真正的大國。日本政府在會議中，採取消極立場，要求排除政治問題的議論，限定談經濟問題。這不僅充分暴露日本不擅長多邊外交的弱點，也欠缺「日本應該為世界做些什麼」這種全球視野的願景。[13] 在 1970 年代，日本仍未做好要在國際政治領域，角逐大國地位的心理準備，依然以經濟實力，追求國家安全與穩定，避免涉入國際政治或軍事事務。

日本在 1970 年代，對參與美中蘇戰略競賽與權力均衡遊戲，一貫採取拒絕或迴避的立場，其後福田赳夫首相稱之為「全方位外交」。這是基於憲法第九條和平主義，體現日本和平國家的外交。然而，從實際上分析，能夠進行這種和平外交，是由於美日安保條約的支撐。[14]「全方位外交」亦含日本與中蘇的「等距外交」和突破意識形態界限的外交政策之意。

正如「尼克森主義」所示，基於美日安保條約，要求日本分擔合作的責任，美國政府在公開的政策上顯示，日本並非一個大國。1970 年代美中關係正常化的時期，當時中國的研究學者，以獨特的戰略思維，稱美中蘇關係為「大三角」，日中蘇關係為「小三角」，可說將日本外交的性質充分表明出來。不過，真實的情況是，日本不僅「大三角」，連「小三角」的戰略遊戲都沒有參與。1970 年代日本的外交，拒絕以中蘇對立為外交的

---

[12] 田中康友，〈日本外交史〉，頁 9。
[13] 增田弘、佐藤晉，《日本外交史ハンドブック - 解說と資料》，東京：有信堂高文社，2007 年，頁 198。
[14] 添谷芳秀，《日本の「ミドルパワ -」外交》，頁 100。

前提，而採取與中蘇兩國的等距外交。[15] 日本在 1970 年代由於經濟力量已居全球第二，而為各方看重，但在大國關係中，仍扮演被動反應的角色，謹慎執行外交政策。因此，事實上並沒有美中日或日中蘇「小三角」的戰略設計。

中日和平友好條約，由於中國堅持「霸權條款」，經過四年仍未簽訂。中國與蘇聯決裂甚深，有意以反霸權條款為根據，將美日兩國納入，擴大反蘇陣營的包圍網。日本政府採取「等距離外交」或「全方位外交」，無意捲入中蘇對立。然而，1978 年 5 月，美國總統卡特敦促福田赳夫首相早日簽訂中日友好條約，同時，中國方面也對日本「本條約不影響對第三國關係」的提議讓步，終於在同年 8 月簽字。10 月，鄧小平副總理為交換中日和平條約來到日本，除會見天皇並對美日安保條約和自衛隊表示理解。[16] 此一時期，日本雖仍充分尊重美國的立場與觀點，但在實際運作上已逐漸展現相當程度「自主外交」的作為。特別在越戰後的東南亞，日本更有意加強其政治與經濟影響力。

1978 年 8 月福田赳夫首相，在馬尼拉的東南亞國協高峰會發表「福田主義」，宣示日本的東南亞政策。福田首先指出：1. 日本不會成為軍事大國；2. 日本會在廣泛的領域與東南亞各國建立水乳交融相互信賴的關係。更重要是，3. 日本從「對等合作者」的立場，積極配合東南亞國協各加盟國強化連帶性與強韌性自主化的努力，並企求促成與中南半島各國間基於相互理解的關係，從而對建構東南亞區域的和平與繁榮有所貢獻。這就是日本對東南亞外交的核心理念。[17]「福田主義」的談話，大受歡迎。此一聲明不只經濟面，它也意含將在政治層面盡到一定的責任。日本要扮演東南亞國協（The Association of Southeast Asian Nations, ASEAN）各國與共產

---

[15] 添谷芳秀，《日本の「ミドルパワ-」外交》，頁 111。

[16] 增田弘、佐藤晋，《日本外交史ハンドブック-解説と資料》，頁 209。

[17] 添谷芳秀，《日本の「ミドルパワ-」外交》，頁 128。

化的中南半島三國之間的橋樑角色，它也隱含著日本自二次大戰戰敗後，再次以大國的姿態回到東南亞的事實。

　　綜合而言，1970年代日本的「全方位外交」，具有以下幾項特質：1.繼續以日美安保條約為中心，並以日美關係為基軸的外交路線；2.致力與相互對抗的中國和蘇聯，建立個別的雙邊關係；3.在美國主導的冷戰秩序崩潰的東南亞地區，不僅與西方陣營的東南亞國協各國交往，也建構與社會主義的中南半島各國的關係，以企求整個區域的穩定。換言之，一如從前，基本上日本仍屬於美國領導的西方陣營，卻超越政治社會體制的不同，與這些國家的關係有進一步的互動；並運用日本的經濟力，確保國際社會的和平與安定。[18]1970年代日本的田中、三木與福田政府，都有「全方位外交」的策略作為。田中政府與中國建立關係正常化、三木政府與東南亞各國的密切來往，以及福田政府的「福田主義」均具有同質性的外交政策內涵。

　　1980年以後，由於日本對石油消費降低，以及分散能源供應，石油問題不若先前重要。日本政府開始發展另一套協調其海外利益的方略，即大平正芳首相提出的「環太平洋圈構想」。自韓國以南，經由中國、東南亞至澳大利亞的弧形各國，運用日本資金形成經濟策略區，目標針對日本原料的需求：中國的煤、印尼的石油、澳大利亞的煤、鐵、礬土，及供應原子能用的鈾。[19]

　　大平正芳在1978年12月7日就任首相，他重視「多國外交」甚於「對美外交」。1980年1月，大平正芳在蘇聯進攻阿富汗後不久，訪問澳大利亞，提出「環太平洋圈構想」。這是對1930年代以來世界經濟區域化以及大東亞共榮圈的反省，不要再有排他性的地域主義存在。因而，慎重的迴避「亞洲」的概念，以「環太平洋」包括亞洲、美洲的地理概念，作為樹

---

[18] 若月秀和，《「全方位外交」の時代 - 冷戦変容期の日本とアジア》，東京：日本経済評論社，2006年，頁323。

[19] 畢士禮（W. G. Beasley），《現代日本的崛起》（*The Rise of Modern Japan*），頁230。

立願景的意識與理念。「環太平洋」是在原本包括中國，也不排除蘇聯，超越政治社會體制的限制，於亞洲太平洋地區，推展經濟上相互依存的關係。在涵蓋多樣的國家群，政治對立的地區，展開經濟統合的工作，一定要有開放性的區域主義概念。[20]大平正芳的「環太平洋圈構想」企圖擴大日本的政治使命，嘗試發揮日本的領導力，以確保日本在海外的國家利益。

　　與「環太平洋圈構想」近似，即有必要成立促進太平洋區域各國合作的組織的觀念，雖不連貫卻也早在日本政治領袖中存在。池田勇人（Hayato Ikeda）首相為其中一人。池田受到歐洲共同體形成的刺激，認為在亞洲亦有可能成立類似的組織。他基於旅歐與兩度訪問亞洲的見聞，腦海中描繪出的美好願景是：「如果亞洲各國互相交換資源、市場與勞動力，導致經濟成長，應可建立一個繁榮的區域。日本有 1 億人、韓國 4,000 萬人、台灣 1,000 萬人，這樣已經有 1 億 5,000 萬人。加上把作為腹地的印尼、菲律賓、澳大利亞、紐西蘭、泰國、馬來西亞等國，以道路、鐵路和船舶連結，整個區域將可匹敵中國 7 億人口的強大力量，形成國民所得達美國一半的繁榮地帶，這就是新的亞洲經濟共同體。」[21]在冷戰時期的亞洲，日本有意在經濟上以「雁形體制」，領導東南亞、東亞和整個太平洋區域的繁榮與進步，並在逐漸形成的影響力中建立「政治大國」的國際地位。

貳、日本「政治大國」願景的浮現

　　日本在 1970 年代克服石油危機，經濟快速的進步。1980 年，比二十年前對美輸出成長 30 倍，對美貿易出超達 100 億美金。一方面，美國貿易赤字持續增加，因越戰導致通貨膨脹，加上二次的石油危機，國際經濟實

---

[20]　井上壽一，《日本外交史講義》，東京：岩波書店，2006 年，頁 216-217。
[21]　渡辺昭夫，《大国日本の揺らぎ 1972-》（日本の近代 8），東京：中央公論社，2000 年，頁 330-331。

力低落。至 1980 年代中期，日本無論在生產、貿易和金融面，都呈現超越美國的逆轉現象。1985 年，日本成為世界最大債權國，美國成為最大負債國。同年 9 月，美、日、英、法、西德 5 國，在紐約達成調整美元的「廣場協議」[22]，其後，日圓兌換 1 美元，由 240 圓升至 120 圓。[23] 1987 年，日本的國民生產總值占世界總產值的 15%，是美國的 56%。1988 年，日本人平均國民所得超過瑞典，躍居世界第一位；日本成為投資大國、債權大國和金融大國。[24] 日本經濟力至此達於高峰，但亦埋下 1990 年代泡沫危機的伏筆。

日本人論中暢銷的外國作品為《日本第一》（Japan as Number One），作者為哈佛大學教授傅高義（Ezra Vogel），書中反映當時日本人信心滿滿的精神，他認為日本成功地綜合出一套社會及經濟制度，美國及其他社會可向日本借鏡。這本書在美國十分暢銷，但真正的欣賞者則在日本，當該書翻譯成日文時，日本讀者十分高興有人點出他們成就的正面價值。[25] 此時，日本已經無法滿足於經濟上單方面的成就，而希望在國際政治外交，甚至軍事方面有更大的作為。

日本遲遲未能成為國際社會所承認的主要大國。成為「正常國家」或「普通國家」和「政治大國」，是自中曾根內閣以來近四分之一世紀日本大國成長的主題。[26] 中曾根康弘，是第一個公開呼籲日本成為政治大國的日本首相。

---

[22] 「廣場協議」：1985 年 9 月 22 日，在美國紐約廣場飯店，美、日、英、法、西德 5 個工業已開發國家財政部長和中央銀行總裁，秘密會晤並簽署著名的《廣場協議》，聯合干預外匯市場，使美元對日圓、馬克等主要貨幣有秩序地下調，以解決美國巨額貿易赤字，從而導致日圓大幅升值。維基百科，http://zh.wikipedia.org/zh-tw/%E5%B9%BF%E5%9C%BA%E5%8D%8F%E8%AE%AE，上網檢視日期：2009 年 8 月 25 日。

[23] 增田弘、佐藤晋，《日本外交史ハンドブック - 解説と資料》，頁 212。

[24] 陳錦昌主編，《大國崛起：日本》，頁 193。

[25] 安德魯‧戈登（Andrew Gordon），《二十世紀日本：從德川時代到現代》（*A Modern History of Japan: From Tokugawa to the Present*），頁 367。

[26] 郭樹勇，《大國成長的邏輯：西方大國崛起的國際政治社會學分析》，北京：北京大學出版社，2007 年，頁 209。

　　1980 年代以後，日本歷屆首相都表示日本要做政治大國的意願。概括起來，日本政治大國目標的基本含義包括：以日美同盟為軸心，以日、美、歐體制為基點，作為西方陣營的重要一員，在國際上發揮作用；立足於亞太，以亞太合作為槓桿，確立日本在亞太的主導地位；以經濟實力為後盾，積極擴大在國際社會，尤其是第三世界的影響；積極全面地參與國際事務，在國際機構中發揮作用，增加對國際事務的發言權；在綜合安全保障的原則框架內，適度增強軍事力量。[27]

　　1982 年 11 月 27 日，中曾根康弘出任首相。他代表戰後日本國內強烈要求成為「政治大國」的一股政治思潮。中曾根於 1983 年 7 月 14 日發表內外政策主張時宣稱：「日本今後應同經濟力量相稱地作為國際國家，在政治方面也積極發言，履行義務」。同年 7 月 28 日，他在群馬縣發表講話時又強調日本要做「政治大國」，「在世界政治中加強日本的發言權」，「增加作為政治大國的分量」。這是日本首相首次將「國際國家」、「政治大國」作為外交戰略口號。[28]

　　1983 年 8 月，在自民黨輕井澤夏季研討會上，中曾根指出日本現在「正處於戰後政治總決算時期」，必須「朝著受到世界信賴的國際國家的方向邁出步伐」。按照 1983 年日本《外交藍皮書》的說法，其核心是強調把「日本迄今經濟為中心的作用，擴大到政治方面去」，「採取國際性的負責行動，貫徹長期一貫的政策」，「開展符合國力和國情的自主積極外交」。[29] 在美國引導與接納下，中曾根的外交理念，形成日本歷屆政府執行「大國外交」的風潮，至小泉政府更把此一理念推向冷戰後的最高點。

　　1979 年蘇聯進軍阿富汗，美蘇關係惡化展開「新冷戰」，雷根總統稱蘇聯為「邪惡的帝國」（Evil empire），採取強硬路線對抗，並杯葛莫斯

[27]　馮特君主編，《當代世界政治經濟與國際關係》，頁 225-226。
[28]　劉江永主編，《跨世紀的日本：政治、經濟、外交新趨勢》，北京：時事出版社，1995 年，頁 344。
[29]　李建民，《冷戰後日本的「普通國家化」與中日關係的發展》，北京：中國社會科學出版社，2005 年，頁 47。

科奧運會的舉辦。中曾根康弘首相，乘機強化美日同盟。他稱日本為「不沉的航空母艦」，提供對美軍事技術的輸出。1983 年 5 月，中曾根並在美國維吉尼亞州威廉斯堡 G7 高峰會，主張西方採取對蘇強硬路線的同一步調。此後，更在大韓民國民航客機因誤入領空，被蘇聯軍機擊落事件，與美國共同公開由自衛隊截收到的蘇聯軍機通訊記錄。[30] 此乃中曾根康弘藉以美日同盟的立場，刻意在國際社會突顯日本「政治大國」的地位。

1983 年 1 月 17 日至 21 日，中曾根首相訪美，面對雷根政府對日本提出擴大安全貢獻的要求，就安全問題作出多種表示，諸如「美日是命運共同體」、「日本將按照自己的判斷並根據國情完成超出以往的責任」及「日本要分擔對世界的安全責任」等。進而，在回答記者詢問日美同盟關係中是否包括軍事同盟時，他十分肯定地回答：「當然（包括）」。[31]

中曾根康弘主張戰後政治總決算，採取檢討過去、策定未來的國家發展方向；提出政治大國的口號，強調日本不僅要做經濟大國，更要在國際舞台上作為與其經濟大國國力相稱的政治大國。於是，首先開啟以首相身分正式參拜靖國神社之先例，又篡改教科書，將「侵略」改為「進出」，以提升日本年輕一代對國家的認同。在軍事上，強調日美命運共同體，承諾增加防衛經費，突破三木內閣以來軍費不超出 GNP 之 1% 的共識，並且進一步表示一旦有事之際，負責封鎖宗谷、津輕、對馬三海峽，承擔海上航線 1,000 海浬的防衛任務，企圖透過《日美安全保障條約》的同盟架構，強化日本的軍事力量，在無形中化專守防衛為海外進出的轉守為攻力量，增大躋身政治大國的分量。[32] 日本雖未明言不只企盼成為一個政治大國，但已對再次成為「軍事大國」躍躍欲試。

1976 年三木武夫內閣，通過防衛預算不超過 GNP 之 1% 的內閣決議。實際上這個決議並沒有發揮到限制經費的作用，因為雖然每次防衛計畫的

---

[30]　增田弘、佐藤晉，《日本外交史ハンドブック - 解說と資料》，頁 199。

[31]　藤原彰，《日本軍事史 下卷戰後篇》，東京：日本評論社，1987 年，頁 184-185。

[32]　張啟雄，〈日本第一 vs. 和平崛起 —— 冷戰前後東北亞國際秩序的衝突與整合〉，頁 609-610。

軍費預算都在擴張，但是由於經濟的高速增長，GNP 的基數不斷擴大，所以 1967 年以後日本的軍費開支基本都維持在 GNP 的 1% 以下，這個決議的實質是為贏得國民對軍費開支的支持。而且，在表達的方式上，這個決議也有著含糊其詞的地方，稱「在防衛力量整備的實施過程中，當前各年度的相關防衛經費的總額應以不超過該年度 GNP 的 1% 為準來進行操作」。這種「當前……以……為準」的表達方式，說明日本最終在這一問題的立場上並不堅決，這個決議只是暫時的，1980 年代後這個決議屢次被突破，最終被徹底廢除。[33]

1987 年 1 月 24 日中曾根內閣通過決議，正式廢除軍費開支 GNP 之 1% 的限制，並規定在「中期防衛力整備計畫」所需經費的範圍內來決定國防預算的方針。這樣日本可以根據「需要」來決定軍費開支，控制日本軍費發展的約束不再存在，這是戰後日本軍事發展史上的一次重大轉折。[34] 因著這樣的轉折，日本軍事預算，列為世界各主要軍事強國中的一員。

美國前國務卿季辛吉，於 1987 年初在《華盛頓郵報》撰文，就當時日本防衛費突破國民生產總值 1% 限額一事評論說：「隨著防衛費的增加，預算限制的廢除，不遠的將來，日本作為軍事大國登上國際舞台將是不可避免。」[35] 冷戰後期日本的防衛力量，已擴充至世界強權的水準。

針對國際社會的這些議論，日本政府一再信誓旦旦地表白絕不做「軍事大國」。但是，包括日本學者在內，很多人對這種承諾表示懷疑。日本著名軍事評論家江畑謙介（Kensuke Ebata），在《日本軍事大國的走向》（1994 年）一書中這樣分析：日本決不當軍事大國一類的發言，只是表明日本領導人目前一種「意向」，而無數事實表明，「意向」之類的東西是可以在瞬息之間變化。「只要日本感覺到有此必要，可以輕易推翻迄今為止的表態。」「如果日本確實不可能成為軍事大國，或者是因為經濟不堪

---

[33] 包霞琴與臧志軍主編，《變革中的日本政治與外交》，北京：時事出版社，2004 年，頁 313-314。

[34] 同前註，頁 318-319。

[35] 王少普與吳寄南，《戰後日本防衛研究》，上海：上海人民出版社，2003 年，頁 397。

負擔，或者是不擁有高技術，那也許世界各國都會相信日本的表態，也用不著擔心了。」他的結論是：「日本已經是世界第二軍事大國」。[36] 在各種不同的世界軍事力量排比中，日本雖非必然排名第二，但總是在十名之內。日本已經是個軍事大國，無庸置疑。

以日本陸上自衛隊為例，其數量雖然不大，但部分主戰裝備非常先進：所擁有的自製 90 式坦克，性能可與美國最先進的 M-1 坦克相比，係應用「複合裝甲」製成。另有 87 式自走高砲、89 式裝甲步戰車、96 式自走 120 毫米迫擊砲、96 式軍兵車等；還有支援 90 式坦克的搶修車、坦克架橋車，都是各主要強國的陸軍中很少有的裝備。其坦克每年更新 50 多輛，未來將全部換裝為 90 式主戰坦克和新型裝甲車。附屬於陸上自衛隊的，則有 10 個岸艦導彈部隊，16 個反坦克直升機隊（直升機共 1,000 架），10 多個聯裝火箭部隊。至 1995 年底，在空防方面已布置 24 套愛國者飛彈及 88 式巡航導彈等。此外，配合陸軍的各式飛機有 498 架。[37] 除沒有核子彈和航空母艦，日本的海軍、空軍自衛隊，同樣擁有世界最先進的戰艦和戰鬥機型。

中曾根康弘首相的「戰後政治總決算」，意在清除戰敗國意識，掃除國內與政治大國目標相悖的各種障礙。在此基礎上，中曾根內閣對日美關係以及日本在國際上的地位予以重新定位，突破包括防衛預算、參拜靖國神社等一系列「禁區」，並大力實施行政、財政和教育改革。因而在一開始就給日本的政治大國目標蒙上一層陰影。[38]

1982 年日本文部省建議公立學校歷史教科書的作者修改內容，減輕日本侵略的罪行，引發中國及南韓強烈抗議。舉例來說，文部省教科書檢定課建議，把 1937 年「侵略」中國改為「進出」中國，當時日本及世界媒體均報導說改變為硬性規定，其實政府只不過是「建議」，無硬性規定執行，

---

[36] 同前註，頁 398。

[37] 李恩涵，《注視日本新軍國主義動向》，台北：海峽學術出版社，2007 年，頁 59。

[38] 馮特君主編，《當代世界政治經濟與國際關係》，頁 226。

事實上後來亦無改變。當然，日本政府無疑是有意降低處理戰爭的調子，這種做法特別招致南韓及中國的不滿，其原因可以理解。1986 年文部大臣藤尾正行（Masayuki Fujio）進一步激怒韓國人，他說 1910 年的日本併吞韓國事件中，韓國人也要負上部分責任，最後被迫辭去文部大臣一職。[39] 上述這些事件，都是在中曾根康弘任內發生。右翼保守派受到鼓舞，意圖掩飾、淡化，甚至合理化日本二次世界大戰的罪行。

　　中曾根康弘的外交，有意修正吉田外交路線。亦即，與高舉經濟第一主義抑制政治軍事責任的主旨「等邊三角形」的吉田路線相較，中曾根路線係以經濟、政治、軍事「正三角形」的外交為目標，視擴大日本政治、軍事角色與經濟大國相符為當然。中曾根宣示「戰後政治總決算」的國家主義，在國際上致力於提升日本的國家地位。日本的外交漸漸的由「政經分離‧經軍分離」，轉向「政經不可分‧經軍不可分」的狀態。[40] 內政上亦配合美國開放市場、減少貿易逆差之要求，採取擴大內需、自動限制輸出額度等措施。

　　1985 年，中曾根內閣設立的諮詢機關「經濟構造調整委員會」，由曾任日本銀行總裁的前川春雄（Haruo Maekawa）擔任主席，發表擴大內需與開放市場的「前川報告」，倡議適合國際經濟的日本經濟變革方針，以及隨後在 1986 年舉辦東京高峰會的成功，或許是戰後日本政治在國際場合揚眉吐氣最為明顯的時刻。[41]

　　中曾根的外交特點之一是將視野擴展到全球，力爭提高日本的國際地位，但因其主張增強國防力量，引起國際上對日本會否發展為軍事大國的擔心。部分國家輿論認為，日本要成為政治大國，必然要以強大的軍事力量為後盾，而這又將為日本從政治大國走向軍事大國奠定基礎，因而日本

---

[39] 安德魯‧戈登（Andrew Gordon），《二十世紀日本：從德川時代到現代》（A Modern History of Japan: From Tokugawa to the Present），頁 364-365。

[40] 增田弘、佐藤晋，《日本外交史ハンドブック - 解説と資料》，頁 199。

[41] 五百旗頭真，《戰後日本外交史》，東京：有斐閣，2006 年，頁 242。

的政治大國戰略是危險的。於是，1985 年中曾根訪問法國時進一步提出「國際國家四原則」：1. 不做軍事大國；2. 維護自由貿易體制；3. 對發展中國家和真正的不結盟國家予以理解與合作；4. 加強日美歐聯合，並展開太平洋、大西洋合作。[42] 中曾根康弘以國際國家的訴求，來解除各國對日本可能再走向軍事大國所存有的疑惑。

慶應大學教授添谷芳秀，以「中等強國外交」的理念，分析中曾根康弘的外交指出：中曾根康弘的外交，既沒有復古的國家主義，亦不具反美意識。同時，他討厭戰後和平主義巧妙包裝，屬於社會民主主義路線的左翼思想。這種中曾根外交的內涵，從以吉田路線為軸心的左右分裂的日本外交結構圖看來，與中庸的吉田路線最接近。[43]

理解中曾根外交的核心，會發現在追求日美對等的外交關係的同時，也應貫徹日美協調（及國際協調）的原則。中曾根對吉田茂「促成美國、價值與利益的共同體」的成就，給予高度的評價。以自由民主主義的價值觀和國際協調主義為日美關係的基礎，是吉田茂和中曾根康弘的共同之處。中曾根康弘嘗試修正吉田茂路線潛藏的扭曲部分，主要的對象是美國和美日關係。在擔任首相時的對美外交，是以國際國家的日本，以外交舞台為尋求全球性國際政治較勁的場所，樹立對等美日關係為主要目的。中曾根康弘特別重視高峰會議，即有此種含意。總之，中曾根康弘在外交上，標榜日本以對美關係為中心的國際國家。[44]

1985 年蘇聯的戈巴契夫（Mikhail Gorbachev）就任總書記，從事重建與改革，並展開外交新思維。1987 年 12 月 8 日美國與蘇聯在華盛頓簽訂《美蘇消除兩國中程和中短程導彈條約》（Treaty between the U.S.S.R. and the U.S.A. on the elimination of Their Intermediaterange and Shorter-range Missiles），簡稱《中程導彈條約》，亦稱《中程核子武器削減條約》，雙

---

[42]　劉江永主編，《跨世紀的日本：政治、經濟、外交新趨勢》，頁 344。

[43]　添谷芳秀，《日本の「ミドルパワー」外交》，頁 135。

[44]　同前註，頁 159。

邊關係開始緩和；1989 年 12 月 3 日兩國領袖 —— 美國總統布希與蘇聯領
導人戈巴契夫，在地中海島國馬爾他（Malta）召開高峰會，象徵冷戰的結
束。

　　戈巴契夫在與日本國際創價會長池田大作（Daisaku Ikeda）對談中
指出，蘇聯自阿富汗撤軍，在強化對新政策的信賴上，邁入重要階段，
也成為解決地域衝突的推動力量。不過，我們不能說因為沒有意識形態
的對立，就會自動帶來完全的世界和平。核武的威脅的確減少了，卻出
現不少我們從未想過的新威脅。[45] 在此一時代背景中，竹下登（Noboru
Takeshita）於 1987 年 11 月組閣，提出擴充政府開發援助（Official
Development Assistance, ODA）、推動國際文化交流和努力追求和平的「國
際和平協力構想」。[46] 其內容包括：在既有的基礎上，擴充對發展中國家
的政府開發援助；在經濟面之外，與歐洲各國推展國際文化交流，建立全
面的外交關係；透過外交努力、派遣重要官員及「以和平為目的的合作」
支援重建工作，以期對動亂地區的和平建構有所貢獻。這是竹下登式的，
符合以經濟立國的日本戰後傳統，以市民的力量全面化的扮演國際性的角
色。[47]

　　1980 年代以後，日本擴大經濟援助，一方面將對外援助置於支持美國
抗衡蘇聯的戰略格局中，另一方面運用手中大量剩餘資金，不斷擴大政府
開發援助，為實現政治大國的戰略目標服務。同時，在地區重點問題上，
積極與第三世界國家及歐洲國家協調合作。在越南入侵柬埔寨問題上，日
本支持東南亞國協的立場，採取與東協配合的政策。在中東、中美洲、南
部非洲和阿富汗等重點地區，日本都採取同第三世界國家趨於一致的立
場。此類行動提高了日本的國際地位。[48]

---

[45]　戈巴契夫（Mikhail Gorbachev）與池田大作，陳鵬仁譯，《二十世紀的精神教訓：戈巴契
　　　夫與池田大作對談集》〈上〉，台北：正因文化事業有限公司，2004 年，頁 251。

[46]　田中康友，〈日本外交史〉，頁 11-12。

[47]　五百旗頭真，《戰後日本外交史》，頁 242。

[48]　馮特君主編，《當代世界政治經濟與國際關係》，頁 227。

　　竹下登的「國際和平協力構想」，在十幾年後，由於日本政府善用政府開發援助，配合聯合國 2001 年「千禧年開發計畫」，及各國重視文化外交軟性國力的趨勢，而逐漸落實於其外交政策之中。

第二節　後冷戰時期日本的外交路線

　　以 1990 年作為日本與全球歷史的一個分界線，其理由十分有力。柏林圍牆在 1989 年拆毀，1990 年東西德統一。蘇維埃帝國在 1989 年崩潰，蘇聯本身亦在 1991 年煙消雲散。在日本，昭和天皇於 1989 年 1 月去世，正是歐洲革命的前夕。同年 7 月，自民黨在參議院選舉中受到重創，這是該黨創立以來首次在國會中失去多數議席。1980 年代投機泡沫亦在 1990 年爆破，舉世觸目，經濟沉滯從此展開，一晃便超過十年。因此，無論從全球背景或國內氣氛來說，1990 年與 1980 年代是完全兩個不同的世代。[49]1990年進入後冷戰時代，對日本而言有機會在重建世界秩序時，形塑新的國家形象。

　　1989 年 6 月發生天安門事件，中國受到世界各國的譴責與制裁。日本在 1990 年 7 月參加在美國德州休斯頓召開的 G7 高峰會，提議解除對中國的制裁。美國布希（George Herbert Walker Bush）總統同意，一向對人權問題極為慎重的歐洲各國，基本上也願意採取同樣的步驟。冷戰結束，以戰略對峙為主題的兩極對立體系成為過去，經濟力量的重要性陡增，經濟大國的日本，在此一潮流中充分發揮作用，使天安門事件後的東亞國際關係，在日本的領導下恢復常態。這是否意味經濟大國在亞洲已持有一定程度的政治分量，是一種時代的趨勢呢？[50] 日本充分期待，21 世紀是美歐日三分天下的局面。

---

[49]　安德魯·戈登（Andrew Gordon），《二十世紀日本：從德川時代到現代》（A Modern History of Japan: From Tokugawa to the Present），頁 381。

[50]　五百旗頭真，《戰後日本外交史》，頁 236。

壹、自衛隊派赴海外參與和平維持活動

　　1989 年 8 月 10 日，海部俊樹（Toshiki Kaifu）首相上台。1990 年 8 月，伊拉克侵占科威特。1991 年 1 月以美軍為首的多國部隊開始轟炸，海灣戰爭爆發。海部內閣為支援海灣戰爭，飽受考驗。1990 年 10 月在國會提出《聯合國和平協力法案》，使自衛隊能參與多國部隊。然而由於海部在自民黨內部缺乏強固的支持，又受到在野黨的正面反對，結果法案無法通過。海部內閣改以提供資金的方式，以總額達 130 億美金支援海灣戰爭。不過，戰爭結束後，包括科威特在內的國際社會，對日本毫無感謝之意，且譏評為支票外交，以致在日本國內開始懷疑「一國和平主義」。[51] 經過一番爭議，日本於 1992 年通過《聯合國維持和平活動合作法》，開始積極參與聯合國和平維持工作。

　　1980 年代末期至 1990 年代冷戰結束，冷戰後日本外交又發生什麼樣的變化呢？最明顯的變化是，1994 年以日本社會黨委員長村山富市（Tomiichi Murayama）為首的聯合內閣成立之際，社會黨很乾脆的承認自衛隊和日美安保關係的合憲性。這對以戰後和平主義為主要訴求的社會黨而言，等於是一種自殺行為。結果，為戰後和平主義代言的政治勢力，在剎那間傾毀。[52] 社會黨本著戰前日本被邪惡戰爭所吞噬的理由，對戰後日本安全保障問題，採取基本教義派的立場反對到底。然而，村山一旦成為首相，基於責任感，不得不重視政府連續性原則，只能捨棄社會黨長期以來的一貫立場，承認自衛隊的合憲，並宣示堅守日美安全保障條約。這不只是社會黨的立場產生戲劇性的轉變而已，它也是戰後五五年體制的對抗軸，在瞬間消失的時刻。[53]

　　對日本社會黨而言，承認自衛隊與美日安保條約的合憲性，是斷送政治前途的不智行為；但對日本整體而言，卻是在安全保障議題上取得國民

51　田中康友，〈日本外交史〉，頁 12。

52　添谷芳秀，《日本の「ミドルパワー」外交》，頁 20。

53　五百旗頭真，《戰後日本外交史》，頁 249。

最大的共識，亦為新保守主義右傾路線打了一劑強心針。

1992 年 6 月，日本國會通過《聯合國維持和平活動合作法》，同年 9 月，首次派遣自衛隊前往參與聯合國柬埔寨暫時統治組織，從事維持和平工作。這些都是日本為國際安全保障，參與多國間國際架構，冷戰後日本外交第一次發生的重要變化。那是掌握住冷戰後多國間安全保障的趨勢，中國或韓國解讀為「軍事大國化」的動機，完全沒有掌握到日本外交的實際情況。參與國際安全保障的摸索，應該是冷戰後日本實質的中等強國外交，發展到與加拿大、澳大利亞或北歐各國一樣的境地。同時，在 2001 年九一一事件發生後，依然持續此一發展趨勢。[54] 添谷芳秀針對 1990 年代日本的軍事變化，從「中等強國外交」的觀點解讀，日本只是順應國際時勢潮流的走向，並非意圖建立「軍事大國」。

1993 年至 1994 年，經過國會的激烈辯論，修改《自衛隊法》，允許自衛隊飛機直接前往衝突地區執行載運難民等任務。1997 年 5 月，柬埔寨政局發生激烈動盪，第一首相拉那烈（Norodom Ranariddh）被第二首相洪森（Hun Sen）趕下台，隨後忠於拉那烈的軍隊與政府軍發生流血衝突。當時的日本首相橋本龍太郎（Ryutaro Hashimoto），立即下令由航空自衛隊派出一架 C-130 運輸機前往泰國空軍基地接運在柬日僑。嗣後，因柬埔寨局勢趨緩，第二首相洪森拒絕外國軍用飛機前往波東機場接運難民，自衛隊派出的這架運輸機只得無功而返。但是，許多觀察家們認為，這實際上是在《自衛隊法》修改後，日本利用航空自衛隊飛機接運難民的一次實際演練。[55] 以上事實已然顯示出日本具備獨立的防務體系及戰爭潛力。

1994 年 6 月北韓退出國際原子能總署，執意發展核武，美國面臨朝鮮半島戰爭危機，美國與日本政府當局，對一旦有事時，美日安保條約如何有效發揮機能，極為擔心。當時，許多美國人不斷發表「朝鮮半島開戰，犧牲無數美軍時，如果日本什麼也沒做，美日安保條約就停擺了。」之類

---

[54] 添谷芳秀，《日本の「ミドルパワー」外交》，頁 173-174。
[55] 王少普與吳寄南，《戰後日本防衛研究》，頁 404。

的言論。從那時起，美日安保關係進入「再確認」的過程，開始嘗試挽救美日安保條約。其後，才有新「防衛計畫大綱」（1995 年 11 月）、「美日安全保障共同宣言」（1996 年 4 月）、《新美日防衛合作指針》（1997 年 9 月）與「周邊事態法」（1999 年 5 月）的具體成果出現。[56] 然而，從客觀的立場分析，日本縱使無意走向「軍事大國」之路，卻已經不再遵守「專守防衛」原則，日本的軍事潛力也足可成為「軍事大國」，雖然仍有若干限制。

　　1995 年，日本防衛廳制定出「促進同亞太各國進行安全對話與防衛交流，以減少地區不穩定因素」的基本方針。在這一方針的指導下，日本在亞太地區開展積極主動的軍事外交活動。除與美、韓兩國外，日本還開始與俄羅斯、中國、印度以及東盟多數成員國開展軍事交流和安全對話。自 1996 年以來，隨著日本對俄政策的轉變和日俄關係改善，兩國的軍事交流開始解凍。迄今為止，雙方已經實現國防部長和總參謀長的互訪，建立定期磋商制度，簽署涉及船艦互訪、聯合演習等 10 項內容的防衛交流備忘錄。此外，日本亦與中、韓等國實現軍事首腦互訪，和新加坡就日本自衛隊船艦、飛機使用新加坡軍事基地，進行人道主義救援或國際維和行動達成協議，與澳大利亞、印尼、馬來西亞、泰國等建立定期防務磋商機制。[57]

　　有關日本的防衛力，在冷戰時期，為防被蘇聯威脅，自衛隊只能限定擁有「基本的」部隊裝備，用以排除「限定的小規模」攻擊；一旦超過此一標準，日本必須仰賴美軍的防衛能力。1976 年第一份「防衛計畫大綱」基本上是以此一標準為核心。1995 年「防衛計畫大綱」基本上是為因應後冷戰國際情勢的不確定狀態，防衛力必須有所提升。如今強調「多機能彈性的防衛力」，一方面可以參與聯合國和平維持活動，自衛隊派遣海外的機會增加，另一方面，為防衛日本本土，自衛隊所負擔之責任已經超過以

56　添谷芳秀，《日本の「ミドルパワ－」外交》，頁 175-176。

57　陳峰主編，《日本社會政治生態變化與中日關係》，北京：世界知識出版社，2007 年，頁 105。

往，相關的部隊與裝備有必要加以調整。[58]

　　美國政府向日本施加壓力，要求日本自衛隊擴大任務，不單只是防衛日本本土，更要成為美國的積極軍事夥伴。1997 年日本擬定的《新美日防衛合作指針》，從寬解釋，實質上承諾自衛隊更大的活動能力。根據新的指南，當日本本土周邊以外地區「有事」時，自衛隊可向美國軍隊提供合理的援助。新授權的活動包括檢查第三國的船隻，搜索及救援美國人員及日本海外國民。[59]

　　冷戰結束後，日本認為其本土遭到直接進攻的可能性大大降低，對其安全的最大威脅來自其周邊地區的諸多不穩定因素，例如沿著日本海上生命線的地區，以及朝鮮半島局勢等。以海灣戰爭和朝鮮半島危機為契機，日本政府在集體自衛權上所採取的立場的妥當性開始受到質疑。[60]

　　日本積極投身於和平維持活動（Peace Keeping Operations, PKO）行動是打著聯合國的旗號，以「國際貢獻」為名，同時又對可能涉及使用武器的業務進行凍結，因此很難斷言說日本在行使集體自衛；但至少可以肯定的是，日本通過這樣一種方式，巧妙地向集體自衛邁進一步。討論集體自衛權的問題在冷戰後已經不是什麼禁忌。[61]

　　1997 年發表的《新美日防衛合作指針》，對冷戰後的日美同盟進行重新定義，儘管新指針稱「日本的一切行動均應當在憲法約束範圍內，遵照專守防衛，無核三原則等基本方針進行」，但作為其重要內容的「周邊事態」卻實際上超出專守防衛的範圍。對「周邊事態」，日本認為「這不是一個地理概念，而是著眼事態的性質」，這種事態「一般來說是指在日本周邊地區發生的，對日本的和平與安全具有重要影響的，伴有武力的

---

[58] 楊鈞池，《從「派閥均衡」到「官邸主導」—— 1990 年代日本政治體制改革之分析》，台北：翰蘆圖書出版，2006 年，頁 277。

[59] 安德魯·戈登（Andrew Gordon），《二十世紀日本：從德川時代到現代》（A Modern History of Japan: From Tokugawa to the Present），頁 407。

[60] 包霞琴與臧志軍主編，《變革中的日本政治與外交》，頁 343。

[61] 包霞琴與臧志軍主編，《變革中的日本政治與外交》，頁 343-344。

紛爭，除此之外，還包括由於國內政治體制的混亂而引發大量難民的情況」，以及為維持和恢復國際和平與安全而由特定的國家採取經濟制裁的情況」。很顯然，日美之間的防衛合作已經不僅僅是侷限於「日本施政領土」的範圍之內，而是擴大到地區乃至全球的規模，只要日美雙方主觀判定「事態性質」，日本就可以採取行動。這實質上是在不改變日本防衛原則的基礎上另闢蹊徑，為集體自衛權的行使創造法的依據。[62] 在美日同盟架構下，日本被動的走上可能介入戰爭之路。

　　日本在整個亞洲地區以至世界各地的軍事角色，無論在國內或海外，是個持續有爭議的論題。波斯灣戰爭以後，日本政府授權自衛隊參與聯合國維持和平行動，自衛隊第一個行動是 1992 年前赴柬埔寨，其後四年當中，自衛隊先後四次參加聯合國行動，頭三次是監督安哥拉（1992）、莫三比克（1993-1995）、薩爾瓦多（1994）等地方的選舉活動，第四次則是監察以色列與敘利亞間哥蘭高地的停火事宜（1996），這些活動反映出日本國際角色的重要與擴大。[63]

貳、後冷戰時期的日本外交關係

　　後冷戰時期日本全球的外交關係如下：1. 東南亞外交，金融危機中，日本展現經濟金融實力，協助相關國家度過難關，對其進一步開拓政治或安全領域的合作，奠定良好基礎；2. 歐洲外交，日本強化與其經濟關係，並藉先進工業國家高峰會的舞台，彰顯其全球的政治經濟影響力；3. 中東外交，確保能源供應無缺，仍是最主要的外交目標，但同時調整日本與阿拉伯國家及以色列之間的平衡外交關係；4. 非洲地區外交，日本基於經營大國外交的理念，關切並擴大對非洲國家的開發援助；5. 中南美外交，日

---

[62]　同前註，頁 344。

[63]　安德魯‧戈登（Andrew Gordon），《二十世紀日本：從德川時代到現代》（*A Modern History of Japan: From Tokugawa to the Present*），頁 407。

本擺脫以往擔心走入美國後院的顧忌，以支援政治改革及加強政治對話為主要活動。

一、日本對東南亞的外交關係

　　1997 年 7 月泰幣暴跌，金融危機爆發，隨後韓國、印尼也被波及，由金融危機演變成經濟危機，並擴散至東亞地區。日本橋本政府本來有意設立亞洲貨幣基金，強化區域性的金融架構，但美國反對。日本只好另外採行兩國間緊急支援措施，其中給泰國 40 億美金、印尼 50 億、韓國 100 億，後來加上貿易保險，以及在 1998 年 4 月的追加金額，支援總數達 430 億美金。[64] 金融危機，使東南亞聯盟的國際地位發生動搖，日本與東南亞關係的發展增添新的不確定因素。在新形勢下，日本政府採取如下方針：1. 繼續擴大政治、安全合作；2. 在新層次上加強經濟合作；3. 繼續充當「美、亞之間的橋樑」。[65] 東南亞區域是日本對外援助的重點地區，隨著 ASEAN ＋ 1（東協＋中國）、ASEAN ＋ 3（東協＋中國、日本與韓國）、東亞高峰會的舉辦及東亞共同體的即將成立，今後日本與此地區將更緊密的結合與互動。

二、日本對歐洲的外交關係

　　進入 1990 年代，日歐關係處於新的歷史性轉折點；冷戰對象消失後，日歐關係從「西方一員」向「全球夥伴」轉變，在日歐業已崛起的情況下，兩者在對美關係中增加對等因素實屬歷史的必然；經濟因素在各國對外政策中的比重提高，原來比日美、歐美關係相對薄弱的日歐經濟關係亟待加強；東亞經濟蓬勃發展，亞洲對日歐關係的影響顯著增強。在新的條件下，戰後數十年間影響日歐關係的基本框架開始呈現的新特點為：第一，

---

[64]　五百旗頭真，《戰後日本外交史》，頁 259-260。

[65]　金熙德，〈努力推行全方位外交，開闢外交新領域〉，蔣立峰主編，《21 世紀日本沉浮辨》，北京：中國社會科學出版社，2000 年，頁 398（397-410）。

加強雙邊政治、安全合作，謀求在國際事務中發揮舉足輕重的作用。第二，「以合作代替對抗」，在新的戰略高度上解決雙邊經濟問題。[66] 日本與歐洲各國一向來往密切，競爭中有合作，並持續朝此方向邁進。

三、日本對中東的外交關係

確保能源的穩定供應，是日本外交的最重要目標之一；保持對美協調和能源外交的平衡，是 1990 年代日本外交的重要領域。1995 年 9 月 12 日至 19 日，村山富市首相赴沙烏地阿拉伯、埃及、敘利亞、以色列、約旦和巴勒斯坦的加薩地區進行訪問。日本政府把此次首腦外交定位為「新的中東外交」，其中心內容是由 1973 年以來的「石油外交」和「阿拉伯一邊倒外交」轉向「平衡外交」，加強與阿拉伯和以色列兩方面的關係，改善對美國的政策具有影響力的猶太人對日本的印象。[67] 石油與天然氣等能源是日本動力的根本，日本與阿拉伯國家的關係不能生變，在中東能兼顧以色列的區域平衡外交，是日本推展涉外事務成熟的表現。

四、日本對非洲的外交關係

冷戰結束後，日本根據國際環境變化和大國外交的需要，積極調整對非洲政策。冷戰後日本的對非政策，是在「加強國際貢獻」的總體方針下進行。1995 年日本駐非洲國家大使會議，提出對非政策的基本框架：從國際責任出發改善對非政策；不僅要對非洲經濟發展作貢獻，而且要對其政治改革作貢獻；加強政治互動和經濟合作；及加強政府交流，增進相互理解。冷戰的結束對非洲帶來巨大衝擊，政治民主化和經濟市場化浪潮席捲非洲各國，造成轉型期的政治動盪和經濟困難。鑒於這種形勢，日本調整對非政策，制定以支援非洲的政治、經濟轉型為中心的冷戰後對非政策。[68]

---

[66]　同前註，頁 399。

[67]　金熙德，〈努力推行全方位外交，開闢外交新領域〉，頁 403-404。

非洲距離遙遠，問題叢生，是日本外交亟待經營的一個區域。日本競逐成為聯合國安全理事會的常任理事國，要得到全體會員國三分之二以上的同意，非洲 53 個國家具關鍵性的影響力。

五、日本對中南美洲的外交關係

　　對中南美國家的政治改革提供支援，是 1990 年代日本對中南美外交的重要領域。1990 年 2 月，尼加拉瓜總統選舉、同年 12 月及 1991 年 1 月海地的總統選舉、3 月薩爾瓦多大選、5 月蘇利南大選、1994 年 3、4 月薩爾瓦多總統選舉等活動，日本均派遣選舉監督人員，並加強與中南美地區的政策對話。1990 年代後，日本與里約集團（由 12 個中南美主要國家組成）之間的外長會議已成慣例。1994 年 8、9 月間，河野洋平（Yohei Kono）外相訪問巴西、阿根廷，並請厄瓜多、智利外長也到巴西舉行會談，就加強聯合國作用、國際貿易問題、防止核擴散等問題交換意見。[69] 隨著全球化的進展，日本不必太顧慮中南美洲是美國勢力範圍的看法，日本的中南美外交，在經濟投資、市場開拓與政府開發援助等方面，實有大幅增加的空間。

　　此外，日本對韓關係，亦有微妙的變化。1998 年 10 月，韓國總統金大中訪日，他指出韓日兩國應超越過去歷史的不幸，構築美好的未來，歷史問題是日本自己本身應該正視的問題，今後韓國政府將不再提及。小渕惠三（Keizo Obuchi）首相為回應金大中高格調的合作意向，在兩國發表的共同宣言「邁向 21 世紀的日韓夥伴關係」中，表示日本對韓國過去的殖民統治「誠心道歉」，明文記載謝罪之意。長期以來難以經營的日韓關係，面臨歷史性和解的時刻。[70] 小渕惠三首相任內（1998 年 7 月 30 日至 2000 年 4 月 5 日），日美、日中和日韓關係都相當良好。小渕於 2000 年 4 月因腦梗塞病送醫，延至 5 月 14 日不治去逝。

---

[68]　同前註，頁 404-405。

[69]　金熙德，〈努力推行全方位外交，開闢外交新領域〉，頁 407-408。

[70]　五百旗頭真，《戰後日本外交史》，頁 263。

第三節　日本大國外交戰略的浮現

　　冷戰結束，日本一再強調要積極參與國際新秩序的建設工作，扮演與日本強大經濟實力相適應的角色，發揮與日本國力相稱的領導力量，逐漸擴展國際關係，開拓邁向政治大國的目標。其中最具爭議性的是小澤一郎提出的「正常國家」論述，正常國家的內涵有偏向恢復國家戰爭權的國家主義主張，也有偏向以和平、民主、人權等普世價值為根基，建立足以領導世界的民生大國主張等，日本正在尋求建構 21 世紀的外交新圖像。

壹、日本大國外交戰略的理念及實踐

　　1990 年 1 月 9 日，當時的日本首相海部俊樹致函美國布希總統，提出「必須以美、日、歐三極為主導形成世界新秩序」，公開地表露冷戰後日本國家戰略目標的新追求。同年 3 月 20 日，海部首相在國會發表施政演說中認為，1990 年代是「新時代的開端」，「日本要積極參與國際新秩序的建設工作」，「在國際社會扮演與自己強大經濟實力相適應的角色」，「我們謀求的國際新秩序必須以以下幾點為目標：第一，保障和平與安全；第二，尊重自由與民主；第三，在開放的市場經濟體制下確保世界經濟的繁榮；第四，確保人類能夠生存的環境；第五，確立以對話與協調為基調的國際關係」。[71]

　　1992 年版的日本《外交藍皮書》認為：「隨著國力的增大，日本應發揮的作用已不限於經濟方面，而是擴大到政治方面和全球問題。」「日本必須向國際社會闡明它爭取建立什麼樣的世界，追求什麼樣的目標，並且發揮與國力相稱的領導力量。只有通過這種努力，日本在國際社會中才能夠占有光榮的地位。」[72]

---

[71]　日本外務省，《外交藍皮書》，1991 年版；包霞琴與臧志軍主編，《變革中的日本政治與外交》，頁 200。

[72]　日本外務省，《外交藍皮書》，1992 年版；包霞琴與臧志軍主編，《變革中的日本政治與外交》，頁 201。

這種大國意識也存在於許多政治家和學者之中，他們普遍認為，國際秩序正處於調整之關鍵時期，日本必須抓住這一重要歷史契機，擺脫戰後體制的束縛，提高日本的國際地位和國際影響力，使日本成為「國際秩序的締造者」、「大國外交的推進者」、「國際社會的決策者」和「國際關係的協調者」。[73] 無論海部俊樹的美、日、歐三極新世界秩序的理念，或《外交藍皮書》中的大國意識，均出自日本外務省官僚之筆，描繪出日本後冷戰時代的角色與使命。

上海交通大學教授郭樹勇認為：1990 年代中後期以來，中曾根主義有了一定的變化，主要是由於冷戰結束後日本經濟長期處於低迷狀態，國內新民族主義與保守主義興起，日本政界與壟斷資產階級，要求採取一種更加積極的措施加強國際政治地位和國防工業。日本在維持經濟成長的同時，把政治成長與軍事成長作為其重要的國家戰略目標，具體地講主要是力圖通過不斷擴大內容與目標的日美同盟，使日本成為「政治大國」，突破戰後日本軍事與安全的指向與地理，由「專守防衛」轉變為干預「周邊事態」，同時在國內加大「修憲」的宣傳與社會基礎，爭取早日突破「和平憲法」對日本戰爭權的限制。橋本龍太郎政府與小泉內閣，均是改進的中曾根主義，這表明，日本進入衝刺「政治大國」的重要時期。[74] 橋本首相與美國比爾‧柯林頓（Bill Clinton）總統，在 1996 年 4 月於東京發表「美日安保共同宣言」；2006 年 6 月，小泉純一郎首相與美國布希總統在華盛頓，發表「美日新世紀同盟宣言」，建立向全球領域躍進的美日同盟關係。日本的「專守防衛」國防戰略，已質變為「集體防衛」戰略。

冷戰結束後，日本邁向「政治大國」的社會性成長模式，有三種（參見表 2-1）。

---

[73]　包霞琴與臧志軍主編，《變革中的日本政治與外交》，頁 201-202。
[74]　郭樹勇，《大國成長的邏輯：西方大國崛起的國際政治社會學分析》，頁 211。

表 2-1：冷戰後日本邁向「政治大國」的社會性成長模式表

模式	「普通國家」模式	「民生大國」模式	中間模式
作者	小澤一郎	船橋洋一	河合隼雄[75]
文本	《日本改造計劃》	《日本戰略宣言：以民生大國為目標》	《「21世紀的日本」懇談會最終報告》
理論立場	第一，對於國際社會做理所應當的事情，一定要盡責去做；第二，對於地球環境保護等人類共同課題，要盡力合作。	「既是現實主義者，又是理想主義者」，「必須擁有理念和力量，必須提出戰略」，在和平、發展、人權和環保等領域發揮強大的指導能力。	各國互相建立多邊的夥伴關係是冷戰後的正常態勢。任何大國，只有在國際和平與自由的國際經濟秩序中，才能維持本國生存與繁榮。
戰略理念	經濟援助已做得不錯，現在需要「為國際安全做貢獻」。	主張脫亞入歐，實行「太平洋全球主義」，把日本的經濟力量發展成為「全球性民生大國」。	要成為國際社會化的國家，在保持世界交往中成長，參與國際事務的同時重建國家。要建立多層次的外交。
具體戰略	要突破「和平憲法」的限制，獲得對外合法性戰爭的國際社會與國內社會支持。	堅持日美同盟的同時，改變過度「貼近美國外交」，以多邊主義、日美歐三極合作以及地區多邊主義為戰略重點，清算日本歷史，取得亞洲信任。	繼續發揮與美國同盟的實質性作用，並把戰略重心放在與近鄰國家建立成熟的互利關係上，同時，「必須以聯合國為主支持和加強各種公約等全球性的國際安全保障體系」。

資料來源：1. 李少軍主編，《國際戰略報告》，北京：中國社會科學出版社，2005年，頁422-426。
2. 郭樹勇，《大國成長的邏輯：西方大國崛起的國際政治社會學分析》，北京：北京大學出版社，2007年，頁231。

---

[75] 「河合隼雄」（かわい はやお）（1928年6月23日至2007年7月19日），日本心理學家，京都大學名譽教授，曾任文化廳長官。研究專門領域為分析心理學、臨床心理學和日本文化。維基百科網，https://ja.wikipedia.org/wiki/%E6%B2%B3%E5%90%88%E9%9A%BC%E9%9B%84，上網檢視日期：2017年3月4日。

　　我們從表 2-1 中可以看出，日本戰略關於未來外交方向的三種主要模式，雖然在個別戰略上（如突破「和平憲法」的限制），有著逆國際社會化和東亞有關國家集體意願的影子，但絕大多數的政策主張傾向於反思過分依賴美國支持，以及過於重視自身國家利益和經濟增長的大國成長模式，希望在區域治理和國際責任方面有所貢獻，因而屬於社會性成長的範疇，這說明日本的大國成長道路總體上正接近歷史規律的方向，但能否成功，還要看它在未來國際社會，特別是東亞社會互動過程中的形象塑造水平。[76]

　　小澤一郎認為，戰後以來的日本是一個「單肺」的殘疾國家，主張日本必須改變「經濟一流」、「政治三流」的「小腦袋恐龍」形象。為此，必須擺脫戰後「重經濟、輕軍備」的「商人國家」路線，制定獨立自主的國家戰略。在國內要建立英美式兩大政黨輪流執政的、強有力的政治決策體制和政策體制；要具備「作為國家所應有的所有要素」，包括軍隊和國防，使日本成為和其他大國一樣的「普通國家」或「正常國家」。[77]

　　1993 年 5 月，日本講談社以小澤一郎名義出版一本轟動日本的暢銷書《日本改造計畫》，半年內再版 15 次，該書可說是以小澤一郎為代表的日本「新國家主義」政治勢力的政治宣言。該書的第二部分提出日本要做一個「普通國家」。這個口號及其具體內容在日本引起廣泛爭議。小澤在談論「普通國家」含義時的第一句話是「國家本來都是利己的」。繼而提出：「冷戰後必須早日建立世界新秩序。為此，日本必須比任何國家都要積極發揮作用。日本只能作為真正意義上的國際國家才有出路」，真正的國際國家就是成為「普通國家」。它有兩個條件，一是「在國際社會被認為理所當然的事，就理所當然地盡自己的責任去做」。尤其是「在安全保障方面，也要盡責地做出與自身相稱的貢獻」。二是「對努力創造豐富穩定生活的國家，以及地球環境等全人類共同的課題而做出最大的合作」。[78]

---

[76] 郭樹勇，《大國成長的邏輯：西方大國崛起的國際政治社會學分析》，頁 233。
[77] 包霞琴與臧志軍主編，《變革中的日本政治與外交》，頁 202。
[78] 劉江永主編，《跨世紀的日本：政治、經濟、外交新趨勢》，頁 349。

　　小澤一郎認為，受到「共識政治」的影響，日本政治長期以來一直缺乏強有力的領導者，其實並不會給世界帶來困擾；但是當一個被稱為經濟大國的國家，一舉一動都會影響到世界時，日本政治欠缺領導力的問題將會受到嚴厲的批判，而且也會給其他國家增添相當大的麻煩。[79]

　　小澤一郎主張，為解決日本政治問題，必須進行政治改革，讓首相名實合一，在政治上樹立一個領導權威的體制，因此小澤一郎提出以下的解決方案。首先是緊急事態時可以提供相當資料以使首相做出正確的判斷，同時也可以站在整體性的視野上為政府提出政策立場。二是執政黨與內閣的一體化，並且導入內閣責任機制，要求執政黨負起決策的政治責任。三是採取小選舉區制，由政黨主導的政策選舉，選舉成為政黨代表者間的抗爭，各黨在政策上相互競爭。四是政治資金制度的改革，政治資金全面公開，促使日本政治的透明化與公平性。[80]

　　自民黨內的「穩健派」政治家宮澤喜一、加藤紘一（Koichi Kato）、後藤田正晴（Masaharu Gotoda）等人，則主張「特殊國家論」，即在維護現行憲法和平原則的基礎上，在非軍事領域中為世界作出日本的貢獻。作為革新勢力的社會黨，雖然 1994 年後其基本綱領和政策發生巨大變化，承認自衛隊在憲法框架內，堅持日美安全條約等，但在護憲這一原則問題上仍未讓步，並反對日本在軍事領域作出國際貢獻。[81]

　　中曾根康弘與小澤一郎先後提出「正常國家」的論點後，日本各界對於「日本成為正常國家」的評析，大致可以歸納為兩種不同的說法。第一種說法其實是延續戰後日本憲法「和平條款」的精神，強調日本應該堅持作為「和平國家」的理想，致力於推動世界和平。因此，日本作為正常國家其實也就是作為一個「和平國家」，積極致力於廢除核武、廢除或嚴

---

[79]　楊鈞池，〈日本邁向正常國家與情報機構調整之分析〉，頁 II-1-4。日本論壇會議「2000年後日本體制的再轉型、安全、政治與經濟」，台北：台灣大學政治系台灣安全研究中心，2008 年。

[80]　同前註。

[81]　包霞琴與臧志軍主編，《變革中的日本政治與外交》，頁 204。

格管制大規模毀滅性武器的擴散等國際武器管制體制等議題。憲法第九條「和平條款」以及相關的規範不僅不需要修改,更是日本貢獻國際社會的最佳手段。[82]

　　第二種說法來自於保守主義陣營。例如,1993 年,小澤一郎與豬口孝（Takashi Inoguchi）,認為日本在國際上除作為「經濟大國」之外,應利用其經濟實力來成為「政治大國」,積極參與國際事務;或是,石原慎太郎（Shintaro Ishihara）與盛田昭夫（Akio Morita）,在 1990 年提出,日本應該擺脫對美國的依賴,敢於向美國說「不」;或是,日本應該修改憲法第九條,甚至全面性討論憲法修改的問題。來自於保守陣營的論述,未必強調需要廢除憲法第九條「和平條款」,但是憲法第九條「和平條款」與相關規範有必要加以調整,至少擁有核武等。[83]

　　《朝日新聞》資深記者和評論家船橋洋一（Yoichi Funabahsi）,1991年在《日本戰略宣言:以民生大國為目標》書中提出:「我們反對日本成為軍事大國」,「我們也反對停留在經濟大國。經濟力量必然成為軍事力量的歷史法則是不存在的。絕不把日本的經濟力量改成軍事力量,而應該把它發展成為全球性民生大國」。[84] 他認為,日本「必須擁有理念力量,必須提出戰略」。也就是說要自我定位為「全球性民生大國」,在和平、發展、人權、環保等領域「日本必須發揮強大的指導能力」。可見,「民生大國論」也主張作出「國際貢獻」,但這種「貢獻」是建立在反省歷史、尊重戰後和平發展路線基礎上的。他特別強調,日本要支援發展中國家的經濟發展與民主化、參加聯合國主導下的維和行動、保障人權、保護環境等方面發揮非軍事性的國際貢獻。在這裡,「和平憲法」是日本成為「民生大國」的理念支柱。[85]

---

[82] 楊鈞池,〈日本邁向正常國家與情報機構調整之分析〉,頁 II-1-5。

[83] 同前註。

[84] 包霞琴與臧志軍主編,《變革中的日本政治與外交》,頁 203。

[85] 同前註。

　　所謂「民生大國」論，主要有以下幾種論點。首先是，在冷戰結束後，過去日本政治出現的保守革新路線、左右翼政黨、強硬派與溫和派等意識形態派別應予以排除。過去的日本外交往往沒有特定的政治理念，甚至是受到國際因素等外在壓力而改變外交政策或外交行動。作為民生大國的日本應該在和平發展人權環保等議題上，發揮強大的指導能力。簡言之，民生大國論反對日本成為軍事大國，也反對日本只是作為經濟大國，而應站在全球公民的立場，積極推動全球的和平與繁榮。[86] 船橋洋一的主張，比較符合全球化時代的趨勢，以及日本企求和平、安定與繁榮的主流民意。

　　日本趨勢作家大前研一（Kenichi Omae）亦指出：

> 掀開中國四千年的歷史，日本本來就是個附屬國，歷史的偶然，使我在有生之年，有幸見到日本超越中國。歷史上，日本就有它固定的位置，只是中國突然發生問題，被自己過長的衣服絆倒了，只要它醒過來，做對抉擇，本來就應該領先日本。這表示日本就不好嗎？我不認為。這跟德國與丹麥、瑞士這兩國的狀況類似。日本和中國的人口數相比約一比十；丹麥、瑞士跟德國的人口數相比也是一比十。但你會覺得丹麥是個不好的國家嗎？絕對不會，他們普受世人尊重。可見規模大小對國家是否受尊敬，沒有絕對關係。所以我要說，日本的下一代要準備成為這種「十分之一」的國家。如果這會讓你不舒服，最好趕快清醒一下，因為非常可能會有這個結果。[87]

日本無須與中國在東亞爭霸權，歐盟中德國與法國的並肩合作，應是最佳示範。

---

[86]　楊鈞池，〈日本邁向正常國家與情報機構調整之分析〉，頁 II-1-7。

[87]　大前研一，張新琦譯，《力用中國》（Chugoku Shift），台北：天下雜誌，2003 年，頁 206-207。

貳、小泉政府大國外交的特色

嚴格的說，從岸信介之後的首相，在美日基軸的外交中，都想走獨立自主的外交路線，而事實上，隨著經濟力量的壯大，日本的外交自主性也愈來愈高。從田中角榮應付石油危機，採取與美國不同的中東政策開始，已經喚起日本的大國意識，其後福田赳夫的「福田主義」和大平正芳的「環太平洋共榮圈」理念，亦有再展昔日「大東亞共榮圈」雄風的思維。但真正樹立「政治大國」願景的仍是 1980 年代的中曾根康弘首相。

1990 年，海部俊樹首相則提出「以美、日、歐三極為主導的世界新秩序」構想。1994 年，村山富市領導社會黨在聯合政府時期，宣布承認自衛隊和美日安保條約的合憲性，左右翼思想合流，民族主義大興，更使日本有機會成為「軍事大國」。

自 1980 年代，歷屆日本首相均不約而同的執行「大國外交」政策，小泉政府的大國外交作為，符合小澤一郎使日本成為「正常國家」強調對國際社會有所貢獻的主張；由於外交是內政的延長，小泉政府的內政措施，也符合中曾根康弘「戰後政治總決算」的做法，才會有《國旗國歌法》與《教育基本法》的修訂，要使日本國民從戰敗國意識轉為大國意識，以方便執行「大國外交」。

小泉純一郎自 2001 年 4 月上台，至 2006 年 9 月離任，讓他在外交上有足夠的揮灑機會，顯出他獨有的特色，與以往的歷屆首相多所不同。包括：全力支持美國反恐戰爭、具高支持度的群眾魅力、政策由首相官邸主導、國際知名度最高的日本首相與固執己見少有彈性等，茲分析如下：

一、全力支持美國反恐戰爭

小泉首相在九一一事件後，面對國際危機，發揮領導力建立與美國緊密的合作關係，擴大日本在國際安全上的角色。小泉外交的特徵，在於將日美關係置於最特殊與最重要的地位。其他沒有任何國家具有與美國一樣受到日本同樣的對待。並將重視美國外交基軸的理念及做法，與亞洲外交

連結，以實現雙贏策略。他和岸信介（對東南亞與美國）、佐藤榮作（對越戰周邊國家與美國）與中曾根康弘（對韓國、中國與美國）的外交做法有所差異。[88] 2003 年 12 月 9 日，小泉首相在派遣自衛隊前往伊拉克的聲明中表示：「一個人的生命比地球還要貴重」，雖然與戰後日本和平主義喜愛的說法一致，小泉卻也同時呼籲，儘管可能有所犧牲，仍將站在反恐陣營的一邊。這可說是日本戰後一種認識革命的領導風格。[89] 小泉純一郎首相任內，因緣際會與美國結成最堅實的美日同盟，全力支持布希總統主導的反恐戰爭，與其國內堅持改革的魄力相互呼應，在日本國內贏得歷來最高度的支持。

二、具高支持度的群眾魅力

2006 年 9 月，執政五年五個月的小泉純一郎首相卸任。任期僅次於佐藤榮作的七年八個月和吉田茂的七年兩個月，為戰後歷屆首相的第三位。歷史功過尚難定論，但在今天，對被諷刺為「小泉劇場」的小泉內閣而言，其一連串改革與施政，一般認為在內政上得分較高，外交上得分較低。[90] 小泉內閣受到國民的支持，經常維持驚人的高支持率。就任後六個月，根據日本新聞網（Japan News Network, JNN）的調查高達 92.8%，離任時也有 61.9% 的支持率。如此長期的高支持率，是日本歷屆內閣所僅見。[91] 由於高民意支持度，讓小泉首相在外交表現上自信十足，展現大國架勢。

三、政策由首相官邸主導

二次大戰後的日本外交，沒有任何一個政府像小泉政府一樣，首相的個性明顯的影響對外決策。中長期的外交戰略，究竟是否出自首相，是另外一個問題，首相官邸經常成為外交工作的司令部卻一點也不用懷

88　五百旗頭真，《戰後日本外交史》，東京：有斐閣，2008 年，頁 274。

89　同前註，頁 272。

90　增田弘、佐藤晉，《日本外交史ハンドブック - 解說と資料》，頁 274。

91　飯島勳，《小泉官邸秘錄》，東京：日本經濟新聞社，2006 年，頁 7。

疑。[92] 2003 年 5 月 23 日，小泉首相與美國總統布希，在美國德州舉行高峰會談。對小泉政府而言，日美關係的最大考驗是陸上自衛隊的派遣。小泉首相在會談中強調：「日本會有積極的貢獻，日本將考慮採取某種主要作為，希望能提供符合日本國力的貢獻。」其實，外務省官員事前向小泉表示：「在高峰會談中，可表明將檢討制訂新的法律。」然而，小泉以「這個部分，會自行考量」並未接納。「符合國力的貢獻」正是小泉自己想出來的用辭。[93] 小泉亦曾讓全國高知名度的田中真紀子（Makiko Tanaka）外相去職，顯示他不僅主導外交政策，亦主導外交人事。

　　「由上而下的政策決定模式」中，首相必須對政府與政黨，發揮強有力的領導作用，才能使此一機能純熟的運作。過去並非沒有強力主導型的總理，但毫無例外，沒有政黨的背書即無法決策，難以推行任何政治主張。然而，小泉內閣是大幅改變自民黨傳統決策過程的第一個內閣。[94] 在他主導與堅持之下，國會通過爭議性頗高的《恐怖主義對策特別措施法》與《伊拉克復興支援特別措施法》。

四、國際知名度最高的日本首相

　　小泉首相共參加先進國家高峰會 6 次，是日本歷任首相中參與同一會議最多次的首相，其次為中曾根康弘 5 次，橋本龍太郎 3 次，其他皆為 1 次或 2 次。加上，任期中以「特別措施法」的方式，派遣日本自衛隊參與阿富汗戰爭的後勤補給及伊拉克戰爭的戰後重建工作。因此，小泉純一郎應是日本歷任首相中，最具國際知名度的政治人物。

　　小泉總理出國的特徵之一是，積極參與以亞洲地區為中心的多邊協商會議，例如亞太經濟合作會議（Asia-Pacific Economic Cooperation，

---

[92]　新聞政治部，《外交を喧嘩にした男：小泉外交二〇〇〇日の真実》，東京：新潮社，2006 年，頁 12。

[93]　新聞政治部，《外交を喧嘩にした男：小泉外交二〇〇〇日の真実》，頁 168。

[94]　飯島勳，《小泉官邸秘録》，頁 320。

APEC）高峰會（5 次）、東南亞國協與日中韓三國高峰會（5 次）、亞歐會議高峰會（3 次）。這些會議都由各國首長參加，在各種會議中有機會和許多國家的政治領袖會談。小泉總理和布希總統的個人情誼不在話下，其他和參與這些國際會議的各國領袖，也都有親近的關係，例如菲律賓總統艾諾育（Maria Gloria Macapagal-Arroyo）、馬來西亞總理馬哈迪（Mahathir bin Mohamad）、新加坡總理吳作棟。[95]

在外交方面亦與從前的做法不同。以往總理出國訪問，通常依 G8 高峰會各國、東南亞國協各國，亦即從財政、金融、貿易、人才等指標，可稱之為大國的順序進行訪問。不過，外交是在貿易、安全保障、能源或文化等，關係兩國國家利益的層面來判斷的事務，與國家的大小規模無關。小泉總理在任中出國 51 次，合計訪問 49 國，他不是照著外務省或其他部會決定的劇本演出，而是在總理親自領導下，針對自由貿易協定、世界貿易組織、能源問題等重要的外交問題，不論國家大小適時前往訪問，以尋求解決之道。[96] 不論小泉外交工作成效如何，至少其對外交工作的熱衷與投入，是日本歷屆首相中少有堪可與其比擬者。

五、固執己見少有彈性

小泉政府在冷戰結束後，面對邁入新階段的世界，與歷代政府確實顯示其異質性。在外交方面，具現實主義者的特質。不談是非對錯，小泉政府在美國攻擊伊拉克後，立即表態「支持」；靖國神社問題，一點也不願跟中國妥協。若是日本以往政府的做法，前者應僅止於表達「理解」的程度，後者會顧及中國的反應。[97] 小泉政府的外交和內政一樣熱鬧非凡，正反批評兩極，但在事過境遷之後，日本國民傾向瞭解小泉整體外交戰略思慮不足。

95　飯島勳，《小泉官邸秘錄》，頁 37。
96　飯島勳，《小泉官邸秘錄》，頁 321。
97　伊奈久喜，〈小泉外交とはなんだったのか〉，東京：《外交フォ-ラム》（Gaiko Forum），2006 年 11 月号，頁 12（12-19）。

　　2001 年 9 月 11 日，美國發生恐怖攻擊事件，小泉純一郎首相在 12 日隨即表示：「強力支持美國，和全力提供必要援助和合作的決心」。如其所言，10 月即制訂《恐怖主義對策特別措施法》，派遣海上自衛隊到印度洋，參與美軍和英軍燃料補給的行動。接著，美國於 2003 年 3 月發動伊拉克戰爭，小泉立即予以支持，並強調：「美國是日本無可替代的同盟國，提供我國和平與安全極為貴重的嚇阻的力量。美國為國際正義準備有所犧牲之時，在可能範圍內予以援助，是日本的責任，也是理所當然的事。」同年 4 月，英美聯軍攻陷巴格達，5 月伊拉克戰爭結束，小泉政府在 7 月制訂《伊拉克復興支援特別措施法》，2004 年 1 月派遣陸上自衛隊至薩瑪沃（Al-Samawa）[98]，支援給水等復建工作。[99] 小泉政府對美國一邊倒的全力支持，當然受到美國歡迎，但並不一定符合日本長期的國家利益。

---

[98]　「薩瑪沃」（Al-Samawa），一個位於伊拉克南部的城鎮，在巴格達東南 280 公里處的幼發拉底河河畔，是穆薩納（Al-Muthanna）省的首府。2002 年時統計人口為 124,400 人，大多數人口都信奉伊斯蘭教什葉派。日本自衛隊自 2004 年 1 月開始駐紮於此。維基百科網，http://zh.wikipedia.org/wiki/%E8%96%A9%E9%A6%AC%E7%93%A6%E5%B8%82。上網檢視日期：2008 年 11 月 4 日。

[99]　田中康友，〈日本外交史〉，頁 14。

第 3 章

聯合國中心的政治外交 [1]

　　從日本外交藍皮書中可看出，日本外交政策有其一貫性，即強調其獨
立自主。日本自 2001 年新世紀開展以來，作為亞洲太平洋主要民主先進
國家，及世界性的領導國家，希望憑藉厚實的經濟與科技實力，在國際合
作中發揮領導作用，對建設世界有所貢獻。小泉純一郎執政期間，最具關
鍵地位的外交使命，應是矢志成為聯合國安全理事會的常任理事國。亦即
「聯合國中心的外交」，是小泉純一郎政府外交政策的核心工作，甚至一
向居最高選項的「美日軸心外交」亦退居二線，表面上更加緊密深化的美
日外交關係，實則日漸突出日本的獨立自主性。

　　《2001 年外交藍皮書》序言中指出，日本觀察 21 世紀國際社會的新
面貌，要站在三個角度分析：1. 民主主義，包含自由貿易、尊重人權、市
場經濟等價值觀與制度的更加普及；2. 科學技術的進步，伴隨人類活動的
進展，全球化問題的對應，日益重要。如地球的暖化、臭氧層的破壞等跨
越國境的環境問題，以及大規模破壞性武器及彈道飛彈的加速擴散，造成
新的威脅等；3. 國際社會普遍價值觀的建立，及有必要以全球力量共同解
決的國際問題的出現，使得國際間協調行動的重要性日益提高。[2] 日本發

---

[1]　2011 年 11 月 24-25 日，中央研究院近代史研究所舉辦「中國與周邊國家關係」國際學術
　　研討會，作者以本章摘要，發表論文〈小泉政府邁向政治大國的外交政策：以聯合國為中
　　心〉。

[2]　日本外務省，「平成 13 年外交青書」，2001/9/5，http://www.mofa.go.jp/mofaj/gaiko/blue
　　book/01/index.html，上網檢視日期：2008 年 8 月 9 日。

現要因應新世紀的三項主要變動，包括：自由民主制度的擴展、科技進步伴隨的全球化現象及國際協調合作的重要性日增。

在全球化時代，日本面對的人類社會問題有五種。即：1. 破壞國際社會和平與安定，大量破壞性武器及彈道飛彈的問題；2. 預防紛爭解決有關和平維持活動問題；3. 通信技術革命及全球化競爭的激烈，造成各國新貧階層的出現，招致社會秩序不安而孕育一定的危險性問題；4. 開發中國家如無法達成中長期的成長，將難以帶來經濟效益，亦無從產生預防政治紛爭的問題；5. 國際組織犯罪、傳染病、環境問題等，必須由國際社會共同商議與處理的問題。[3]

綜合以上所提日本外交決策部門，對 21 世紀國際社會的認知，與面對的國際問題，小泉政府計畫採取適切的外交政策。小泉純一郎政府的外交政策，根據《外交藍皮書》可歸納為四個重要部分，即：1. 致力聯合國中心的外交政策，由改革安理會著手，解決國際協調的問題，確立日本在國際政治領域的主導地位；2. 實踐美日軸心的外交政策，參與聯合國和平維持活動（PKO），解決區域紛爭，投入戰後重建，贏得國際社會的尊重與信賴；3. 運用政府開發援助（ODA）的外交政策，重點由亞洲地區漸次轉向已陷困境的非洲地區，協助開發中國家脫離貧困，建立良好的統治模式和穩定的經濟社會；4. 推廣文化外交政策，宏揚民主、自由和平的理念，樹立反核反戰、綠色環保等有特色的普世價值。

小泉政府 2005 年度的重點外交政策是「保護國民、提出主張的外交」，其綱目含：

一、「保護國民的外交」的安全保障和日僑安全對策：確保國境周邊的安全、應付恐怖主義等對國民新的威脅，及保障海外日僑的安全等。

二、「率領風潮的外交」建立國際新秩序：實現聯合國的改革，發揮非安理會常任理事國的領導作用、配合全球化的進展制訂相關法則等。

---

[3]　同前註。

三、「提出主張的外交」表達戰略性訊息：強化國內外訊息的發布、促進日本具有魅力的形象。

四、「潛力十足的外交」建立蒐集資訊、開發援助、文化、外交的執行體制：強化政策構想的能力、強化外交戰略基礎的訊息蒐集機能（含衛星訊息等）。[4]

以上四點外交政策綱領，顯然以「率領風潮的外交」為先導，藉著實現聯合國改革，希望成為常任理事國的一員，成為國際社會公認的大國，企圖在全球國際體系中發揮領導作用。「提出主張的外交」，亦可稱為自主的外交，它隱約的表達，今後無意在外交層面，一切唯美國馬首是瞻，強調其獨立國家或正常國家的特質；然而美日基軸的外交，依舊在實際層面左右整個小泉政府的外交內涵與運作。「潛力十足的外交」，則有意在政府開發援助上有更優異的表現，且進一步在文化建設層面，彰顯日本的特色和魅力。以上三項綱目一旦得以達成，「保護國民的外交」此一傳統外交工作的主要任務，自然水到渠成，毫無難處。由此可知，為何在小泉純一郎執政期間的外交工作，日本如此重視聯合國安全理事會的改革。

本章論述日本聯合國中心的外交政策。日本有意在 2005 年聯合國成立六十年，改革安全理事會的修憲議案中，成為常任理事國，以提升其國際政治地位。小泉政府之外交相關政策走向及作為，學界與輿論界的看法，和國際社會的反應，將是分析的焦點。至於聯合國財政問題的改革，和聯合國憲章中所謂敵國條款的問題，是次要的重點。「入常」案後來以形同擱置被否決，原因不止一端，惟其中最具重大影響的是，以中韓為首亞洲國家普遍無意支持日本成為聯合國常任理事國。這涉及日本對歷史問題的認識引起爭議，讓中韓東南亞人民感受不到日本對戰爭的反省，即使一再道歉亦覺誠意不足，這當中最具指標性意義的莫過於，小泉純一郎為競選

---

[4] 日本外務省，「我が国の重点外交政策」，2004/8，http://www.mofa.go.jp/mofaj/gaiko/jg_seisaku/j_gaiko.html#01，上網檢視日期：2008 年 8 月 29 日。

自民黨總裁時的承諾，6 次參拜靖國神社。此外，戰爭處理，挾美國以自重（以揚威亞洲各國）等也都損及其入常。

第一節　聯合國改革議題

　　新世紀日本國際組織外交的主要課題有三：1. 日本在國際組織中的政策目標應予明確化；2. 為有效達成政策，必須講求具體的作為，例如運用多邊外交、成為核心成員國，提供較多的經費等；3. 不僅外務省，各部會均需培養訓練外交人才。[5] 日本政府在小泉純一郎任內，外務省大抵依此逐步調整作法。論及目標的明確化，小泉首相數次在聯合國大會演講，及國內外各種不同場合，一反日本以往低調作風，大力提倡改革聯合國安理會。其次，多邊外交的運用，是日本較拙於表現的一環，惟在小泉純一郎首相任內，以其非擅長的外交領域中，出國多達 51 次，訪問國家次數 81 次，實際到過 49 國，參與多邊會談 31 次，亦屬難能可貴。再者，培養外交人才方面，2006 年 8 月小泉純一郎卸任前，儘管日本持續十五年經濟不景氣，外務省仍決定擴大人員編制，增加 2,000 多人。由上可知，日本的外交政策作為，無論在政策或執行面，進入 21 世紀後，均有極大變革。這些全是為因應配合達到日本成為一個「政治大國」、「軍事大國」的國家目標。

　　日本外務省針對聯合國改革措施，提出相當具體的論述與主張。茲舉三大重點議題加以論述，其一為日本對安理會改革的政策性論點；其二為財政改革的主張；其三為刪除聯合國憲章敵國條款。

---

[5]　橫田洋三，〈第 8 章 国際機構〉，有賀貞等編，《講座国際政治 4 日本の外交》，東京：東京大学出版会，1989 年，頁 250-252。

壹、日本安理會改革議題的立場

　　針對聯合國安全理事會改革，日本外交藍皮書指出，日本成為聯合國安全理事會常任理事國的一員，意義重大：1. 參與直接與日本安全保障有關議題，確保國家利益；2. 樹立貢獻於國際社會相當的地位；3. 進一步擴大對國際和平的貢獻。對國際社會而言，亦含有：1. 發揮在裁軍與核子不擴散等領域日本的貢獻與指導力；2. 強化第二大經濟國的地位與貢獻；3. 提高亞洲的代表性及增加安理會的信賴性等意義。[6] 因此，日本長期以來，積極經營戮力實現，包括足以促成日本入常目標的整體安理會改革方案。

　　1994 年 1 月開始的聯合國安全理事會改革作業會議，歷經三年的討論於 1997 年的聯合國大會提出總結報告書，當時的聯合國大會主席是馬來西亞駐聯合國大使拉薩利（Razali Ismail），故以「拉薩利案」稱之。

　　「拉薩利案」的要點為：

　　一、安全理事會擴大的幅度是新增常任理事國 5 席、非常任理事國 4 席，加上原席次 15 席，總席次 24 席；

　　二、常任理事國中增加的 2 席由先進國家選出，3 席按區域由人口多的發展中國家選出；

　　三、新任常任理事國不具有否決權。五大常任理事國的否決權於憲章第七章中予以限定；

　　四、設定改革成功的階段與時間表；

　　五、廢除舊敵國條款；

　　六、十年後再召開安理會改革會議進行檢討；

　　七、謀求改善安全理事會作業程序與提升決策透明度的措施。[7]

6　日本外務省，《外交青書 2007》，東京：佐伯印刷，2007 年，頁 126。
7　吉田康彥，《国連改革》，東京：集英社，2003 年，頁 84-85。

　　「拉薩利案」由於受到義大利、韓國、墨西哥、印尼、巴基斯坦和阿根廷等有意角逐安理會常任理事國，但實力稍弱的國家從中作梗，以及多數開發中國家的反對，結果以未經表決擱置。一般而言，「拉薩利案」符合日本之聯合國核心政策目標，雖一時無法擁有否決權，但十年後再議的提議，仍有達成的可能。

　　1998 年後，日本並未因「拉薩利案」的擱置，而停止對聯合國改革議題的關心與重視。日本以外務省為中心的官僚體系，自 1990 年代以來即將「入常」列為必須全力達成的目標，以提升日本國際地位，維護國家利益；日本聯合國學會理事長明石康（Yasushi Akashi）曾任聯合國副秘書長，其言論乃一典型代表。

　　明石康曾表示：「日本對聯合國的期待，並非只有高的名聲和地位。為聯合國宣揚的崇高目的，有許多日本人可以貢獻的地方。希望日本能成為聯合國一個更為積極有所作為的加盟國。與聯合國其他的機構相比，安全理事會能發揮更多的創新議題，因此，日本希望成為安理會常任理事國的一員，是一種自然的趨勢。」[8] 他同時認為日本成為常任理事國的一員，有助於區域衝突的解決，南北韓尋求永久性和平的努力，恐需中國與美國二個大國的積極參與方得以補強，同時，俄羅斯和日本亦將參加此後議程。這當中，美國、中國和俄羅斯都是安全理事會的常任理事國。當前的情況，只有日本非安理會常任理事國成員，不夠均衡。[9] 日本希望無論在區域或全球領域，均能扮演大國角色，承擔責任有所貢獻，然而由於非聯合國安理會常任理事國成員的事實，使其難免受到若干限制，而深感不平。

　　2002 年 9 月 13 日，小泉純一郎總理在聯合國大會發表演說。他表示，為了世界的和平與繁榮，不只軍事手段，解決貧困問題或消除人權侵害的社會基礎建設整備等多種措施亦很重要。日本可在：1. 反恐戰爭；

---

[8]　明石康監修，日本国際連合学会，《21 世紀の国連における日本の役割》，東京：国際学院，2002 年，頁 117。

[9]　同前註，頁 118-119。

2. 追求和平穩定的國家建設；3. 兼顧環境與開發；4. 核子軍備緊縮等方面
有所貢獻。他並強調，聯合國改革應包括安全理事會的擴大，以及舊敵國
條款的刪除。**[10]** 在小泉總理領軍之下，日本又一次嘗試藉著聯合國安理會
的改革，成為常任理事國的一員。

　　日本在外務省聯合國網頁，刊載有關「聯合國改革與日本的立場」指
出：

　　一、維持國際和平與安全的內涵，不只是傳統安全保障的領域，對人
道、經濟開發範疇的重要性之認知亦日益增長。面臨國際社會諸多問題，
日本認為應該透過安理會的改革，有效促進安理會的機能，並提升安理會
足以代表國際社會的正統地位。

　　二、安理會改革的議題已討論十年，安理會需要變革已是全體會員國
的集體意志，各會員國雖然對擴大安理會已有共識，但要增加幾席？常任
理事國如何選出？如何處理否決權的問題？尚未獲得一致的意見。然而鑒
於國際社會期待安理會有效提升機能，已經是需要對安理會改革提出具體
規劃的時候。**[11]**

　　1945 年聯合國成立通過的憲章，只是反映當年的國際情勢，事隔六十
年，冷戰結束，蘇聯解體，會員國幾乎四倍於創始之數，而職司維護和平
的安全理事會，除 1965 年從原有的 11 席擴充為 15 席外，始終未再變動。
現在亞非集團票數已超過會員數一半，而安理會非常任理事國的 10 席要
按地區輪流擔任，粥少僧多，分配不均。常任理事國僅中國為第三世界國
家的代表，因此，四十年來不斷討論修改憲章，但遭遇重重阻力，毫無進
展。

　　小泉純一郎就任首相後，對進入安理會成為常任理事國原先持反對意
見。川島裕（Yutaka Kawashima）外務次官曾數度勸進，他總是表示：「修

---

[10] 飯島勳，《実録小泉外交》，頁 103-104。

[11] 日本外務省，「国連改革と日本の立場」，2003/5，http://www.mofa.go.jp/mofaj/gaiko/jp_
un/kaikaku.html，上網檢視日期：2008 年 8 月 20 日。

憲後能參與軍事活動，再成為安理會常任理事國即可。」2004 年夏天，小泉的立場有了大轉變。外務省的戰略計畫是，在 2005 年 9 月聯合國成立六十週年的聯合國高峰會議上實現安全理事會的改革。7 月 28 日，竹內行夫（Yukio Takeuchi）次官赴首相官邸向小泉進言，在聯合國大會中提出入常的願望。竹內說：「安理會以前是掌管軍事的機關，現今從事重建支援等配合和平穩定的任務。日本一向對國際的貢獻，正是安理會追求的目標」。意外的，小泉很乾脆的說：「知道了」。[12] 此後，小泉純一郎首相在外交政策上，就全力促使日本能在其任內成為聯合國安全理事的常任理事國。

2004 年 9 月 21 日小泉在聯合國大會發表演講，他指出，近年來，聯合國的和平活動，顯示有達成和平與鞏固和平等多個面向。為實現和平，須要從和平建設到國家建設全面性的努力。在聯合國安理會維持國際和平與安全的工作，日本扮演的角色變得愈形重要。我們相信日本扮演的角色，已提供一個符合成為安理會常任理事國的堅實基礎。[13]

日本充分表達其進入聯合國成為常任理事國的意願，接下來就是事情的發展與結果，日本企求在 2005 年 9 月，能如願以償。

貳、日本對聯合國財政改革議題的立場

日本主張為使聯合國的財政基礎穩固安定，聯合國的財政改革，與遲滯交付會費的國家應早日處理。至於聯合國經費的分擔，應符合各國的經濟實力，作更公平的調整。日本外務省針對國民關心日本是否過度負擔聯合國經費的開支，有所說明，其大意如下：

---

[12]　吉山一輝，〈続続 小泉外交 16：国連改革首相の姿勢一転〉，《讀賣新聞》，2005 年 6 月 16 日，版 4。

[13]　小泉純一郎，「国連新時代」，2004/9/21，http://www.mofa.go.jp/mofaj/press/enzetsu/16/ekoi_0921.html，上網檢視日期：2008 年 8 月 10 日。

　　一、聯合國經費分擔的比率每三年估算一次，2004 年至 2006 年的分擔比率於 2003 年 12 月決定，日本的分擔比率是 19.468%（三年相同）。聯合國經費的分配，基本上依各國的支付能力為之，亦即依各國國民生產總值經濟力量的比率，經各國協商同意後以一定的公式核算出來。然而對開發中國家，依其債務和平均國民所得的比率，給予某些差額減少支付。此外，聯合國整個經費的分擔比率，有上限（最多 22%）與下限（最少 0.001%）的附加調整規定。

　　二、日本的聯合國經費分擔比率，在 1956 年加盟時，是 1.97%，此後，經濟不斷成長，2000 年超過 20%。近年反映經濟的不景氣，略降至 19%，然而在全世界的經濟實力，依然排名第二，因此，聯合國的經費分擔也排名第二。再者，如前述聯合國經費的分擔，對開發中國家有優待的規定，所以除美國有 22% 上限的規範外，其他的已開發國家和日本一樣，都支付較多的經費，並不是對日本特別的不公平。

　　三、日本將持續遵守聯合國憲章的規定，誠實支付一定比率的經費開支，以獲得聯合國各國的信賴，並擁有較強的發言力量。然而，亦期盼聯合國的經費分擔比率，應作更均衡的調整，使聯合國的活動更有效率的推動。這也是聯合國改革的一個重要議題。基於以上的觀點，2006 年聯合國經費分擔比率的核算方式將作調整，以符合各國經濟實力為原則，並反映各國對聯合國貢獻的責任，日本提出聯合國應有更均衡的經費分擔比率改革措施。[14]

　　2005 年的聯合國預算是 18 億 3,000 萬美元，日本分攤 19.47%，約 3 億 4,600 萬美元。日本積極爭取常任理事國席次，但未獲美國強力支持，

---

[14]　日本外務省，「外交政策 Q&A」，2004/1，http://www.mofa.go.jp/mofaj/comment/q_a/topic_5.html，上網檢視日期：2006 年 8 月 18 日。

且遭中共及咖啡俱樂部 [15] 聯盟等國的反對。日本《讀賣新聞》引述官方消息人士的話指出，日本政府認為，由於爭取常任理事國席次無望，東京再也無法保證日本人民贊成日本分攤將近 20% 的聯合國會費。[16] 日本因連續十年以上的經濟不景氣，似可理性規劃要求聯合國適度降低繳交會費分擔比率，但以未成為安理會常任理事國為由，作為調降會費藉口，在國際社會恐有失其大國聲望之慮。

聯大行政和預算委員會在 2006 年討論 2007 年到 2009 年的會費分攤方法。日本政府向聯合國所提出的聯合國會費負擔問題修正案，表明日本分攤的聯合國會費過多，未能準確反映其國民總收入（Gross National Income, GNI）的狀況。日方亦建議將聯合國安理會常任理事國的特殊地位，列為計算會費分攤比例的要素之一，要求中、俄等常任理事國承擔與「常任理事國的地位和責任」相應的會費。對此，中國、英國、俄羅斯等許多國家呼籲繼續按照支付能力原則，審議並編制 2007 至 2009 年的各國聯合國會費分攤比例。[17] 日本顯然有「入常」情結，刻意將會費繳交的分攤比例，與「常任理事國的地位和責任」掛鉤，以突顯會費分擔之不合理，如此作法，美國雖刻意配合，但一國與數個強國唱反調，在外交領域並非明智作法，況且循此途徑亦無法達成訴求的願望。

2006 年 3 月 13 日，美國向第六十屆聯大負責預算問題的第五委員會提出方案，即按照成員國貨幣購買實力平價計算 2007 年至 2009 年聯合國

---

[15] 「咖啡俱樂部」：早在 1990 年代中期，日本與德國想成為聯合國常任理事國時，義大利等國就表示反對，以義大利為首的這些國家經常湊在咖啡館商討此事，漸漸地，這些國家越聚越多，後來被稱之為「咖啡俱樂部」。目前，「咖啡俱樂部」共有 70 多個成員國，主要是發展中國家，他們一直主張，「如果通過這樣的方式擴大常任理事國，發展中國家在聯合國會變成周邊國家」。其中韓國主要針對日本，義大利主要針對德國，阿根廷和墨西哥主要針對巴西，巴基斯坦主要針對印度。「115 國反對聯合國改革限時 咖啡俱樂部唱主角」，《新京報》，2005 年 4 月 12 日，新浪網，http://news.sina.com.cn/w/2005-04-12/01585620990s.shtml，上網檢視日期：2009 年 6 月 29 日。

[16] 〈日將減付聯合國經費〉，《聯合報》，2005 年 9 月 12 日，版 A14。

[17] 吳萬虹，〈入常受挫日欲傍美重來〉，蔣立峰主編，《日本：2005》，北京：世界知識出版社，2006 年，頁 228-229。

會費，美日兩國提案的計算方法雖有不同，但其結果卻類似，即保持或減少美日現有負擔，增加其他國家分擔比例。具體比例為美國 20%，中國 12.7%，日本 7.2%。對於美日提出的會費分擔方法修正案，中國明確的表示反對。[18]

2006 年聯合國經費分擔金比率的交涉，有 14 個不同的提案，均無法獲得加盟國廣泛的同意，經激烈討論後，仍決議維持原先的分配方式。然而，由於反映近年的經濟實力，日本的分擔比率由原來的 19.468% 降為 16.624%。[19]

第六十一屆聯合國大會通過的會費分攤比率決議，回應日本的要求，將其會費分攤比例下調至 16.6%。然而，日本國內有人持相反的意見，例如，原日本國際石油株式會社董事長木村一三（Ichizo Kimura）表示：「這種做法降低日本外交的權威性，喪失日本外交的品味。在人們眼裡，日本簡直就是想用金錢來影響聯合國。在我看來，日本倒是應該平心靜氣地反省一下：為什麼交那麼多的會費卻還得不到人家的支持？這才是日本應該採取的態度。」[20]

日本菁英分子持類似上述觀點者，並非少數。日本外務省「有關聯合國改革有識之士懇談會」[21]，曾就聯合國財務改革提出意見[22]，彙整如下：

---

[18] 吳萬虹，〈入常受挫日欲傍美重來〉，蔣立峰主編，《日本：2005》，頁 229。

[19] 日本外務省，「外交政策 Q&A」，2007 年 1 月，http://www.mofa.go.jp/mofaj/comment/q_a/topic_5.html，上網檢視日期：2008 年 8 月 28 日。

[20] 趙憶寧，《轉軌中的日本：一個中國記者跨越邊界的國際調查報導》，頁 108。

[21] 該會成員計有 10 名，即：橫田洋三（Yozo Yokota）（聯合國大學校長特別顧問，擔任主席）、今井義典（Yoshinori Imai）（NHK 解說委員長）、上村武志（Takeshi Kamimura）（讀賣新聞社論委員會副委員長）、小倉和夫（Kazuo Ogura）（國際交流基金理事長）、長有紀枝（Yukie Osa）（難民救助會前事務局長）、加藤裕治（Yuzi Kato）（汽車總連會長）、坂元一哉（Kazuya Sakamoto）（大阪大學教授）、千玄室（Genshitsu Sen）（日本聯合國協會會長）、槙原稔（Minoru Makihara）（三菱商事株式會社會談代表）及弓削昭子（Akiko Yuge）（聯合國開發計畫駐日代表）。

[22] 日本外務省，「国連改革に関する有識者懇談会」，「http://www.mofa.go.jp/mofaj/gaiko/un_kaikaku/ykaigo_gai.html，上網檢視日期：2008 年 8 月 12 日。

一、聯合國會費分擔不公平，國內有不滿的聲音，但主張減少支付，可能變成與其他占多數的開發中國家為敵，在安理會改革案中直接提出並非上策。

二、日本的分擔費用的確比較高，但也不至於因為付這筆款項而使日本忽然變窮。另一方面，非洲各國即使僅出 0.001% 的會費，也很難支付，同時，這些國家有種「應由富裕國家負擔」的想法，日本提出分擔比例太高的主張，也不易獲得理解。

三、聯合國有會費分擔的問題，也有擔任常任理事國的問題，這些問題可成套交涉。即使程序上需另行安排，其相關性有必要先擺在前面思考。兩個問題都同時解決當然很好，但是，假設能夠完成「入常」，可考慮對分擔會費比例的問題讓步嗎？

四、一般國民只瞭解繳交聯合國會費的問題，對 PKO 的分擔金幾乎沒有概念。日本加盟聯合國以來，支付高額的會費，對聯合國的持續運作有所貢獻，獲得甚高評價。

五、日本在聯合國，雖也曾有過擔任非常任理事國的時期，迄今卻不得不說並未有極佳表現。少繳分擔金，現實上少不了多少，日本所得不多。反會因為日本少繳一些分擔金，帶給發展中國家很大的傷害。這種事，無論對多邊或雙邊外交，都會產生不好的影響。

綜合而言，在財政改革方面，論及不宜因減少支付聯合國會費，與多數開發中國家為敵、日本分擔費用雖高卻不至於使國家頓陷貧困、少繳會費問題可與入常問題掛鉤一併談判、向國民宣導繳交 PKO 經費及慎重考慮減少支付聯合國會費的問題，以免傷及雙邊、多邊外交。多數意見傾向「減少聯合國分擔金比例，宜慎重行事」，避免弊多於利。惟日本政府或許基於長期經濟不振，加上 2005 年 9 月「入常」失敗，致無意繼續負擔較高會費。

此外，日本綜合研究開發機構研究會亦曾針對聯合國的預算提出看法，認為仍有若干不甚合理之處，必須予以修正。例如，研究會認為在聯

合國的經常預算中，不僅安全保障，還包含聯合國各種活動的行政經費，因此將分擔經費全部計入安全保障的範圍，即顯得數字灌水。不過，要將在聯合國大廈中舉辦的各種會議，嚴格區分何者屬安全保障何者不是，並非易事。一般而言，參與 PKO 任務的國家，都由聯合國統一撥發經費，但是富有的北方國家派遣參與 PKO 人員的費用，卻遠遠超過聯合國撥發的一般標準，其差額必須由派遣國自行籌措吸收。日本的自衛隊是全世界薪資最高的軍隊，開支必然相對增加。[23]

　　儘管有若干不合理之處，日本對聯合國的支持與各先進國家相較，顯然大致符合其經濟實力。在其外務省網頁中，亦向日本國民解釋，在聯合國的經費負擔上，日本並非受到不公平的對待；惟就整個參與聯合國的角色扮演，日本並不滿意現狀，認為日本對聯合國的貢獻，無論從財政面或實際任務的執行面上均已善盡其職，然而卻沒有得到相對的政治地位和發言權。日本負擔聯合國的會費，1999 年分擔 20%，2001 年至 2006 年為 19.468%，除美國外比其他四個常任理事國的負擔總合會費 15.31%（法國 6.127%；英國 6.03%；中國 2.053%；俄羅斯 1.1%）還要多。（參見附錄二「聯合國預算分擔率」）2007 年至 2009 年降低為 16.624%，以回應其經濟發展之停滯。日本認為調整經費的支付比例，宜包含應得的國家威望和影響力。因此，日本渴望成為安全理會的常任理事國，相應於此，聯合國憲章中的「敵國條款」，亦應刪除。

參、日本對聯合國憲章敵國條款的立場

　　2004 年 9 月 21 日，小泉純一郎總理在聯合國大會發表演講，他特別提出：「為反映今日世界，聯合國憲章的《敵國條款》應予移除，因為聯合國大會已承認這些條款已經過時。」[24] 聯合國憲章中並未明記「敵國」

---

[23]　總合研究開発機構，田所昌幸、城山英明編，《国際機構と日本：活動分析と評価》，東京：日本経済評論社，2004 年，頁 70。

[24]　小泉純一郎，「国連新時代」，上網檢視日期：2008 年 8 月 10 日。

是哪些國家，但可理解就是指二次世界大戰的七個軸心國（日本、德國、義大利、芬蘭、匈牙利、羅馬尼亞和保加利亞）。[25]日本多次提出這項要求，但聯合國迄未予正式處理。聯合國憲章中提到敵國問題的條文不取消，對日本出任維護和平的安理會常任理事國，即是一個法制上的障礙，因此日本耿耿於懷。

1956年日本加入聯合國成為會員國，並要求刪除《敵國條款》，此後歷代首相及外相在聯合國大會的演說中，均再三提出訴求。然而，在二次世界大戰舊軸心國已全部加盟聯合國，「敵國」已被消滅，《敵國條款》有名無實的情況下，英美等國始終採取冷淡的態度，重要的德國也不太用心於此一議題。[26]

日本在意的《敵國條款》，一般指聯合國憲章第五十三條、第七十七條及第一百零七條。

第五十三條：一、安全理事會對於職權內之執行行動，在適當情形下，應利用此項區域辦法或區域機關。如無安全理事會之授權，不得依區域辦法或由區域機關採取任何執行行動；但關於依第一百零七條之規定對付本條第二項所指任何敵國之步驟，或在區域辦法內所取防備此國家再施其侵略之步驟，截至本組織經各關係政府之請求，對於此等國家之再侵略，能擔負防止責任時為止，不在此限。二、本條第一項所稱敵國，係指第二次世界大戰中，為本憲章任何簽字國之敵國而言。

本條係涉及第一百零七條，在區域辦法中採取制止戰敗「敵國」之再侵略行為，不須安全理事會的授權。

第七十七條：一、託管制度適用於依託管協定所置於該制度下之下列各種類之領土。（一）現在委任統治下之領土。（二）因第二次世界大戰結果或將自敵國割離之領土。（三）負管理責任之國家自願置於該制度下之領土。二、關於上列種類中之何種領土將置於託管制度之下及其條件，

---

[25]　西川吉光，《国際平和協力論》，東京：晃洋書房，2004年，頁196。

[26]　吉田康彥，《国連改革》，頁48。

為此後協定所當規定之事項。

　　本條僅指適用於聯合國託管制度之領土的種類，其中有一種是來自戰爭的結果或割離自戰敗之「敵國」的領土。

　　第一百零七條：本憲章並不取消或禁止負行動責任之政府，對於在第二次世界大戰中本憲章任何簽字國之敵國，因該次戰爭而採取或授權執行之行動。

　　本條規定聯合國憲章不取消或禁止，對戰敗之「敵國」因戰爭而採取或經授權而採取的行動。亦即法律層面「敵國」乃受特殊對待。

　　日本大學教授小林宏晨（Hiroaki Kobayashi）認為，刪除《敵國條款》事關日本的國家名譽，維護國家名譽比成為聯合國常任理事國獲得權力更為重要。他指出在聯合國憲章中長久的對第二次世界大戰的敵國有差別待遇不甚合理，其一，與聯合國的普遍原則及平等原則不合；其二，這不是對待提供聯合國財政上占第二位貢獻國家的態度；其三，聯合國倘若期待這些受到差別待遇的國家繼續盡其職責，應立即刪除聯合國憲章第五十三條和第一百零七條。[27]

　　日本文學評論家江藤淳（Zun Etou）更嚴厲指出：「從今以後日本將出錢、出力（人），亦須協助波灣戰後的重建工作。我要提醒朝野有力政治家們，屆時只出無入的出錢出力，日本國民不會同意。美國非將名譽還給日本不可：我們必須向美國說日本人現在最渴求的是名譽。具體的例子是要求改訂聯合國憲章，消除舊敵國條款。其次是要求安理會常任理事國的席次。」[28]

　　今天所謂的《敵國條款》，對聯合國憲章的舊敵國日本及德國等國而言，已經是不必要且不適切的條款，不過，單單為這個問題修改聯合國憲章，未免勞師動眾，因而與憲章其他問題一起解決的統一修憲方案甚為合

---

[27]　小林宏晨，〈国連とどう付き合うか〉，《世界日報》（東京），2005 年 9 月 25 日。

[28]　江藤淳，〈美國應該給日本名譽〉，石原慎太郎與江藤淳合著，洪墩謨譯，《能說 NO 的日本》，台北：書泉出版，1991 年，頁 159。

理。由於 1995 年聯合國大會決議，於下次修憲時合併修正敵國條款，實際
上可認為敵國條款的效力等於已經失效。[29]

　　以上有關聯合國憲章的敵國條款之刪除，雖然被日本列為對聯合國政
策第三重要指標意義的任務，然而事實上並非主要訴求之標的。因聯合國
大會已決議，於下次修憲時合併修正敵國條款，故此一條款視同無法定約
束力，只待適當時機正式依程序完成修訂憲章。

第二節　安全理事會改革

　　在 21 世紀到臨的前夕，經濟最強大、軍事開支最多的三個國家依序為
美國、日本和德國。法國和英國從本世紀初的帝國寶座上退下，但它們的
經濟、軍事和在聯合國安全理事會的常任理事國地位還是頗為可觀。俄羅
斯和中國在 20 世紀中出現非常極端的權力劇變，但由於在安全理事會的席
次以及對世局的影響力，也躋身七大強權之列。[30]

　　在後冷戰時期尤其重要的勢力來源是聯合國安理會的五個常任理事
國席位，目前是由五大強權所占有，但日本和德國不在其中。由於聯合國
所能發揮的作用愈來愈多，常任理事國的地位享有特殊的權力，不只是提
案，而且擁有否決聯合國維和部隊案。當安理會成為干預合理化的重要工
具之後，五個常任理事國的所有表決票都變得益形重要。一個國家是否要
聯合國採取行動，必須取得全體的同意或阻止其中之一。[31]

　　日本的經濟實力早已達世界第二，全球發生任何狀況，產生任何議題
幾乎均涉及或有關，然而由於沒有聯合國安全理事會常任理事國的身分，
在國際政治領域，無法參與議題的設定和引導，只能被動的配合安理會的

---

[29] 神余隆博，《国際危機と日本外交：国益外交を超えて》，東京：信山社，2005 年 2 月，
頁 93。

[30] 羅伯・帕斯特（Robert A. Pastor），《20 世紀之旅：七大強權如何塑造二十世紀》（*A Century's Journey: How the Great Powers Shape the World*），頁 5。

[31] 同前註，頁 26。

決議行事。日本即使是當選九屆（2004 年 10 月）非常任理事國，情況依然沒什麼改變。有關安全議題的討論與決策、動亂地區聯合國和平部隊的派遣、紛爭後的民主重建等，往往是置身事外，聽候差遣。今天的日本雄心萬丈，有意走獨立自主的外交路線，自然不甘永遠雌伏。日本希望在聯合國最具影響力的組織中，與當今世界大國平起平坐，以實現「政治大國」的願望。安理會改革案的提出，正是日本等待已久的機會。

聯合國各會員國，對改革安全理事會之必要已有共識，且已箭在弦上，惟如何進行改革？何時完成改革？改革幅度多大？因涉及各相關國家的利害關係，曲折多變，其爭議性使得改革案遲遲無法定案。本節將以日本的立場，探討對聯合國安全理事會改革案，各種不同的主張與方案，及主要國家的主張和論點。

壹、安全理事會改革爭議

聯合國安理會改革對日本而言，有幾項困難問題：其一，太多不同利害關係，很難找出三分之二以上會員國可以共同接受的最佳方案；其二，美國基於既有權益，明為支持，實則抵制，只同意最小幅度的改組，近似完全的阻擋。其三，小泉純一郎執意參拜靖國神社，讓亞洲國家特別是中國與韓國，顧慮日本軍國主義復起，質疑日本對歷史的反省不夠徹底，反對日本入常。

在歐洲，英法都是常任理事國，但德國不是，所以它在氣勢上永遠屈居下風。日本在世界如想成為政治大國，也非要這個頭銜不可，以便於與中國抗衡。目前被看好能入選的歐洲國家是德國，東亞是日本，南亞是印度，拉丁美洲是巴西，非洲是南非。現任的五個常任理事國甘心分享權力嗎？機會極微，雖然爭取新任者也心知肚明。不過，也不是沒有折衷辦法，關鍵就在於否決權上，舊有的常任理事國仍擁有否決權，新加入的則無。[32]

---

[32] 〈聯合國安理會怎樣擴大〉，《中國時報》，2004 年 8 月 4 日，版 A11。

　　歐洲一國如由德國出任，義大利應該不會默認。日本可以成為安理會常任理事國的話，一定要有非洲和中南美洲地區的代表國家，這點日本也不會反對。接著要由哪一個國家成為區域的代表，很難決定。非洲有意角逐的國家有奈及利亞、南非和肯亞等國。中南美洲有巴西、墨西哥、阿根廷等國。聯合國要決定由哪個國家出任，將有如碰觸蜂巢一團混亂。[33]

　　常任理事國應增加幾席？哪些國家該被選為常任理事國？美英等國認為須就經濟力量著眼，故日本與德國應在其列。其餘國家主張每一洲都應有代表性國家，但爭議也因此層出不窮：伊斯蘭教國家掌握世界石油資源，該由誰代表呢？印度世仇的巴基斯坦怎肯讓新德里代表南亞席次？在中南美，阿根廷怎肯讓給巴西？在非洲人口超過 1 億（133,530,000 人）的奈及利亞，怎肯讓給人口不到 5,000 萬（43,647,658 人）的南非？非洲一半是法語國家，怎肯讓英語國家獨占鰲頭？亞洲如有中、日、印三席，非洲怎肯安於只有一席？[34]

　　2003 年 11 月，聯合國秘書長安南（Kofi Atta Annan）委任一個「威脅、挑戰與變革高層委員會」，任務之一就是對聯合國主要機構的興革提出建言，其中包括安理會的結構調整。這個委員會有 16 名成員，泰國前總理阿南（Anand Panyarachun）擔任主席。委員會 2004 年 12 月提交的報告，將是未來聯合國推動改革的重要依據。

　　2004 年 8 月 24 日，小泉純一郎接受記者訪問時表示：希望在 2005 年聯合國六十週年時，日本能夠成為常任理事國。日本成為常任理事國後，未來日本扮演的角色可能會和之前的常任理事國不同，應該會有日本自己的思考和方式。日本媒體認為，小泉的說法顯示，日本不會像美國一樣積極使用武力介入紛爭。[35] 2004 年 9 月 21 日，小泉純一郎在聯大發表演說，尋求各國支持。小泉強調：日本在伊拉克和阿富汗重建方面所扮演的角

---

[33]　天木直人，《さらば外務省！》，東京：講談社，2003 年，頁 145。

[34]　陸以正，〈新版教科書：日本自陷不安〉，《聯合報》，2005 年 4 月 7 日，版 A15。

[35]　〈日表態爭取安理會常任理事國〉，《中國時報》，2004 年 8 月 25 日，版 A12。

色，以及為解決北韓核子問題所作的努力，均讓日本有資格成為安理會常任理事國的一員。[36]

　　小泉純一郎在聯合國大會發表演講之前，日本與德國、巴西和印度結合成「四國集團（G4）」，一起為進入聯合國安理會擔任常任理事國而努力，並發表聲明稱：「安理會必須反映 21 世紀的現狀」。於是，日本開始改變其一向仰賴美國的安理會改革戰略。2004 年 11 月聯合國高層委員會發表報告書，將日本等四國集團推動的增加常任理事國 6 席案，列為 A 案；設立 8 席準常任理事國，任期四年連選得連任，列為 B 案。通過決議案的關鍵在大票倉的非洲 53 國和中南美洲 33 國，町村信孝（Nobutaka Machimura）外相指示外務省官員：「採取置重點於非洲與中南美洲的對策」。中國為對抗 G4 集團，向非洲國家拋出大量經濟援助，猛烈反對 A 案，並批判它「只為特定國家謀求利益」。[37]

　　日本、印度、巴西與德國對爭取常任理事國著力甚深，尤其是日本亟望成為亞太地區除中國之外的第二強權，以獲取與其經濟實力相稱的國際政治地位，圖徹底擺脫第二次世界大戰的陰影，並自認為貢獻聯合國的會費僅次於美國，故晉升常任理事國是理所當然。印度則是南亞強權、核武俱樂部成員，也是全球人口最多的民主國家。巴西自居為拉丁美洲國家的代表，其疆域、人口與經濟規模均不可小覷。德國經濟實力雄厚，是聯合國會費第三大繳納國，而且戰後誠心悔過，普遍獲得國際社會肯定。[38]

　　日本首相小泉純一郎指出，以日本的貢獻，應該可以成為安理會常任理事國。中國外交部發言人孔泉直言，聯合國安理會並非公司董事會，不是按照會費的多少確定其組成。在記者會上，他進一步說明指出，現在具體要說哪些國家應該加入，哪些國家不應該加入是不合適的，中國也從來

---

[36]　小泉純一郎，「国連新時代」，上網檢視日期：2008 年 8 月 10 日。

[37]　吉山一輝，〈続続 小泉外交 17：G4 常任理それで行こう〉，《讀賣新聞》，2005 年 6 月 18 日，版 4。

[38]　〈躋身聯國權力核心日態度積極〉，《中國時報》，2004 年 10 月 4 日，版 A3。

沒這樣說過。[39]

　　2004 年 10 月 16 日，聯合國大會選出日本、阿根廷、丹麥、希臘和坦尚尼亞五國為安全理事會非常任理事國，這已是日本第九度獲選為安理會非常任理事國，東京當局期望藉此機會進一步爭取安理會常任理事國席位。[40]

　　2005 年 3 月下旬，中國國內透過網際網路，以反對日本進入聯合國安全理事會成為常任理事國，全面發動簽名連署行動，並急速擴展。4 月 3 日起，在各地爆發大規模的示威活動。中國政府的發言與作為，一下子變得非常強硬。2005 年 4 月 11 日，溫家寶總理與印度總理辛格（Manmohan Singh）會談，支持印度成為常任理事國的一員。4 月 12 日發表談話：「尊重歷史肯負責任的國家，才能在國際社會盡更大的責任。」以「歷史牌」牽制日本成為政治大國。2005 年 4 月 17 日，日本方面採取對應行動，町村信孝外相與中國李肇星外交部長會談，率直的表達日本的立場。他說：「日本基於戰爭的教訓，二次戰後堅持國際和平，以六十年實踐的自豪和自信，而有意成為聯合國安理會常任理事國。希望中國深切的理解。」2005 年 4 月 22 日，小泉首相針對二次世界大戰，以 1995 年的村山富市首相談話為本，表示：「痛切反省衷心致歉」，意圖對抗中國使用「歷史牌」的反日運動。[41]

　　2005 年 4 月 11 日，義大利、南韓、巴基斯坦等，反對日本、德國、印度、巴西等國成為聯合國安理會常任理事國的國家集團，在紐約舉行會議，比預期還多計有 116 個國家代表參加；與 3 月 31 日由日、德、印、巴四國召集 130 國參加的規模，成對抗之勢。這些國家支持聯合國安理會增加非常任理事國數目，但是反對增添具有否決權的常任理事國，反對在特定期間內改革安理會。義大利外交部長費尼（Gianfranco Fini）強調：「擱

39　〈日爭入安理會北京不以為然〉，《中國時報》，2004 年 9 月 24 日，版 A13。

40　〈日獲選安理會非常任理事國〉，《中國時報》，2004 年 10 月 17 日，版 A11。

41　村尾新一，〈続続 小泉外交 10：安保理改革日中対立に拍車〉，《讀賣新聞》，2005 年 6 月 8 日，版 4。

置貧困與開發的問題，聚焦於安理會變革並不恰當」，義大利因重視開發中國家的難題，而廣受各國支持。[42] 尚未決定投票意向的國家，先後參加了 3 月 31 日與 4 月 11 日兩次的集會，雙方陣營呈現旗鼓相當之勢。據「聯合國憲章」相關規定，日本、德國、巴西和印度想要成為新的安理會常任理事國，必須得到 191[43] 個聯合國會員國中超過三分之二的 128 個國家支持。日本要成為聯合國安理會常任理事國的外交政策目標相當明確，但衡量諸多現實狀況，在短期內仍無達成目標之可能。

　　安理會常任理事國的否決權，本應廢除，但一定不為五個常任理事國所接受，以致改革無法進行，因此，應在容忍承認五大常任理事國行使否決權的基礎上，考量防止否決權的濫用。具體而言，其一，在可能範圍內於聯合國憲章載明否決權的限制使用，或最低限度修改安全理事會的議事規則，或透過聯合國大會的協議予以規範。其二，否決權的生效必須二個以上的國家行使，而且應屬憲章第七章規定的國際和平與安全的議題，才能發動否決權。或者，有一個常任理事國行使否決權時，安理會應再次投票，除該行使否決權的常任理事國之外，可以全體一致或特定多數決的方式，推翻其否決權的效力，這也是一種制度性的選擇方式之一。[44]

　　2005 年 6 月 8 日，日本、德國、印度、巴西等四國在紐約聯合國總部決定，聯合國新設的常任理事國暫不享有否決權，等聯合國憲章修正後十五年再議。「四國集團」希望安理會調整架構案能在 7 月提交大會決議，但中國等反對派國家集團不同意早期定案。[45]「四國集團」大力爭取安理會

---

[42] 〈安保理拡大 反対派会合に 116 か国〉，《夕刊讀賣新聞》，2005 年 4 月 12 日，版 1。

[43] 聯合國目前有 193 個會員國，最新一個成員國國南蘇丹共和國在 2011 年 7 月 14 日加入。維基百科網，「聯合國會員國列表」，https://zh.wikipedia.org/zh-tw/%E8%81%AF%E5%90%88%E5%9C%8B%E6%9C%83%E5%93%A1%E5%9C%8B%E5%88%97%E8%A1%A8，上網檢視日期：2017 年 3 月 4 日。蒙特內哥羅共和國（Republic of Montenegro），於 2006 年 6 月 3 日國會宣布獨立，同年 6 月 28 日經聯合國大會接納為第 192 個會員國。維基百科網，「蒙特內哥羅」，http://zh.wikipedia.org/wiki/%E8%92%99%E7%89%B9%E5%B0%BC%E5%93%A5%E7%BE%85，上網檢視日期：2007 年 12 月 24 日。

[44] 神余隆博，《国際危機と日本外交：国益外交を超えて》，頁 91。

[45] 〈新常任理事國 拒否權 15 年凍結〉，《讀賣新聞》，2005 年 6 月 9 日，版 1。

常任理事國席次，但受到包括部分目前擁有否決權的常任理事國在內的國家反對，和義大利、韓國、巴基斯坦等國的杯葛，難以獲得聯合國三分之二多數的支持，而不得不讓步。擱置安理會否決權的爭議，應該有利於日本、德國、印度和巴西等國有意成為安理會常任理事國的談判，惟此事牽涉甚廣，如何安撫非洲、回教地區以及西班牙語和法語系國家，是必須立即面對的難題。

　　2005 年 6 月 16 日，美國駐聯合國代理大使帕特森（Patterson）在記者會中，首度對聯合國安理會增加席次問題表態。他表示安理會擴大案，沒必要在聯合國大會於 9 月召開之前定案；並提出美國的構想，即支持增加「2 席」常任理事國，其中一席是日本，另外一席未提及國名。[46] 在美國表態後，日本重申支持大幅擴大安理會，由目前的 15 席增至 25 席，包括增加 6 席常任理事國。日本首相小泉純一郎說：「日本的首要目標是通過四國集團提案，美國的建議對日本有好處，但不利於四國集團其他國家，我們不能採取只對日本有利的計畫，必須考量國際社會整體利益。」[47] 對美國提出的安理會改革案，德國政府 6 月 17 日表示：「美國參與聯合國改革案值得稱道，惟安理會新常任理事國限定兩國是不夠的」。巴西政府未發表任何正式的聲明，保持沉默。至於印度外交部門，則以非正式的方式表達稱，將繼續採取與四國集團相同的立場。[48] 美國對日本的支持，並未使問題明朗，反而使日本面對更困難的局面。日本必須找出與美國提案的銜接點，並設法說服美國及相關國家在某種程度上，同意四國集團的提案。

　　美國國務卿賴斯（Condoleezza Rice）表示：「安理會改革是聯合國廣泛改革的一部分，不應先處理安理會的改革」，由此可知，美國對聯合國改革，另有重點。2005 年 6 月 17 日，美國眾議院有關聯合國改革的決議，列舉強化內部監察與規範和平維持活動等多項改革要求，倘若無法完成健

---

[46] 〈安保理拡大9月決着必要ない〉，《夕刊讀賣新聞》，2005 年 6 月 17 日，版 1。

[47] 〈常任國增加席次，美國棄德保日〉，《聯合報》，2005 年 6 月 18 日，版 A13。

[48] 〈G4 に米反対各国は〉，《讀賣新聞》，2005 年 6 月 18 日，版 2。

全的改革，美國要減半支付聯合國會費。此顯示美國將安理會改革視為配角，關心度低下。[49]

　　聯合國安全理事會現有 5 個常任理事國，10 個非常任理事國，美國提案出現後，安理會擴大案變成有四種不同的架構調整方案。其一，「A案」：即四國集團案，常任理事國增 6 席，非常任理事國增 4 席，共 25 席；其二，「B案」：即聯合國秘書長安南建議的相對案，非常任理事國增 1 席，新設「任期四年可連選連任的準常任理事國」8 席，共 24 席；其三，反對增設常任理事國國家集團案：將非常任理事國全改為可連選連任，並增加 10 席，共 25 席；其四，美國案，增常任理事國 2 席及非常任理事國 2 至 3 席。總席次為 19 至 20 席。

　　2005 年 6 月 22 日，帕特森在聯合國大會中發言，進一步指出：「安理會的擴大影響深遠，判定哪個國家符合成為常任理事國與否，應以某種標準來衡量。此一基準需考慮到國內總生產量、人口、軍事能力、對和平維持的貢獻、對民主主義與人權維護的承諾、承擔聯合國的財政支出，以及地理分布的均衡。什麼樣的基準最為合適，我們很樂意聽取各國的意見。安全理事會成員的候選國，應具備十二分的資格，滿足基準的所有條件。」[50] 美國基於國家利益及未來聯合國安理會的有效運作，意圖以最嚴格的標準，限定安理會擴大方案。並以單獨支持日本，來瓦解四國集團的凝聚力，使整個安理會擴大方案變得更加複雜與不確定。最後，在各方面都無法同意的情況下，最可能被接受的變成是 B 案，即安南秘書長提出的相對案，增 1 席非常任理事國及新設 8 席任期四年可連選連任的準常任理事國。

---

[49]　〈美、広範な改革優先〉，《讀賣新聞》，2005 年 6 月 18 日，版 2。

[50]　美國駐日大使館，「米国の国連改革案に関するアン・W・パターソン国連大使代行の国連総会における発言」，2005/6/22，http://japan.usembassy.gov/j/p/tpj-j20050822-51.html，上網檢視日期：2008 年 7 月 30 日。

貳、聯合國六十週年特別高峰會成果文件

　　2005 年為聯合國成立六十週年，9 月 13 日，聯合國發表特別高峰會「成果文件」。其中，關於聯合國改革案重點有二，其一為允諾接受機構監督、外界稽核及調查，其二為對日本等國提出的安理會擴充案僅表示支持早日進行改革。[51] 由於美國與開發中國家對立，基於聯合國會員國「全會一致同意」的原則，「成果文件」的主要內容被削減。日本《讀賣新聞》評量相關爭議性問題，指出仍有甚多不盡理想之處（參見表 3-1）。根據日本《產經新聞》的報導，由於無法獲得足夠的國際支持，日本將暫時放棄爭取成為聯合國安理會常任理事國，不過，日本政府仍將爭取「入常」列為重要外交目標，並計畫透過援外與維和等手段，擴大對聯合國事務的參與。[52] 日本有意將戰線拉長，不急於一時。顯然聯合國安全理事會的改革方案，仍將持續研議，短時間似乎不易達成共識。

　　由聯合國六十週年改革與根絕貧窮特別高峰會「成果文件」，可看出僅在【和平與安全保障】部分設立「和平建設委員會」、【人權與法治】部分「保護責任」理念的開拓，以及【聯合國功能】部分「舊敵國條款」之撤廢，有充分共識。

　　日本特別關心聯合國安理會的改革案，最後事與願違，以等同於擱置的方式，無限期延長此議；至於舊敵國條款，已取得共識，僅待未來某一時日作程序修訂；日本強調反戰、反核與非核，主張縮減核武軍備，這次亦無功而返，但和平建設委員會的組成，符合其外交一貫的主張，對今後外交工作的展開應有一定的正面期待。

　　聯合國安全理事會改革案被擱置，很重要的原因是涉及否決權的運用。五個常任理事國所代表的是 1945 年二戰終結時的世界秩序。經過六十一年，除中、美、俄三國在人口、土地與經濟潛力仍居領袖地位外，

---

[51] 〈聯合國改革縮水，安理會擴充案免談〉，《聯合報》，2005 年 9 月 15 日，版 A14。
[52] 〈爭常，日暫時放棄〉，《聯合報》，2005 年 8 月 12 日，版 A13。

表 3-1：聯合國六十週年改革與根絕貧窮「成果文件」評量表

「成果文件」爭執的主題		
	【開發】	
△	開　發	美國等國家的反對，僅將 GDP 的 7% 列為 ODA 努力目標。
	【和平與安全保障】	
○	和平建設委員會	支持於年底前設立。組織與任務相當具體。
△	反　恐	美國和阿拉伯各國對「恐怖主義」的定義不同，無法達成共識。
×	縮減軍備核武與核武不擴散	美國與開發中國家對立，難以妥協，全項刪除。
	【人權與法治】	
○	保護責任	開拓人道介入之路的新理念。分項具體討論列為今後的課題。
	【聯合國功能的強化】	
△	安理會改革	支持「早日改革」，惟未明示期限，亦未論及「擴大」方案。
△	人權理事會	雖明示創設人權理事會，惟組織與任務等，均未達成協議。
△	秘書處改革	各式改革案並列，但開發中國家反對增加聯合國秘書長權限。
○	舊敵國條款	再次支持撤廢的立場，惟未言及何時將會實現。
註：○ 有一定成果；△ 毋寧是退步；× 沒有成果。		

資料來源：《讀賣新聞》，2005 年 9 月 15 日，版 6。

英、法的國力早已無法與德國或日本相比，其發展潛力甚至不如印度或巴西。「五強」卻依舊坐享否決權，怎麼說都不合理。[53] 但從另一角度衡量，

---

[53]　陸以正，〈安理選舉僵局凸顯聯合國改組困境〉，《中國時報》，2006 年 10 月 23 日，版 A13。

安理會的否決權有其必要性，卻不容再度擴大使用。

　　安理會的否決權使得聯合國往往難以運作，過去半世紀以來，真正以集體安全任務名義授權使用武力的情形僅有兩次，分別在韓國和科威特，但聯合國的設計原本就是強權協商的舞台，如果這些強權彼此有歧見，便無法運作。否決權如同電力系統的保險絲盒，保險絲燒壞、燈滅掉，總比整間房子燒掉好些。[54]

　　另一方面，國際間對常任理事國擁有否決權早已怨聲載道，誰會贊成再增加一倍的否決權？聯合國秘書長安南指派研究改革安理會的「名人小組」，在初步研討中，便不贊成增加有否決權的常任理事國。大家的共識是，常任理事國應為地區性代表，如果不平衡便很難在192個會員國中得到三分之二選票。[55] 共識決的政治，使聯合國憲章幾乎不可能修改。聯合國雖有諸多缺失，但在人道主義、維持和平等各國有共識的議題上，確實能扮演重要角色，它也仍然是世界政治合法性的重要來源。[56]

　　儘管聯合國修憲是個高難度的國際政治工程，2005年聯合國成立六十週年的聯合國大會雖未通過改革安全理事會的修憲決議，但是這件事不太可能長久維持不變，將來一定會有所調整，以適應新的國際情勢變遷。不過，對於新任常任理事國，將傾向於規定不能擁有否決權；甚至原有的否決權，亦可能會有要求自我節制，或正式受限的提案。

　　日本「爭常」（爭取成為聯合國安全理事會常任理事國）的邏輯是：日本的國際政治地位與世界第二經濟大國的實力不相符合，因而欲通過「全方位」的外交活動，積極樹立「國際威望」，把勢力擴展到整個亞太地區，進而影響中東和世界其他地區，最終確立其全球政治大國的地位。日本「爭常」的目的，就是要最大程度地增強其在國際社會中的發言權。[57] 日本肯定會檢討缺失，調整其外交策略，繼續努力有朝一日成為聯合國安

---

[54] Joseph S. Nye, Jr., *Soft Power: The Means to Success in World Politics*, pp. 85, 145-146.

[55] 〈日萬難成為有否決權常任理事國〉，《中國時報》，2004年10月11日，版A12。

[56] Joseph S. Nye, Jr., *Soft Power: The Means to Success in World Politics*, p. 146.

[57] 吳萬虹，〈入常受挫日欲傍美重來〉，蔣立峰主編，《日本：2005》，頁221。

全理事會的常任理事國。

2005 年 10 月 12 日，日本召集第 161 次臨時國會，小泉總理於參眾兩院會議發表施政理念演說。他說：「我已經在上個月聯合國大會的演說中，表明使日本成為安全理事會常任理事國此一目標的決心。國際社會要有效面對今日的課題，必須改革聯合國。我國熱心參與在海外的支援重建工作或和平維持活動，有能力參與策劃安理會的議決，擔負維護世界和平與安定的任務。」[58]

2005 年 10 月 28 日，日美外長會談標誌著日本「入常」策略的轉變。與此前「向四國聯盟一邊倒」的策略相比，日本加重對美協調。因此，「四國聯盟」爭常框架，出現裂痕。在會談中，賴斯國務卿和町村信孝外相一致同意：在加強日美合作的前提下，推動日本成為安理會常任理事國。美國常駐聯合國代表約翰·博爾頓（John Bolton）在國會表示：美國將優先推動日本成為安理會常任理事國，助理國務卿伯恩斯（Burns）也表示，「四國聯盟」式的策略「野心太大」，日美兩國今後將就日本「入常」問題進行合作，制定更有可能在聯大通過的「入常」草案。[59]

日本已注意到，要成為聯合國安全理事會常任理事國，最重要的國家，仍然是美國；其次，日本應會警覺，中國如果持反對意見，同樣的無法使其達成「入常」心願。只要這兩個「大國」同意，其他的問題相對而言，較容易解決，而且有可能協助日本排除困難。再者，日本民意的堅定支持，更是貫徹其外交政策目標的基石。

參、聯合國改革見解與民意

日本外務省「有關聯合國改革有識之士懇談會」，作為外務大臣的諮詢會議，主要工作為針對聯合國改革應採取的作為，提供政策性建言。此

---

[58] 〈首相所信演說〉，《夕刊讀賣新聞》，2005 年 10 月 12 日，版 1；〈首相所信表明演說全文〉，《讀賣新聞》，2005 年 10 月 13 日，版 13。

[59] 吳萬虹，〈入常受挫日欲傍美重來〉，蔣立峰主編，《日本：2005》，頁 228。

一懇談會自 2003 年 9 月 18 日至 2004 年 6 月 28 日共開會八次 [60]，茲摘錄有關安理會改革委員發言的重點如下：

一、經濟社會理事會屬不同的領域，雖與國際社會和平安定有區分，近年來似乎產生相互關聯性。論及安理會改革，有必要將與經濟社會理事會的關係一起討論。

二、應強調安理會改革的結果，會提升安理會的正當性；對付恐怖組織和治理失敗國家的威脅，正當性不可或缺。

三、提高正當性，只強化代表性不夠，更重要的是有效性，應置焦點於如何確保機構的有效運作。

四、問題不是否決權的存在，而是防止濫用否決權。日本的立場，原則上應強烈主張反對新常任理事國擁有否決權。

五、日本成為常任理事國對國際社會有所貢獻，並非在軍事上的，而是在從預防紛爭、和平建設的觀點，規劃今後的經濟社會活動或開發工作。

六、日本成為常任理事國時，針對憲法或集體自衛權的問題，仍然要獲得國民的同意。PKO 等日本的活動界限在哪裡，必須在國內達成共識。

七、不要將安理會改革和日本進入安理會的事，與自衛隊的問題綁在一起；要將安理會改革視為「國際社會民主化」的象徵來處理。

「懇談會」在安理會改革方面，論及與經濟社會理事會的相關性、安理會改革的正當性、改善安理會的效率、防止濫用否決權、反對擁有否決權、日本對國際社會非軍事面的貢獻、尋求集體自衛權等憲法問題的共識及視安理會改革為「國際社會民主化」的象徵。一般而言，其所提見解，能夠顧及多方面的觀點，具可行性，對未來日本達成「聯合國安全理事會常任理事國」的目標，供日本政府參考，應有助益。

---

[60] 日本外務省，「国連改革に関する有識者懇談会」，「http://www.mofa.go.jp/mofaj/gaiko/un_kaikaku/ykaigo_gai.html，上網檢視日期：2008 年 8 月 12 日。

　　日本的民心士氣亦期待其外交工作在國際上有所突破，特別是在聯合國的角色扮演和貢獻方面，已不甘長期雌伏，在民意調查中強烈表達其「入常」意願。

　　針對日本參與聯合國的議題，根據日本外務省聯合國網頁登載，相關民意調查主要結果：1. 是否贊同日本加入聯合國安全理事會常任理事國：(1) 贊成（64.1%）；(2) 反對（11.2%）。2. 日本成為安理會常任理事國，應否擁有否決權：(1) 應該擁有否決權（66.6%）；(2) 不該擁有否決權（15.5%）。3. 日本不該進入聯合國安全理事會成為常任理事國的主要理由：聯合國安理會是個容許以武力解決爭端的機構，從憲法上考量，日本成為安理會常任理事國是個問題（39%）。[61]

　　從這些調查結果的數據顯示，多數日本民眾支持日本加入聯合國安全理事會成為常任理事國的外交政策目標。同時贊成既然成為常任理事國，應該擁有否決權（這一點與上述外務省懇談會的意見相反），日本國民一般期望成為政治大國的意願，相當強烈。不過，當中仍然有與憲法規範是否衝突的問題，以及擔心今後將負擔更多聯合國經費開支等問題，需要澄清解決。聯合國安理會職權與日本和平憲法的理念衝突，與憲法第九條內涵的難以並立，日本廣大市民階層有所疑慮。如何看待和平憲法第九條的修訂與外交政策走向的關連？這也是日本制訂與執行聯合國外交政策，必須權衡考量的問題。

第三節　日本入常失策的戰略因素

　　日本民意普遍支持政府積極成為聯合國常任理事國的外交政策，惟在小泉純一郎首相領導下，2005 年聯合國六十週年的既定「入常」目標，仍以頓挫告終，檢討日本「入常」失策的各項因素，主要可歸結為東亞外交

---

[61] 日本外務省，「聯合國」網頁，http://www.mofa.go.jp/mofaj/gaiko/un_kaikaku/i_chosa.html，上網檢視日期：2008 年 8 月 12 日。

戰略的失衡。

　　小泉純一郎政府的外交政策，欠缺戰略性思考。「基本上將安全保障交給美國處理的路線，與透過人為的及軍事上的貢獻強化日美同盟的路線，此二者，小泉純一郎明確的選擇第二條路線。然而，對照其經濟政策係以經濟財政諮詢會議為指揮中心，有著極富戰略性的進取作為，外交領域即缺少此一戰略性的設計。」（在此，所謂「戰略性」是指在嚴密檢視目標的達成與實踐的手段後付諸施行的意思）[62] 外交政策欠缺戰略性設計，即可能顧此失彼，最終無法達成既定的外交目標，維護國家利益。

　　日本一連串的對美合作，是基於「非得派遣自衛隊支援美國」強迫性觀念的反射動作。當然，也有因為安全保障一定要堅持美日同盟國際政治上的制約，而使選擇方案受到限定。但是，究竟有沒有從戰略觀點充分斟酌採取什麼樣的外交方針符合國家利益？考量既有國際秩序中各國會有什麼期望？什麼是真的對國際社會有貢獻？是否經自主的深思熟慮後採取行動，這些都相當有疑問。[63] 就戰略面而言，外交必然涉及對國際環境的認識與理解，評估利害得失，集中與分配資源，確立外交方針，從中謀取國家利益。小泉政府的外交政策，偏向美國，對世界和東亞的外交戰略似乎不夠周延。

　　日本前首相中曾根康弘批評小泉純一郎政府的外交政策，認為是「欠缺展望的東亞戰略」。他說：「小泉首相安全保障問題做得很好，在美國九一一事件後及伊拉克重建均派遣自衛隊；在維持憲法的範圍，打破一向的限制，堅持美日同盟，獲得國際信用，功績卓著。但是，沒有中長期戰略，欠缺世界和東亞的外交戰略。」他認為：「處理聯合國改革的問題，小泉首相沒有中長期戰略即是典型的例子。既然以成為聯合國常任理事國為目標，在二、三年前就要和中國、韓國敦睦邦誼，不應反打對峙的外交

---

[62]　內山融，《小泉政權》，東京：中央公論新社，2007 年，頁 131。

[63]　同前註，頁 131-132。

戰略。」[64] 小泉政府的外交政策，在對美協調上大有進展，建立二次大戰以來最親近的美日關係，惟在成為亞洲一員的外交上，整體而言，則少有建樹，甚至呈現倒退的局面。

自 1970 年代以來，日本希望協助中國持續改革開放，軍事透明化，成為一個法治社會，並參與國際社會的互動，使民主主義扎根，以免造成區域的疑慮、緊張與對峙。在小泉政府執政時，卻在戰略思考上採取與中國對峙的布局，擔心中國的和平崛起，對其不斷擴增的軍事預算，充滿疑慮，在戰略設計上視中國為假想敵，計畫停止政府開發援助，在審訂重編教科書時歪曲歷史認識；更嚴重的是小泉純一郎自己，為兌現競選自民黨總裁時的政見，每年前往靖國神社參拜，激起雙方民族主義的對抗意識，致使中日與日韓關係陷於停頓。

由於中日戰略對峙的思維，靖國神社問題的膠著，成為小泉純一郎政府與中國外交互動最大的障礙，此外長久以來有關教科書審訂、南京大屠殺與慰安婦等歷史問題，都促成中國極力反對日本成為聯合國常任理事國的一員。沒有中國的同意和協助，日本的「入常」目標幾乎難以達成。小泉政府採取中日戰略對峙的外交政策，可說犯了外交戰略上的重大失誤。

壹、中日戰略對峙的問題

1990 年代中期以來日本右派崛起，尤其是小泉純一郎在 2001 年擔任首相以來，堅拒為過去歷史道歉，並參拜靖國神社，公開修改教科書。日本外交也偏離其一貫重視經貿的策略轉而強調戰略安全，積極訴求政軍大國的地位，並藉反恐與北韓核武危機強化與美國在東亞安全的合作，忽略後冷戰時代國際關係最重要的變數 —— 經貿，適與中國 1997 年金融危機以來著重經貿外交的作法形成強烈的對比。[65]

---

[64]　東武雄，〈続続 小泉外交 19：展望欠く東アジア戦略〉，《讀賣新聞》，2005 年 6 月 22 日，版 4。

[65]　〈小泉東北亞外交大轉圜〉，《中國時報》，2005 年 4 月 23 日。版 A15。

　　2002 年，日本首相小泉純一郎所領導的「對外關係小組」發表題為〈21 世紀日本外交的基本戰略：新時代、新願景、新外交〉的報告，說明新世紀日本外交的基調，指出日本應與美國充分協商，尋求新的政策合作方式，維持雙邊密切關係與利益。[66] 此外，報導亦透露，日本防衛廳決定大幅修訂《防衛計畫大綱》，由冷戰時期阻止蘇聯侵略概念，改為防止游擊隊、間諜船入侵，以肆應中國在西南群島海域（琉球周邊）活動日趨頻繁的情勢，而軍隊部署重心也將因此由北往南移動。[67] 日本的基本戰略布署，無形中以中國為假想敵，對中國的外交政策自然傾向牽制與對峙，而非合作與互補。

　　小泉執政時期，中國方面，2002 年 11 月中國共產黨總書記職務由江澤民交給胡錦濤。同年 12 月在《戰略與管理》發表一篇文章〈對日關係的新思考〉，批判中國國內的反日行動。作者係人民日報評論員馬立誠，文中同時指出：「應高度評價日本對中國的政府開發援助，及小泉純一郎參觀盧溝橋；日本道歉的問題已經解決」。日本方面充分期待：「這是否中國新領導階層發出的訊號」。[68] 中國發現中日關係合則兩利，鬥則兩敗。在胡錦濤上台後，靜悄悄的試圖改善中日兩國人民間相互敵視對立的邏輯思考，感謝日本長期以來對中國的經貿援助，並希望幫助日本成為聯合國常任理事國的成員。

　　中國人民大學國際關係學院教授時殷弘，在 2003 年第二期《戰略與管理》撰寫〈中國接近與「外交革命」〉一文，強調中國大陸應滿足於日本在對華侵略上的道歉程度、對日本的對華經援表示謝意、降低對日本發展軍力爭取國際地位的批評、在國際與東亞合作上強化與日本的合作、爭取

---

[66] 「21 世紀日本外交の基本戦略：新たな時代、新たなビジヨン、新たな外交」，《対外関係スタクフオース》，2002 年 11 月 28 日，http://www.knatei.go.jp/jp/kakugikettei/2002/1128tf.pdf，上網檢視日期：2008 年 1 月 15 日。

[67] 何思慎，《敵乎？友乎？ —— 冷戰後日本對華外交思路的探索》，台北：致良出版社，2008 年，頁 131。

[68] 内田明憲，〈続続 小泉外交 4：対日新思考も冷えこむ〉，《讀賣新聞》，2005 年 5 月 28 日，版 4。

中日兩國貿易的進一步擴大。[69]中國由於經濟持續穩定成長，國家自信心增加，不再太過擔心日本的壯大或威脅，菁英分子可以理性思考國家長遠戰略，以免民族主義過度膨脹，反倒傷害國家發展的大格局。

　　由馬立誠、時殷弘等提出來的中國對日關係「新思維」，主張不要再拘泥於「歷史問題」。關於雙方的安全利益衝突問題，解決之道包括：擱置歷史問題、平衡日本經濟需求、不公開擔憂日本的「軍事化大國」問題、加強與日本在東亞的政治經濟合作、支持日本成為聯合國安理會常任理事國。[70]上述文章雖遭受愛國主義者的批判，但站在以和為貴的立場，中國今天要和平發展，睦鄰政策一定要落實，否則難以專心治理千頭萬緒的內政問題，和平崛起亦會充滿變數。其實不論江澤民或胡錦濤領導下的中國，似乎都有意與日本修好，避免激化衝突，在以大局為重的考量下，慎重的作戰略調整。然而，至少在小泉純一郎執政這段時間，事與願違，中日兩國衝突不斷，劍拔弩張，有的是意外，有的是歷史情結，有的是領土主權的爭議。

　　相較於日本民眾普遍贊同加入聯合國安全理事會成為常任理事國，中國方面則無論官方或民間都持反對的立場，特別是民間社會一般大眾的情緒更是慷慨激昂，紛紛透過網路或示威遊行等方式明顯表達反日的意見。

　　中日東海主權之爭愈演愈烈，2005 年 4 月 14 日，中國外交部發言人秦剛表示，日本政府決定授權民間企業鑽探東海「中間線」以東油氣，是對中國權益和國際關係準則的嚴重挑釁。大陸各大網站上，民眾反日情緒因為東海油氣事件上升。網友在網上鼓吹發起全民反日示威大遊行。日本媒體報導，中國大陸一個網站號召網友塞爆日本的伺服器，結果就傳出日本警察廳和防衛廳網站遭網路攻擊。[71]

---

[69]　〈中日接近論值得關注〉，《中國時報》，2003 年 5 月 31 日，版 A15。

[70]　〈擱置歷史對日新思維遭痛批〉，《中國時報》，2003 年 7 月 24 日，版 A13。

[71]　〈東海事件，中共文攻網嚇，斥日嚴重挑釁〉，《聯合報》，2005 年 4 月 15 日，版 A13。

　　2005 年 4 月 18 日大陸十多個城市爆發反日示威遊行，以深圳的規模最大，超過 3 萬人參加，民眾攻擊日資公司，破壞日貨廣告，多次與警方衝撞。包括深圳、廣州、東莞、珠海、瀋陽、南寧、成都、廈門、寧波、長沙、青島等大城市均有反日遊行。[72]

　　中國大陸的反日運動日熾，其主要原因恐怕還是在於要阻止日本成為聯合國安全理事會的常任理事國。其他諸如教科書、慰安婦等問題都是附帶的藉口。目前大陸反日的最響亮口號是，沒有反省侵略中國的日本，在亞洲沒有得到信用的日本，根本沒有資格代表亞洲成為聯合國安理會常任理事國。[73]

　　日本的聯合國外交政策，不能忽視重要鄰邦市民社會的抗爭運動。日本首相為大局著想，理應慎重考慮停止參拜靖國神社，並就教科書內容模糊二次大戰侵略行為一事，比照日韓模式與中國展開談判，釣魚台與東海海底探勘之主權爭執，亦應設法透過國際法院或仲裁途徑尋求解決，降低中、韓反日情緒，化解爭端，敦睦邦誼，否則其加入聯合國成為安理會常任理事國的目標，可能長期難以達成。

　　一波未平一波又起。2004 年 11 月 10 日清晨，在沖繩縣宮古群島周邊，有不明國籍原子動力潛艇入侵領海。11 月 16 日中國承認該國責任，武大偉外務次長向日本大使阿南惟茂（Koreshige Anami）說明：「在例行訓練時由於技術因素誤入領海」，強調「事故」表示「遺憾」。[74] 2004 年 11 月 17 日日本政府表示，中國方面已經承認上週侵入日本領海的潛艦是中國的核子潛艦，並對日本政府表示「遺憾」。日本首相小泉純一郎說，接受中國方面的「道歉」，並希望類似事情以後不要再發生，也不因此妨礙雙方友好發展。[75] 中日關係的一個障礙，得以移除。

---

[72]　〈反日示威延燒暴力頻傳〉，《聯合報》，2005 年 4 月 18 日，版 A2。

[73]　陳鵬仁，〈中共反日阻擋日任常理國〉，《聯合報》，2005 年 4 月 18 日，版 A15。 Peng-Jen Chen, 'China aims protests at Japan's UN council bid', April 22, 2005, Taipei Times.

[74]　村尾新一，〈続統 小泉外交 7：首脳会談ぎりぎりの讓步〉，《讀賣新聞》，2005 年 6 月 3 日，版 4。

[75]　〈潛艦迷航北京向日表遺憾小泉接受道歉〉，《中國時報》，2004 年 11 月 17 日，版 A13。

　　然而，事情並不就此結束。2005 年 3 月 15 日，東京新聞頭版報導，日本防衛廳將派遣一個中隊約 200 人左右衛戍石垣島或宮古島，以便就近監控中國的軍事動向。石垣島與宮古島應是日本西南防衛的最前哨，2004 年底中國潛艦侵入日本領海，就是穿越宮古島與石垣島間的海域。中日軍事戰略對峙，已然形成。

　　研究中日關係的大陸學者一致認為，近來日本頻頻在歷史問題上挑釁，內部因素來自小泉內閣權力並不穩固，必須藉由對外關係的緊張，來維繫對政府的支持度。而更根本原因，則是日本在國家發展策略上，必須與中國為敵，才能維持一定的進步動力。中國人民大學國際關係學院副院長金燦榮分析，更深刻的原因來自兩國關係結構性變化，維持數百年的「強弱結構」，近來轉為「強強結構」，兩國都面臨嚴重的心理調適困難，導致外交政策轉圜不易。[76] 中日兩國之間的競爭與合作關係，因雙方均逐步擴充軍備，彼此相互爭逐區域霸權，互有戒心。不過，在全球化的規模愈來愈大的情況下，中國極需日本的投資與技術，日本看到中國大陸龐大的市場與資源，雙方均重視實際利益，即使有所衝突，菁英階層也會設法控制，不使事態擴大。

　　2004 年初以來，中日兩國大小摩擦和齟齬不斷，從舊恨的「釣魚台問題」、「歷史教科書事件」、「日相參拜靖國神社」，到新仇的「東海能源爭奪」、「日本申請成為聯合國安理會常任理事國」。日本的一連串強勢作法，顯然出於對中國的疑慮日增。例如，停止對中國的日圓貸款等經濟援助、新防衛大綱把「中國」列入對日威脅，以及批評中國的東海春曉油田太接近兩國中間線等。相對地，中國也調整對日本政策基調，從以往堅持「世代睦鄰友好」，到「針鋒相對，互不相讓」。例如，停止高層訪日，冷淡對待與日本政治關係；釣魚台領土糾紛的「擱置爭議」原則也由「宣示主權」代替；有條件地放寬大陸民眾反日示威遊行等活動，在在顯

---

[76]　〈百年恩怨難分解，中日強碰陷低潮〉，《聯合報》，2005 年 6 月 19 日，版 A13。

示中國高層對日本態度的轉變。[77] 上述戰略對峙爭端中，以靖國神社問題持續五年半，影響最大，它涉及日本對歷史認識與反省的問題，最終導致中國、韓國與亞洲各國反對日本成為聯合國安全理事會的常任理事國。

貳、日本對安理會席次的執著

日本的多國間外交缺乏政治理念與人才的投入，固執於例外主義（即維持和平憲法和非核三原則），偏重物質上的貢獻。同時，對參與聯合國安理會改革態度慎重消極，這不只象徵日本的外交風格，更顯示欠缺政治領導力。[78] 日本誠然一向缺少有遠見有魄力的政治領導人物，小泉純一郎好不容易勇於改變舊日過度慎重的外交作風，配合美國反恐戰爭，參與聯合國和平活動，並積極投入安全理事會改革，明言有意問鼎常任理事國的大位。另一方面卻刻意與中國對峙，遠交近攻，藉對外關係的緊張，凝聚民心士氣維持其施政支持度。然而此舉可謂暴虎馮河，最後導致其主要外交政策目標「入常」的失敗。

日本非常在意聯合國非常任理事國的席位，2004 年 10 月 16 日，日本第 9 次當選為聯合國安理會非常任理事國，當選次數與巴西同列第一。[79] 相對的，德國並不刻意經營此一席位，僅當選 4 次，排名與南斯拉夫、埃及、奧地利、委內瑞拉、挪威、西班牙、智利和秘魯等八國同列第 13 順位（參見表 3-2）。然而，日本在安理會的表現，一般而言不如預期理想。

---

[77]　〈「中國的崛起」中日交惡導火線〉，《聯合報》，2005 年 4 月 17 日，版 A13。

[78]　雷因赫‧德里夫特（Reinhard Drifte），吉田康彥訳，《国連安保理と日本》（*Japan's Quest for a Permanent Council Seat*），東京：岩波書店，2000 年，頁 5。

[79]　2015 年 10 月，聯合國改選 5 非常任理事國，日本當選。這是日本繼 2009 年到 2010 年之後第 11 次當選，超過曾經 10 次當選的巴西，成為聯合國歷史上當選次數最多的國家。「聯合國改選 5 非常任理事國 亞洲日本出線」，中廣新聞網，2016 年 10 月 16 日，http://www.bcc.com.tw/newsView.2674249，上網檢視日期：2016 年 8 月 30 日。

表 3-2：聯合國非常任理事國當選次數居前國家表

順位	國名	回數	順位	國名	回數
1	日本	9	9	巴拿馬	5
1	巴西	9	9	比利時	5
3	阿根廷	8	13	南斯拉夫	4
4	印度	6	13	埃及	4
4	加拿大	6	13	奧地利	4
4	哥倫比亞	6	13	委內瑞拉	4
4	巴基斯坦	6	13	挪威	4
4	義大利	6	13	西班牙	4
9	波蘭	5	13	德國	4
9	荷蘭	5	13	智利	4
			13	秘魯	4

（注）2006 年における安保理は、常任理事国（米国、英国、フランス、ロシア、中国）のほか、アルゼンチン、ギリシャ、タンザニア、デンマーク、日本、ガーナ、カタール、コンゴ（共）、スロバキア、ペルーにより構成。2007 年 1 月 1 日以降は、アルゼンチン、ギリシャ、タンザニア、デンマーク、日本に代わり、新たに、イタリア、インドネシア、パナマ、ベルギー、南アフリカの 5 か国が非常任理事国となった（残る 5 か国は引き続き非常任理事国）。

資料來源：日本外務省，《外交青書 2007》，東京：佐伯印刷，2007 年，頁 127。

　　日本多次當選為聯合國非常任理事國[80]，任期中並無顯著的政治性動議、理念或派遣軍事人員參與的貢獻，只是透過支持別國的表示或手續，藉以彰顯自己的存在。以成為常任理事國為目標的日本，在安理會採取自我節制作為的觀點所在多有。換言之，如果日本有太過突出的行動，當論及進入安理會成為常任理事國，即擔心可能失去美國或第三世界國家的支持，與國內分裂的言論。因此，雖然日本積極參與聯合國改革的議題，但與德國比較時，即無法否認在提出創意性議題與擔任仲裁角色上，劣於德

---

[80] 2008 年 10 月 17 日，日本第 10 次當選為安理會常任理事國。任期二年，2009-2010（〈安理會理事國日本勝出〉，《聯合報》，2008 年 10 月 18 日，版 AA）。

國的表現。[81] 日本是個凡事講求圓融和諧的國家，在國內如此到國外亦然，不輕易表達強烈不同的意見，特別是對美國幾乎言聽計從。這對追求成為一個政治大國的國家而言是不利的。政治大國在外交上，一定要有自己的主張和看法，雖然在 1990 年代後日本已開始提出「自主外交」，實際上卻畏首畏尾顧慮太多，在聯合國或任何國際組織，極少踴躍發言提出創新議題，熱烈與各國代表激辯。日本只是在國際社會參與交際應酬，避免得罪朋友，它為日本帶來商機，卻非領導地位的尊榮。因此有人以「3S」（sleep, smile, silence）形容日本人在國際會議的表現，雖言過其實，卻有幾分神似。

日本的聯合國外交政策，太過於在意擔任安全理事會常任或非常任理事國的角色，以致名實出現背離的現象。亦即，日本的綜合國力在國際舞台，於經濟、政治、軍事與文化各方面，尚未到達均足以彰顯大國地位的程度，刻意經營在國際組織表面的虛名，反而容易做出過多的承諾及付出，陷入欲振乏力的困境，或無力參與實際複雜國際事務的調和鼎鼐與折衝樽俎。日本似應沉潛待變，韜光養晦，持續蓄積國力培植外交人才，以開放的態度多關懷國際社會，以有遠見的實際行動贏得各國的尊重與支持。

2006 年 12 月 18 日，是日本加入聯合國五十週年紀念日。多年以來，日本以「積極參與國際事務，提高國際地位」為口號，把爭得安理會常任理事國的席位作為走向政治大國的重要目標。2005 年日本「入常」失敗，成為日本走向政治大國的最大打擊。原日本國際石油株式會社董事長木村一三評論道：「為了成為聯合國常任理事國，日本召集全世界的大使舉行了一次聲勢浩大的宣傳活動。沒有想到在投票揭曉之後，發現日本在至關重要的亞洲國家裡竟然沒有得到一個支持者。」[82] 連日本人自己都感受到

---

[81]　雷因赫・德里夫特（Reinhard Drifte），《国連安保理と日本》（Japan's Quest for a Permanent Council Seat），頁 249-250。

[82]　趙憶寧，《轉軌中的日本：一個中國記者跨越邊界的國際調查報導》，頁 107。

小泉政府睦鄰政策失當，事過境遷冷靜思考，愈來愈多的日本人不再同意小泉純一郎執意參拜靖國神社的強硬立場。

2006 年 7 月下旬，已故宮內廳長官富田朝彥（Tomohiko Tomita）的備忘錄被公布，昭和天皇對於靖國神社於 1978 年開始祭祀甲級戰犯表示：「不愉快」，自此不再去參拜靖國神社之後，日本老百姓不去參拜靖國神社者日多，據最近一項民意調查，已經有一半以上的日本國民具有這樣的態度。[83] 其實參拜靖國神社，只是其整個極右派國家主義理念的一部分，有如冰山的一角。日本政治菁英需要認真思考，是否決心揚棄軍國主義富國強兵，一切以軍事力量決定勝負的霸道作風。

擺在東北亞諸國領袖眼前的課題是，處理彼此間複雜的歷史糾葛與利益衝突，究竟是要選擇全球化戰略的途徑？還是要選擇民族主義動員的途徑？前者的範例就是今天的歐盟，不僅諸國間早已超越彼此的歷史仇恨，所有利益紛爭也都能透過協商對話加以解決。如果要選擇後者，那麼只有導致區域紛爭擴大甚至動盪的一個結局。[84] 歐洲煤鋼共同體是德法兩國走向成功統合的基石。在二次世界大戰的廢墟上，歐洲在五十年內建立一個擁有 28 個成員國、5 億人口的國家共同體「歐盟」[85]，實現統一內部市場及經濟和貨幣聯盟、逐漸一致的外交政策、無限制的旅行自由。

19 世紀末日本思想家岡倉天心（Tenshin Okakura）大力宣揚「亞洲一體」論，便是抱持這種願景。不過話說回來，中國斷然反對日本「入常」，針對印度「入常」也是冷淡看待，反而因此錯失外交良機。因為，如果北京支持印度與日本雙雙「入常」，它將可號召所有鄰國齊聚於亞洲大旗之

---

[83] 陳鵬仁，《中國、日本、台灣》，台北：海峽學術出版社，2006 年，頁 70。

[84] 〈東北亞諸國領袖應謹慎操作民族主義〉，《中國時報》，2005 年 4 月 18 日，版 2。

[85] 2013 年 7 月 1 日，克羅埃西亞加入歐盟。2016 年 6 月 24 日，英國公投決定脫離歐盟，將開始協商達成退出歐盟協議。

下，從而真正執掌這個全球最多人口且蒸蒸日上的地區之領導權。[86] 中日合則兩利，分則兩害，其實中日領導人皆有類同的感受與認知。

參、小結

小泉東亞外交陷入戰略失衡有多種原因。首先，日本國內政治右傾化及極端民族主義的上升，對小泉內閣而言是一把「雙刃劍」。一方面小泉可以藉此對外推行強硬立場，另一方面卻刺激他國的「民族主義」，惡化日本的對外關係，縮小日本外交靈活調整的迴旋餘地，而外交上挫折又將削弱其執政基礎。其次，日本對華戰略調整必將造成自我樹敵的戰略陷阱。但就其主觀原因而言，日本決策層錯誤的戰略思維不容忽視。[87] 日本執行外交政策軸心之一的「成為亞洲一員的外交」，應強調融入與合作，而非凌駕與對峙；善於異中求同，和衷共濟，而非力排眾議，特立獨行。

從冷戰結束以後，美國不大重視日本，極力拉攏中國，因為唯有中國在國際政治上，尤其在聯合國與美國配合，不扯其後腿，美國才能主導世界，北韓、伊拉克、伊朗等問題，莫不如此。[88] 美日關係固然是維持亞太地區和平與繁榮的基礎，日本可以改變方式，停止對美國唯命是從，摸索建立與中國難以搖動關係的方法。在此戲劇性的變化中，要有能夠傳達微妙差異優秀練達的領袖，並且有必要認知一些麻煩的前提條件。首先，日本要與美國保持距離，自己正式派遣軍隊出國，非得修改和平憲法。其次，首相必須停止前往供奉戰犯靈位的靖國神社正式參拜。同時，要抑制與中國對決過度激昂的國粹主義。在不安定的亞洲地區，為籌劃整備有如

---

[86] 湯姆・普烈特（Tom Plate），〈如何以大國視野看待印度的崛起〉，《中國時報》，2005年7月27日，版 A11。

湯姆・普烈特（Tom Plate），美國加州大學洛杉磯分校教授，新加坡海峽時報、南華早報等專欄作家。

[87] 劉江永，〈日本自陷戰略困境〉，環球時報策劃，《大國心路 —— 中國走向世界的思考》，北京：世界知識出版社，2005年，頁 216-217。

[88] 陳鵬仁，〈胡錦濤訪日效果待觀察〉，《聯合報》，2008年5月12日，版 A15。

使歐洲安定的國際體制，中日兩大國要同心合力。[89] 日本修改和平憲法與否見仁見智，不修憲應仍可派兵海外，參與維護和平活動；與美國保持距離絕對有必要，以彰顯日本外交的自主性，甚至國防軍事上的獨立性。

中日兩國人員的來往，從 1972 年的不足 1 萬人，發展到 2006 年的 400 多萬人。兩國地方的友好城市從無到有，現在已發展到 226 對。每週來往於兩國的飛機航班達 500 多架次。兩國人民如此密切往來，不僅是雙方二千多年交往史上從未有過，而且在目前中國與世界各國的交往中也位居首列。[90] 中日兩國近在咫尺，唇齒相依，應和平相處，尋求共同的國家利益，而非對峙或對抗，互爭雄長，以致兩敗俱傷；德、法兩國之歷史紛爭可為殷鑑。

與鄰為善並非懦弱，反是堅強的一種表徵。日本睿智的政治家無需逢迎中國，但必須在重大雙邊及區域議題（包括北韓及台灣的議題）上與中國密切合作。雖然中、日之間出現歧見時，中國不見得就是對的一方（韓、日間的情形亦然），但日本的菁英必須更努力透過談判方式去推動日本的國際利益，至少，也要跟他在國內政壇表現得一樣傑出。[91] 日本無需對中國唯唯諾諾，但也沒必要故意刺激中國，既明知中國很難接受日本首相參拜供奉戰犯靈位的靖國神社，又何必執意而為。如果政治人物或政府官員有意向為國捐軀的戰士表示敬意，靖國神社附近的「千鳥之淵」國家公墓應是相當合適的地點，「千鳥之淵」與阿靈頓公墓一樣，是由日本官方建立的陣亡將士墓地。

89　麥可・吉廉基格（Michael Zielenziger），河野純治譯，《ひきこもりの国：なぜ日本は「失われた世代」を生んだのか》（*Shutting Out the Sun: How Japan Created Its Own Lost Generation*），東京：光文社，2007 年，頁 393。

麥可・吉廉基格（Michael Zielenziger），美國加州大學柏克萊分校東亞研究所客座研究員。

90　吳建民，《外交與國際關係》，北京：中国人民大學出版社，2006 年，頁 72。

91　湯姆・普烈特（Tom Plate），〈政治魔術師小泉純一郎〉，《中國時報》，2005 年 9 月 14 日，版 A2。

　　小泉純一郎交棒後，安倍晉三（Shinzo Abe）（第一任時）、福田康夫（Yasuo Fukuda）、麻生太郎（Taro Aso）、鳩山由紀夫（Yukio Hatoyama）、菅直人（Naoto Kan）和野田佳彥（Yoshihiko Noda）等，均未前往參拜靖國神社，雨過天晴，中日兩國應盡棄前嫌，積極合作，共同為東亞的安定和發展努力。

　　然而，日本首相安倍晉三，選擇在第二次執政週年的 2013 年 12 月 26 日，突然參拜靖國神社，成為 2006 年以來日本首位在執政期間參拜靖國神社的首相。安倍晉三此一行動，招來中國的憤怒反應，中國外交部立即提出強烈抗議與譴責。美國駐日本大使館亦發表聲明，對安倍晉三的做法表示失望。中日關係再次緊繃。

　　2016 年 8 月 15 日，日本戰敗七十一週年，安倍晉三首相未到靖國神社參拜，這是他連續第四年沒在紀念日到神社參拜，外界相信他是顧及與中韓之外交關係。至於多次參拜靖國神社的防衛相稻田朋美（Tomomi Inada），因為 8 月 13 日至 16 日期間正在訪問自衛隊被派往打擊海盜的東非吉布地，亦未前往參拜。[92] 日本政府若期待東亞和平穩定、降低對抗與衝突、建立互信，與中日、日韓關係得以好轉，內閣成員不鼓勵激進的民族主義或軍國思想，自我節制參拜靖國神社應是正確的一步。

---

[92] 「日本戰敗 71 週年 安倍未參拜靖國」，（香港）頭條日報新聞網，http://www.msn.com/zh-hk/news/other/%ef%bb%bf%e6%97%a5%e6%9c%ac%e6%88%b0%e6%95%9771%e5%91%a8%e5%b9%b4-%e5%ae%89%e5%80%8d%e6%9c%aa%e5%8f%83%e6%8b%9c%e9%9d%96%e5%9c%8b/ar-BBvFhKW，上網檢視日期：2017 年 3 月 5 日。

第4章

美日基軸的軍事外交[1]

　　美日基軸的外交，其根幹為美日軍事同盟。自1951年9月簽署《美日安保條約》，歷經數次強化與轉型。1960年1月美日重新修訂此約為《美日相互合作及安全條約》（Treaty of Mutual Cooperation and Security between The United States of America and Japan）；1978年11月為使雙方能在日本「有事」時進行有效的軍事合作，經多次協商公布《美日防衛合作指針》（Guidelines for U.S.-Japan Defense Cooperation）；1996年4月柯林頓總統訪日並與橋本龍太郎首相會談，發表《美日安保共同宣言》（U.S.-Japan Declaration on Security: Alliance for the 21st Century）。從此，美日軍事同盟的安全合作關係，已近似在歐洲的北大西洋公約組織，足以因應與支援後冷戰時期亞太及全球的局勢變化。

　　二次大戰後，日本以美日基軸為主，成為冷戰下西方陣營的一員，相較於外交的自立更為重視對美的安全協調，經濟復興優先於軍備再武裝的模式。在舊金山和約中，吉田茂讓日本重新站穩腳步。這可以說戰後的日本，發展自由民主主義和市場經濟，選擇以「安全」與「繁榮」為基本目標的經濟國家的方向。[2] 戰後的日本外交，採取追隨美國的外交政策，缺乏自主性，在國家安全上，完全依賴美國的保護，全力發展經貿。1970年

1　2011年10月21-23日，中國大陸重慶西南大學舉辦「第四屆東方外交史」國際學術研討會，作者以本章內容摘要，發表論文〈小泉政府邁向軍事大國的美日基軸外交〉。
2　五百旗頭真，〈日本外交五〇年〉，頁12。

代後由於國民生產總額，躍居全球第二，敗戰的陰影逐漸淡化，年輕的世代不再甘於靜默，1980 年代出現「日本第一」稱譽的同時，也出現「向美國說不」的保守傾向，於是開始調整「美日基軸的外交」，以提高外交的自主性。1990 年代，蘇聯瓦解東歐自由化，進入後冷戰時期，旋爆發波斯灣戰爭。日本發現在推動國際協調外交上，不能在軍事上毫無作為，自衛隊已經面臨必須走出日本、面對國際的時候。

2001 年小泉純一郎當選為自民黨總裁，聲稱美日友好關係的維持為日本外交最重要的工作，在此基礎上日本與近鄰各國改善關係促進合作。他並表示，自衛隊不是軍隊很不自然，透過憲法解釋自衛隊違憲，也很奇怪。宣稱：「每個國家都需要自己的軍隊以抵抗侵略，應修憲將自衛隊正名為國軍。」[3] 2001 年 4 月小泉純一郎內閣成立，在其任內提升美日關係至二次大戰後最熱絡的程度，這是小泉政府外交政策的一大特色；同時，為強化美日聯盟，參與聯合國集體安全行動，使日本成為「軍事大國」，小泉首相顯然有意修改「非戰憲法」。

日本首相小泉純一郎於 2001 年 6 月 30 日，在大衛營與美國總統小布希舉行一小時五十分的會談。會談的內容包括美日關係、飛彈防衛問題、與中共、朝鮮半島、美日經濟、貿易和環保問題等。此次會談，基本上是成功的，最低限度可說是個好的開始。小泉首相一向主張，與美國關係最重要，他甚至說，只要美日關係良好，日本與其他國家的關係也會好。由於小泉這種基本立場，和其在國內特別高的民意支持率，致以布希為首的美國，對小泉具有相當好感，也寄予很大的期待與希望。[4]

小泉純一郎任內，以美日為基軸的外交表現最為突出，以下將分別探討：日本配合美國九一一事件後之反恐號召，參與聯合國維持和平行動；建立緊密的美日軍事同盟；以及進一步預期進行修改憲法第九條，擴大自

---

[3] 〈小泉新總裁の会見要旨〉，《讀賣新聞》，2001 年 4 月 25 日，版 5；《朝日新聞》，2004 年 4 月 25 日，版 4。

[4] 陳鵬仁，《日本當前政情（2000-2002）》，台北：新香港時報台灣社，2002 年，頁 301-302。

衛權行使的內涵與範圍。

第一節　日本參與美國反恐作戰

　　1980 年代末以來，隨著冷戰的趨緩與終結，美俄在安理會的合作暫時得到強化，聯合國的維和活動日趨活躍，[5] 包括聯合國秘書長和各國政府在內的國際社會，圍繞有效強化聯合國維和功能，作出各種的探索和努力，而日本積極參與姿態則引起世界的側目。過去十年多的聯合國維和活動中，日本的參與領域、參與方式、參與程度以及涉足範圍均表明，日本已經完全從一個消極被動的旁觀者，變為一個主動的參與者。[6] 日本自衛隊派赴海外，參與聯合國體系下的維持國際和平活動，是貢獻國際社會最有效的方式，不但出錢還出力，亦即有人員參與的貢獻，而非以往僅限於分擔金錢開銷，徒留其財大氣粗的印象。

　　冷戰結束，日本國內開始出現另外一種聲音，認為日本地處東亞，應積極參與東亞事務，同時也要跳脫過去歷史的包袱，讓日本成為一個正常國家，這便是日本的新保守主義。投射在外交政策上，新保守主義者企求在國際上取得與其經濟地位相稱的政治地位，這也是 1996 年後日本逐漸積極參與國際活動，同時也關注周邊國家的軍事動向，逐漸轉變其防衛政策的最主要原因。[7] 正常國家的理念，在國家安全方面，除自衛權，還包括有交戰權、聯盟權等。今天，在非戰憲法規範下，即使仍有若干疑義，日本人民實際上對自衛隊的成立、擴大和強化，已坦然接受。在未修憲的情

---

[5]　據統計，僅就聯合國 PKO 而言，自 1948 年 6 月迄今，聯合國共設立了 63 項維和行動，其中有 49 項是在 1988 年以後設立。截至 2010 年 2 月，仍有 15 項在執行中，有 115 個國家約 101,939 位軍事、警察官員被派遣參與執行聯合國的維和行動。日本外務省，「国連 PKO の現状」，2010/5，http://www.mofa.go.jp/mofaj/gaiko/pko/katudo.html，上網檢視日期：2008 年 8 月 29 日／ 2016 年 3 月 11 日。

[6]　蕭佳靈，〈日本的維和政策與立法：演變及要因分析〉，蕭佳靈、唐賢興主編，《大國外交（上冊）》，北京：時事出版社，2003 年，頁 69-70。

[7]　蔡增家，〈日本新保守勢力合流了〉，《中國時報》，2005 年 9 月 13 日，版 A15。

況下，自衛隊不可能執行交戰權，但聯盟權藉著美日安保條約的締結與修訂，已逐步落實。

　　日本鎖定聯合國作為提升外交能力的工具，而不致違背先前的態度和理想。因此，1990 年代，日本積極讓軍事人員參與聯合國的維和行動。1992 年，日本外務省和防衛廳促使國會同意日本軍隊參與這類行動。通過 PKO 法案（Peace Keeping Operation Bill），正代表日本已脫離過去，開始派遣自衛隊參與聯合國在柬埔寨、索馬利亞、莫三比克和中東進行有限度的行動。[8] 在聯合國旗幟下，透過參與維持和平活動，一個嶄新的日本正在形成。

　　迄今，日本自衛隊最大規模的海外派兵行動，係在小泉政府任內，為支援美國的反恐作戰行動。2001 年 9 月 11 日，於紐約和華盛頓同時發生恐怖分子劫持民航客機的攻擊事件。10 月 29 日，日本國會通過《恐怖對策特別措施法》。11 月 9 日，海上自衛隊護衛艦三艘，為支援美軍開赴太平洋。2003 年 3 月 20 日美軍與英軍進攻伊拉克，伊拉克戰爭開始。4 月 9 日巴格達陷落，海珊政權垮台。5 月 1 日，美國小布希總統宣布戰爭結束。7 月 26 日，日本國會通過《伊拉克復興支援特別措施法》。10 月 26 日，聯合國安全理事會決議，重建伊拉克與派遣多國部隊赴伊。2004 年 2 月 8 日，陸上自衛隊抵達伊拉克南部薩瑪沃。

　　日本自衛隊支援阿富汗反恐戰爭與派兵至伊拉克參與復興重建，是一個開端。今後，日本自衛隊在《美日安保共同宣言》及《新美日防衛合作指針》的規範下，將配合聯合國的和平維持行動，與美軍在全球任何區域協同作戰，行使國家的「集體自衛權」。

---

[8]　米爾頓‧艾茲拉提（Milton Ezrati），陳雅雲譯，《日本巨變 —— 從日本經濟文化變革到全球勢力的重分配》（*Kawari : How Japan's economic and cultural transformation will alter the balance of power among nations*），台北：遠流出版，2001 年 5 月，頁 205。

壹、柬埔寨聯合國維和任務

　　基於 1991 年 10 月簽訂的巴黎和平協定，聯合國設立柬埔寨臨時權力機構（The United Nations Transitional Authority in Cambodia, UNTAC），以執行和平維持活動，下轄軍事、警察、選舉、行政、人權、復員和難民返鄉等部門。日本被要求派員參與在監視停戰、文人警察、選舉和修理道路橋樑等領域的後方支援工作。[9]1992 年，日本第一次派兵海外，有 600 名工兵參與聯合國維持和平活動。

　　當時擔任聯合國駐柬埔寨臨時權力機構主席，是日本籍的聯合國副秘書長明石康。長達十八個月的聯合國維和行動，是聯合國有史以來最大的一次行動，耗資約 23 億美元，總人力達 2 萬 1,000 人。此次行動結束柬埔寨長達二十三年的內戰。[10]

　　雖然日本參與柬埔寨 PKO，是由於波灣戰爭衝擊的契機才得以實現，實際上是日本外務省長期努力的結果。因為自 1958 年黎巴嫩危機以來，參加維持和平活動，即是外務省的悲壯願望，其後經過不斷檢討。另外，日本與柬埔寨歷史關係頗深，擁有優秀的專家，日本外務省亞洲局因關心柬埔寨內戰，乃提出獨自的解決方案，成為召開 1991 年 10 月的巴黎和議的重要助力。[11]二次大戰時東南亞地區，曾是大東亞共榮圈的範圍，因此關係密切，日本對此區域也有相當深度的瞭解與認識，尤其小泉政府刻意經營在柬維和行動，得以圓滿達成任務。

　　PKO 的預算由聯合國各會員國分擔，其經費因任務不同，每年變動幅度甚大，約美金 10 億至 30 億不等。2004 年，因非洲數項大規模維和任務，經費高達 30 億美金，約占全部經費的七成以上。日本的經費負擔比率

---

[9]　朝雲新聞社編輯局，《2007 防衛ハンドブック》（*Hand Book of Defense 2007*），東京：朝雲新聞社，2007 年，頁 661。

[10]　人民網，「聯合國副秘書長明石康」，2007/4/19，http://pic.people.com.cn/BIG5/tupian/247/7610/7611/5638717.html，上網檢視日期：2008 年 11 月 1 日。

[11]　五百旗頭真，〈日本外交五〇年〉，頁 34。

19.468% 僅次於美國的 26.498%，除美國之外，比起聯合國其他四個常任理事國所負擔經費總和 18.4406% 略高。[12] 2007 年（11 億 5,631 萬美金）與 2008 年（12 億 5,563 萬美金），日本分擔聯合國 PKO 活動經費的比率略降，為 16.6240%，依然僅次於美國的 26.0864%，約占聯合國預算總額六分之一的財政貢獻。[13] 2010 年日本 PKO 分擔比率為 12.53%，次於美國的 27.1743%，負擔約八分之一的經費開支。[14] 日本在聯合國維持和平活動的經費分擔方面，其出資比率約與繳交聯合國會費相當，此亦彰顯其為世界經濟大國的地位和實力。

2004 年 2 月初，日本派遣 500 名地面部隊到伊拉克，象徵日本國際角色扮演的地位更上一層樓。這與數年前相比，不可同日而語。因為此前，只要有官員建議派遣自衛隊至戰爭國家，就會遭到譴責，甚至掛上鷹派招牌，受到輿論批判，轉變速度之快，頗令日本民眾、亞洲國家吃驚。理由在於，國際安全的環境發生劇烈變化，讓日本認為必須調整防衛步調，否則無法維持其國內的安全與穩定。經 1992 年日本即派兵至柬埔寨，久之日本民眾已習以為常。根據日本內閣民調，民眾支持派遣自衛隊赴海外的態度，已從 1992 年的 46%，至 2000 年時更提升到 80%。[15]

在日本政府的主導下，近年派遣自衛隊赴海外參與聯合國維持和平活動，已受到民意的普遍支持。日本因長期負擔高額經費，也有助於提升促進和平的良好形象，與在聯合國影響力的擴大，對日本落實成為軍事大國、政治大國與安理會常任理事國的政策，頗有幫助。不過，事實上，日本自衛隊派赴海外，參與國際維和任務，仍受到相當限制。

---

[12] 日本外務省，「国連 PKO の現状」，http://www.mofa.go.jp/mofaj/gaiko/pko/katudo.html，上網檢視日期：2008 年 6 月 21 日。

[13] 日本外務省，「国連 PKO の現状」，2009/3，http://www.mofa.go.jp/mofaj/gaiko/pko/katudo.html，上網檢視日期：2009 年 6 月 29 日。

[14] 日本外務省，「国連 PKO の現状」，2010/5，http://www.mofa.go.jp/mofaj/gaiko/pko/katudo.html，上網檢視日期：2016 年 3 月 11 日。

[15] 張亞中編，《國際關係與現勢》，台北：晶典文化，2004 年，頁 98-99。

　　2002 年 12 月，當時的日本內閣官房長官福田康夫私人諮詢機構「國際和平合作懇談會」提出報告，建議修改法律，把國際維和任務作為自衛隊的「分內任務」，以便能夠對基於聯合國所決議從事維和活動，並對多國部隊進行後方支援。報告書提出，改善及加強日本國際合作的策略與建議如下：

一、儘速建立實施更具彈性之國際和平合作的法制

（一）關於參加 PKO 五原則，若原本並不含有停戰協議或接受協議之意，可依據聯合國安理會之決議參加。

（二）在國際和平合作業務中，可擔任「警衛任務」，「對於試圖以武力妨礙 PKO 任務之遂行者，可使用武器對抗之」。

（三）參加以聯合國維持和平行動之機動部署目的的聯合國待命制度。

（四）修改自衛隊法，將國際和平合作定位為自衛隊的基本任務，同時為確保適切的派遣，應準備反應快速的部隊。

二、努力參與更廣泛的和平合作活動

　　關於日本依據聯合國之決議，協助多國間之和平活動（即所謂多國部隊）的法制，應開始研究建立。[16]

　　自衛隊參與 PKO 的武器使用規定，已修正較前放寬。2007 年 3 月，為支援美國反恐戰爭，日本亦成立快速打擊部隊。至於「將國際和平合作定位為自衛隊的基本任務」，因非戰憲法的規範，此一構想至今仍未能實現。日本派遣自衛隊到海外，參與國際維和任務，仍然必須逐案經國會審議，核定派出規模、期限，以及參加 PKO 的附加條件。

　　日本參加聯合國維和活動時，必須符合下列幾個條件：1. 紛爭當事者之間已經成立停戰協議；2. 紛爭當事者同意 PKO 的活動及日本的參加；3. 嚴守中立的立場；4. 如有不符以上原則的情形發生時，應立即撤回部隊；5. 應儘量避免武器的使用，使用武器應以自衛為目的等種種限制。[17]

---

[16] 日本防衛廳，《2003 日本防衛白皮書》，台北：國防部史政編譯局譯，2005 年，頁 448-450。

隨著國際情勢的變化，日本曾參與數次聯合國維持和平行動，並在經驗中
學習檢討改進，修訂相關法律，自衛隊的任務、行動範圍以及武器使用的
限制等，逐一放寬與擴大。及今，自衛隊的角色除不能直接參與戰鬥外，
實際上已與正規軍隊類似。

2001 年 10 月 5 日，日本政府內閣會議通過派遣自衛隊支援美國軍事
行動，及救濟難民的《恐怖對策特別措施法》，以及能派遣自衛隊護衛駐
日美軍基地等的自衛隊法修正案。[18] 此項法案的旨趣，乃日本認定九一一
事件為恐怖組織對國際和平以及安全帶來威脅，基於聯合國安理會之決議
而「積極主動地採取對策」。日本派遣自衛隊的領域較過去的周邊事態法
更加擴大，周邊事態法侷限於日本周邊的「公海及其領空」，但是此項新
法則擴大到以對手國同意為前提的「外國領域」，範圍包括「不發生戰鬥
行為及在活動期間認定為未發生戰鬥行為的地區」。[19] 其中，何處是「未
發生戰鬥行為」等的界定權，掌握在日本政府手中，國會只能事後監督和
糾正。乃因「將在外，君命有所不受」，其實際情況更可能是由戰地指揮
官自行決定，自衛隊何時可以進入某一地區或進行被迫的自衛戰鬥。

2001 年 12 月，不但修訂 PKO 合作法，參與和平維持部隊（Peace
Keeping Force, PKF）也解凍。至此，參加國際合作工作開始從後方支援擴
展到停戰及監察解除武裝，收集、處理廢棄武器等。此外，還有正當防衛
的武器限制亦告放寬。以往只「自己及同在現場的隊員有危險」時，才能
使用武器，如今只要在附近的外國 PKO 人員及難民、政府高官、新聞記
者、義工等，都可算是在「自衛管理」的防禦範圍。[20] 放寬自衛隊使用武
器的限制，有其實際的需要，否則會影響任務的達成，這在日本輿論界受
到普遍的支持與肯定，一向持反戰與和平論調的《朝日新聞》亦然。

聯合國 PKO 是紛爭國戰後建立和平架構的支柱，與其他先進國家相

---

[17] 安倍晉三，《美しい国へ》，東京：文藝春秋社，2006 年，頁 138。

[18] 〈閣議決定テロ特措法案提出〉，《夕刊讀賣新聞》，2001 年 10 月 5 日，版 1。

[19] 〈日內閣通過自衛隊赴海外法案〉，《中國時報》，2001 年 10 月 6 日，版 10。

[20] 安倍晉三，《美しい国へ》，頁 142-143。

比，自衛隊的派遣次數還是不夠多，日本可增加派遣的次數與幅度。1992年，日本制訂《聯合國和平維持活動合作法》，第一次派遣自衛隊到柬埔寨，其後亦前往戈蘭高地、東帝汶等處，參加修復因紛爭遭到破壞的設施、醫療活動等的人道復興與後方支援工作。2001 年修改 PKO 法，自衛隊以安全理事會決議為基礎，在嚴格規範下執行任務，不得已才開槍，和警察抑制犯罪時使用武器接近；迄今，仍未認可近似戰鬥的槍械使用。[21]

　　日本自 1992 年開始派遣自衛隊官兵至柬埔寨，其海外參與聯合國維持和平行動已相沿成習，雖尚未將之列為自衛隊的「分內任務」，仍僅視為特殊任務，但其條件已逐漸放寬，海軍艦艇也已從南海駛向印度洋並進入波斯灣。自衛隊的下一個目標，應是允許參與「國際安全集體行動」，亦即在聯合國集體安全制度設計下，因國際爭端擴大，而和平手段又無法解決時，為配合安理會維持或恢復國際和平與安全，所採取的陸海空軍事行動。

貳、阿富汗反恐維和行動

　　2001 年 10 月 7 日，美國對阿富汗發動以「持久自由」為代號的反恐戰爭，清剿凱達（al-Qaeda）「恐怖組織」，並對支持恐怖行動的塔里班（Taliban）政權，施以報復攻擊。主要戰事不到兩個月即告結束。阿富汗於 2004 年通過新憲，並選舉總統和國會議員，成立自由政府，惟塔里班殘部轉入地下進行游擊戰，戰事持續至今，成為泥淖，一旦陷入，難以自拔。

　　九一一事件發生，國際戰略形勢為之丕變，日本必須配合美國的全球反恐作戰。阿富汗戰爭爆發，日本派自衛隊遠赴印度洋，目的是為支援阿富汗戰後和平重建，與繼續打擊恐怖主義。自衛隊派赴海外的行動，完全

---

[21]　川上泰德，〈提言 日本の新戰略：14 自衛隊の海外派遣〉，《朝日新聞》，2007 年 5 月 3 日，版 22。

由小泉政府計畫與推動。

2001 年 5 月 7 日，小泉純一郎在國會發表政策演說時，指出：在「無構造改革即無生存發展」的信念下，日本將推行經濟、財政、行政、社會與政治領域的構造改革，亦即斷然執行「新世紀維新」的改革。[22]小泉純一郎的「新世紀維新」，對內，體制改革與結構調整的重點首在經濟、金融領域，嘗試儘快自結構性、制度性缺陷的泥塘中脫困。對外，從修改法制這一關鍵入手，自我鬆綁，加緊向國際政治、安全領域滲透，例如《恐怖對策特別措施法》。[23]小泉政府的大國化外交政策，包含「軍事大國」的外交，要設法使日本的軍隊在國際安全體系中，發揮穩定作用，做出國際貢獻。它雖非如現實主義學派主張，直接以軍事實力展現國力，甚至有威嚇或對抗的姿態，但建立國家威望與保護國家利益的目標卻是一致。

2001 年小泉純一郎上台之後，逐步深化落實美日安保的緊密聯盟，這使得小泉政府成為日本戰後最親美的政權，對美國東亞政策及反恐政策也亦步亦趨，利用美日安保政策轉變來達到日本國家正常化的目標。[24]九一一之後的一個月內，日本國會通過《恐怖對策特別措施法》等三項法案，大幅強化未來日本自衛隊在海外戰事中扮演的角色。小泉首相與美國密切磋商，準備派遣補給與支援船艦進入印度洋，執行補給、維修、通訊、搜救、醫療、偵察等任務。[25]日本在小泉內閣的領導下，壓制國內自由派的言論，力言國際恐怖活動無所不在，日本身為國際社會一分子，理應善盡國際責任，支援英美等盟軍作戰，不應以非戰憲法限制自衛隊扮演更積極的角色。

2001 年 11 月 20 日，小泉首相與防衛廳長官中谷元（Gen Nakatani）

[22] 小泉純一郎，「所信表明演說」，2001/5/7，http://www.jimin.jp/jimin/jimin/sousai01/syoshin.html，上網檢視日期：2008 年 9 月 6 日。

[23] 楊伯江，〈如何看日本的「普通國家化」〉，環球時報策劃，《大國心路 —— 中國走向世界的思考》，北京：世界知識出版社，2005 年，頁 74。

[24] 蔡增家，〈當大家爭相到日本參拜〉，《中國時報》，2006 年 7 月 13 日，版 A15。

[25] 〈整軍經武朝正常國家演進〉，《中國時報》，2001 年 10 月 30 日，版 12。

會談，基於《恐怖對策特別措施法》，確認自衛隊參與美軍英軍後方支援時活動內容詳細的實施要項。向海上與航空自衛隊發出派遣命令，包括海上自衛隊 1,200 人，航空自衛隊 180 人，正式展開支援英美反恐活動。[26] 日本軍隊一向訓練有素，裝備精良，一旦賦予任務皆能全力達成。印度洋上的反恐支援作戰，無論給油、物資輸送、難民協助與情報監控等，如無日軍參與，對美軍而言將是一大負荷。亦即，日本在阿富汗的反恐作戰中，所承擔的責任前所未有，表現亦相當稱職。

　　2001 年 11 月 25 日，日本派三艘自衛隊軍艦，擔任美軍後方支援及輸送難民救援物資，分別從吳港、橫須賀及佐世保出發，並於琉球海域會合後，航向巴基斯坦卡拉蚩港，隨後在阿拉伯海支援美軍航空母艦戰鬥群的給油任務，並接替三艘已在印度洋上執行情報蒐集等活動的軍艦。這是自衛隊成立以來，第一次在戰時支援他國的軍事行動。[27] 日本的海上自衛隊由近海走向大洋，超出 1,000 哩的安全維護航線。只要日本維持相對強大的經濟實力，日本正逐步邁向「軍事大國」之國家目標。

參、自衛隊出兵伊拉克

　　2003 年 3 月 20 日，美國和英國為主的聯合部隊，在未經聯合國授權同意下，進攻伊拉克。波蘭和澳洲的軍隊也參與此次戰鬥行動。三星期後，攻陷巴格達，12 月美軍捕捉到逃亡的伊拉克前總統海珊（Saddam Hussein），並交付伊拉克最高刑事法庭審判，2006 年 11 月經宣判處以絞刑，12 月執刑完畢。

　　戰爭結束後，伊拉克進入重建階段，日本應美國之要求，派兵擔負重建之部分任務。2003 年 7 月 4 日，日本眾議院於通過《伊拉克復興支援特別措施法》。政府自 2003 年 10 月下旬展開部署，派遣 1,000 多名自衛隊

26　〈防衛長官海空自に派遣命令〉，《讀賣新聞》，2001 年 11 月 21 日，版 1。

27　〈海自艦 3 隻が出航〉，《讀賣新聞》，2001 年 11 月 26 日，版 1。

員協助重建慘遭戰火蹂躪的伊拉克。空中自衛隊派遣最多 6 架「C-130」運輸機，海上自衛隊則部署大型運輸艦和護衛艦，運送淨水車、儲水槽和裝甲車等。[28] 陸上、海上與航空自衛隊同時出動，參與國際和平維持活動，這是自衛隊成立以來的第一次，而且是遠距離的運送部隊與裝備，到中東地區伊拉克。因此，舉國上下，極為重視，自衛隊在伊拉克期間，日本國內媒體，幾乎每天都有相關報導。

2003 年 12 月 9 日，日本政府內閣決議，基於《伊拉克復興支援特別措施法》，通過有關自衛隊派遣的基本計畫。自 12 月 15 日起為期一年，派遣陸、海、空自衛隊遠赴伊拉克。小泉首相在記者會中指出：日本係國際社會的一員，參與伊拉克重建的責任不只是提供資金，而且應包含自衛隊在內人員的支援；並表明重視對伊拉克國民的人道支援，自衛隊的活動，不會替美軍運送彈藥或武器。[29] 這是日本自 1945 年戰敗投降以來，最大規模的一次海外派兵行動，將自衛隊派赴危險地區，提供醫療、給水協助、公共設施重建等人道主義救援，希圖提升其國際貢獻。

以往歷任首相對派遣自衛隊出國，都持負面立場，不得已時堅持不能派往危險地帶，原因很簡單：萬一被攻擊，如不還擊就等於束手待斃，如還擊開火，便成為軍事戰鬥。因此，薩瑪沃的治安與防衛，只能委由荷蘭軍隊負責，一旦出現緊急狀況，便只能由荷軍保護，日軍只能接受保護而不能支援荷軍作戰，這是日本終戰憲法所限制的。[30] 這一次日本為長遠的國家利益，及追求更高的國際聲望和地位，甘冒可能損失生命的危險和是否違憲的爭議，派兵前往停火的戰區，在國內自然引起不小的風波。

安倍晉三指出：日本政府派遣自衛隊赴伊拉克的大義名分是什麼呢？第一，國際社會正為伊拉克能建立一個屬於自己、自由而民主的國家出力之際，作為國際社會一員的日本也當貢獻心力，這也是日本身為先進國家

---

[28] 〈イラク復興支援特措法案眾院通過〉，《讀賣新聞》，2003 年 7 月 5 日，版 1。
[29] 〈自衛隊派遣 基本計画決定〉，《讀賣新聞》，2003 年 12 月 10 日，版 1。
[30] 〈小泉派地面部隊赴伊是險著〉，《中國時報》，2003 年 12 月 14 日，版 A10。

的責任。第二，日本 85% 的能量資源，即原油都依靠中東地區。而伊拉克的原油藏量僅次於沙烏地阿拉伯，為世界第二。因此這地區若能儘早恢復和平及穩定，也將是日本的國益。派遣自衛隊並非盲從美國的要求，而是日本自己的決定，是內閣總理大臣親自下達的命令。[31]

　　2004 年 1 月 19 日公布的民調顯示，日本民眾對於小泉派兵赴伊拉克呈分歧態勢，支持與反對幾乎平分秋色，不分上下。日本防衛廳分三梯次派出陸上、海上及航空自衛隊共 1,000 名官兵赴伊拉克協助重建，外界擔心此舉可能讓日本部隊捲入伊國戰事。根據日本憲法，日本部隊僅限於自衛，一旦捲入戰事，可能與憲法牴觸。[32] 小泉首相上台後，對自衛隊的運用，屢創記錄，派兵戰亂地區的伊拉克亦是首例。在野黨以此舉違憲大加抨擊，要求小泉純一郎下台以示負責。

　　在日本眾議院院會代表質詢中，小泉首相與民主黨菅直人（Naoto Kan）代表針鋒相對，就自衛隊派遣為中心有一番論戰。菅代表指出：「實質上是軍隊的自衛隊，派赴戰爭仍在進行的外國領土伊拉克，這開啟戰後新的一頁。不論任何理由，為戰爭目的而將自衛隊派赴海外，即可斷言它違反憲法的原則。派遣自衛隊違憲的行動，是破壞民主主義的暴行。」小泉首相答辯說：「雖然承認並非安全的狀況，卻係在合乎非戰鬥地區要件的區域內，執行人道復興的任務，派遣自衛隊並未違憲。」[33] 小泉首相對伊拉克境內是否已無戰事也沒把握，但他表示一旦戰爭再度爆發，會將派駐伊國的自衛隊調回；假設被迫自衛，應屬合法。

　　日本前駐黎巴嫩大使天木直人（Naoto Amaki）以不同的理念，嚴厲指責小泉派兵赴伊拉克。他說：「美國與英國入侵伊拉克，是明顯的錯誤，然而小泉首相希望對中東和平盡力，對國際社會有所貢獻，竟強力要求政府官員和國會議員配合，派遣自衛隊前往，造成龐大的稅金浪費。」[34] 戰

31　安倍晉三，《美しい国へ》，頁 134-135。

32　〈日本繼續派兵協助伊拉克重建〉，《中國時報》，2004 年 1 月 22 日，版 A8。

33　〈違憲 菅代表 VS 合憲 首相〉，《讀賣新聞》，2004 年 1 月 22 日，版 4。

爭需要大筆經費，這是自古以來的定律。

　　自 2003 年 5 月 1 日美國總統布希宣布伊拉克戰爭的主要戰鬥行動結束以來，伊國情勢始終動盪不安，各地反美暴亂此起彼落，導致駐伊美軍地面部隊無法按照五角大廈原先的規劃逐步減少，必須一直維持 13 萬人以上的規模，每月軍費開銷約 40 億美元，因此華府近來也強力敦促盟國增派部隊，支援伊國維安任務。根據五角大廈公布的資料，目前除美國之外，再扣除最近撤軍的西班牙與宏都拉斯，共有 31 個國家在伊國派駐部隊，其中以歐洲的 19 國最多，亞洲 7 國次之。至於多國部隊的總兵員，由於調動頻繁，很難精確計算，據軍事網站「全球安全」（http://www.globalsecu rity. org）截至 2004 年 5 月 20 日的估計，約在 26,500 人左右。亞洲主要國家派軍赴伊國的有日本、南韓、泰國與菲律賓，但人數最多的日本也不過 550 多人，其次的南韓還不到 500 人。[35] 除大量軍費開支，人命的喪失，更是任何參與戰事的國家所必須面對的殘酷事實。

　　日本 24 歲青年香田証生（Shosei Koda）遭伊拉克武裝反抗軍綁架，伊拉克聖戰組織透過網路要求日本在 48 小時內撤軍，小泉純一郎首相予以拒絕；2004 年 10 月 31 日清晨，香田屍體在巴格達被發現。同日，小泉首相在官邸舉行記者會，強烈譴責殘虐暴行，聲明將以堅定的態勢繼續與恐怖分子戰鬥，並確立駐防伊拉克的自衛隊，於到期後，仍繼續延長其派遣時間的方針。[36] 此一問題在日本引起不同反應。日本三個反對黨都反對自衛隊派往伊拉克，目前既不能撤回，則在派遣期滿後應即撤回。聯合執政的公明黨原則上同意延期派駐，惟駐防期限一到，將根據美國總統選舉結果以及國內的民意作為應否延長的判斷。[37] 所幸，伊拉克情勢對日本而言，並未惡化，因此，再度延長派駐期限之議，於年底國會爭辯後通過。

　　小泉純一郎首相於 2005 年 10 月 12 日發表施政信念演說，他表示：

---

[34]　天木直人，《さらば外務省！》，頁 48。

[35]　〈美駐軍開銷大促盟國支援〉，《中國時報》，2004 年 5 月 24 日，版 A3。

[36]　〈人質映像公開から 4 日バグダッドに遺体〉，《讀賣新聞》，2004 年 11 月 1 日，版 1。

[37]　〈政府テロに毅然と貫く〉，《讀賣新聞》，2004 年 11 月 1 日，版 3。

「伊拉克正以自己的力量進行重建，國際社會基於聯合國的決議一致予以
支援。自衛隊亦參與當地的重建工作，乃表現日本國民善意的部隊，因而
受到伊拉克人民的高度評價。」[38] 日本對伊拉克的支援和協助，不只供給
飲水、修築道路及提供醫療服務，它還包括支援貸款投資創造就業機會，
建立發電廠等，頗受好評。

　　在伊拉克穆薩納（Al-Muthanna）省，日本陸上自衛隊在廣泛的領域經
兩年半的努力，涵蓋醫療服務、供水以及學校和道路等公共基礎設施的修
復，均有具體的成果，亦包括改善以及創造就業機會。此外，在日本政府
開發援助下，薩瑪沃的一個大電廠已經開始建設。日本政府還打算繼續向
這個地區提供重建援助，例如橋樑建設以及灌溉項目。[39] 這些都需要長期
的投資和努力，非大國無此人力、財力和資源。日本正在驗證其「軍事大
國」與「經濟大國」的實力。由於派兵駐紮伊拉克問題，牽涉甚多，日本
國內政治勢力的角逐，亦與此息息相關，甚至可能造成內閣更迭。

　　日本反恐法案無法延長，以致被迫從中東撤回自衛隊，被視為安倍
晉三下台的主因，在繼任的福田康夫政權全力推動之下，2008 年 1 月 11
日，此一反恐新法終於在日本國會通過。日本防衛大臣石破茂（Shigeru
Ishiba）立即對海上自衛隊下達準備命令，要他們機動待命做好隨時開赴中
東的準備。舊的反恐特別措施法已於 2007 年 11 月 1 日到期，新法案將海
上自衛隊的活動內容限定為供油及供水，期限為一年。[40]

　　在軍事上，日本受到憲法第九條的限制，派兵到伊拉克有違憲爭議。
因此，在種種限制下的日本，基本上仍屬區域性國家。日本派自衛隊赴伊
拉克支援多國聯軍的反恐作戰，被名古屋高等法院判決違反日本國憲法第
九條非戰精神。類似告訴案全國共約 11 件，判決違憲這是第一件。惟政府

---

[38]　〈首相所信表明演說全文〉，《讀賣新聞》，2005 年 10 月 13 日，版 13。

[39]　共同社亞洲網東京電，「日本首相小泉純一郎關於從薩瑪沃調離陸上自衛隊的講話」，中
　　　國雅虎網，2006/6/21，http://biz.cn.yahoo.com/060621/6/hufy.html，上網檢視日期：2008 年
　　　11 月 1 日。

[40]　〈反恐法過關 日自衛隊將返中東〉，《聯合報》，2008 年 1 月 12 日，版 AA1。

發言人內閣官房長官町村信孝則說，日本不會因為這項判決而立即從伊拉克撤軍。[41]

　　依據日本內閣大臣官房長官文宣室，自 2006 年 2 月 16 日至 2 月 26 日實施的〈有關自衛隊與防衛問題的民意調查〉結果顯示，多達 88.4% 的人的回答，知道有關配合伊拉克國家重建的合作任務；84.6% 支持日本參與協助國際和平的工作；亦有 66.9% 認為自衛隊對聯合國復興伊拉克的和平活動有貢獻。[42] 因此，雖然派兵赴伊拉克涉及違憲爭議，日本最終仍會以民意為導向，採政治途徑的方式解決。換言之，日本自衛隊走向海外，已是必然之路，不易有什麼可以阻擋的力量。

第二節　建立美日軍事同盟

　　美日軍事同盟是美國全球戰略布局的一環，在亞洲地區，美國與各友好國家的結盟網絡中，美日同盟的建立最為久遠，亦居關鍵性地位。

　　美國前國務卿季辛吉在探討亞洲均勢時指出：

亞洲國家並不認為它們是一個共同體。它們並不想要一個有組織的架構，使亞洲潛在的超級大國、甚至美國，能對其事務有重大發言權。因此美國的影響力主要得靠它與亞洲主要國家的雙邊關係來進行。這也就是為什麼美國對日本與中國的政策非常重要之故。日、美緊密關係對於日本的溫和大有幫助，也是對亞洲其他國家的重要保證。日本認為，只要美國的安全網存在，日本所需要的軍事力量可以較小。至於美國，在東北亞維持充分駐軍有其必要，若沒有美軍駐留，美國對亞洲的承諾，就失去可信度；日本和中國也會更加追求其目標，到頭來可能就互相爭鋒，甚至波

---

[41]　〈日派兵赴伊法院判違憲〉，《聯合報》，2008 年 4 月 18 日，版 AA。

[42]　〈有關自衛隊與防衛問題的民意調查〉，朝雲新聞社編輯局，《2007 防衛ハンドブック》（Hand Book of Defense 2007），頁 811-817。

及兩者之間的緩衝國家。[43]

美國在亞洲駐軍，一方面維持區域的穩定和平衡，一方面牽制日本軍國主義的再起與中國在東亞地區的獨霸。冷戰時代，對日本而言，美國分擔安全責任，可避免鄰國的過度警戒，復可專注於經濟發展及內政建設，唯一難以兩全的是欠缺「外交」與「軍事」自主性。雖然如此，外交層面，「對美協調」仍是其最根本的國家利益之所在。

日本前首相中曾根康弘指出，今後日本的外交戰略，一面要堅持美日安保條約，一面朝確立東亞各國安全保障機構的方向努力。現在，維持東亞和平與繁榮的基礎之一，在於美軍的駐守和以美國為中心、在東亞呈現放射狀的同盟條約。東亞有美日、美韓、美泰、美澳間的軍事同盟，及美國和新加坡、菲律賓間的外交協定，形成一個網絡。因為此一安全保障網的存在，構築成亞洲太平洋經濟合作會議（Asia-Pacific Economic Cooperation, APEC）與東亞各國間經濟合作堅實的基礎。正如歐盟或歐元體系的存在背景，有北大西洋公約嚴密的組織存在。[44] 其實不僅 APEC 的運作，未來經營「東亞共同體」，亦需要美國在東亞地區保持軍事實力，避免權力真空後可能的動盪和緊張。

使未來情況更複雜的是，美國不像以前那麼樂意承擔日本的國家安全。雖然冷戰的結束並未使亞洲更加安全，但美國和歐洲卻希望享有「和平的益處」（peace dividend）。因此，美國在 1990 年至 1997 年間減少 30% 以上的國防支出，並計畫再削減更多的國防預算。1992 年以來，美國國防部把布署在東亞的軍力，由 13 萬 5,000 人，減少至 10 萬人，並在 1992 年撤除布署在菲律賓蘇比克灣（Subic Bay）海軍基地。[45] 美國此一戰略調整，後來進展成布希與小泉純一郎共同發表「21 世紀美日新同盟」，

---

[43]　Henry Kissinger, *Diplomacy*, p.828.

[44]　中曾根康弘，《二十一世紀日本の国家戦略》，東京：PHP 研究所，2000 年，頁 52-53。

[45]　米爾頓・艾茲拉提（Milton Ezrati），《日本巨變 —— 從日本經濟文化變革到全球勢力的重分配》（*Kawari : How Japan's economic and cultural transformation will alter the balance of power among nations*），頁 197。

形成類似北大西洋公約組織的軍事同盟。回顧美日安保的歷史，可發現它是隨著時間的變遷而不斷調整與充實其內涵，與相互的權利義務關係。

壹、美日安保同盟的發展

美日安保同盟的建立始於 1950 年代，在日本戰敗投降後，美國與日本於 1951 年 9 月 8 日簽署《美日安保條約》，並於 1952 年 2 月 28 日再簽訂《美日行政協定》作為安保條約的補充。根據此二項條約，美國可以在日本駐軍，阻止對日本的武裝進攻、鎮壓日本國內大規模的內亂及騷動，以及維持遠東的國際和平與安全。[46] 1960 年 1 月 19 日在華盛頓，美國與日本重新修訂此約，新的《美日相互合作及安全條約》內容共十條，較舊條約更體現美日平等合作的精神，也更明確規範美日共同防禦的機制及美方的義務。同時，延續舊約的精神，將美日安保涵蓋的範圍擴及於遠東地區，當此地區出現不穩定狀態時，美國得使用日本的軍事基地及設施加以因應。[47] 美日安保條約，經歷韓戰的適用與美日兩國的合作，而發覺有必要重訂新的安保條約。此後，美國即是透過在日本的美軍基地支援越戰。

《美日安保條約》是二次世界大戰後，美國在亞太地區的主要戰略核心，也是規範美日兩國雙向關係的重要基礎。

1960 年《美日相互合作及安全條約》，其重點包括：

一、明確規定該條約是基於聯合國憲章之旨趣與精神，美日兩國合作不對任何其他國家形成威脅。

二、美日兩國應經常保持協商，當日本安全或遠東國際和平及安全受到威脅時，任何一方得要求履行本條約。

---

[46] 馬丁・魏斯坦（Martin E. Weinstein），孔中岳譯，《日本戰後的國防政策》（*Japan's Postwar Defense Policy*, 1947-1968），台北：國防部史政編譯局，1972 年，頁 173-174；樊勇明、談春蘭，《日本的大國夢》，台北：五南圖書，1993 年，頁 14。

[47] 王高成，《交往與促變：柯林頓政府對中共的外交策略》，台北：五南圖書，2005 年，頁 245-246。

　　三、當日本管轄區內美日任何一方遭受攻擊時，應視為危及雙方自身的和平安全，將依據各自的憲法規定採取行動，以應付共同危險。

　　四、為保障日本安全及維護遠東的和平與安全，美國的陸海空軍得使用日本的設施及基地。但美方在行使上述權利而在日本境內做重大軍力調動及部署時，須事先與日本政府協商。

　　五、由美日雙方國務卿、國防部長、外務大臣和防衛大臣，組成安全保障協議委員會（即 2 ＋ 2 會談），研討安保相關議題。[48]

　　為落實《美日安保條約》，使雙方能在日本「有事」時進行有效的軍事合作，經過多次協商雙方又於 1978 年 11 月 27 日公布《美日防衛合作指針》，使美日之間的軍事合作有更進一步及具體的發展。[49] 在此階段，美日安保條約涵蓋的範圍，已正式由日本周邊擴大至整個遠東地區，且日本政府不只是提供軍事基地，而應更進一步擔任作戰支援。

　　1978 年《美日防衛合作指針》的重點包括：

　　一、在前言部分指出此一方針係以《美日安保條約》及有關協定為基礎，不影響雙方現有的權利與義務。

　　二、防範於未然：1. 日本應建立為自衛所需的適當規模的防衛力量，以期有效運用其防衛態勢，並確保駐日美軍有效而安全的使用日本設施及基地。美方除保持核子嚇阻力量外，並於前方部署緊急應變部隊及其他支援部隊。2. 美日兩國為日本遭受武力攻擊時，得以共同採取有效的對抗行動，應建立作戰、情報及後勤支援等合作。因此，雙方應實施聯盟作戰計畫之研究，並進行聯合演習與訓練，整理及交換日本防衛上必要之情報，

---

[48] 日本 Wikipedia 百科網，「日本国とアメリカ合衆国との間の相互協力及び安全保障条約」，http://ja.wikipedia.org/wiki/%E6%97%A5%E7%B1%B3%E5%AE%89%E4%BF%9D%E6%9D%A1%E7%B4%84，上網檢視日期：2008 年 12 月 5 日。
《資料》網，「日本國とアメリカ合衆國との間の相互協力及び安全保障條約」（新安保條約），資料 38，頁 164-167，http://www.meix-net.or.jp/~minsen/kokutaigoji/furoku/shiryou.pdf#search，上網檢視日期：2008 年 12 月 5 日。
[49] 王高成，《交往與促變：柯林頓政府對中共的外交策略》，頁 246。

以及研擬後勤相互支援事項。

　　三、日本遭受武力攻擊時之對抗：1. 原則上日本對有限而小規模之侵略以自力排除之，若侵略規模或方式未能自力排除時，則由美方協助予以解決。2. 雙方實施聯盟作戰時，日本自衛隊主要就日本領域及其周遭海空域實施守勢作戰，而美軍則負責自衛隊的支援作戰，以及當自衛隊能力不足時之增援作戰。

　　四、遠東地區有事時：在遠東地區情勢變化而對日本安全構成重大影響時，日本將對美國提供權宜性的支援，但須依據《美日安保條約》及其有關規定為之。美日間應預先研究日本在上述法規範圍內對美軍實施權宜支援的方式。**50**

　　有事法制旨在界定一旦日本周邊發生事故，日本如何組成與美軍聯合作戰的部隊，並希望建立從政治上能應付戰事的國家體制。2003 年 6 月 13 日，正值伊拉克戰爭期間，日本國會通過有事法制三個法案。包括《武力攻擊事態因應法案》、《自衛隊法修正案》與《安全保障會議設置法修正案》。**51**

　　《武力攻擊事態因應法案》定義「有事」，不僅是實際的武力攻擊，連「事態緊迫，可以預測其將出於武力攻擊的事態」，也界定為「有事」。這個定義極為曖昧，因此有人認為，因美國的軍事行動，日本可能被捲入戰爭。政府認為「有事時」，將制定「對處（因應）基本方針」，這個「方針」需要國會的通過。根據此項方針，基於防衛廳長官的要求，縣知事（縣長）要同意該縣農地或森林的使用。即自衛隊可以在該地區建設陣地。農民要提供所需土地，否則將遭到罰款。與此同時，政府得令居住該地區人民避難。發生此種狀況時，一部分人民的權利和自由，將受到相當的限制。**52**

50　曾清貴譯，《一九九〇年日本國防白皮書》，台北：國防部史政編譯局，1991 年，頁 393-394。

51　〈日本有事法制的來龍去脈〉，《中國時報》，2003 年 6 月 6 日，版 A14。

52　陳鵬仁，《日本當前政情（2000-2002）》，頁 347-348。

1995 年 11 月，發表《新防衛計畫大綱》。新大綱的最大特徵是重視日美安保，「不只對日本的侵略防範於未然，並對維持日本周邊地區的和平與安定有所貢獻」。因為，新大綱中出現「日美安全保障體制」等字 12 次。在蘇聯的威脅下 1976 年的舊大綱，同樣的字卻只出現 2 次。冷戰結束，如此強調日美安全保障，必定是日美安保體制的作用已產生改變。[53] 日本與美國的安全保障條約，在進入後冷戰時代後，產生質的轉變。美日安保條約，由不對等而趨向對等，由保護性和監管性變成協調性和互補性，使日本在遠東地區的安全角色大大提升，因此，在《新防衛計畫大綱》中，透露日本高度重視「日美安全保障體制」的訊息。藉力使力，日本將由美日安保架構，在未來承擔「軍事大國」的責任。

貳、美日安保共同宣言

1996 年 4 月中旬美國總統柯林頓（William Jefferson Clinton）訪問日本並與首相橋本龍太郎會談，17 日雙方在東京發表「美日安保共同宣言」，以強化及轉型美日的安全合作關係，因應後冷戰時期亞太及全球的局勢變化。

「美日安保共同宣言」，其重點包括：

一、亞太地區在冷戰結束後仍處於不穩定的狀態，軍事競賽、領土紛爭及大規模毀滅性武器擴散等議題，皆構成地區潛在衝突的因素；

二、美日兩國重申雙方的安全合作關係仍是進入 21 世紀後，促進美日共同安全及亞太地區穩定及繁榮環境的基石，因此美國將繼續在亞太地區維持約十萬兵力的駐軍，日本也歡迎並支持美軍繼續留駐日本及予以必要的協助；

三、為了因應亞太及國際安全情勢的變化，雙方將重新檢討 1978 年的《美日防衛合作指針》，同時雙方研商合作，以因應日本周遭地區出現足

---

[53]　植村秀樹，《自衛隊は誰のものか》，東京：講談社，2002 年 1 月，頁 168。

以影響日本安全的情勢變化；

　　四、為強化美日三軍的合作，將在技術及裝備等領域進行交流，雙方並簽署《美日物品勞務相互提供協定》以強化後勤合作；

　　五、美日兩國亦應共同合作以處理全球性議題。[54]

　　1996 年的「美日安保共同宣言」，強化轉型美日安全合作關係至共同處理全球議題。換言之，雖然，在非戰憲法的規範下，自衛隊的作戰能力難以主動發揮。美軍在全球任何紛爭地區投入戰鬥，日本自衛隊仍有可能被要求配合協同作戰。

　　1997 年的條約《新美日防衛合作指針》，擴大了日本的外交與軍事行動。以前的美日條約為尊重日本民眾及亞洲其他地區的敏銳感受，總是把日本的參與條件及地區交待得一清二楚，但這項新條約截然不同。它沒有明定日本可能參與的「情況」，也沒有說明日本參與這類行動的「地區」，這讓日本獲得靈活運用的外交空間，為五十多年來所僅見。不過，得失之間，判斷不易。因為這樣的做法，也引起中國的疑懼與不滿，導致中日關係走向惡化。它亦讓日本得以處理冷戰後獨特的亞洲安全議題，以及穩固日本的海外經濟利益。[55] 美日關係至此已進入同盟關係，美國希望日本放棄「專守防衛」的戰略構想，改為「集體安全防衛」的理念，可以正式和美軍並肩作戰。小泉政府悄悄付之實踐，刻意配合美國的全球反恐行動，派兵至印度洋支援阿富汗反恐作戰，參與聯合國維和任務，及派兵至伊拉克參與戰後重建工作。

　　美日防衛條約的指導綱領指出日本周邊一旦有事，美軍行動時，日本應供給後勤等等協助，這還可以有模糊的解釋；但小泉卻將它具體化，他

---

[54] 日本外務省，「日米安全保障共同宣言 —— 21 世紀に向けての同盟」，http://www.mofa.go.jp/mofaj/area/usa/hosho/sengen.html，上網檢視日期：2008 年 12 月 5 日。

[55] 米爾頓・艾茲拉提（Milton Ezrati），《日本巨變 —— 從日本經濟文化變革到全球勢力的重分配》（*Kawari : How Japan's economic and cultural transformation will alter the balance of power among nations*），頁 212。

說美軍如果在日本附近的公海上受到攻擊，日本即應「採取行動」，採取行動與支援的意義完全不同，它帶有一起作戰的意思。[56] 日本小泉政府無論在言論或行動上，均將自衛隊之戰鬥角色極大化，再放寬對自衛權的解釋與適用。

　　在九一一事件後，作為美國在亞洲最重要盟友的日本，安全防衛政策出現重大變化，海外派兵法案的通過以及配合美國反恐戰爭展開的軍事行動，一舉突破諸多限制，國會更進而通過「有事關聯法案」，朝「正常國家」，脫離「專守防衛」的方向邁出實質性的一步，建構出日本完整的有事法制體系，自衛隊的活動區域也因此由「日本國內」擴展到「他國領土」。[57]

　　2005 年 2 月 19 日，日本外務省發言人高島肇久（Hatsuhisa Takashima）在華府明確表示，「美日安保條約涵蓋的區域不僅是日本，還包括朝鮮半島、台灣和北太平洋地區。」中國外交部表示，美日安保諮商有關台海問題部分，涉及中國國家主權、領土完整和國家安全，中國堅決反對。美日安保範圍明確化，究其主因，固然在於中國近年的崛起，讓美日同感憂心，因此共同進行某種形式的圍堵，此外為避免台海形勢失控影響區域穩定，選擇公開表示關注，實乃常情，亦是一般的分析，可予理解。

　　美日將區域和部分全球性議題建立起戰略管理政策，以強化雙方國防能力，並建立角色分工關係。換言之，雙方固然高度關切中國經濟和軍事的發展，並正式把台海議題納入共同戰略目標，但是，卻採取彈性漸進的態度觀察中國的發展，而不是立即將中國大陸視為敵對國家。政治和外交上，藉美國之力，日本將扮演更積極的角色，但是，還是不脫美國的東亞安全戰略架構。[58] 美日軍事朝向盟軍關係發展，一方面，對中國產生牽制力量；另方面，日本軍事力量的相對提升，是否會失控走回軍國主義的道

---

[56]　〈小泉的軍國主義路線能通行嗎〉，《中國時報》，2001 年 4 月 26 日。

[57]　何思慎，《敵乎？友乎？——冷戰後日本對華外交思路的探索》，頁 239。

[58]　丁樹範，〈如何因應美日新安保〉，《聯合報》，2005 年 2 月 21 日，版 A13。

路，亦是必須予以防止和正視的現實。

　　美日安全諮商會議聯合聲明顯示，美日兩國在亞太地區的聚焦仍在朝鮮半島北韓的核武，以及國際恐怖主義的擴散層面。而與台海局勢有關的看法只是在共同策略目標中提及：發展與中國的合作關係、歡迎中國在地區及全球扮演負責任及建設性的角色；鼓勵和平解決台灣海峽的問題；鼓勵中國軍事事務的透明化。最重要的是，美國與日本在安全問題上建立的共識，是預告它們在某些議題與區域上的關注為主，並非在這些問題（特別是區域）上要表達介入或干預的意願。[59] 美日戰略關切台海地區的和平，不等同願為台灣而戰，美日真正在意的是北韓的核武研發，以及國際恐怖主義的擴散。

　　小泉純一郎首相對東亞新戰略安全環境之維護，其因應之道，乃是與美國持續地加強合作，並擴大美日安保的功能，將其適用在對應東亞的區域衝突情勢，且在美國的支持與鼓勵下，透過「修憲」與「入常」，逐步邁向「正常國家」，擴大其在區域的安全角色。同時，積極與美協調，發揮整合東亞國家的關鍵性作用。[60] 美日之間的軍事同盟，各取所需，具有互補的共同利益，在不過度激怒中國與俄羅斯的情形下，應可逐漸強化同盟關係，展現整合後的力量。

　　2005 年 7 月 1 日，中國國家主席胡錦濤與俄羅斯總統普亭（Vladimir Putin）在莫斯科舉行會談，共同簽署「中俄關於 21 世紀國際秩序的聯合聲明」。指出，聯合國是世界上最具普遍性、代表性和權威性的國際組織，其地位和作用不可替代。聯合國改革的目的，應是加強其在國際事務中的主導作用，提高效率，增強應對新挑戰與威脅的潛力。推進聯合國改革應以協商一致原則為基礎，充分體現廣大成員國的共同利益。俄羅斯重申中俄贊成建立公正合理的國際新秩序，其基礎是國際法、多邊方式、平等和

---

[59]　邵宗海，〈美日保台？抽象說法，勿當台灣安全閥〉，《聯合報》，2005 年 2 月 21 日，版 A15。

[60]　何思慎，《敵乎？友乎？——冷戰後日本對華外交思路的探索》，頁 245。

互敬、加強聯合國在世界政治中的作用。[61] 針對美日強化安保聯盟的舉動，中俄兩國基於大國權力平衡的考量，雙方領袖適時會面發表共同宣言，有其特定的抵制與對峙意義。

　　美日新安保宣言顯示，日本與美國國防與外交層面的緊密結合，也意含日本的聯合國外交政策將獲得美國的鼎力支持。中俄領袖發布的宣言，雖未明言反對日本成為聯合國的常任理事國，從權力均衡的角度判斷，中俄在短期內將無意支持日本「入常」。從全球治理的觀點，聯合國是協調合作的中心，日本對聯合國的外交政策，在與美國合作的同時，亦應及於更廣泛的層面，兼顧各地區、各國政府、企業與人民，以至人類社會共同的利益。

參、走向全球化的美日同盟

　　美軍在日本的部署以韓戰時最多，後來逐漸減少，目前約有 4 萬多人，包括海軍和空軍及航空遠征軍等，其軍事基地和軍事設施約有 120 餘處，占地約 480 平方公里。日本自衛隊人數和駐日美軍人數都不算多，但如需要均可隨時增多。駐日美軍的軍費大部分由日本負擔，約占日本防衛費用的 2.5%。[62] 美日同盟以美軍駐紮日本的特殊形式逐漸壯大，但此一外籍兵團的長期存在，對美軍基地所在的日本縣市亦造成若干困擾，例如由於軍紀不良強暴婦女惹事生非，空軍軍機製造噪音等問題，而有要求縮小駐軍規模，或遷建基地的強烈民意訴求。

　　2001 年 6 月 23 日，日本首相小泉純一郎在琉球絲滿（Itoman）市的「沖繩戰役」五十六週年紀念大會上保證，將盡力解決近 2 萬 5,000 名美軍駐紮琉球帶給居民的問題。他在「和平紀念公園」向大約 6,000 名聽眾表示，美駐日軍事設施約有 75% 集中在琉球，「我們會盡最大力量找出方

---

[61]　〈胡錦濤普亭會談，對美霸權嗆聲〉，《聯合報》，2005 年 7 月 2 日，版 A13。
[62]　王彥民，《大國的命運》，成都：四川人民出版社，2000 年，頁 251。

法，減輕琉球人民的負擔。」[63] 然而這件事並非日本單獨可以決定，因美軍認為將陸戰隊訓練基地遷往關島或塞班島，礙於腹地太小，並非理想方案，倘若遷往日本本土各縣，只是搬家而已，飛機噪音、部隊紀律等問題依然存在，無法一勞永逸。不過，這些日美摩擦或居民抗爭，並沒有降低或損傷到美日同盟的關係，雙方反而更為緊密的結合。

　　2001 年 9 月 8 日，小泉純一郎首相在舊金山和約五十週年的紀念會上表示，希望與美國建立更強大的夥伴關係。他說：「在冷戰結束十年後，日美聯盟逐漸變得重要，不僅是為了兩國，也是為整個亞太地區以及全世界。我決心要盡最大努力在 21 世紀進一步發展日美夥伴關係。」[64] 其後九一一事件發生，美國評估無力在全球層次單獨對抗包括恐怖組織在內、任何對美國安全與世界穩定的威脅。美國在歐洲因有北大西洋公約足以對抗和壓制；但在東亞地區則有賴日美同盟關係的協助，才能繼續維持世界超強國際地位或角色的扮演。

　　2004 年日本的防衛白皮書認為，日本自衛隊參加美國領導的駐伊拉克多國部隊強化美日同盟關係，完全符合日本的安全利益。而且，自衛隊應該從「存在」，轉向於國際社會積極「發揮作用」，將參與「國際活動」作為基本任務。隨著冷戰的結束和國際爭端區域的擴大，非法活動和緊急事態增多，自衛隊應配合美國參與更多的國際性活動。[65] 日本防衛省企圖建立議題論述影響輿論，將自衛權擴大解釋為包含集體自衛權，以擴大國際角色提供國際社會更多貢獻。

　　2006 年 6 月 29 日，小泉純一郎首相與美國布希總統於華盛頓白宮會談。在其後的記者會上要求北韓對發射大浦洞飛彈自制，表明如再次發射，將給予壓力。會後發表「新世紀同盟宣言」，稱：美日兩國將在政治、經濟、安保各方面深化合作，成立 21 世紀新的日美同盟。[66] 所謂 21 世紀

[63]　〈小泉矢言促美裁減琉球駐軍〉，《中國時報》，2001 年 6 月 24 日，版 10。
[64]　〈小泉允戮力擴展日美夥伴關係〉，《中國時報》，2001 年 9 月 9 日，版 10。
[65]　何思慎，《敵乎？友乎？——冷戰後日本對華外交思路的探索》，頁 172。
[66]　〈日米首脳新世紀の同盟宣言〉，《讀賣新聞》，2006 年 6 月 30 日，版 1。

新的美日同盟，即是規模全球化的美日同盟。當前，在東亞有北韓飛彈研發與核武擴張的威脅，在中東有穩定伊拉克，重建民主秩序等，有關安全與經濟議題的燃眉之急。

「新世紀的美日同盟」中強調，美日同盟是基於自由、人權、民主主義、法制等普世價值與共通利益。《產經新聞》指出，美國歷代總統中，布希是首次明確表明希望日本成為「正常國家」的總統，美國希望日本成為對等的夥伴，對內擁有自保的防禦能力，對外也能發揮美日安保的影響力。小泉在共同記者會上強調「日本不管是過去、現在和未來，都不應該改變美日同盟和國際協調體制的基本方針」。[67] 小泉首相試圖為 21 世紀的美日同盟關係長期定調，建立歷史功業。然而，美日同盟不見得毫無漏洞或崩解的可能。美日同盟之間，雙方仍各自有基本的國家利益必需維護，而不一定獲得對方的支持或配合。

美日同盟的危機可概括為三個問題。第一是沖繩基地的問題；第二是戰區飛彈防禦系統與朝鮮問題；第三是中國的崛起。

關於沖繩基地的問題。日本《朝日新聞》評論員船橋洋一指出：沖繩基地當年主要針對朝鮮半島，而現在這個基地已經面向全世界。在阿富汗、伊拉克、以色列、伊朗問題上，都是從沖繩向那些地區派兵，沖繩基地已經從地區性的作用邁向世界性的作用。日本人民為自身國家的安全才同意建立美日安保體系同盟，現在把《美日安保條約》延伸到全球，甚至延伸到與伊斯蘭世界作戰，這使日本國民感到非常不安，也非常危險。

關於戰區飛彈防禦系統與朝鮮問題。近年因北韓研發核武，退出禁止核子擴散條約，試射飛彈，不接受聯合國原子能總署的檢查，造成朝鮮半島的緊張情勢，國際間透過六方會談（美、中、日、俄、南韓與北韓）的方式，試圖解決此一危機。[68]

---

[67]　〈新世紀美日同盟擴及全球〉，《中國時報》，2006 年 7 月 1 日，版 A15。

[68]　趙憶寧，《轉軌中的日本：一個中國記者跨越邊界的國際調查報導》，頁 111-112。

　　過去日本的國防戰略是假定蘇聯及中國的部隊大規模進犯日本本土，但隨著時勢的變遷，這種假定已不符實際，當前日本的安全似已改為著重於避免飛彈襲擊及恐怖分子攻擊，所以久懸未定案的反彈道飛彈系統採購，旋即拍板定案，並預計在 2007 年開始部署，於 2011 年完成。[69] 惟北韓危機並未因此而獲得解決，甚至可能因而更激化日本與北韓間的對立氣氛。

　　北韓核武擴張的威脅，使日本認真考慮決定部署美國研發的反彈道飛彈防禦系統，雖然此一系統並非足以百分之一百攔截來襲的飛彈。美國研發此一防禦性武器，旨在掌控全球軍事優勢，但因費用昂貴，所以需要盟邦共同研發使用，以降低開銷並改進效能。南韓的處理方式卻與日本完全不同。

　　南韓的金大中大統領深刻的理解到南北韓的分裂，肇因於冷戰對峙的結構，而非南北韓任一方之邪惡。基於此，他拒絕加入美國的戰區飛彈防禦系統，與中俄保持親善，俄韓雙方並努力於使西伯利亞鐵路銜接朝鮮半島，俾使俄國的遠東區原料直通亞洲市場。南韓的策略改變，對美國而言，不啻為東亞島弧前線出現一個巨大的破洞。[70] 金大中推動陽光政策，企圖與北韓修好，韓美關係陷入低潮。惟自 2008 年 2 月李明博總統上任後，進行若干修正，南韓政府與美國關係因而大幅改善，但民間仍有反美情緒。

　　2016 年開始不到兩個月，北韓先後進行第四次核子試爆及發射長程飛彈。為應對北韓挑釁，韓國和美國著手討論部署戰區高空防衛系統（THAAD）（又稱薩德反飛彈系統）事宜，民調顯示，約七成韓國人贊成這項決策。[71] 對此中國政府表示抗議，2 月 12 日，外長王毅對路透社說，

[69]　〈日本國防戰略的改變〉，《中國時報》，2003 年 12 月 31 日，版 A14。

[70]　南方朔，〈東亞變局的展望與台灣〉，《中國時報》，2001 年 4 月 30 日，版 2。

[71]　黃捷瑄，「北韓頻挑釁 韓增設飛彈防禦系統」，大紀元（台灣）網，2016 年 2 月 16 日，http://www.epochtimes.com.tw/n157657/.html，上網檢視日期：2016 年 9 月 13 日。

這系統「遠超過朝鮮半島的防衛需求」，促請美國放棄部署保護韓國防範朝鮮的導彈防禦系統，他說該系統威脅中國的安全。[72]

2016 年 7 月 8 日，南韓和美國國防部發表聯合聲明，宣布決定在南韓境內部署「戰區高空防衛系統」（THAAD），抵抗北韓的導彈威脅。聯合通訊社引述國防部官員說，暫定這套系統最遲於 2017 年底投入運作。[73]

另一方面，中國抵制南韓部署薩德反飛彈系統逐漸升級。2017 年 3 月 2 日，中國大陸國家旅遊局（CNTA）召集北京各旅行社舉行座談會，口頭指示 3 月 15 日起禁賣南韓旅遊商品，但個人自行安排的行程不受影響。大陸反制南韓部署薩德反飛彈系統的舉措，將衝擊南韓免稅店及零售、旅遊、汽車和航空等行業。[74] 朝鮮半島的核武危機，涉及中國和平崛起、日本的軍事大國路線和美中戰略布署的抗衡，未來變化值得關注。

美日軍事同盟，始於中國崛起，美日雙方暗中以中國為假想敵。美國國防部長隆納德‧倫斯斐（Donald H. Rumsfeld）在新加坡的演講，認為中國將對美國構成嚴重軍事威脅。美國前國務卿柯林‧鮑威爾（Colin Powell）對於中國壯大軍事陣容並未視而不見，只是看法更為務實。他認為，中國建軍是為嚇阻台灣宣布獨立的可能；其次，印證中國勢將崛起成為強國。[75] 相對而言，日本的武裝再起姿態，對中國也是一種威脅，而美國的介入台海爭端，以及對中國人權、西藏獨立等的支持更讓中國不安，如何在這種互有情結的情況中，穩定東亞地緣政治的平衡，美國必須扮演一個積極和慎重的角色。日本在與中國對抗，追求區域霸權的同時，企圖

[72] 葉珊，「美韓導彈防禦系統威脅中國」，BBC 中文網，2016 年 2 月 12 日，http://www.bbc.com/zhongwen/trad/world/2016/02/160212_us_skorea_china_missile，上網檢視日期：2016 年 9 月 13 日。

[73] 「美韓部署導彈防禦系統　抵抗北韓導彈威脅」，星島電子報，http://std.stheadline.com/instant/articles/detail/177303，上網檢視日期：2017 年 3 月 5 日。

[74] 〈抵制南韓封殺升級 大陸下「禁遊令」〉，《聯合報》，2017 年 3 月 4 日，版 A1。

[75] 湯姆‧普烈特（Tom Plate），〈美、中、日：該與誰為敵？〉，《中國時報》，2005 年 6 月 27 日，版 A11。

成為「正常國家」的努力正方興未艾。日本既然希望在國際上有相應於其整體表現的「大國地位」，恐怕不太可能在國際安全領域永遠接受美國的指揮與調度。以上這些可能都是美日新世紀同盟所潛藏的隱憂。

第三節　日本非戰憲法的修改

　　保羅‧甘迺迪在其《世界強權的興衰》一書中指出：相比之下，目前任何人都不會想到，日本將把自己建成一個軍事大國。不過，如果今後有一天新上台的東京政治領導人，決定將其更多的經濟力量用於發展軍事力量，則任何熟悉「戰爭與世界政治變化」方式的人都不會感到驚奇。如果日本的確想用更多的軍事手段積極參與世界事務，那麼很可能是由於它感到只作為一個「貿易大國」進行活動，已無法維護自己的利益。[76]甘迺迪似乎在暗示，日本軍事力量的再度崛起，只是時間的問題。

　　2003 年 1 月 27 日出版的《時代雜誌》刊載，美國參議員約翰‧馬侃（John McCain）[77]建議日本發展核武；目前世局還沒有危險到日本非啟動軍事機器不可，不過這種情況可能改變，屆時日本的「戰爭敏感症」可能一夕之間治癒。該雜誌並引述東京大學政治學教授井口（Iguchi）說，如果統一的朝鮮半島親中國甚於親日本，對日本將是無法容忍的事。日本最怕南北韓統一，一旦美軍撤離，日本可能被迫修改非軍事化的憲法。[78]日本修憲的動作已經愈來愈明確，右派勢力高漲，國會議員多數傾向支持修改憲法第九條，但訴求永久和平的言論，依然具有相當的影響力。

　　2004 年 3 月，日本當時的眾議院議長河野洋平（Youhei Kono）以立法領袖的地位，向小泉政府提出逆耳忠言。他於接受《朝日新聞》訪談時指出：「外務省宜多盡點力，不應在自衛隊派遣伊拉克問題上一邊倒向美

---

[76] Paul Kennedy, *The Rise and Fall of the Great Powers: Economic Change and Military Conflict from 1500 to 2000*, p. 538.

[77] 約翰‧馬侃（John McCain），為 2008 年美國大選共和黨提名的總統候選人。

[78] Jim Frederick, 'A Time To Fight?' *Time*, January 23, 2003, pp. 24-25.

國。」論及修憲，他認為「希望再一次深思，現行憲法是否可以建設一個美好的國家；將大部分精神放在如何修憲，不如考量我們的國家是否一切都沒有問題？」[79]

　　河野的意見，可反映二次世界大戰以來，多數日本人民的意見和想法。不過，在進入 21 世紀的今天，戰後六十年，戰爭已變成歷史的一部分和逐漸淡忘的記憶。擺在眼前的現實，則是日本要成為「軍事大國」，無論消除自衛隊是否合憲的爭議，或將來走向重新武裝、發展核武，或自由自在的派遣自衛隊赴世界各地，參與集體安全行動，都一定要透過修改非戰憲法第九條才能達成。

壹、阻礙軍事大國化的憲法第九條

　　1950 年代時，有超過半數的日本人反對成立自衛隊及與美國簽署安全協定，因為這會使日本過度參與國際強權政治，但是到 1970 年代，反對的人數已經降至不到日本總人口的三分之一；1978 年，美日聯合發表《美日防衛合作指針》（Guidelines for Japan- U.S. Defense Cooperation），不僅擴大日本在亞洲支援美國的角色，也增加日本保衛自己的責任。在 1980 年代，民調顯示，只剩五分之一的民眾反對自衛隊的存在。[80] 2007 年 1 月 9 日，日本防衛廳升格為防衛省。日本人民對自衛隊的接受度，必然更高，反對者已寥寥無幾。

　　2000 年 11 月，小泉純一郎即撰文呼籲修改憲法第九條。他主張：為維持和平，國家需要某種程度的武力，這是國際社會的常識，但在日本卻沒有這種認識，其原由在於憲法。坦率的讀第九條，連中學生也會認為自衛隊違反憲法。法院卻判自衛隊合憲意圖掩飾，這就是戰後五十年的歷

---

[79]　〈河野眾院議長 小泉政治に苦言〉，《朝日新聞》，2004 年 3 月 25 日，版 1。

[80]　米爾頓・艾茲拉提（Milton Ezrati），《日本巨變 ── 從日本經濟文化變革到全球勢力的重分配》（*Kawari : How Japan's economic and cultural transformation will alter the balance of power among nations*），頁 203。

史。然而，這個魔術已經走到極限。[81] 小泉擔任首相後，基於實踐邁向「軍事大國」的外交理念，更是勇於率先表達其修改憲法第九條的意見。

2004 年 3 月 25 日，小泉純一郎接受英國《泰晤士報》（The Times）專訪時指出，「制定於五十八年前二次世界大戰結束後的和平憲法，有些地方依常識來看已不合乎邏輯」。他並表示，「依目前憲法，日本自衛隊不得稱為國軍，然而在任何外國人眼中，日本自衛隊確實是國軍。在未來一年日本將會推動修憲。」日本現行的和平憲法係由以美國為中心的占領軍在 1946 年頒行，其中第九條明白宣布，日本放棄宣戰權利，不得維持陸、海、空軍。然而美國已表示，日本建立國軍，華府樂觀其成。[82] 美國的刻意放行，使日本新保守主義右派勢力如虎添翼。依目前情況判斷，修改憲法第九條已是時間早晚以及修改幅度大小的問題。反對修憲的聲音雖大，應只有阻擋與拖延的作用而已。

若說日本政府正在走軍國主義的舊路子，則日本媒體已淪為推手。看看近來的日本平面大媒體，它們對第二次世界大戰終戰六十週年毫無反省的態度，倒是風風火火地報導日本如何進入聯合國安全理事會擔任常任理事國。[83] 對日本而言，戰後五、六十年，舉國上下，只能全力拚經濟，多少存在有志難伸的無奈。如今有機會大展雄風，愛國主義和民族情感的相互激盪，不難理解。

日本於 2005 年 9 月 11 日舉行眾議院選舉，自由民主黨獲得 296 席大勝，加上聯合政府盟友公明黨的 30 席，超過眾議院總議席 480 席三分之二的 320 席，為 326 席，具有修憲提案權，因此今後可能加速對憲法修正案的討論。日本國憲法第九條規定不得擁有軍隊的要求，或將在不久的將來走入歷史。這對日本致力於聯合國和平維持工作，一定有所助益，但亞洲鄰近國家對日本是否會成為脫韁之馬，造成軍國主義再起，亦難免有所疑

---

[81] 小泉純一郎，〈「いまを我慢して明日めざす」精神の復活こそ日本改造 10 年計画の礎〉，《日本の論点 2001》，東京：文藝春秋社，2000 年 11 月，頁 188。

[82] 〈自衛隊正名國軍小泉推動修憲〉，《中國時報》，2004 年 3 月 26 日，版 A14。

[83] 〈日本媒體幾成走向軍國主義推手〉，《中國時報》，2005 年 5 月 26 日，版 A14。

慮。

　　2005 年大選後日本最新一項民調顯示，新改選的眾議院中近 85% 的議員支持修改 1947 年頒行至今的「和平憲法」。《每日新聞》公布的一項民調指出，在新改選的眾院 480 位議員中，402 人支持修憲，反對修憲的只有 36 人占 8%，其餘議員未表示明確立場。1996 年改選的眾議院中，支持修憲的比率僅 41%。[84] 1996 年至 2005 年，短短不到十年，支持修憲由 41% 至 85%，日本民意的轉變令人省思。小泉純一郎政府邁向「軍事大國」推波助瀾的動力，不容忽視。小泉政府視憲法第九條為走向「軍事大國」的障礙，非排除不可。但在執行層面，仍刻意低調緩步而行：一方面自我節制，顧慮走回軍國主義的老路；一方面事緩則圓，希望獲得國內更多民眾的信賴與支持，及主要鄰國的默許與接納。

　　冷戰時代，日本自衛隊的基本任務是協助駐防在日本、遠東、西太平洋上的美軍。對主權國家來說，這點力量是不足以防衛日本本身的領土。自衛隊對於地區性的戰爭或核子戰爭，除間接性的幫助外，也派不上用場。[85] 1990 年波斯灣戰爭發生時，日本對自衛隊如何扮演適切的角色，毫無概念，以致按兵不動。當時，在實力上和心理上，都認為自顧不暇。然而十年風水輪流轉，自衛隊的戰力，無論在裝備或訓練，客觀上已屬世界一流的水準。不過，一般而言，冷戰後日本政府迄今為止，一直刻意使自衛隊的規模看起來比實際來得小。

　　防衛廳於 2000 年末發表的中期防衛計畫（2001 年度開始的五年計畫），包含搭載直升機的護衛艦。該護衛艦為基準排水量 13,500 噸的龐然大物，被當成是否視為直昇機航空母艦。依世界標準的船艦噸數是以滿載排水量表示，但防衛廳所公布的卻是基準排水量，有意淡化其實際噸位為高達 17,000 噸的軍力。[86] 日本自衛隊的武裝力量，除核武外已名列全

84　〈修憲承認軍隊日本新眾院逾八成支持〉，《中國時報》，2005 年 9 月 14 日，版 A2。

85　豬口孝，《日本：経済大国の政治運営》，頁 33。

86　植村秀樹，《自衛隊は誰のものか》，頁 179-180。

球前幾名，但日本政府擔心，強大的國防力量，反而會使日本民眾沒有安全感，並引起亞洲鄰國的懷疑與抨擊。因此，淡化建造大型的海軍一流艦艇，這是一件相當弔詭的事。

2004 年 1 月，日本自民黨於國會眾議院新會期開始後提出兩個法案，其一是人民公投法，其二是修改國會法，這都是要進行修改憲法時所必需的。其實這兩項法律的內容非常簡單，在公投法方面由於憲法要求所有具公民權的人民都有權投票，所以必須立法使目前因違反普通選舉法而禁止參加選舉投票者，都可以在公民複決投票中行使投票權利。在國會法中，增訂：發動修憲須由眾院 100 名及參院 50 名議員以上的連署方可向議會提出，然後經大會三分之二通過。[87] 上述二項法案，為修憲前需先通過的相關法案。法案通過，等於修憲案可以開始運作，前無阻礙。

2005 年 1 月，自民黨召開新憲法起草委員會的第一次會議。《新憲法草案》在當年的 11 月建黨五十週年時公布。執政的自民黨全力以赴領導修憲。

現行日本國憲法第九條有兩項內容：一是「日本國民誠懇地祈求以正義和秩序為基調的國際和平，永遠放棄以發動戰爭、武力威脅或武力行使作為解決國際衝突的手段」；二是「為達前項目的，不保有陸海空軍及其他戰爭力量，不承認國家交戰權。」

2005 年 10 月 28 日，自民黨發表《新憲法草案》，刪除現行憲法前言中關於「決心消除因政府行為而再次發生的戰爭慘禍」。與此相關聯，對憲法第九條也做出以下明顯修改（參見表 4-1）。

---

[87] 〈日準備修憲的兩法案將通過〉，《中國時報》，2004 年 1 月 10 日，版 A14。

表 4-1：日本自民黨新憲法草案第九條與現行憲法對照表

新憲法草案	現行憲法
第二章　安全保障	第二章　放棄戰爭
（和平主義） 第九條 日本國民竭誠祈求以正義與秩序為基礎之國際和平，永久放棄發動國權之戰爭、以武力威嚇、或行使武力，作為解決國際紛爭之手段。 （第二項刪除）	第九條 日本國民竭誠祈求以正義與秩序為基礎之國際和平，永久放棄發動國權之戰爭、以武力威嚇、或行使武力，作為解決國際紛爭之手段。 為達到前項目的，不保持陸海空軍及其他戰力，不承認國家之交戰權。
（自衛軍） 第九條之二 為確保我國和平、獨立及國家、國民的安全，維持以內閣總理大臣為最高指揮權者的自衛軍。 自衛軍隊為遂行前項所定任務而進行活動，應依法律規定；其他統制服從事項，應獲得國會的承認。 自衛軍隊，為遂行第一項所定任務以外的行動，應依法律規定，得為確保國際社會的和平和安全，進行國際性協調的活動，及在緊急狀態下維持公共秩序，或為保護國民的生命或自由，進行相關行動。 除前二項規定外，其他關於自衛軍的組織及統制事項，以法律定之。	

資料來源：1. 日本雅虎，「自民党新憲法草案と現行憲法」，Geocities，http://www.geocities.jp/ota_tamagawa_9/zimin_draft.htm，上網檢視日期：2008 年 12 月 7 日。

2. 陳鵬仁與黃琬珺，《戰後日本的政府與政治》，台北：水牛出版社，2004 年，頁 479。

　　自民黨有關自衛隊的修憲案，包括刪除前言的「決心消除因政府行為而再次發生的戰爭慘禍」，以及第七十六條（裁判所及司法權），增訂：「為進行軍事審判，依法律規定，得於下級裁判所設軍事裁判所。」[88]使日本自衛隊從具有違憲爭議的存在，提升至自衛軍，即國家軍隊的合法編制，擁有憲法授予的設立宗旨、指揮統制、組織架構和軍法體系。和平主義的憲政理想，則由「放棄戰爭」的原則，調整為「安全保障」的實際。

　　日本自由民主黨《新憲法草案》將第二章標題「放棄戰爭」，改為「安全保障」。保留現行憲法第九條第一項內容，但是將第二項內容剔除，增訂為「第九條之二，（自衛軍）為確保我國的和平和獨立以及國家及國民的安全，保持以內閣總理大臣為最高指揮者的自衛軍。」換言之，其「放棄戰爭」變成有限的放棄，認可「自衛權」。並增修自衛軍有權參與，為確保國際社會和平與安全的國際協調活動，亦即擁有「參與集體安全的作戰權」。此一修憲草案，受到反戰和平團體的嚴厲批判。

　　日本全國市公所與自治團體勞工聯合辯護團，對自民黨修憲草案內容大表失望，指出：新憲法草案，將「和平主義」連根拔起，沒有「不保持戰力」與「否認交戰權」規定，不可能實現「放棄戰爭」的目標。由於「不保持戰力」，才使防衛預算控制在 GDP 的 1% 之下；由於「否認交戰權」，1990 年代以來派兵海外的行動，方能免於陷入毫無限制的擴張。修憲意在使類似以「國際協調」名義，派赴伊拉克的部隊，變成行使「集體自衛權」。自民黨修憲草案，無非要強化美日軍事同盟。[89]自民黨的修憲草案，以成為「正常國家」為號召，企圖恢復二次大戰前的建軍權與交戰權，卻受到愛好和平反對戰爭團體和菁英個人的抵制與反對，紛紛在報章雜誌或網路發表反對意見，表達不同觀點。

---

[88]　Good for nothing 網，「自由民主党日本新憲法草案対照表」，2005/11/22，http://blog.xuite. net/shutter/home/4464697，上網檢視日期，2008 年 12 月 7 日。

[89]　自治労連全国弁護団，「自由民主党『新憲法草案』についての見解」，2006/1，http:// www18.ocn.ne.jp/~ujissun/kenpou/060206jimin_soan_kenkai-bengodan.pdf#search，上網檢視日期：2008 年 12 月 7 日。

在修憲問題上，人們非常關注眾議院和參議院憲法調查會的動向。眾議院的憲法調查會於 2005 年 4 月中旬提出最終報告，《讀賣新聞》將其報告的要點刊登，占多數的意見包括以下幾項：1. 維持象徵天皇制；2. 保持自衛隊和自衛權，而且自衛隊還要適時參與國際合作活動；3. 新設環境條款、隱私權等新的權利；4. 設立憲法法院；5. 引入道州制；6. 非常事態條款要明確寫入。如此等等，參議院憲法調查會在上述內容方面也取得共識。[90] 本文置重點於有關自衛隊、自衛權，以及參與國際合作活動的修憲案。

日本為何趨向大張旗鼓地修憲？從美國的觀點來看，《日本國憲法》對東京介入戰爭設置障礙。美國前國防部長威廉‧培里（William J. Perry）曾質問道：「考察美日同盟的性質之時，我們無法確定，由於日本『憲法第九條』規定的限制，東京究竟能對美國提供什麼樣的幫助？」正是美國開啟日本修憲的綠燈。[91] 日本對修憲充滿矛盾情結，一則以喜一則以憂；喜則從此可成為一個「正常國家」，和其他國家一樣，擁有被憲法認可的軍隊，憂的是擔心是否因此再度捲入戰爭。

貳、修憲或釋憲的兩個選擇

修憲與否，大別可分成二派，一派主張修憲，期能成為正常國家；一派主張護憲，維持現有的和平憲法。克服不修憲又能使六十年前的憲法適應今天的國內外情勢，即依賴釋憲或憲政慣例的形成。

日本前首相中曾根康弘贊成修憲，認為憲法前文，應加上「較有自主性，建立以日本國民歷史文化共同體的國家，大家一起守護發展，確保世界和平」的內容；憲法也要有「處理非常事態，危機管理」的條文；第九條第二項應明確表明自己的國家由自己保衛的意思，並在個別的自衛權之

---

[90]　趙憶寧，《轉軌中的日本：一個中國記者跨越邊界的國際調查報導》，頁 86-87。

[91]　同前註，頁 78。

外，加上集團自衛權。**92** 在 21 世紀初的日本，贊成修憲者可稱為主流派，其聲音愈來愈大，似乎均言之成理。

　　拋開憲法制定者的身分，還有其內容的不同。「日本的憲法跟一般國家的憲法內容是不一樣的。」東京大學國際關係教授田中明彥（Akihiko Tanaka）說，「現在日本政府對憲法的解釋是，不能執行集團的武力，這與一般的國家是不同的。《聯合國憲章》第五十一條說，所有的加盟國家都有集團性的武力行使權，可是日本卻沒有單獨行使權。這在剛剛戰後的日本是可以理解的，但現在已經是戰後六十年，如果六十年後還這樣解釋的話，對日本人來說就比較難理解自己是一個正常國家的概念。」**93**

　　日本要融入國際體系，不可能一直自外於國際社會的互動模式。例如，在小泉純一郎首相任內，即派兵印度洋和伊拉克，參與國際和平維持行動。雖有違憲爭議，但有節制的集團性武力行使權，對國際社會的貢獻，或許更有前瞻作用。這一點，日本國憲法至今並沒有產生阻止的有力規範，爾後自然形成憲政慣例。因此，是否一定需要透過修憲，達到成為「正常國家」，仍有待討論。當然，這個問題純然要由日本人自己作成決定。

　　日本已經踏上追求成為「正常國家」之路，並且成為日本的國策。以修改《教育基本法》及準備修改《日本國憲法》為標誌，以「愛國」的教育，加強日本國家的民族認同感；以掙脫和平憲法的束縛及六十年非軍事化體制來向全世界證明，日本已經完成戰後的自我改造，理所當然地應該成為一個「正常國家」。**94**

　　日本是個主權國家，有權力修改《教育基本法》強化愛國教育，也有權力修改憲法，使軍隊合憲及擁有戰爭權力。以一個外國人的角度來看，日本本來就是一個「正常國家」，擁有相當於一般國家軍隊的自衛隊，只

92　中曾根康弘，《二十一世紀日本の国家戦略》，頁 165-166。
93　趙憶寧，《轉軌中的日本：一個中國記者跨越邊界的國際調查報導》，頁 79。
94　同前註，頁 105。

是名稱不同，它的戰力名列前茅。因此，日本不但是個「正常國家」，而且比正常的國家還有國際地位，除極少數例外，應該很少有人會認為，因為日本不是聯合國安理會常任理事國，所以日本就是一個「不正常的國家」。日本的外交政策，應區分究竟是要追求「大國地位」，還是止於追求成為一個「正常國家」而已。

　　日本修憲問題戰後紛紛擾擾半個世紀，但始終止於討論而未付諸行動，安倍晉三是第一位企圖啟動修憲機制的首相。2007 年 3 月 14 日，安倍與初次當選眾議院議員的自民黨員共進午餐，席間針對進行修憲程序所須的《國民投票法》表示，他「絕對要在本屆國會通過」，俾為修憲鋪路。[95] 安倍首相是一個比小泉還要右傾的愛國主義者，是戰後出生的日本新世代領袖，沒有戰爭的包袱，在他領導下，《國民投票法》[96] 亦在其任內通過，但仍餘波蕩漾。

　　批判者認為：這個公民投票法有漏洞，因為它不限制投票率，只要得票總數過半就算通過，這能否充分代表公民意見？國會對修憲之投票尚需三分之二多數決，人民對制憲之複決卻不論投票率只過半就可，這合理嗎？[97] 然而亦有支持《國民投票法》不須設定超越憲法規範的二重基準，亦即在贊成比率之外加上投票比率，而有違憲爭議。同時，修憲反對派可能不以否決修憲案為訴求，而訴諸棄權此一非常態的抵制方式，因此不贊成增加《國民投票法》，設定須有二分之一以上投票率的門檻。[98] 或許《國

[95]　〈強推修憲 安倍：公投法非過不可〉，《聯合報》，2007 年 3 月 15 日，版 14。

[96]　《國民投票法》，正式名稱為《日本憲法修正相關法律》，簡稱《國民投票法》或《憲法修正程序法》，於 2007 年 5 月 18 日公布。該法 126 條與 98 條 2 項規定，投票結果，根據投票總數（即贊成票和反對票合計，不含廢票等無效票）過半數的贊成，憲法修案得以成立。該法並未設定最低投票率。日本 Wikipedia 網，「日本国憲法の改正手続に関する法律」，http://ja.wikipedia.org/wiki/%E5%9B%BD%E6%B0%91%E6%8A%95%E7%A5%A8%E6%B3%95#2007.E5.B9.B4，上網檢視日期：2009 年 1 月 10 日。

[97]　〈日本修憲之爭仍有困難〉，《中國時報》，2007 年 5 月 16 日，版 A14。

[98]　中西寬，〈国民投票法案に見る、「国制」の困難〉，《中央公論》，2007 年 6 月，頁 18-19。

民投票法》不夠周延，但它已為日本修憲時必經的程序準備妥當。大約在同一段時間，日本的民意卻開始產生微妙的轉變。

2007 年 5 月 3 日，日本《朝日新聞》在憲法施行六十週年刊出 21 篇社論中的一篇，以〈憲法第九條的歷史意義〉為標題，反對修改憲法第九條。

憲法第九條含有四點重大的歷史意義：第一，防止日本再度直接捲入戰爭，因此，自衛隊沒有像韓國一樣被派到越南作戰；第二，使戰後日本社會迅速脫離軍國主義，並擁有批判的言論自由，未如二次大戰前或戰爭中，國會議員被出席說明法案的軍事幹部大聲喝止的場面，甚至因為批判軍方而遭除名；第三，第九條是日本對侵略戰爭和控制殖民地負面歷史反省的訊息，為國際社會所接受。從中讀取日本不再重蹈覆轍真誠的思維，重新獲得各國的信任；第四，向國民提供考量「非軍事性」因素潛在力量的觀點。軍事力量有其極限，美國擁有強大軍力仍無法治理伊拉克即一實例，同時，恐怖組織、大量破壞性武器的擴散、傳染病、地球環保問題等，軍事力量亦無法勝任。應發揮第九條的價值，以非武力的方式，解決各種威脅，成為對地球有貢獻的國家。[99]

以上論點，值得世界各國共同反省。聯合國憲章第二條規定：「各會員國應以和平方法解決其國際爭端，俾免危及國際和平、安全及正義。各會員國在其國際關係上，不得使用威脅或武力，或以與聯合國宗旨不符之任何其他方法，侵害任何會員國或國家之領土完整或政治獨立。」日本的非戰憲法，其實是走在各國之先，假設各國都能將上述內涵，在其憲法中予以規範，國際永久和平應非僅止於理想。

2008 年 4 月 8 日，日本《讀賣新聞》公布最新民調結果，顯示民眾對修改非戰憲法的熱潮退燒，反對修憲者達 43.1%，贊成者為 42.5%，反對者比率超越贊成者，是十五年來首見。針對日本國憲法限制日本軍備並禁

---

[99] 定森大治，〈提言 日本の新戰略：179 条の歷史的意義〉，《朝日新聞》，2007 年 5 月 3 日，版 23。

止日本重新使用武力的第九條條文，受訪者更一面倒的贊成予以保留，贊成保留比例高達八成二。1981 年起《讀賣新聞》定期針對修憲議題進行民調，這次民調針對 1,786 人，是 1993 年以來，贊成維持憲法既有內容者比例首次超越贊成修憲者。[100] 日本理性的聲音終於抬頭。這不是對戰爭的恐懼，而是對戰爭的排斥。日本政府可以選擇更妥善的方式，維護和促進國家利益，保護人民的安全，而非堅持修憲一途。

　　在日本，波灣戰爭後流行「國際貢獻」這句話，稍後「正常國家」的用語開始出現。當時的自民黨幹事長小澤一郎，主張派遣自衛隊前往。他在 1993 年出版的《日本改造計畫》中表示：「國際社會視為當然之事，即以當然之事擔負起自己的責任，沒有理由允許將安全保障從國際貢獻的領域中除外」。其重點是，應該取消憲法加諸於政府的限制，派遣自衛隊到海外去。[101] 其實，當時日本自衛隊已經開始派出海外，只是未參與戰鬥而已。

　　2009 年 1 月 9 日，日本防衛廳升格為防衛省。兩個月之後，自衛隊設立 3,200 人的快速打擊部隊，以支援美國全球反恐行動，日本政府表示將把這支隊伍訓練成精銳的反恐生力軍。這是二次大戰結束以來，日本第一支隨時準備投入戰鬥行動的「戰備部隊」。[102] 日本已做好各種準備，包括最精良的陸海空三軍，現在加上快速打擊部隊。等待修憲一旦完成，三軍隨時可以出動，派赴世界各個紛爭區域。能夠完成此一「軍事大國」宏願的，即是透過「美日基軸的外交」，強化「美日軍事同盟」。

參、小結

　　日本成為「政治大國」與「軍事大國」的目標是什麼呢？有無國家戰略？京都大學教授中西輝政（Terumasa Nakanishi）指出：日本的國家戰

---

[100] 〈修非戰憲法退燒日本 15 年來首見〉，《聯合報》，2008 年 4 月 9 日，版 AA。

[101] 植村秀樹，《自衛隊は誰のものか》，頁 176。

[102] 〈快速部隊 日反恐生力軍〉，《聯合報》，2007 年 3 月 29 日，版 14。

略概括為四個方面:「首先,以前的基調是跟美國同盟國的關係,將來這個關係也還會持續下去,因為要確保日本自身的安全;第二,要創造與亞洲國家更加緊密的友好關係,增強日本在這個地區的發言權並且加強一體化;第三,在聯合國和其他國際機構中發揮日本的影響力,這是以經濟力量為基礎的;第四,使日本的防衛能力現代化。」[103] 對小泉政府而言,單以上述內涵,日本在第一、三、四項,大致上有特定的作為和成就,惟獨在第二項的創造與亞洲國家的友好關係方面,仍有待檢討。

小泉政府的外交工作,主要目標是使日本成為安全理事會的常任理事國,在具體作法上,最重要的莫過於推動「美日基軸的外交」,強化與美國的關係,增進彼此的信賴與互動。日本與美國的關係,由於美日安全諮商會議聯合聲明的發布,更提高彼此之間的軍事、外交和政治的合作。然而,另一個對日本成為「政治大國」影響最大的國家是中國,日本與中國之間的關係,近來則在小泉首相參拜靖國神社,和文部省通過檢定版中學歷史教科書問題,及中國探勘東海海域和潛艦侵入日本水域等問題上,雙方相互指責抗議,關係呈現建交以來最低潮的狀態。

日本很可能只有對策而沒有大戰略。《朝日新聞》評論員船橋洋一指出:「面對中國的崛起、美國的全球戰略,以及國內的少子化問題,應該說日本是有對策的,僅只是具體的對策。就戰略層面而言,面對這麼一個大的變化時代,沒有大的戰略思想,這是日本目前所面臨的危機。」[104] 日本在明治時代,在面對強權入侵的危機時,能正視地緣上和傳統制度中的不足,勇於革除積弊,積極接受新事物,提出文明開化、殖產興業和富國強兵等走向大國的大戰略,雖然後來由於軍部的獨斷專行,走向軍國主義體制,最後導致失敗。今天,日本要再度成為「軍事大國」,除非戰憲法的限制,還有其他事實上的困難。

日本要面對兩個過去不存在的遏阻力量,即中國和美國,這兩國使它

---

[103] 趙憶寧,《轉軌中的日本:一個中國記者跨越邊界的國際調查報導》,頁 114-115。
[104] 同前註,頁 115。

無法發展軍事侵略意圖。1930 及 1940 年代時，中國的力量太弱，而美國在亞洲的力量又太小，因而在戰爭爆發前，它們都無法對日本發揮嚇阻作用。[105]

很明顯的，侵略主義或擴張主義的外交政策，已非有效的國家政策，且不符合國家整體戰略利益。是否有必要大張旗鼓的修改非戰憲法，成為所謂名符其實的「軍事大國」呢？日本在國家戰略上，如果以非戰憲法來號召和平，使日本成為東亞甚至全球和平安全的穩定力量，應該更有倡導普世價值的吸引力，且具有「文化大國」的氣度與自信。

在維護國家安全方面，日本正有計畫地逐步減少對美國的依賴，積極發展獨立的軍事力量。美國也已經注意到這一趨勢，有關專家說，美國把日本當作保護國的時代已經一去不復返。同時，日本的民族主義和軍國主義也都在復活。美國情報界的一項報告說，日本的作用和態勢有可能發生突然變化；日本與美國的同盟也有可能破壞。日本已使它在二戰時期的國旗和國歌合法化，而不顧忌過去禁止這種舉動的條款。日本的軍事已經不限於防衛，並已走上獨立發展的道路。[106]

美日軍事同盟，不一定會解體。美國與日本的關係，亦蠻有可能發展成美國與英國，或美國與加拿大的緊密關係，在外交上合作無間，在長達數千公里的國境無需部署一兵一卒。任何國家都會有愛國主義，但不宜培養過度激昂的民族主義，甚至排外、侵略他國。核子時代，核子武器只有威嚇的作用，無法容許大型國家間發生戰爭，國家之間的爭端，只能透過協商和條約解決，而非訴諸暴力或武裝力量的對抗。所有國家的軍隊，都應有日本憲法加諸的限制，使用武力只限於自衛，且是在被迫的情況與最大的節制中使用最小的武器。日本有世界最先進裝備和訓練的自衛隊，日本應該珍惜，在歷史的偶然中，已經樹立一個典範模式，實無必要費盡心

---

105 米爾頓‧艾茲拉提（Milton Ezrati），《日本巨變 —— 從日本經濟文化變革到全球勢力的重分配》（*Kawari : How Japan's economic and cultural transformation will alter the balance of power among nations*），頁 225-226。

106 王彥民，《大國的命運》，頁 252。

力，修改憲法第九條的非戰規範。這才能使具備嚇阻實力的「軍事大國」日本，成為一個真正的、具典範性的「軍事大國」，也符合孫子兵法「不戰而屈人之兵」的最高境界。

外交的目的是達成本國的主張，並且盡可能維持與相關國家圓滿的外交關係。自主外交，當然須有自己國家的主張。不過，主張如果變成自我滿足，那麼影響重大的麻煩就會迎面而來。因此，外交須耐性針對問題，達成雙方都能接受的談判。[107] 外交是內政的延長，修憲本是內政問題，然而日本的憲法第九條，涉及日本是否徹底反省二次世界大戰發動侵略戰爭的錯誤，它幾乎存在著與亞洲鄰國和平相處的保證作用。一旦刪除，日本如何與中韓與東南亞國家等互動，是必須面對的問題。將「亞洲一員」的外交和「軍事大國」的外交等量齊觀，應該比較符合日本國家戰略發展的設計，也符合日本長久的國家利益。

---

[107] 北岡伸一，〈「外交革命」に日本はどう立ち向かうか〉，東京：《中央公論》，2007 年 9 月，頁 189。

第 5 章

政府開發援助的經濟外交

　　日本的國民總生產額，除 1945 至 1951 年之外都在持續擴大。如果把國民總生產額，單純的想成對國際的影響力，那麼日本在 20 世紀國際關係上的比重，就持續不斷增加。這個原動力是從明治維新以來，日本人一直想「在國際社會占有名譽地位」的願望所推動。[1] 這個願望，讓日本在 20 世紀前半，有意無意地走上武力衝突的極端；在 20 世紀後半，則走向經濟立國的坦途，保持國內的和平。[2] 百年來日本以其龐大的國民生產力，追求大國地位與影響力的外交政策，始終沒有改變，二次大戰以前，採軍事手段，大戰之後，則循經濟途徑。其中，政府開發援助正是外交政策的核心工作。

　　所謂「政府開發援助」（ODA），主要是已開發國家對發展中國家提供的低息貸款、無償援助及技術合作等。半個世紀以來，日本從最初的出口導向式援助，發展出屬於自己的援助哲學，最後並將這制度法制化。隨著多次的總額倍增計畫，躍升成為世界第一的援助大國。[3] 日本的 ODA 外交政策經數次調整，由賠償性援助，而協助合作性援助；地區上，由亞洲而中東，由中南美而非洲；內容上，由低利貸款為主，而增加無償與技術

---

[1]　Takashi Inoguchi, "Japan's Role in International Affairs", Survival, Vol. 34, No. 2 (Summer 1992), pp. 71-87.

[2]　猪口孝，《日本：経済大国の政治運営》，頁 33-34。

[3]　張亞中編，《國際關係與現勢》，頁 97。

援助；目的上，由經濟開發為先，而注重人民實際受益；議題上，由經濟社會建設，而環境保護與和平建構。

　　日本的政府開發援助，有各種不同的動機，包括資源外交考量，國際收支盈餘回流政策，及以長期經濟合作為槓桿，在亞洲行使議題主導的一面等。同時，對軍事領域受到特殊限制的日本而言，巨額的 ODA 援助，成為日本外交重要的手段，更是主要動機之一。[4] 從 1970 年代到冷戰結束，二十幾年的歲月，日本透過政府開發援助，成功的在國際政治舞台找到表現的機會，同時確立日本世界「經濟大國」地位。

　　1960 年美國的 ODA，獨占經濟合作暨發展組織（The Organization for Economic Cooperation and Development, OECD）開發援助委員會（Development Assistance Committee, DAC）各國援助總額的 59%，其後由於國力衰退，特別是在越戰敗退後，所占比率逐年降低，1987 年占 21.5%；雖然如此，美國依然是世界最重要的政府開發援助國家，其援助政策對國際組織與各先進國家，有著深遠的影響力。法國與德國，各約占 10% 的援助金額。日本則呈直線上升趨勢，1989 年超越美國，成為世界最大援助國。[5] 日本驚人的生產和行銷能力，在 1969 年即超越德國成為世界第二大經濟體，二十年後更在世界政府開發援助領域，超越美國成為最大援助國。以 1994 年為例，日本支出 132 億 3,900 萬美元的政府開發援助金額，占 DAC 各國全部的 22.9%；美國則支出 98 億 5,100 萬美元，占 17.1%。[6] 不過，隨著經濟泡沫化危機，日本從 1990 年代起，長達二十年的經濟成長停滯，使其經濟力無法持續提供大量海外援助，開始刪減相關預算。2008 年日本的對外政府開發援助，在先進國家中排名第五，次於美國、德國、法國與英國。

---

[4]　田所昌幸，〈日本の経済外交五〇年〉，《国際問題》，500 号，東京：日本国際問題研究所，2001 年 11 月，頁 53。

[5]　金熙德著，鈴木英司譯，《徹底検証！日本型 ODA：非軍事外交の試み》，東京：三和書局，2002 年，頁 11。

[6]　同前註，頁 19。

　　本章第一節首先介紹日本參與 ODA 的國際背景，陳述政策決定與執行的過程，列舉若干 ODA 達成外交使命的案例，並說明日本國民對政府開發援助的反應與心理期望，亦即對日本政府開發援助的輪廓，大致描繪。第二節，解說日本 1992 年開發援助大綱，及 2003 年新大綱的主要規範內容。第三節，重點論述日本對東南亞、中國、阿富汗、伊拉克及非洲等地區，執行政府開發援助的成效。

第一節　日本 ODA 的輪廓

　　日本的政府開發援助始於 1954 年，有超過五十年的經驗和成效。政府開發援助的目的，在於日本對國際社會的和平與發展有所貢獻，並促使日本可確保安全與繁榮。ODA 作為政府外交政策的一環，以促進開發中國家自立自強為著眼點，對其整體社會建設發展、基本生活設施的改善等助益良多。同時，ODA 使日本在國際體系中，對全球和區域的穩定與和平，有機會發揮領導作用。其中，1990 年代是日本 ODA 最輝煌燦爛的時期，充分襯托其作為一個世界經貿與科技大國的地位和影響力。

壹、日本參與 ODA 的國際背景

　　戰後西方先進國家開發援助的構想，是由美國和歐洲二種不同的傳統延伸而來，其後，形成日本第三種不同的類型。整體看來，美國對戰略要衝國家或地區的開發援助，不脫原先戰略援助那種政治色彩與冷戰的戰略思維性格；與此相較，宗主國對原殖民地各國的開發援助，是歐洲式的，以英國為代表，這種開發援助會考量如何確保或回復對這些地區的政治影響力，並著眼於長期海外市場的開拓。至於日本以東南亞各國為中心的開發援助，具投資、貿易與援助「三位一體」的援外方針是其特色。[7] 21 世

---

[7]　金熙德著，《徹底檢証！日本型 ODA：非軍事外交の試み》，頁 8。

紀日本的 ODA，則配合「和平建構」與「環境保護」外交新基軸，強調人類安全保障的議題。

　　西歐主要工業國家，欲求戰後經濟復興，對其殖民地或原殖民地的經濟開發極感興趣。1950 年 11 月，大英國協在斯里蘭卡首都可倫坡召開外長會議，以英國為中心的大英國協各國，透過「可倫坡計畫」，討論對發展遲緩國家的援助問題，決議提供 19 億英磅，給印度、巴基斯坦和斯里蘭卡等 6 國。日本於 1954 年 10 月以援助國的地位加入。這是戰後日本對外援助的濫觴，同時也是日本式「開發援助」誕生的宣言。[8]

　　日本的政府開發援助，在初期曾被視為經濟剝削，1974 年 1 月田中角榮首相到東南亞 5 國訪問時，分別在曼谷與雅加達遭遇學生反日遊行與暴動。其後於 1977 年 8 月，福田赳夫首相在訪問東南亞 6 國時，發表東南亞外交三原則（福田主義），以對等立場，修正日本對外援助方式。

　　1950 年代至 1960 年代，日本政府開發援助主要為處理二次世界大戰後的賠償問題，同時對東南亞國家展開各項經濟援助。1970 年代起，由於日本經濟高度成長，視 ODA 為對國際貢獻的最佳手段。1980 年代，因日本與美國嚴重的貿易經濟摩擦，在「降低黑字」與「資金回流」的口號下，大量擴充 ODA 的各項援助方案。結果，在 1989 年成為全世界最大的 ODA 提供國家。1990 年代後，歐美國家的援助進入倦怠期，日本在國際社會動見觀瞻，被要求對各種開發問題負起責任。[9] 超過五十年的政府開發援助經驗，使日本的對外援助，確立為世界 ODA 的一種新典範，有別於美國以戰略為優先考量，及歐洲以昔日殖民地為主要對象的政府開發援助。

　　冷戰後的 1990 年代，發生兩件情況讓先進國家對發展中國家援助的關心降低。第一，在冷戰時期全球規模展開的抑制社會主義陣營擴展的「戰略援助」意義模糊。第二，即使先進國長期以多樣的方式、手段、途徑從

---

[8]　同前註，頁 9。

[9]　古田肇，〈外交戰略としての經濟協力〉，東京：《外交フォーラム》（Gaiko Forum），2004 年 10 月号，頁 24-25。

事開發援助，但面臨多數發展中國家的貧困狀況無法改善的現實，先進國家深感無力，導致「援助疲勞」的狀態。整體停滯的趨勢，使包含美國、日本等先進國家的 ODA，與 1992 年 605 億美元高峰期相比，2001 年下降為 524 億美元。[10]

　　然而，進入 21 世紀，兩大事件讓先進國家重新認識援助的重要性，投入援助的行列。

　　第一，迎接新千年，2001 年 9 月聯合國發表「千禧年宣言」，提出「千禧年發展目標」（Millennium Development Goals, MDGs）。該報告具體地提出「消滅貧困與飢餓」、「普及初等教育」、「防止愛滋病等疾病蔓延」、「確保持續可能的環境」、「為開發推動全球規模的合作關係」等目標，這些消滅貧困等議題，是跨民族、地域國家、社會、個人也能夠認同的議題；此外還提出 2015 年前減少一半貧困人口等具體的目標。這些議題和具體的目標，讓先進國家認識到開發援助的重要性並提高援助動機。[11] 在此二大因素激勵下，開發援助委員會（DAC）22 國的政府開發援助總額，由 2001 年的 524 億美金，於 2005 年加倍為 1,065 億美金（參見表 5-1）。然而，日本 ODA 預算，從 1997 年最高峰的 11,687 億日圓，逐年降至 2016 年 5,519 億日圓。[12] 西方各國幾乎全部大幅提高援助金額，日本卻成為刪減援外預算的經濟大國。

　　第二，「九一一事件」的發生，讓美國在軍事上不惜一切，展開全球規模的反恐行動。另外，在貧困是恐怖行動溫床的認識下，小布希政府重新投入大規模援助，積極推動貧困對策。在中東、非洲地區曾經擁有多數殖民地的英國、法國，也重新檢視該地區的援助。英國主要致力於消除發

---

[10]　石原忠浩，〈轉變期的日本政府開發援助：911 事件後新趨勢的探討〉，台灣大學政治學系，《日本論壇會議：2000 年後日本體制的再轉型（安全、政治與經濟）》，台北：台灣大學政治學系台灣安全研究中心，2008 年 11 月 8 日，頁 I-3-7。

[11]　同前註。

[12]　日本外務省，2016 年，「ODA 預算」，http://www.mofa.go.jp/mofaj/gaiko/oda/shiryo/yosan.html，上網檢視日期：2016 年 3 月 17 日。

表 5-1：2005 年 DAC 各國 ODA 實績表

DAC 各國 ODA 的實績

（支出純額基準、單位：百萬美元）

國　　　名		順位	實績	百分比(%)	對前年比增減(%)	順位	實績	百分比(%)	對前年比增減(%)
			2005年				**2004年**		
美	國	1	27,457	25.8	39.3	1	19,705	24.8	20.7
日	本	2	13,147	12.3	47.4	2	8,922	11.2	0.5
英	國	3	10,754	10.1	36.4	4	7,883	9.9	25.5
法	國	4	10,059	9.4	18.7	3	8,473	10.7	16.8
德	國	5	9,915	9.3	31.6	5	7,534	9.5	11.1
荷	蘭	6	5,131	4.8	22.1	6	4,204	5.3	5.8
義　　大　　利	7		5,053	4.7	105.2	9	2,462	3.1	1.2
加　　拿　　大	8		3,731	3.5	43.6	8	2,599	3.3	28.0
瑞　　　　典	9		3,280	3.1	20.5	7	2,722	3.4	13.4
西　　班　　牙	10		3,123	2.9	28.1	10	2,437	3.1	24.3
挪　　　　威	11		2,775	2.6	26.2	11	2,199	2.8	7.7
丹　　　　麥	12		2,107	2.0	3.4	12	2,037	2.6	16.5
比　　利　　時	13		1,975	1.9	35.0	14	1,463	1.8	− 21.1
瑞　　　　士	14		1,771	1.7	14.6	13	1,545	1.9	18.9
澳　　大　　利　　亞	15		1,666	1.6	14.1	15	1,460	1.8	19.8
奧　　地　　利	16		1,552	1.5	128.9	18	678	0.9	34.3
芬　　　　蘭	17		897	0.8	31.9	17	680	0.9	21.8
愛　　爾　　蘭	18		692	0.6	14.0	19	607	0.8	20.5
希　　　　臘	19		535	0.5	15.1	20	465	0.6	28.4
葡　　萄　　牙	20		367	0.3	− 64.4	16	1,031	1.3	222.6
紐　　西　　蘭	21		274	0.3	29.2	22	212	0.3	28.1
盧　　森　　堡	22		264	0.2	11.9	21	236	0.3	21.8
DAC 各國合計			106,525	100.0	33.9		79,553	100.0	15.2

出典：2006年DACプレスリリース、2005年DAC議長報告
注： (1) 国名の順位はODA総額の順。
　　 (2) 東欧及び卒業国向け援助を除く。
　　 (3) 2005年実績については、日本以外は暫定値を使用。
　　 (4) 2004年のフィンランド実績は、655百万ドルから680百万ドルに修正。

資料來源：日本外務省，《政府開發援助白書 2006 年版》（*Official Development Assistance*），東京：国立印刷局，2006 年，頁 384。

展中國家的債務等削減貧困問題；法國則比較重視多國間援助，最近從移民對等的角度，主張透過出口移民的國家及中繼國家的共同新開發措施，抑止移民的流入。[13] 日本苦於政府開發援助經費一再縮減，只能精打細算、嚴格監督並廣為宣導，展開戰略性部署，以提高 ODA 的工作成效。

---

[13] 石原忠浩，〈轉變期的日本政府開發援助：911 事件後新趨勢的探討〉，頁 I-3-7。

貳、ODA 政策決定的過程

要明快的解釋，根據難以分析的「料亭會議」與「人情義理」等不可思議的歷史習慣，形成的日本政策決定過程，是一項高難度的工作。日本的決策模式，並非責任分明個人領導，政策決定的最高負責人或組織並不存在，於外在壓力下必定以集團意思進行決策。[14] 過去的決策模式，缺少人民監督，模糊不清，使人有官僚主導或政商勾結的不良印象。國際社會在不停的改變，全球化更促使世界的規則快速的改變，日本的政府開發援助決策過程，亦應與時俱進，調整因應。

ODA 實施的過程，是基於日本和被援助國二國間有關政府開發援助的協商。當中，以日圓貸款為主，其程序如下：

1. 被援助國提出貸款申請；2. 日本政府主管部門予以審查；3. 日本政府表明援助的意向；4. 內閣決議。5. 雙方換文簽字；6. 雙方在貸款協定上簽字；7. 確定貸款計畫；8. 日本方面撥款；9. 針對實施狀況予以評價與事後管理。[15]

無論有償資金援助的日圓貸款，或無償資金援助及技術援助，日本 ODA 的決策與執行過程，主要牽涉到 6 個政府單位：外務省、經產省、財務省和內閣府 4 個決策單位，以及日本國際合作機構（Japan International Cooperation Agency, JICA）和日本國際協力銀行（Japan Bank for International Cooperation, JBIC）2 個執行單位。然而，自 2006 年起，一連串的 ODA 制度改革，使決策和執行單位如手使臂密切結合，預期應有更大成效。

小泉政府時期，2006 年 4 月，為達成 ODA 新的時代任務，在戰略指導上，外務省組成閣員級的「海外經濟協力會議」，作為針對有關 ODA 重

---

14 杉下恒夫，〈援助停止政策における決定要因〉，外交政策決定要因研究会編，（主查）橋本光平，《日本の外交政策決定要因》（*Domestic Determinants of Japanese Foreign Policy*），東京：PHP 研究所，1999 年，頁 385-386。

15 金熙德著，《徹底検証！日本型 ODA：非軍事外交の試み》，頁 136。

要事項，予以機動審議，為執行戰略性海外經濟合作的指揮部。其下設置政策企劃立案的「國際協力局」，作為擔負調整 ODA 的企劃與立案的核心單位。這是為使二國間援助和透過國際組織的多國援助間，能更緊密聯繫的機構改革措施。此外，2008 年 10 月，在執行面又進一步將原先擔任日圓借款的 JBIC、負責技術協力的 JICA 以及掌管無償援助的外務省，統合由新 JICA 一個單位全權辦理（參見圖 5-1）。[16]

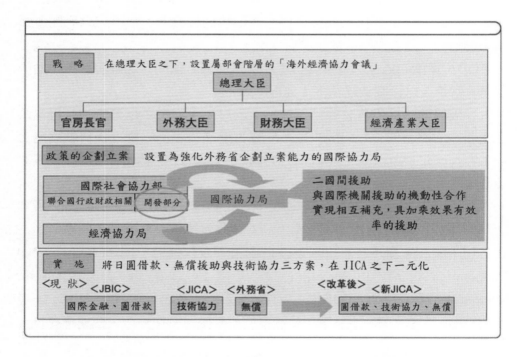

圖 5-1： 日本外務省機構改革 ODA 改革方案圖

資料來源：日本外務省，《政府開発援助白書 2006 年版》（Official Development
　　　　　Assistance），東京：国立印刷局，2006 年，頁 8。

---

[16]　日本外務省，《政府開発援助白書 2006 年版》（*Official Development Assistance*），東京：
　　　国立印刷局，2006 年，頁 7-8。

以往日本 ODA 的三個不同實施機關，其援助行動較關注自己負責的案件，卻不關心其他型態的援助，因此同一國家裡不同的援助型態中卻出現性質類似的案件。在 ODA 改革過程中，推動戰略、效率的 ODA 的立場，主張三個援助型態應該由一個機構進行一元化的統合工作。其後歷經波折決定，本來只負責技術援助的 JICA 原則上負責所有 ODA 的案件。緊急援助等需要柔軟對應的部分無償資金合作，仍繼續由外務省負責；而國際協力銀行的日圓貸款部門移到 JICA，由新 JICA 負責。[17]

一般認為新 JICA 期待三個援助型態能夠有活力的聯繫，提高效率、機動性、建立單純、合理的決策與迅速的實施機制。日本外務省國際協力局局長別所浩郎（Kodo Betsusho）表示：「觀察受援國家的總體經濟，關注金融、資金側面實施援助的 JBIC，與在微觀面一直累積專門知識的 JICA 的統合，以其各自擁有的經驗與知識，將形成對援助更強力與有效的組織架構。」[18]

在實際執行 ODA 方案時，日本以駐外使領館為中心，JICA、JBIC 等援助機構的當地事務所為主要成員，組成當地特別小組（Taskforce），以強化援助機能。當地特別小組在對外援助決策過程與實施中，扮演主導性的角色。東京主管部門予以充分尊重，當地特別小組對以下具體作為，積極參與策劃，提供建言。包括：1. 開發需求的調查與分析；2. 援助政策的立案與檢討；3. 選擇促成援助規劃對象；4. 強化與被援助國各相關機構的聯繫；5. 檢討 ODA 的工作成效；6. 透過網頁等將援助內容公開並予報導。[19]
日本外務省在歐洲的羅馬尼亞、保加利亞，亞洲的印度、印尼，大洋洲的吉里巴斯、薩摩亞，中東的阿富汗、埃及，非洲的安哥拉、烏干達及南美

---

[17]　石原忠浩，〈轉變期的日本政府開發援助：911 事件後新趨勢的探討〉，頁 I-3-13。

[18]　別所浩郎，〈新たな時代の日本の援助政策〉，東京：《外交フォーラム》（Gaiko Forum），2007 年 12 月号，頁 60。

[19]　日本外務省，《政府開發援助白書 2006 年版》，頁 205-207。

洲的阿根廷、厄瓜多等 72 國（參見圖 5-2），設立特別工作小組，企求在 21 世紀展開更有效、更透明與更受到民意支持的政府開發援助工作。

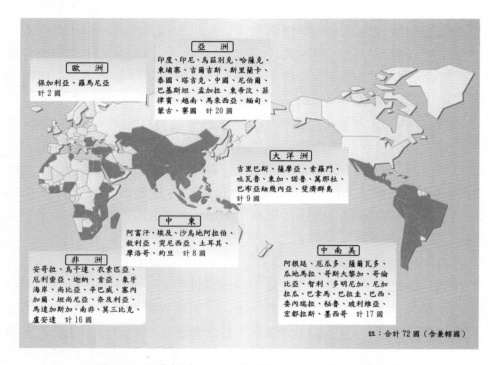

亞　洲
印度、印尼、烏茲別克、哈薩克、東埔寨、吉爾吉斯、斯里蘭卡、泰國、塔吉克、中國、尼伯爾、巴基斯坦、孟加拉、東帝汶、菲律賓、越南、馬來西亞、緬甸、蒙古、寮國　計 20 國

歐　洲
保加利亞、羅馬尼亞
計 2 國

大洋洲
吉里巴斯、薩摩亞、索羅門、吐瓦魯、東加、諾魯、萬那杜、巴布亞紐幾內亞、斐濟群島
計 9 國

中　東
阿富汗、埃及、沙烏地阿拉伯、敘利亞、突尼西亞、土耳其、摩洛哥、約旦　計 8 國

非　洲
安哥拉、烏干達、衣索匹亞、厄利垂亞、迦納、肯亞、象牙海岸、尚比亞、辛巴威、塞內加爾、坦尚尼亞、奈及利亞、馬達加斯加、南非、莫三比克、盧安達　計 16 國

中南美
阿根廷、厄瓜多、薩爾瓦多、瓜地馬拉、哥斯大黎加、哥倫比亞、智利、多明尼加、尼加拉瓜、巴拿馬、巴拉圭、巴西、委內瑞拉、秘魯、玻利維亞、宏都拉斯、墨西哥　計 17 國

註：合計 72 國（含兼轄國）

圖 5-2：日本設立 ODA 當地特別小組的國家分布圖

資料來源：日本外務省，《政府開發援助白書 2006 年版》（*Official Development Assistance*），東京：国立印刷局，2006 年，頁 209。

參、ODA 對外交奏效的實例

ODA 是一種經濟援助，卻有政治性內涵，應符合國家的外交政策。日本對外援助，普遍獲得受援國的感謝與敬重，在提高日本國際聲望、敦睦邦誼、增進雙邊投資、貿易等各方面，均極有助益。具體而言，日本的

ODA 亦能為援助國樹威或表達外交理念，成為實踐外交政策的工具。另一方面，即使 ODA 的政治性作用，未達到預期目的，藉著縮小、中斷援助，或停止新的援助企劃案等方式，仍可造成一定的壓力，迫使相關國家作政策調整，並描繪國家、地區或世界應該追求的美好願景。

　　1979 年 1 月，日本抗議越南侵略柬埔寨，即有凍結援助之例。自 1975年，日本對統一的越南展開經濟復興援助，除 1975 年 85 億日圓、1976 年50 億日圓、1978 年 40 億日圓的資金贈與，1978 年另給予 100 億日圓貸款。然而，1979 年 1 月，日本對越南的侵略行為，以「外交懲罰」的方式，凍結對越援助，要求回復出兵前的狀態。其後，1992 年 11 月，在確認越南自柬埔寨撤軍後，恢復停止十四年的對越援助。[20] 越南要融入國際社會，追求經濟成長，日本等國的外來援助是一大助力，凍結援助，長期而言誠然形成壓力，迫使越南政府讓步。

　　對外援助須貫徹一定的外交原則與規範，才談得上是個有「外交主張」的國家。日本外務省的《ODA 白皮書》載有「人道關懷」與「相互依存關係的認識」等援助理念，但屬一般性的原則，欠缺具體性和獨特性。援助真正要做的是，反映援助國的理想「世界圖像」。更具體一點的說，就是要反映日本獨特的南北問題觀點或對第三世界國家的政策，否則日本就給世人毫無外交哲學理念、只會撒錢的「自動提款機」印象。[21] 欲避免沒有原則的外交援助，必要時應發表強硬聲明，抗議違反國際法，不合乎區域和平穩定及未顧及人道立場等行為，並適時停止相關援助。

　　1991 年海部俊樹內閣，訂定援助原則，以削減軍事支出、促進民主化、導入市場經濟及尊重人權，作為被援助國的條件，經確認後才提供政府開發援助。1991 年，此一原則適用於對發生政變的海地停止援助，以及對政情惡化的薩伊共和國（現為剛果民主共和國），暫時停止援助。1994

---

[20]　田中義皓，《援助という外交戰略》，東京：朝日新聞社，1995 年，頁 236。
[21]　田中義皓，《援助という外交戰略》，頁 235-236。

年，日本針對奈及利亞在民主化過程中軍隊的武力介入，停止援助。[22] 日本的政府開發援助，鼓勵受援國透過民主程序解決爭議，反對政府武力鎮壓或在野勢力武裝叛變，對發展中國家的政治社會穩定，有良性引導作用。然而，日本的 ODA 政治運作，並非全然中規中矩，恰如其分。

1993 年，世界衛生組織（WHO）由 31 國代表組成的執行理事會，在日本籍的中嶋宏（Hiroshi Nakazima）事務局長競選連任中，充分發揮經濟援助力的最大作用。此次選舉的對手是奈及利亞籍候選人，西方各國反對無論語言能力、事務局的管理能力均不足勝任的中嶋連任。不過，日本政府為中嶋全力輔選，威脅停止自馬爾地夫輸入漁貨，及購買牙買加的咖啡等。結果，中嶋順利當選連任，然而這究竟是否提高日本的威信，或對國家利益有所貢獻，實在令人懷疑。[23] 如此的 ODA 政治運作，雖達成既定外交使命，但對日本的國家威信，可能造成更大傷害，得不償失。

再者，日本曾提議以巨額財政支援俄國，交換歸還北方領土，誇示其雄厚的經濟實力。1991 年，當時的自民黨幹事長小澤一郎，到莫斯科進行交涉，表示如果俄國馬上歸還齒舞群島和色丹島，並承認日本在擇捉島與國後島的潛在主權，日本將提供俄國 260 億美金的非正式援助。不過，戈巴契夫總統失勢已無力交涉，日本方面亦未有後續動作，致無結局。其後，亦沒有提出類似內容的交涉案。然而，日本為解決北方領土歸還問題，將提供政府貸款和政治對話掛鉤，卻是不爭的事實。[24] 今後，類似情況亦有可能發生，端視日本政府如何借力使力，運用 ODA 解決特定政策的難題。

---

[22] 雷因赫・德里夫特（Reinhard Drifte），吉田康彥訳，《21 世紀の日本外交》（*Japan's Foreign Policy in the 21st Century: From Economic Superpower to What Power?*），東京：近代文藝社，1998 年，頁 192。

[23] 雷因赫・德里夫特（Reinhard Drifte），吉田康彥訳，《21 世紀の日本外交》，頁 196。

[24] 同前註，頁 197。

　　1998 年 5 月 11 日，印度進行地下核子試爆三次，這是自 1974 年來，
事隔二十四年再次的核子試爆。印度總理瓦杰帕伊（Atal Behari Vajpayee）
宣布：「這次的核子試爆是擔心周邊國家核子武器的發展狀況，證明印度
有能力研發核子武器，印度可以確保國家的安全」。日本於 5 月 13 日發
表第一次對抗措施聲明，包括：1. 除緊急與人道性援助，以及非政府組織
（Non-Government Organization, NGO）[25]、地方公共團體等的草根無償資
金協力，停止新的合作案。2. 考慮停止召開 6 月 30 日至 7 月 1 日，在東
京舉行的世界銀行主辦對印度支援國家的會談。3. 從嚴審查向印度輸出大
量破壞性武器的相關物件。隨後，印度政府又發表成功的進行了另外一次
的地下核子試爆。[26] 日本在印度第二度宣布核子試爆後，接續於 5 月 14 日
發表追加對抗措施如下：1. 停止新計畫中的日圓貸款；2. 在國際金融機構
中，對印度的融資，將予慎重處理。[27]

　　日本政府對印度核子試爆採取對抗措施的原因有：基於核子不擴散原
則，對印度明確的表達信念；防止核子武器的擴散波及效應；與美國、德
國採取同等的經濟制裁措施；以防止核子擴散為國策，唯一被原子彈轟
炸的國家，有表示震驚的必要；及維持與日本外交 ODA 大綱一致的整合
性。[28]

　　日本對印度 ODA 的實際援助，1995 年為 5 億 600 萬美元。第二位的
德國為 1 億 7,000 萬美元，因此是印度最大的援助國。不過，印度這個人
口 9 億 4,000 萬人的國家，在 1990 年代前半，年平均經濟成長率近 6%，

---

[25]　非政府組織（Non-Government Organization, NGO），是一種負面定義的名詞，顧名思義，
　　也就是指「政府以外的組織」。事實不然，它有更積極的意義，除代表對於以國家（就
　　國際舞台）、以政府（就國內政治）為中心的傳統途徑表達不滿以外，還希望以草根百
　　姓透過非政府組織的參與，來建立足以與國家相庭抗禮的國內的、以及全球性的「公民
　　社會」（civil society），終極目標是民主政治的體現（維基百科網，「NGO」，http://
　　zh.wikipedia.org/wiki/NGO，上網檢視日期：2008 年 12 月 7 日）。
[26]　杉下恒夫，〈援助停止政策における決定要因〉，頁 387-388。
[27]　同前註，頁 388-389。
[28]　同前註，頁 397。

日本停止援助並不會發生立即的不良影響。然而，聯邦國家的印度中部各州，由於日本停止新的日圓貸款案，必須修正開發計畫，有若干州面臨嚴峻的考驗。日本外務省官員表示：「停止對印度的援助，雖非立即的打擊，卻可能逐漸造成巨大的損失。數年後，印度應該會感覺犯下重大過失。」[29] 日本的輿論界亦支持政府的相關政策。

印度核子試爆，《朝日新聞》呼籲停止對印度的援助，表示：「日本是個非核國家以及印度最大的援助國，應該表達嚴正的立場，努力說服印度停止發展核子武器，如果沒有效果，那麼日本採取強硬的經濟制裁也是無可奈何的事。」[30] 援助是一種外交表現，援助會將援助國的世界觀，以外交訊息的方式傳達出去。因此，對一個唯一被原子彈轟炸的國家，要求受援國禁止核子試爆、廢除核武是理所當然，在國際上也是普遍性的主張。況且，就國內而言，向強行核子試爆的國家提供經濟援助，要匯集國民的共識會有困難。[31]

由日本對越南、海地、薩伊與印度等國，採取停止 ODA 貸款，輔佐世界衛生組織日籍事務局長中嶋連任，及在外交談判中，以巨額財政支援俄國交換歸還北方領土等實例可知，日本的政府開發援助，不僅具有經濟性的外交力量，亦有政治性的考量和作法，協助提升日本的國際地位，成為「政治大國」。

肆、日本輿論對 ODA 的反應

從日本媒體的報導看來，多半是從批判的角度看待日本的 ODA，呼籲改革，甚至把援助政策視為日本腐敗、貪污盛行的官僚體系的一環。媒體

---

[29]　同前註，頁 399。

[30]　草野厚，〈ODA とメディア〉，外交政策決定要因研究会編，（主查）橋本光平，《日本の外交政策決定要因》（*Domestic Determinants of Japanese Foreign Policy*），東京：PHP研究所，1999 年，頁 424-425。

[31]　田中義皓，《援助という外交戦略》，頁 241。

論點主要在於批判商業主義、缺乏主見而跟隨美國進行戰略援助、決策程序不夠透明化，更未真的能夠改善受援國的生活。當媒體不斷以批判的方式自稱「揭露 ODA 本質」，雖然也代表一種民意的看法，卻有可能因此而誤導民眾，或是招致更多反對的聲浪。[32] 日本在 1990 年代經濟停滯發展的時期，國民從嚴審視政府在海外的開支，對 ODA 的批評雖不盡公平，但也非全然無的放矢。

　　國內外對日本 ODA 的批判，其論點多半集中於日本政府開發援助的結果造成被援助國家環境的破壞。雖然其中多少有些情緒性成分，例如日本的援助等於環境破壞援助的說法。實際上，不只日本，先進國家的開發援助，很容易和環境破壞連結，引起公害或破壞自然環境的指控，也不能說沒有。這不僅是自然環境的領域，在社會的、人類的環境也一樣。[33]

　　援助如果只注意到政治與經濟的需要，實際上卻對該國人民沒有利益，這種援助沒什麼意義。非政府組織（NGO）各種團體多數基於實地調查，寫成的報告內容也超越情感性的訴求，相當正確。日本政府對 ODA 引起的環境破壞，也變得非常神經質，自 1990 年代以來，將 ODA 經費的 1,000 億日圓列為「地球環境問題對策費」，1992 年度起實施 9,000 億至 1 兆日圓與環境有關的政府開發援助案，可知對環境問題意識之高漲。[34] NGO 的蓬勃發展，形成一股代理執行政府開發援助的輔助力量，亦產生一定程度的監督作用。

　　日本 ODA 報導一般的論調，從 1990 年代中期開始，雖然仍有以 ODA 失敗的案例為焦點進行批判性的報導，但與肯定 ODA 有一定成效的報導並存，而且後者有增加的趨勢。1990 年代末期報導的內容加入若干新的要素。第一，ODA 此一日本外交對國際貢獻重要的手段，是否沒有達到與其

---

[32]　畢莉，《日本「政府開發援助」（ODA）之政策與制度》，台北：東吳大學政治學系，2003 年 7 月，頁 112。

[33]　杉下恒夫，〈援助停止政策における決定要因〉，頁 353-354。

[34]　同前註，頁 354。

高援助金額相當的成效的問題。第二，財政惡化下，1980 年代至 1990 年代不斷增加的 ODA，以及防衛預算，是否應該刪減的問題；第三，酸雨與臭氧層等地球暖化的問題，開發中國家與先進國家的目標與利害未必一致。如何使兩者相互結合，是否為日本 ODA 任務的問題。第四，1990 年代後半，隨著日本經濟惡化，為擴大日本企業利益，如何運用 ODA 的問題。如此，在因應國內外情勢變化下，促成日本媒體對 ODA 的各項政策與改革論戰。[35] 媒體的關注與國民的疑惑，對外務省形成特定的壓力，進而思考如何改善 ODA 的若干缺失。

在小泉政府任內，2003 年 10 月，由內閣府實施有關外交的問卷調查。其結果顯示，日本國民對 ODA 的信賴令人擔心。回答「對今後的經濟援助作法，應更為積極」者，為 19%；回答「盡可能減少」者，為 22.5%。這是從 1997 年以來，最高的數字。其理由包括七成受訪者表示日本經濟狀況並不好，37% 認為 ODA 的工作透明度不夠，34% 認為援助方案成效不佳。另外，有人認為日本和中國有海洋權益的摩擦問題，中國經濟快速發展，且已對外援助，要求修正對中國的 ODA。為贏得國民的信賴，外務省展開一連串的改革措施。[36] 日本 ODA 初期完全由外務省主導，民眾參與者稀，對 ODA 工作瞭解不夠，遇長年的經濟不景氣，自然影響支持度。2001 年後經外務省相關單位一方面進行 ODA 組織改造，增加決策透明度，並大力宣導，加上九一一事件及千禧年 ODA 發展目標包括消滅貧困等作為，五年後情況趨於好轉。

日本內閣府於 2008 年 10 月從事外交相關問題問卷調查。其結果綜合整理如下：詢問「先進國家對開發中國家的援助，有資金及技術協力等各種經濟合作途徑，日本對外經濟合作今後應呈現何種狀態？」回答「應更加積極」者占 30.4%、回答「現在的程度即可」者 43.9%、回答「應盡可能減少」者 18.5%、回答「應停止援助」者 3.3%（參見圖 5-3）。

---

[35] 草野厚，〈ODA とメディア〉，頁 422-423。
[36] 古田肇，〈外交戦略としての経済協力〉，頁 27。

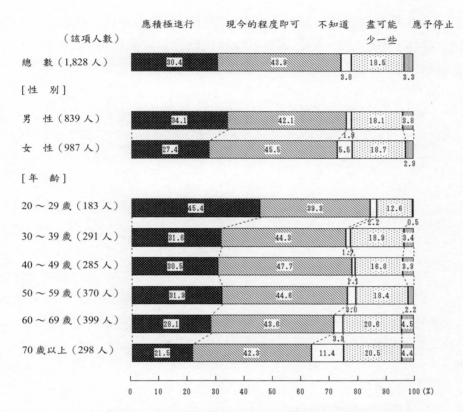

圖 5-3：日本今後經濟協力方式民調分項比率圖

資料來源：日本内閣府，〈外交に関する世論調查〉，2008 年 10 月，http://www8.cao.go.jp/
　　　　　survey/h20/h20-gaiko/2-2.html，上網檢視日期：2009 年 8 月 30 日。

　　以年齡別而言，回答「應更加積極」者，20 歲至 29 歲的年輕世代
45.4% 最高。[37] 與 2007 年的調查結果比較，回答「應更加積極」者，由
24.8% 上升至 30.4%，回答「應盡可能減少」者，由 21.2% 降至 18.5%（參

---

[37]　日本内閣府，〈外交に関する世論調查〉，2008 年 10 月，http://www8.cao.go.jp/survey/
　　h20/h20-gaiko/2-2.html，上網檢視日期：2009 年 8 月 30 日。

見圖 5-4）。**38** 此次民調，顯示日本國民對 ODA 的支持已大幅提升，特別是年輕世代的熱衷支持，對日本政府開發援助極具正面意義。

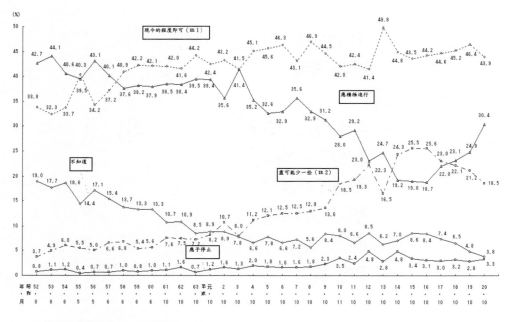

（註1）昭和55年5月調查までは，「普通程度でよい」となっている。

（註2）昭和57年6月調查までは，「なるべく少ないほうがよい」となっている。

圖 5-4：日本今後經濟協力方式民調歷年曲線圖

資料來源：日本內閣府，〈外交に関する世論調查〉，2008 年 10 月，http://www8.cao.go.jp/survey/h20/h20-gaiko/2-2.html，上網檢視日期：2009 年 8 月 30 日。

就「應更加積極」者的理由，回答「為解決開發中國家環境問題，及應善用日本的技術與經驗」者 50.9%、回答「對開發中國家的安定有貢獻，及對世界和平有幫助」者 47.5%（2007 年之調查為 64.5%）、回答「先進國家協助開發中國家，是基於人道上的義務」者 46.8%（60.6%）、回答「經

---

38 同前註。

濟協力是促進日本外交政策的重要手段」者 45.9%（31.7%），回答「開發中國家沒有政治的安定與經濟的發展，日本的經濟亦沒有未來」者 42.4%（30.5%）、回答「開發中國家的經濟援助，可確保石油等資源的安定供給」者 42.1%（28.9%）（以上，括弧內為 2007 年之調查統計）。[39] 2007 年與 2008 年同一民調較突出的差異是，贊成 ODA「應更加積極」者，其理由從原先較重視國際貢獻及人道關懷，轉為較在乎外交政策的運用與國內的生存發展。

回答「應盡可能減少」及「應停止援助」者，其理由為：1.「日本國內的經濟狀態不佳」，71.9% 最高（55.9%）；2.「我國的財政狀況不佳」，49.2%；3.「具體而言究竟在從事什麼樣的經濟援助不夠清楚」，43.2%。[40] 至今，日本經濟景氣低迷不振，仍是反對大規模海外援助的最大原因。

第二節　日本政府開發援助大綱

日本的對外援助，大別為有償協力（低利日圓貸款）和無償協力（無償贈與）二種。其中有償協力由財務省（前大藏省）、經濟產業省、外務省共管的特殊法人日本國際協力銀行（JBIC）實施，主導權在財務省。另一方面，實施無償資金協力及技術協力的日本國際合作機構（JICA），是外務省直轄的特殊法人，歷代總裁皆由外務次官等級的高級退休官僚擔任。[41] 日本 ODA 政策決定的主體，與其他的外交政策或經濟政策一樣，是官僚機構，而由相關機關共同參與 ODA 政策為一大特色。亦即，外務省、財務省、運輸省、文部省等相關部會多達 16 機關。[42] 而執行 ODA 的主要單位，則由外務省、財務省、JBIC 與 JICA 擔當。

---

[39]　同前註。

[40]　同前註。

[41]　天木直人，《さらば外務省！》，頁 199。

[42]　稻田十一，〈対外援助〉，有賀貞等編，《講座国際政治 4 日本の外交》，東京：東京大学出版会，1989 年，頁 187。

壹、經濟大國與開發援助

　　二次大戰後日本百廢待舉，1951 年 9 月與美國等 49 國簽訂舊金山和約，同年與美國簽訂「日美安保條約」，1952 年回復主權，並加入國際貨幣基金會（IMF）與世界銀行。1955 年加盟關貿總協定（GATT），復與緬甸締結賠償協定。隨後於 1956 年、1958 年及 1959 年，分別與菲律賓、印尼和越南締結賠償協定。1956 年加入聯合國。1964 年加入先進國家俱樂部的經濟合作暨發展組織（OECD），同年舉辦東京奧運。1966 年促成亞洲開發銀行的設立，與美國同為最大出資國。[43] 進入 1970 年代，日本成為舉世公認的經濟大國，和歐美各國開始發生貿易糾紛。其後，經歷 1971 年的美元危機，日圓急遽升值，和 1973 年石油危機的能源短缺衝擊。於是，淘汰失去競爭力的產業，將重心轉移至利潤較高的產業；在能源危機中，提高研發節省能源技術，開拓知識密集產業，使日本的經濟力量再度大幅躍進且更為茁壯。1975 年出席在法國舉行的先進國家高峰會，正式參與討論全球視野屬於總體經濟的議題。1980 年代末期，日本成為世界最大債權國，也是最大援外國家，各國欽羨又妒忌，「日本第一」、「日本奇蹟」與「日本威脅論」等風評不脛而走。

　　早在 1961 年，日本就成為經濟合作暨發展組織所屬的開發援助委員會（DAC）的成員，該委員會是一個世界性協調援助國家的組織。自 1960 年代中期以來，日本積極涉足對外援助計畫，而亞洲一直是接受日本援助最多的地區（例如，1980 年占其全部外援的 71%，1987 年占 65%）。[44] 1960年代尚不流行「經濟大國」的形容詞，日本隨著經濟的繁榮與發展，卻已在實際上開始實踐「經濟大國」的外交，藉此建立良好的國際關係，發揮領導的影響力樹立國家威望。東亞經濟發展「雁行體制」的理論構想，即一具體實例。

---

[43]　張啟雄，《海峽兩岸在亞洲開發銀行的中國代表權之爭：名分秩序論觀點的分析》，台北：中央研究院東北亞區域研究，2001 年，頁 19-24。

[44]　趙全勝，《日本政治背後的政治》，香港：商務印書館，1996 年，頁 194。

1970 年代，日本發現確保能源依存於中東情勢的變化，從而對日本的安全保障，產生更為柔軟的思考方式，亦即「總合安全保障」的概念。美蘇冷戰退潮緊張情勢緩和的背景下，石油危機代表對國民生活現實的威脅，含非軍事手段的各種方法，都須要列入考量。政府開發援助的理論基礎，亦含有此種安全保障的觀念。[45] 日本在成為經濟大國的過程中，碰到石油危機，為確保油源，不得不與美國採取不同的外交政策，在中東戰爭中，站在阿拉伯陣營這邊，隨後，日本的 ODA 工作，亦由東南亞逐漸擴及中東地區。

1992 年 6 月 30 日，日本內閣會議制定《政府開發援助大綱》（簡稱《ODA 大綱》），對戰後數十年間形成的日本對外援助政策的基本理念和做法，進行重大的調整，為政府開發援助制定新的政治標準，於提供 ODA 時附加嚴格的政治條件。如果日本認為受援國違背該「大綱」的政治標準，日本政府可能採取停止或削減 ODA 的制裁措施。[46]《政府開發援助大綱》與《聯合國維持和平活動合作法》的同時制訂，是日本政府推行大國化政策的重要里程碑。日本政府開發援助的政治考量，和參與聯合國維持和平活動自衛隊出兵海外，負有建立由「經濟大國」走向「軍事大國」與「政治大國」的外交使命。日本自 1990 年至 2000 年，持續十一年居 DAC 各國提供政府開發援助金額最高的國家。但與 DAC 其他 20 個國家比較，即發現日本的 ODA 政策，在品質與作法上仍有許多改善空間。

根據經濟合作暨發展組織的開發援助委員會指出，日本提供的外國援助中，有半數是貸款，所占比例遠比其他國家高；在直接補助占總援助的比例方面，日本名列 21 國中的最後一名。同時，日本也對其貸款提出許多嚴格的條件，以維持控制權。該開發援助委員會並發現，在援助性貸款的彈性融資方面，日本名列 21 國中的第二十名。[47] 美國政府開發援助亦有類

---

[45]　田所昌幸，〈日本の経済外交五〇年〉，頁 50。

[46]　何思慎，《敵乎？友乎？ —— 冷戰後日本對華外交思路的探索》，頁 113。

[47]　米爾頓・艾茲拉提（Milton Ezrati），《日本巨變 —— 從日本經濟文化變革到全球勢力的重分配》（*Kawari: How Japan's economic and cultural transformation will alter the balance of power among nations*），頁 190。

似的數值，因此也引起開發中國家與相關國際組織，對美國的政府開發援助工作表示不滿。

美國的對外援助只占國內生產總值（The Gross Domestic Product, GDP）的 0.1%，大概只有歐洲的三分之一，而美國保護貿易的措施（尤其是在農業和紡織的項目）對窮國所造成的傷害，超過美國所提供的援助。有一項指標意在評估富國協助窮國的成效，除實質援助之外，還包括貿易、環境、投資、移民以及維和。結果，美國在 21 個國家裡排名第二十（只優於日本）。[48] OECD 先進國家各國執行 ODA 的真實情況，可由表 5-1、5-2 與圖 5-1、5-2 得知。

1994 年在 DAC 各國間作比較，ODA/GNP[49] 之比率，日本為 0.29，排名第十四；1993 年日本國民一人平均負擔 ODA 金額 90.2 美元，居丹麥、挪威、瑞典、荷蘭、法國、盧森堡與瑞士之後（參見表 5-2）。

1992 年與 1993 年的政府開發援助，日本與 DAC 各國 ODA 質的比較，澳洲、紐西蘭、愛爾蘭、瑞典、瑞士與盧森堡等 6 國，都以 100% 的無償援助與無息援助貸款，提供援助；相較而言，日本的無償援助比率為 43.8%，只比西班牙的 42.3% 高；日本的無息援助貸款（Grant Element）比率為 76.6% 居各國之末（參見表 5-3）。因此，日本的 ODA 政策是配合政府海外投資、振興貿易、市場開拓與敦睦邦誼等多重政策目標，以附加條件的低利貸款為援助主力，並未以被援助國的需求或人道立場為主要考量，致難以彰顯全球第二經濟實體，及具有大國視野與高度的援助力量。

---

[48] Joseph S. Nye, Jr., *Soft Power: The Means to Success in World Politics*, p. 62.

[49] 國內生產總值（Gross Domestic Product, GDP）是指一個國家（或地區）在一定時期內所有常住單位生產經營活動的全部最終成果。國民生產總值（Gross National Product, GNP）是指一個國家（或地區）所有國民在一定時期內新生產的產品和服務價值的總和。GNP 與 GDP 的關係是：GNP 等於 GDP 加上本國投在國外的資本和勞務的收入再減去外國投在本國的資本和勞務的收入。

魏革軍，「GDP、GNP 與經濟發展」，2007/9/27，中國經濟網，http://big5.ce.cn/gate/big5/ finance.ce.cn/macro/gdxw/200709/27/t20070927_12646510.shtml，上網檢視日期：2008 年 12 月 7 日。

表 5-2：1994 年 DAC 各國的 ODA 實績表 [50]

順序	國　家	金　額 （百萬美元）	比率 （%）	ODA/GNP 率（%）（順序）	國民一人平均負擔 （美元／ 1993 年）
1	日　本	13,239	22.9	0.29(14)	90.2
2	美　國	9,851	17.1	0.15(21)	39.2
3	法　國	8,447	14.6	0.64(05)	137.1
4	德　國	6,751	11.7	0.33(10)	85.5
5	英　國	3,085	5.3	0.30(12)	50.3
6	荷　蘭	2,531	4.4	0.76(04)	165.0
7	加拿大	2,230	3.9	0.42(06)	82.5
8	義大利	1,967	3.4	0.20(20)	52.4
9	瑞　典	1,703	2.9	0.90(03)	202.9
10	丹　麥	1,450	2.5	1.03(02)	257.8
11	西班牙	1,247	2.2	0.26(17)	30.5
12	挪　威	1,137	2.0	1.05(01)	234.5
13	澳大利亞	1,087	1.9	0.38(08)	54.0
14	瑞　士	978	1.7	0.36(09)	114.8
15	比利時	677	1.2	0.30(12)	80.4
16	奧地利	561	1.0	0.29(14)	68.1
17	芬　蘭	289	0.5	0.31(11)	69.9
18	葡萄牙	250	0.4	0.28(16)	24.8
19	紐西蘭	111	0.2	0.24(18)	28.2
20	愛爾蘭	105	0.2	0.24(18)	22.7
21	盧森堡	59	0.1	0.40(07)	128.5
	DAC 合計	57,754	100.0	0.29	

---

[50]　金熙德著，《徹底検証！日本型 ODA：非軍事外交の試み》，頁 19。

表 5-3：1992 / 1993 年 DAC 各國 ODA 質的比較表 *[51]

國　名		無償援助比率（%）		無息援助貸款比率（%）	
	順序		1992 / 1993	順序	1992 / 1993
1	澳大利亞	1	100.0	1	100.0
2	紐西蘭	1	100.0	1	100.0
3	愛爾蘭	1	100.0	1	100.0
4	瑞　典	1	100.0	1	100.0
5	瑞　士	1	100.0	1	100.0
6	盧森堡	1	100.0	1	**(100.0)
7	丹　麥	7	99.8	7	99.8
8	挪　威	8	99.3	8	99.5
9	荷　蘭	9	98.4	8	99.5
10	美　國	10	97.9	12	99.1
11	葡萄牙	11	97.3	13	(98.6)
12	比利時	12	(97.0)	8	(99.5)
13	加拿大	13	95.7	11	99.3
14	英　國	14	(92.2)	14	(96.5)
15	芬　蘭	15	82.3	17	90.4
16	義大利	16	80.9	16	92.6
17	德　國	17	80.2	15	92.7
18	法　國	18	(74.8)	19	(87.5)
19	奧地利	19	72.8	18	88.1
20	日　本	20	43.8	21	76.6
21	西班牙	21	(42.3)	20	(80.3)
	DAC 平均		(77.1)		90.6

資料來源：1. 日本外務省，《ODA 政府開発援助白書》，1995 年版上卷，頁 97。2. 金熙德著，鈴木英司訳，《徹底検証！日本型 ODA：非軍事外交の試み》，東京：三和書局，2002 年，頁 21。

註：1. ＊ 不含負債數。2. ＊＊ 括弧內為 DAC 事務局的推算值。

---

[51] 金熙德著，《徹底検証！日本型 ODA：非軍事外交の試み》，頁 21。

　　2005 年 DAC 各國 ODA 實際績效對 GNI[52] 比率，日本為 0.28，排名第十七，只比紐西蘭（0.27）、澳大利亞（0.25）、希臘（0.24）、美國（0.22）、葡萄牙（0.21）等 5 國為高（參見圖 5-5）；2005 年日本國民一人平均負擔 ODA 金額 102.9 美元，排名居 DAC 各國的第十五位（參見圖 5-6）。

　　冷戰後蘇聯解體，俄羅斯自顧不暇，歐美各國亦專注國內問題，而忽略對第三世界發展中國家的援助工作，特別是非洲撒哈拉沙漠以南的國家，陷入極端貧困的境地，有內戰、難民、重度債務、飢饉糧荒、缺乏飲

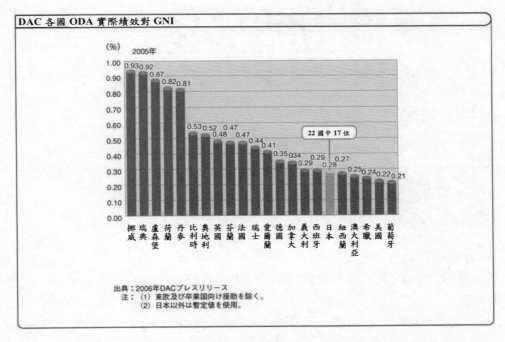

圖 5-5：DAC 各國 ODA 實際績效對 GNI 比率圖

資料來源：日本外務省，《政府開發援助白書 2006 年版》（*Official Development Assistance*），東京：国立印刷局，2006 年，頁 68。

---

[52]　目前，一般將國民總收入（Gross National Income, GNI，指一個國家或地區所有常住單位在一定時期內收入初次分配的最終結果）看做是 GNP，各國也僅對外公布 GDP 與 GNI 數據，GNP 數據已基本不再統計和發布。魏革軍，「GDP、GNP 與經濟發展」。

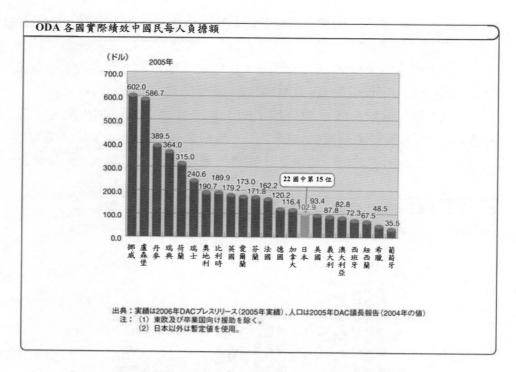

圖 5-6：ODA 各國實際績效中國民每人負擔額圖

資料來源：日本外務省，《政府開發援助白書 2006 年版》（*Official Development Assistance*），東京：国立印刷局，2006 年，頁 69。

水、愛滋病蔓延等問題，亟需聯合國等相關國際組織與已開發國家的支援與協助。

2000 年 9 月，聯合國大會通過「千禧年宣言」，設定「千禧年發展目標」，國際社會在 2015 年為止，要達成開發中國家貧困減半、100% 普及初等教育、縮小男女差別待遇、削減三分之二未滿五歲幼兒死亡率、削減四分之三孕婦生產死亡率、抑制愛滋病、環境保護與改善等目標。[53] 2001

---

[53] 廣野良吉，〈日本の外交政策と ODA —— 半世紀の経験から将来への展望へ〉，《国際問題》，548 号，東京：日本国際問題研究所，2005 年 11 月，頁 12。

年九一一事件爆發，以美國為首的先進國家，發現貧窮與落後，是恐怖主義擴散的溫床，於是積極提高對外援助金額，推動比以前更有效的對開發中國家援助工作。

2002 年 9 月，根據民意調查，美國有 78%、歐洲有 91% 的民眾，認為支援開發中國家，是對付恐怖主義作戰有效的手段。2001 年 10 月，日本內閣府進行的「有關外交的民意調查」，就今後對外經濟援助與 2000 年相較，回答：1.「目前的程度很好」，由 41.4% 提升為 49.8%；2.「應更加積極提高」，由 23% 變為 24.7%；3.「應該盡可能減少」，由 21.3% 降為 16.5%；4.「應該停辦」，由 4.8% 降為 2.8%。[54] 歐美民眾認知對外援助，與世界局勢的穩定或動亂，以及國家的生存發展關係密切；在類似思維之下，加上日本大國意識的抬頭，儘管長期經濟成長停滯，日本民意仍然傾向支持政府，擴大海外開發援助工作。

日本的政府開發援助預算，自 1997 年度的 1 兆 1,687 億日圓最高點，一路下滑，2005 年度預算為 7,862 億日圓。財務大臣的諮詢機關「財政制度等審議會」，針對 2006 年度預算建議繼續縮減。但外務省以成為聯合國常任理事國為目的，強力要求增加預算的編列。[55] 2001 年之後，歐美各國的 ODA 預算均大幅增加，唯獨日本受經濟不景氣的影響，預算日漸萎縮，與最高峰時期相較落差超過三成。2005 年是日本計畫進入聯合國常任理事國的一年，小泉政府自然十分在意 2006 年度 ODA 預算的編列，惟事與願違。

貳、2003 年日本政府開發援助大綱

日本政府開發援助的開始，主要目標為與亞洲各國重新建立友好關係與強化自由民主陣營的合作，以及提高產品輸出振興經濟。日本 1960 年代

---

[54]　大隈宏，〈開発から平和へ —— 新しい援助戦略の模索〉，《国際問題》，517 号，東京：日本国際問題研究所，2003 年 4 月，頁 38。

[55]　〈ODA 削減に歯止め〉，《夕刊讀賣新聞》，2005 年 6 月 7 日，版 1。

起的高度經濟成長，使 ODA 的數量不斷擴大。冷戰終結後，重建世界新秩序，日本的視野逐漸擴及全球，在 1992 年正式策訂 ODA 大綱。

　　進入 21 世紀，國際情勢隨著全球化的擴大，又有若干變化。中國、印度、巴西與韓國等，新興工業化國家大幅提升經濟產能，非洲撒哈拉沙漠以南國家的益加貧困與動亂，阿富汗與伊拉克反恐作戰後的和平重建，國際重視環境保護議題等，彰顯個人的生存和尊嚴受到重大威脅，人類安全保障、世界及區域和平安全與穩定發展的需求益發重要；而日本國內經濟的持續蕭條，造成政府 ODA 預算規模的縮小，使日本小泉政府於 2003 年再度調整 ODA 大綱，強調政府開發援助的戰略性任務，積極從事改革海外支援措施，提高其透明性、機動性和效率性，以加深國內民眾的理解與支持。

　　2003 年 1 月 31 日，小泉首相在施政演說中，宣稱：「ODA 在努力提高效率化、透明性的同時，將置重點於亞洲的安定與成長、落實紛爭後的和平，以及以環境為先的人類安全保障等，予以戰略性的運用。」[56] 日本 21 世紀的大國化外交政策，為追求在國際社會相應的政治大國與軍事大國地位，在 ODA 領域，除原先經濟與金融的支援措施，另規劃開拓環境安全議題，以及和平建構議題的援助項目。

　　有關「和平建構」議題，其內涵包括：撥款支援紛爭地區與國家、消滅貧窮協助和平穩定的發展，與協助防止發生紛爭或紛爭的再度發生等。具體作為包括：調停、協助選舉、士兵復員、建立治安機關、移除地雷、難民返鄉、基礎建設工程等。日本對世界主要紛爭國家區域支援的金額，逐年提高，1990 年與 2004 年相較，由 400 多億日圓，增長 4 倍為 1,600 多億日圓（參見圖 5-7）。援助國家與地區，則由斯里蘭卡擴增至柬埔寨、巴勒斯坦、阿富汗與伊拉克，透過政府開發援助，從事「和平建構」的工作。

---

[56]　大隈宏，〈開発から平和へ —— 新しい援助戦略の模索〉，頁 21。

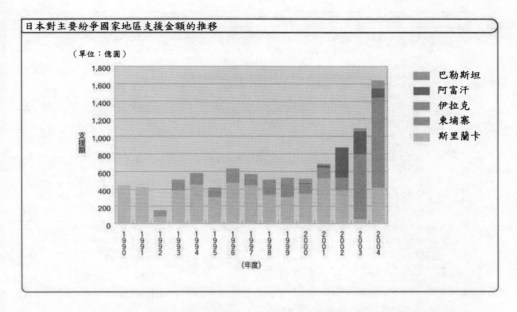

圖 5-7：日本對主要紛爭國家地區支援金額推移圖

資料來源：日本外務省，《政府開発援助白書 2006 年版》（*Official Development Assistance*），東京：国立印刷局，2006 年，頁 46。

　　日本 ODA 的「和平建構」概念（參見圖 5-8），含「和平確立」和「國家建設」二大內涵。「和平確立」即：1. 促進和平的過程；2. 人道與復員的支援；3. 確保國內安全與穩定。「國家建設」即：1. 組織政府；2. 經濟架構的建構；3. 社會體系的建構。日本外交政策「和平建構」的施行作為，包含：透過 PKO 等國際合作方式，及充實 ODA 各項計畫，落實於受援國家與地區；以尊重自主權、人類安全保障、深化援助途徑等，在聯合國和平建構委員會，貢獻知能發揮領導作用；及培養亞洲地區和平建構的人才。日本 ODA 的「和平建構」，是沒有缺口的連續支援措施。從緊張情勢的升高、紛爭的爆發、紛爭的持續、和平協議的簽訂，到恢復穩定，在各不同階段，依循預防紛爭、緊急人道支援、和平確立和預防紛爭的再度爆發等途徑，採取各種有效的支援措施。

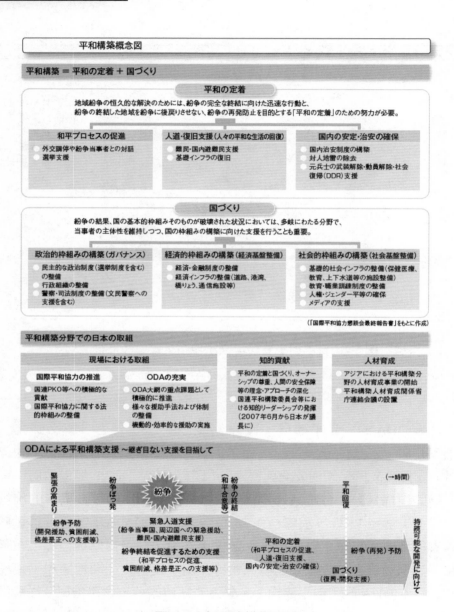

圖 5-8：和平建構概念圖

資料來源：日本外務省，「政府開發援助（ODA）2007 年版」，〈外交政策〉網頁，http://www.mofa.go.jp/mofaj/gaiko/oda/shiryo/hakusyo/07_hakusho/zuhyo/zuhyo2_25.html，上網檢視日期：2009 年 1 月 15 日。

　　日本政府於 2003 年 8 月內閣會議決議，修正《政府開發援助大綱》。
ODA 大綱訂定的基本方針為：1. 支援開發中國家自立自強；2. 重視生命
的安全保障；3. 確保公平性；4. 活用日本的經驗與知識；5. 與國際社會的
協調與合作。其重點課題，包括：1. 削減貧困；2. 持續成長；3. 處理全球
規模的議題；4. 和平建構。[57] 日本海外政府開發援助工作，仍持續其官僚
主導的特色，由外務省為主的中央政府相關省廳，擬訂《政府開發援助大
綱》，經內閣會議通過後即付諸實施。國會並未參與立法規範，因此輿論
有提高 ODA 經費運用等決策過程透明性，與加強監督體制的呼籲。

　　2003 年新 ODA 大綱繼承 1992 年 ODA 大綱四原則，即：「環境與開
發並重」、「迴避使用於軍事目的」、「充分留意開發中國家軍事支出、
大量破壞性武器或飛彈的研發生產與輸出」、「充分留意促進民主化、導
入市場經濟與基本人權和自由的保障」，推展政府開發援助相關工作。持
續參加 PKO、強化被援助國家內部紛爭預防體制、強化國際緊急援助體
制、對核子試爆國家停止規劃新 ODA 計畫、擴充緊急無償、小規模無償合
作資金、強化非政府組織事業補助金制度。[58] 日本的 ODA 除經濟目的外，
有和平建構與宣揚自由民主理念的用意，在全球化趨勢之下，更重視與政
府間國際組織和 NGO 的合作，以及民意的廣泛支持。

　　過去約半世紀間，日本的 ODA 逐漸由開發中國家政府的請求主義，轉
變為經由政策對話，企求理解和幫助被援助國的協議方式；並聽取 NGO 等
其他相關機構的意見，由經濟開發合作一邊倒，質變成重視環境、政治協
同合作（含參加 PKO）與「人道中心的經濟協力」。同時，雖依然重視與
亞洲協同合作，但已明示轉向最貧窮國家與對非洲協力的重視。[59] 日本 21
世紀的 ODA 戰略布局甚具全面性，例如，由於中國的和平崛起，日本不能

---

[57]　日本外務省，《政府開発援助白書 2006 年版》（*Official Development Assistance*），頁
192-194。

[58]　廣野良吉，〈日本の外交政策と ODA —— 半世紀の経験から将来への展望へ〉，頁 20。

[59]　同前註，頁 25。

再忽略非洲的重要性。日本以 PKO 為主力，結合 NGO，參與紛爭國家或地區的和平建構，進一步提升與 ODA 的互補關係。加入反恐戰線，與其一向關切的確保海運安全及資源供給配合，以維護國家的生存與發展。

　　日本的外交政策，將 ODA 作戰略性的運用，要求確定重點地區和重點領域，進行有輕重緩急優先順序的各項援助（參見圖 5-9）。其重點課題為：東亞地區網絡的支援；透過美日與 G8 架構，在中東與南亞地區的反恐作戰；在中東、非洲與南亞地區的和平建構；向非洲傳播亞洲經驗，以提高生產消滅貧困；在中東與亞非地區，確保能源與資源的安定供給，同時維護海洋運輸線的安全；發揮在全球化課題日本的領導角色，含安全保障、振興貿易、促進開發、傳染病防治、農村開發、環境保護與支援民主化建設。

　　2005 年 7 月 6 日，在英國舉行八大工業國（G8）高峰會，以支援非洲最貧困國家為主題，因應日本被要求增加 ODA 預算，以小泉純一郎為主席的經濟財政諮詢會議，於 2005 年 6 月 7 日公開日本「有關經濟財政運作與構造改革基本方針」的原案全文，確定 2006 年度編成的預算，受到矚目的政府開發援助預算，明記「為展開外交戰略，增進效率，確保符合我國高度水準」，對傾向於持續降低金額的 ODA 預算踩煞車。[60] 不過，2006 年的 ODA 預算，抵不過財政收入不足的壓力，編為 7,597 億日圓，較 2005 年之 7,862 億日圓還低；十年後，2016 年更降至 5,519 億日圓，不及最高峰時期的一半（參見圖 5-10）。日本今後的 ODA 勢將受到整體國家經濟競爭力的重大影響，在縮減預算中，尤須講求提高效率、重視援助的品質，增加運作的透明度，以爭取民意的普遍支持。

---

[60]　〈ODA 削減に歯止め〉，《夕刊讀賣新聞》。

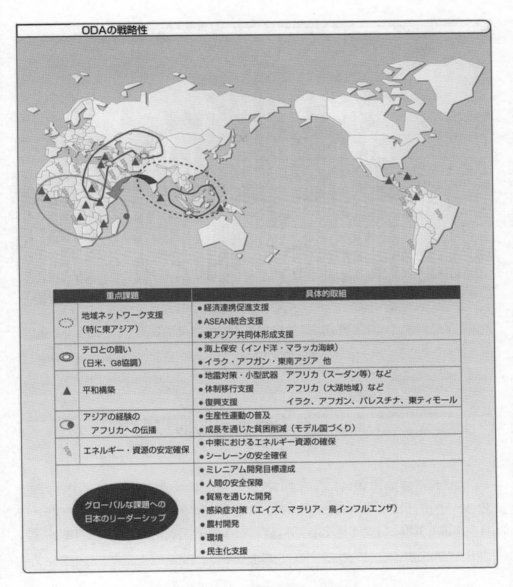

圖 5-9：日本 ODA 的戰略性圖

資料來源：日本外務省，《政府開発援助白書 2006 年版》（*Official Development Assistance*），東京：国立印刷局，2006 年，頁 56。

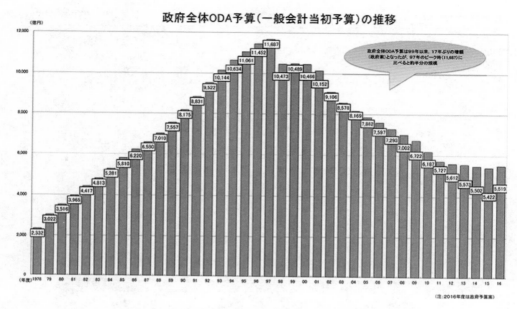

圖 5-10：日本一般會計 ODA 預算推移圖

資料來源：日本外務省，「ODA 預算」網頁，http://www.mofa.go.jp/mofaj/gaiko/oda/shiryo/
yosan.html，上網檢視日期：2016 年 3 月 17 日。

第三節　日本開發援助的實際 [61]

　　日本對外援助自 1965 年至 1972 年，全部集中在亞洲地區。1973 年大
幅增加 ODA 總額，向中東、非洲及中南美洲的援助明顯加大，亞洲地區
的比率開始下降。1977 年 ODA 預算再次增加，在地理分配上，中南美、
非洲地區的比率亦呈現趨高，但亞洲地區仍占 70% 以上。[62] 亞洲國家，特

61　2010 年 11 月 25-26 日，國立師範大學舉辦「第一屆全國大學院校日本研究中心聯合會年
　　會暨 2010 年東亞區域發展」國際學術研討會，作者以本節為基礎修正後，發表論文〈日
　　本政府開發援助的實際：以援助東南亞、阿富汗、伊拉克及非洲為例〉。
62　稻田十一，〈対外援助〉，頁 183-185。

別是東南亞國家資源豐富，地理位置處於日本運送石油與貿易的主要航道上，與日本經濟發展和對外往來關係密切，日本的政府開發援助，從一開始即置重點於此一地區。

　　事實上，在冷戰時代，援助是日本唯一的外交手段，它對日本的重要性遠勝於美國和其他提供援助的國家。日本的國外援助預算，在 1980 年代以每年 8% 的速率暴增，到 1990 年代初期，援外預算占日本政府總預算的 2%，並且超過美國提供的援外總額。在 1990 年代早期，日本政府的援外預算相當於 1,500 億美元。[63] 後冷戰時代，日本逐漸調整開發援助比率，由亞洲、中東移向非洲及全世界各區域。亞洲所占比率，由 1970 年的最高 98.2%、1980 年 70.5%，降至 2005 年 36.6%（參見圖 5-11）。由「日本二國間 ODA 區域別分配的推移圖」亦可推斷，日本的 ODA 已作大幅度調整，因應作為一個世界大國全方位關注的視野和責任。

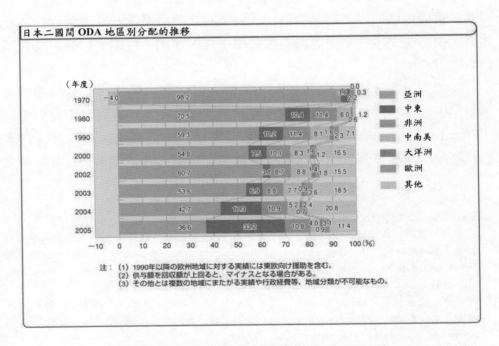

圖 5-11：日本二國間 ODA 地區別分配的推移圖

資料來源：日本外務省，《政府開發援助白書 2006 年版》（*Official Development Assistance*），東京：国立印刷局，2006 年，頁 67。

壹、日本對東南亞的開發援助

1977 年日本福田赳夫首相在馬尼拉召開的東南亞國協高峰會談中發表演說。其所謂的「福田主義」要點為：日本不會成為軍事大國；在亞洲各國民間，建立「心連心」的友好接觸；及支援東南亞和中南半島的發展與安定。[64] 越戰後美軍撤出越南，日本恰好彌補自由民主陣營對東南亞地區的關懷與協助。

自 1980 年代起，日本對亞洲的援助，平均是美國對亞洲援助的 2.5倍，其中接受金額最高的四個國家依序為印尼、中國、越南和菲律賓。日本所有對外雙邊援助中，約有三分之二規劃撥款給亞洲，而亞洲中的三分之二集中在東南亞國家。至 1990 年代中期，日本的資金約占中國所接受援外資助的二分之一強，在南韓和馬來西亞則約有 80%，在泰國、菲律賓和印尼亦占 60% 左右。[65] 日本的政府開發援助，無論在資金面與技術面，均有助於東亞地區的經濟起飛與發展。日本在經濟戰略上，即主張以「雁行體制」由日本領導，帶領亞洲各國跟隨前進的規劃。近期，則有東亞共同體的構想。

2002 年 4 月 12 日，日本首相小泉純一郎在海南島的博鰲亞洲論壇演講中指出，日本今後在亞洲將積極推動與各國以及地區簽訂自由貿易協定（Free Trade Agreement, FTA），並否定所謂「中國威脅論」，認為日本正好應趁機讓產業高度化，以和中國達成互補關係為目標。[66] 日本計畫與

---

[63] 米爾頓‧艾茲拉提（Milton Ezrati），《日本巨變 —— 從日本經濟文化變革到全球勢力的重分配》（*Kawari : How Japan's economic and cultural transformation will alter the balance of power among nations*），頁 187-188。

[64] 五百旗頭真，〈日本外交五〇年〉，頁 27。

[65] 米爾頓‧艾茲拉提（Milton Ezrati），《日本巨變 —— 從日本經濟文化變革到全球勢力的重分配》（*Kawari : How Japan's economic and cultural transformation will alter the balance of power among nations*），頁 189。

[66] 〈小泉演說加強中日經濟合作〉，《中國時報》，2002 年 4 月 13 日，版 11。

東亞地區各國，簽訂自由貿易協定，再升高為東亞經濟共同體。然而，由於日本對農產品的保護政策，無意開放二千項農產品進口，而以高關稅阻攔，自由貿易如何談判？在組成「東亞共同體」的過程中，自然很難與中國競爭領導者的地位。

　　日本在太平洋戰爭期間，對東協國家既有占領舊怨，又有東協對它的新生不滿，日本確實在貸款援助方面對東協國家有過幫忙，但是目的只在使對方有購買日本產品的能力而已；從來不肯將工業技術傳授給東協國家，讓它們建立自己的工業規模。這樣的作法能與東協國家建立互信，組成自由貿易區嗎？[67] 日本的政府開發援助（ODA）政策，不只是量的分配問題，還有質的改善問題，更重要的是受援國的實質感受問題。

　　日本知名作家堺屋太一（Taichi Sakaiya）指出：要仿效明治維新施行改革，「開國」的現代版就是自由貿易，日本應認真推動自由貿易協定（FTA）和經濟合作協定（EPA）[68]。這一點與世界各國相比落後甚多；我們要平靜的接受外國人收買日本企業，也要制訂移民入境等相關規範。[69] 在經濟上，日本應更加開放的融入世界經濟體系之中，而其第一步應是與東亞國家的經濟結合。不過，日本的產業競爭思維，仍然偏重單純的日本優先戰略設計，並非以東亞整體的發展為出發點。

　　鑒於亞洲各國紛紛強化產業競爭力，以及為填補與歐美產業政策間差距，日本經濟產業大臣的私人諮詢機構「產業競爭力戰略會議」提出六大戰略以強化日本的產業競爭力。戰略會議建議應以稅制改革等政策手段強化產業競爭力。六大戰略如下：1. 促使日本變成高附加價值的據點；2. 拉

---

[67]　〈小泉訪東協的結果〉，《中國時報》，2002 年 1 月 15 日，版 10。

[68]　經濟合作協定（Economic Partnership Agreement, EPA），為二個以上的國家或地區間，在自由貿易協定（Free Trade Agreement, FTA）的要素（物品與服務貿易的自由化）之外，加上貿易以外的內涵，例如人力、投資、政府籌劃與二國間合作等方面，締結的綜合性協定。日本財務省，「經済連携協定」（EPA）網頁，2007/12/11，http://www.mof.go.jp/jouhou/kanzei/fta_epa/fta_epa.htm，上網檢視日期：2009 年 1 月 17 日。

[69]　堺屋太一，〈「国家の品質」が危ういい〉，東京：《中央公論》，2007 年 10 月，頁 32。

抬具有競爭力的企業；3. 服務經濟化及謀求擴大僱用機會；4. 羅致國內外資本、人才；5. 形成東亞自由商務圈；6. 創造 21 世紀的新市場。其中第 5 點形成東亞自由商務圈之作法，為擴大及推動自由貿易協定，策略活用政府開發援助。[70] 顯見日本政府開發援助，與其產業界之發展與競爭有密切關聯，而非僅基於人道或提供公共財單純的對外援助行為。

　　日本除極力與東協國家拉近合作關係之外，也朝向「東亞共同體」的路上進行，2002 年小泉純一郎在新加坡，曾簡略地表達過這個概念，2003 年則正式建議，不過，目標卻訂得很遠，要在二十五年內完成，這是四分之一個世紀。按照日本方面的說法，東亞共同體將整合政治、安全、經濟、文化、社會，緊密程度不亞於歐洲聯盟，而且要把澳洲及紐西蘭也包含在內。[71] 日本對東亞共同體的構想與實施步驟，不及中國積極進取。中國很快就與東協建立自由貿易區，接著規劃「東亞共同體」，中日兩國領導角色的表現模式，顯然不同。

　　2003 年 10 月，中國總理溫家寶在印尼參加東協高峰會，所獲掌聲遠超過日本首相小泉純一郎。他與東協簽署《東南亞友好合作條約》（Treaty of Amity and Cooperation in Southeast Asia）。中國能正式加入這個條約，無疑是北京外交上的一項重大成就。東南亞國協目前所謂的「十加一」，即東協 10 國再加上中國，不消幾年就可能變成真正的 11 國集團。十加一主要的意義，是 2010 年這 11 個國家將組成世界最大的自由貿易區。[72]「東亞共同體」除東協 10 國及中國外，尚包括日本、韓國，即所謂的「十加三」，日本甚至考慮在未來將印度、澳洲和紐西蘭等國納入。由於超越東亞範疇，屆時名稱可能必須作一番調整。

---

[70]　〈日本強化產業競爭力提 6 大戰略〉，《工商時報》，2002 年 5 月 12 日，版 5。

[71]　〈日本要畫個東亞共同體的餅〉，《中國時報》，2003 年 12 月 1 日，版 A11。

[72]　陸以正，〈我們還有沒有東南亞政策〉，《中國時報》，2003 年 10 月 13 日，版 A4。

2005 年 12 月中旬，在斯里蘭卡的可倫坡，召開首次「東亞高峰會」，與會者包括東協 10 國及中、日、韓、印度、澳大利亞和紐西蘭，沒有美國的身影。雖然東亞地區究竟多大、共同體的內涵和機能如何等基本問題，尚處於議論階段。但，此地區卻進行著世界最活躍的經濟活動，並急遽擴大，相互間關係亦比想像中還緊密。2003 年區域內貿易額達 53.3%，超越北美自由貿易區的 41.5%，並接近歐盟的 60.3%。同時，東協＋3，不僅在貿易、投資和金融方面合作，且在開發、環境、恐怖主義和犯罪等超越國境的議題，於 17 個領域有 48 種不同框架的對話機制。[73] 在東協＋3 的基礎上，循序漸進的使「東亞共同體」凝聚向心力，未來不無可能成為與歐盟、北美自由貿易區鼎足而立的區域經濟聯盟。不過，仍有許多困難有待克服，如何說服反對的聲浪也是一種考驗。

　　日本國際經濟交流財團會長畠山襄（Noboru Hatakeyama）表示，組織東亞共同體有事實上的困難，例如：區域各國是否有主權讓渡的決心？是否擁有共同的價值觀？共同體的地理範圍如何劃定？是否包括澳洲、紐西蘭和印度？由哪個國家領導？他認為日本沒有和中國、韓國共通的價值觀，應該放棄東亞共同體的幻想。對日本而言，實際可行的區域架構究竟是什麼呢？他表示並非包含一黨獨裁中國的東亞共同體，而是東亞自由貿易協定或亞太地區民主國家同盟。[74] 不過，在意識形態已趨淡化的時代，倘若戰略利益一致，中國、越南或北韓納入東亞共同體的成員，應非太大難題。如何領導，才是東亞共同體未來發展的關鍵。

　　國際會議經常會產生盟主的問題，東亞共同體一定要盡可能避免成為一個盟主太明顯的集會。參加各國幾乎在過去都曾是殖民地，其地位相近。孫中山甚至稱中國為次殖民地，比殖民地的地位還不如。如果美國也

73　〈「東アジア共同體」── 未来への構想〉（特集），東京：《世界》，2006 年 1 月号，頁 118。

74　畠山襄，〈東アジア共同体の幻想を捨てよ〉，東京：《中央公論》，2005 年 9 月，頁 154-161。

參加，那就會像鄭和率領大型船隊時的明朝一樣，成為與其他區域不成比例的一部分。[75] 美國沒有參加，甚至反對的此一國際組織，其未來性是不確定的。如何籌劃東亞共同體的未來架構與運作模式，誠然須要有長遠的設計和考量。

美國華盛頓戰略國際研究中心（Center for Strategic and International Studies）太平洋論壇所長，雷爾夫·柯斯卡（Ralph A. Cossa）指出，從美國的觀點特別重要的是，東亞共同體的動向，並非取代在亞洲已經存在的雙邊關係或暫定關係，而是擴充與補強。如果解釋成對美國的兩國關係有害，或有相關的行動，尤其是將弱化兩國間安全保障同盟，或予取代。對華盛頓而言，無論是今天的或未來的政府都一定會拒絕接受。[76] 東亞共同體的成立與運作，美國因素不應排除在外。如何降低美國的戒心，使之樂觀其成，至少不從中阻撓，須要有制度性的設計和安排。

東亞共同體的發展潛力巨大，東亞 13 國面積合計 1,500 萬平方公里，人口 20 億，國內生產總值總量近 7 兆美元。人們預測，從 2001 年到 2030 年，估計全球經濟年均增長率是 3%，而東亞地區則是 5.2%。東亞地區的人口是北美自由貿易區的 5 倍，歐盟的 4 倍多，發展餘地很大，且經濟增長力道強勁，毫無疑問，其發展潛力為北美自由貿易區與歐盟所難以比擬。[77] 日本藉著政府開發援助，與東亞各國保持密切聯繫，提供資金與技術，獲得市場與基本原料的供應。日本有意在東亞地區擔任領導的角色。

日本與東南亞各國，以貿易、投資與 ODA 為軸心的良好關係，從 1970 年代持續二十幾年，直到 1997 年東亞金融危機的時期。這段期間由於日本長年協助各國經濟發展與民生福祉的提升，日本與東南亞國協間醞

[75] 陳舜臣，〈歴史から学ぶこと：東アジア共同體によせて〉，東京：《世界》，2006 年 1 月号，頁 124。

[76] 雷爾夫·柯斯卡（Ralph A. Cossa），〈アメリカからみたアジア共同體構想〉，東京：《外交フォーラム》（Gaiko Forum），2005 年 10 月号，頁 41。

[77] 吳建民，《外交與國際關係》，頁 360。

釀出「寂靜的和解」，東南亞各國人民對日本懷有好感，不再提及過去戰爭的仇恨。[78] 一般而言，日本在東南亞地區的長期經營是成功的，但東南亞各國仍對日本軍國主義是否再起，懷有戒心。2005 年日本有意成為聯合國常任理事國，東南亞各國在中韓等國杯葛反對下，即無意支持。然而，日本並未因此稍減其成為政治大國的願望；何況，它在東亞地區有極大的國家利益需要維護，必須確保東太平洋航運海路的安全，即一顯例。因此，日本有必要在反省之後，再接再厲，持續與東南亞各國保持或提升更密切的關係。

　　馬六甲海峽是太平洋通往印度洋的最短航路，每年約有 9 萬艘以上的船舶通過，與日本相關的船舶約 1 萬 4,000 艘，成為日本對外貿易的大動脈。2005 年東南亞海域發生的海盜事件，占全世界的 37%，日本船舶亦曾遭劫。日本為確保主要航路的安全（參見圖 5-12），防止海盜及海上犯罪和海難事故，積極強化與東南亞海域沿岸諸國的合作，以 ODA 支援設立海上保安機關、裝設近海無線通訊設備，及協助貧困地區建築灌溉系統增加農業生產，減少百姓淪為海盜之可能。[79] 近年國際海盜事件頻傳，日本與馬來西亞、新加坡、印尼、越南、菲律賓等國，透過 ODA 訓練人才加強合作，共同打擊海盜犯罪行為，以維護航運安全。

　　航海安全是世界性的議題，不只在馬六甲海峽。2008 年 11 月 16 日，沙烏地阿拉伯超級油輪「天狼星號」（MV Sirius Star），長 330 公尺，排水量 31.8 公噸，載運價值超過 1 億美元的石油，在非洲東岸海域遭到索馬利亞海盜劫持後，全世界開始高度關注海上油輪的安全問題。其後，有美國、俄羅斯、德國、法國、中國、印度與沙烏地阿拉伯等 18 國派遣軍艦，

---

[78]　五百旗頭真，〈外交戦略のなかの日本 ODA〉，《国際問題》，517 号，東京：日本国際問題研究所，2003 年 4 月，頁 14-15。

[79]　日本外務省，《政府開發援助白書 2006 年版》（*Official Development Assistance*），頁 42-45。

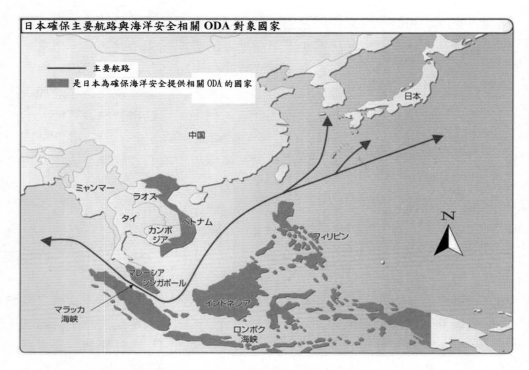

圖 5-12：日本確保主要航路與海洋安全相關 ODA 對象國家圖

資料來源：日本外務省，《政府開発援助白書 2006 年版》（*Official Development Assistance*），東京：国立印刷局，2006 年，頁 43。

前往亞丁灣及索馬利亞與肯亞外海巡弋護航。2009 年 1 月 10 日，沙烏地阿拉伯付款 300 萬美元給索馬利亞海盜，贖回「天狼星號」，但有 5 名海盜在逃逸時翻船溺斃，贓款沉入大海。[80]「天狼星號」事件戲劇性的落幕，全球海盜猖獗卻仍未平息，因此日本海上自衛隊有意派艦前往索馬利亞海域。

---

[80]　〈贖金空投 5 海盜分贓後溺斃〉，《中國時報》，2009 年 1 月 11 日，版 A3。

海盜行為無異恐怖活動，日本貨船數量及總載運噸數，在世界排名第二。[81] 日本首相麻生太郎表明，要在國會立法，讓日本政府可以派兵前往非洲東岸海域，保護油輪的航行安全。民主黨「影子內閣」的防衛大臣淺尾慶一郎（Keiichiro Asao）也在反恐委員會上說，打擊海盜活動，比在印度洋供油更能在國際社會上產生影響，他認為應考慮立法，制定包括為他國船隻護航等內容的新法律。[82] 派遣海上自衛隊艦艇，前往非洲東岸或馬六甲海峽等海域，維護日本輪船海上安全的相關法案，符合日本展現大國實力的外交政策，日本國會於 2009 年 6 月 19 日通過《海盜處理法》。[83]

2006 年成立日本東南亞國協統一基金，日本出資 75 億日圓。日本並自 2006 年起三年，視湄公河流域的越南、柬埔寨、寮國與緬甸等國，為 ODA 重點地區，發表湄公河地區夥伴計畫，支援 4,000 萬美金，促進地區經濟整合與合作，擴大日本與該地區的貿易與投資，及處理削減貧困、傳染病與環境保護等議題。[84] 自 2001 年起，日本逐漸減少對中國的日圓貸款，調整 ODA 預算移向非洲等最貧困國家，但對東南亞各國的支援並未削減。因為除了經濟利益，日本要成為聯合國安全理事會常任理事國，需要東協國家的支持。

越南建造從河內到胡志明市（原西貢）的縱貫高速鐵路，明顯是日本的資助，不但政府負擔的 70% 款項大多來自日本官方開發援助基金，高鐵的技術也來自日本。小泉純一郎在闖安理會一事上失策是忽略亞洲國家，冷淡亞洲國家就間接影響非洲國家。安倍晉三上台後，改正路線不再單純

---

[81] 聯合國貿易暨發展會議（UNCTAD），2008 年 11 月 5 日公布「2008 年海運檢討報告」，根據貨船數量及總載噸數，前十名國家與地區依次為希臘、日本、德國、中國、挪威、美國、韓國、香港、新加坡、丹麥。
四海蔚藍物流資訊網，「世界海運體排名」，http://info.mndchina.com/infodetail.asp?id=9189，上網檢視日期：2008 年 11 月 22 日。
[82] 〈派兵護油輪 日相麻生將立法〉，《聯合報》，2008 年 11 月 20 日，版 AA。
[83] 日本首相官邸，「官房長官記者発表」，2009 年 6 月 19 日，http://www.kantei.go.jp/jp/tyoukanpress/rireki/2009/06/19_p.html，上網檢視日期：2009 年 11 月 20 日。
[84] 日本外務省，《外交青書 2007》，東京：佐伯印刷，2007 年，頁 148-149。

依靠美國，而是先穩固中國與南韓的關係，再拉攏東協國家。[85] 日本外交三大基軸之一，為亞洲一員的外交。日本要想成為政治大國，必須先在亞洲地區站穩腳跟，再圖謀全球性的發展與影響力。

　　日本有依賴與美國同盟的傾向，贊成以美日同盟為基礎的政策。為保持在亞洲地區的勢力均衡，亦須美國積極的關心與參與；但並不因此而妨礙日本保持與亞洲鄰國的緊密關係。[86] 總之，日本尋求大國地位，需要均衡的外交作為，不偏重於美國、歐洲或亞洲與非洲各國。

　　由於 1980 年代以來，日本在東亞地區長期的投資，以及 1990 年代起漸次壯大的中國經濟規模，因 1997 年的經濟危機，而有東協加三高峰會的召開，並開始探索成立「東亞共同體」的可能性。東亞共同體的構想，不像歐盟從一開始就有統合的意願，它是由於區域整合的世界趨勢，在歐洲、北美及中南美洲、甚至往非洲逐漸擴散，加上世界貿易組織成立的一體感，讓東亞各國認真思考，有必要組成更團結的經濟貿易聯盟。

　　既然，「東亞自由貿易區」或「東亞共同體」的呼聲已經高唱入雲，東亞各國也踏上籌組共同體之途，共同體成員不可再拘泥於國界觀念，必須開始學習摒除傳統上主權排他的狹隘觀念，並由少而多的漸進讓出，以迎接層次更高之「東亞人」、「東亞國」的時代來臨，學習作為「國際人」的壯大格局，培養共同體的意識與胸襟，尋求「資源共享、同舟共濟、共存共榮」之道。[87] 日本與中國作為區域大國，更應率先開放市場，降低關稅，培植人才，獎助東亞區域研究，引導加速區域整合。

　　日本《朝日新聞》建議日本政府經營「東亞共同體」：「有必要與美國加深經濟對話，不要對成員以外的國家，築起貿易壁壘。美日間包含自由貿易在內的經濟合作協定的構想，一直是兩國經濟界的目標，困難的是

---

[85]　〈日本安倍政府要再闖安理會〉，《中國時報》，2007 年 2 月 7 日，版 A14。

[86]　明石康監修，日本国際連合学会，《21 世紀の国連における日本の役割》，頁 119。

[87]　張啟雄，〈日本第一 vs. 和平崛起 —— 冷戰前後東北亞國際秩序的衝突與整合〉，頁 636。

日本對稻米等農產品市場的開放。美國與韓國已解決稻米開放的問題，並
簽訂自由貿易協定，美日間也應進行交涉。美日經濟合作，要與向世界開
放的東亞區域主義經濟整合接軌，擴大跨越太平洋的貿易投資。」[88] 日本
因在外交上追隨美國，並與美方建立日美聯盟的關係，顧及和美國更緊密
的經濟合作，有意建立美日自由貿易區，使東亞共同體成為 APEC 體系下
的一個自主運作的經濟聯盟，即類似北美自由貿易區（North American Free
Trade Agreement，NAFTA）、南錐共同市場（Southern Common Market）
或安地斯國家共同體（Andean Community）的經濟聯盟。美日自由貿易區
的建立，可避免美國感覺在亞洲受到冷落，而無意支持甚至抵制東亞共同
體的成立。

　　2010 年 10 月 30 日，第五屆東亞高峰會（East Asia Summit）發表聯
合聲明，表示將成立東亞自由貿易區（Free Trade Area, FTA），促進戰略
合作，各國將研究並提出具體方案。與會各國也將擴大在教育、經貿、能
源、應對自然災害和疾病五大領域合作。另外，聯合聲明還指出，正式納
入美國和俄羅斯為東亞高峰會成員，從 2011 年起，美俄兩國元首將以成員
的身分，出席預定在印尼舉行的第六屆東亞峰會 [89]。東協邀請美俄加入高
峰會，顯示東協對中國國力迅速提升的擔憂。由於近期中國在南海爭端和
釣魚台問題上態度強硬，使得東南亞各國心生警惕，有意拉攏美俄制衡中
國；這樣正好解決了美國潛在的反對因素，以及日本的顧慮，然而擴大的
東亞高峰會必然出現更難以對話與整合的現象。

　　2013 年 10 月 10 日，在汶萊舉行第八屆「東亞高峰會」，重點討論糧
食安全、能源安全、氣候變化、災害管理、流行病控制，以及國際熱點及

---

[88]　尾関章，〈提言 日本の新戦略：10 東アジア共同体〉，《朝日新聞》，2007 年 5 月 3 日，
　　版 20。
[89]　邱詩文，〈東亞高峰會聯合聲明：成立東亞自由貿易區〉，《旺報》，2010 年 10 月 31 日，
　　版 A3。

地區問題，並達成廣泛共識。[90] 2013 年 9 月和 10 月，中國國家主席習近平在出訪中亞和東南亞國家期間，先後提出共建「絲綢之路經濟帶」和「21 世紀海上絲綢之路」的倡議，得到國際社會高度關注。2016 年 1 月 16 日，亞洲基礎設施投資銀行（Asian Infrastructure Investment Bank，AIIB）在北京成立，中國大國崛起之勢益加明顯，「美日自由貿易區」暨「東亞自由貿易區」雖未成形，日本右翼勢力抬頭，為採對抗之勢，對東南亞地區的經濟影響力，仍將與日俱增。

貳、對中國的開發援助

　　中國文化大革命結束，鄧小平路線確立，1972 年中日建交，1978 年簽訂日中友好和平條約，次年日本首相大平正芳同意協助中國經濟。日本與曾遭其侵略並抗戰八年的中國和解雖非易事，然而在累積經濟上的雙贏觀念，及中國市場的經濟化和政治的民主化過程中，中日兩國慢慢在曲折的來往中，擴大了共通的基礎。[91] 中日本來就是東亞相鄰的兩大強權，在全球化的趨勢下，兩國競爭中必須合作，排除一山不容二虎的觀點，攜手共創東亞榮景。

　　中國一向排斥外資與外援，因此直到 1979 年，中國始接受日本的對外援助，與日本簽訂政府開發援助貸款的協議。[92] 當時，中國已表示放棄

90　東亞高峰會與會領導人，包括：澳大利亞總理東尼・艾伯特（Tony Abbott）、文萊蘇丹哈桑納爾・博爾基亞（Hassanal Bolkiah）、緬甸總統吳登盛、柬埔寨首相洪森、中國總理李克強、印度總理納倫德拉・莫迪（Narendra Modi）、印度尼西亞總統佐科・維多多（Joko Widodo）、日本總理大臣安倍晉三、寮國總理通邢・塔馬馮（Thongsing Thammavong）、馬來西亞首相納吉・阿都拉薩（Najib bin Abdul Razak）、紐西蘭總理約翰・基伊（John Phillip Key）、俄羅斯總統弗拉基米爾・普亭（Vladimir Putin）、新加坡總理李顯龍、大韓民國總統朴槿惠、泰國總理帕拉育・詹歐查（Prayuth Chan-ocha）、美國總統巴拉克・歐巴馬、越南總理阮晉勇等 17 人。維基百科網，「東亞峰會」，上網檢視日期：2016 年 3 月 18 日。https://zh.wikipedia.org/wiki/%E4%B8%9C%E4%BA%9A%E5%B3%B0%E4%BC%9A。

91　五百旗頭真，〈日本外交五〇年〉，2001 年，頁 28。

92　趙全勝，《日本政治背後的政治》，頁 195。

戰爭賠償，然而，日本對中國的經濟合作，表面上沒提及仍意含一種準賠償的性質。[93] 日本對中國的日圓貸款相當優惠，未設定條件，五年一期撥款，可配合中國的大型建設。中國接受日本政府開發援助，以 3% 低利的日圓貸款為主，約占 90%，且完全按時償還，為日本對外援助國中的最佳典範，雙方有經濟投資和貿易的互惠，以及歷史對立關係的解凍，而同蒙其利，共創雙贏局面。

　　日本在中國的 ODA，對中國沿海基礎設施的建設、環境對策、保健醫療與基本生活設施的改善、人才培育等，有助於中國經濟的安定與發展，對維持與促進中國的改革開放政策，也有極大的貢獻。日本對中國的 ODA 工作，促進中日經濟關係發展，並成為支撐多樣性中日關係的一大支柱，值得肯定。這一點，中國國家首長也曾在各種不同的場合，表明謝意。[94] 1980 年代中國外匯短缺，日本適時伸出援手，帶動中國的經濟建設，雙方貿易亦一路上升，至 2004 年中國成為日本最大貿易國，日本在中國市場也獲取巨大利益。

　　日本對中國援助有一個特點，即高度集中於貸款援助。採用這一援助類型的主要原因，是中國強調要為大規模的基礎設施工程籌措資金，如鐵路、港口和水力發電站。從日本的觀點來看，這些大規模的工程一般都有高度的可行性，並能得到國際社會的更大關注，因此也樂見其成。[95] 日本低利貸款給中國，有其開拓市場、地緣安全與中國放棄戰爭賠償的補償心理等動機。此外，日本資金充沛，必須對具開發潛力地區進行有效投資，亦是原因之一。其後，日本遭逢經濟泡沫化危機，國內大筆銀行存款利率幾近於零，相較之下，貸款給中國的投資報酬率反而較高。

　　1990 年代後，一方面，日本的 ODA 貸款開始添加政治考量，引起兩國摩擦，日本更對中國的核子試爆等深表不滿，常以停止日圓貸款施壓。

---

[93]　五百旗頭真，〈外交戰略のなかの日本 ODA〉，頁 15。

[94]　日本外務省，《政府開發援助白書 2006 年版》（Official Development Assistance），頁 144。

[95]　趙全勝，《日本政治背後的政治》，頁 195。

與此同時，中國的經濟走向高度成長，日本政府考慮將中國排入 ODA 的畢業名單，逐漸減少對中國的政府開發援助。

2001 年以後，日本對中國 ODA 政策朝幾個方向調整：將多年期資金決定方式，改為「單年度決定方式」；減少大規模貸款項目，增加小規模無償援助項目；置重點於環保、扶貧、人才培訓、制度建設和協助民營企業等領域；研究採取 ODA 與民間資金、技術相結合的方式，以利日本企業進入中國市場；及致力提高 ODA 的宣傳效果。[96] 日本減少對中國 ODA 預算的編列，應係基於整體經濟形勢的考量，而非作為對峙的籌碼或牽制的手段。

在日本外務省彙整的政府開發援助改革方案中，日本計畫對中國削減日圓借款的低利融資。不過，日本政府在削減低利融資日圓貸款的同時，也將增加無償援助及技術協助。大致而言，日本自 1979 年開始，對中國大陸的日圓借款直線上升，每年 2,000 億日圓左右。2001 年外務省彙整的ODA 改革方案，是首次祭出將削減對中國日圓借款的方針。[97] 此後，對中國的日圓低利貸款每年遞減，直至 2008 年結束。在討論是否持續對中國的政府開發援助貸款時，日本國內外亦出現強烈的反對意見，認為繼續執行對中國的 ODA 政策，是不適當的外交行為。

美國華盛頓大學教授肯尼斯・派爾（Kenneth Pyle），參與擬定的一份美日中關係的報告指出，日本對中國提供的鉅額政府開發援助，其效用有諸多疑問與矛盾，自己陷於不景氣卻對中國提供援助，而且有助於中國在政治、軍事上對日本的威脅，沒有收到友好效果。[98] 美國學者持上述意見自有其立場與觀點，凡此均影響或加速日本政府早日中止對中國的 ODA 援助計畫。

2003 年 6 月 17 日，小泉純一郎首相在參議院決算委員會中，針對日本對中國提供的政府開發援助表示，今後除重視國家利益所在，對是否需

[96]　金熙德，《21 世紀初的日本政治與外交》，北京：世界知識出版社，2006 年，頁 252。

[97]　〈日將削減對大陸日圓貸款〉，《工商時報》，2001 年 7 月 30 日，版 5。

[98]　〈日對中開發援助損己利人〉，《中國時報》，2002 年 1 月 27 日，版 11。

要援助，有必要更嚴格評估，且必須看中國是否感謝日本的援助，及是否需要日本的援助。外相川口順子（Yoriko Kawaguchi）亦在參院指出：「接受日本 ODA 援助的中國，現在每年自己對亞、非國家提供 5 億美元左右的援助」。[99] 川口外相談的是客觀的事實，讓人可以考慮中國應不需再接受日本 ODA 的援助。如果中國一點都不表示謝意，中國失禮。然而小泉首相的說法，援助需要對方表示感謝，似亦欠缺大國的風範和氣度。

其實，大規模的雙邊經濟交流和來自日本的政府援助，使兩國經濟上互相依賴，這種經濟交流還具有深遠的政治含意。只要中國繼續追求經濟現代化的目標，而且中國的政治發展前景仍然不確定，日本的援助外交就將繼續在中日政治經濟關係方面，發揮關鍵作用。[100] 日本在 ODA 援助中國的同時，亦是某種程度的得利者，這種援助並非只有單方得利的模式。當然，隨著時移勢轉，ODA 應該有終止的一天，日本、歐洲各國、新加坡和中華民國都曾經歷依賴外援的時代。

2004 年 11 月，東京宣布當年對中貿易量超過對美。到目前為止，那是個一去不返的轉捩點。在 2003 之前連續十一年，日本是中國最大的貿易夥伴；2004 後，歐盟第一、美國第二，日本落為第三。雖然，中日雙方經濟相互依賴不斷提高，但是日本更依賴中國。愈來愈多的日本人認為，近年日本經濟的復甦主要靠日中貿易。這種看法逐漸浮現為民意。日本民調顯示，對中國人反感；但也顯示，要改善與鄰國的關係。2006 年 2 月東京外務省民調呈現：約 78% 的人民希望改善日中關係。簡言之，智慧的日本國民已學會分別處理情感和理智。[101] 在這矛盾的情結中，日本宜慎重處理對中國 ODA 的問題，避免節外生枝。

2004 年 11 月 9 日，對中國的援助，參議院亦開始重新評估，發表調查報告書指出：「對中國的 ODA 援助，沒有繼續推動的必要」，中國方面

---

[99] 〈日援中 ODA 評估將趨嚴謹〉，《中國時報》，2003 年 6 月 18 日，版 A13。

[100] 趙全勝，《日本政治背後的政治》，頁 217。

[101] 林中斌，〈中日關係意外改善〉，《中國時報》，2007 年 4 月 12 日，版 A15。

亦表示可以理解。[102] 2004 年 12 月 13 日，日本外務大臣町村信孝在國會答詢時表示，依國際基準，中國目前仍是援助的對象，不過中國經濟整體持續高度成長，日本不會無止境地一直提供 ODA 給中國。援助中國的 ODA 原則是在 2001 年決定，一般依國別的實施內容會在四到五年內修改，因此早的話可能在 2005 年決定，以何種形式讓這個問題能夠軟著陸。[103] 日本針對急速經濟成長的中國，是否修正政府開發援助，多所議論。輿論漸次形成在政治主導下終止日圓借款的意見。

2005 年 1 月 11 日，唐家璇國務委員，向自民黨中川秀直（Hidenao Nakagawa）國會對策委員長表示：「雙方重視大局，原則上以漂亮的結束方式來進行這件事才好。」日本方面接受：「最後以進行象徵中日友好關係的事業為條件，確認終止日圓貸款」。3 月 15 日，日本町村外相和中國李肇星外交部長在電話會談中同意：「在 2008 北京奧運舉行前，終止新的日圓借款」。這是朝向改善中日關係的大目標，中日雙方互相妥協的政治判斷。[104] 日本對中國的政府開發援助，在共同的協議和認知中，正式進入尾聲。

不過，中日雙方互動，並未因日本 ODA 的結束而畫上句點。2006 年 9 月小泉政府交棒，中日雙方關係開始回暖。2006 年 10 月 8 日至 9 日，新任首相安倍晉三訪問中國，與胡錦濤主席和溫家寶總理會談。2007 年 4 月 12 日，溫家寶總理訪問日本，在國會發表〈為了友誼與合作〉的演說。2007 年 12 月 28 日，繼任首相福田康夫訪問中國，與溫家寶總理會談，12 月 29 日在北京大學發表〈共創未來〉的演講。2008 年 5 月 7 日，胡錦濤主席訪問日本，發表《中日兩國政府關於加強交流與合作的聯合新聞公報》。中日政治層面的交流與合作，恢復常軌。

---

[102] 村尾新一，〈続続 小泉外交 9：政治判斷で円借款中止〉，《讀賣新聞》，2005 年 6 月 7 日，版 4。

[103] 〈日對中 ODA 最快明年喊卡〉，《中國時報》，2004 年 12 月 14 日，版 A13。

[104] 村尾新一，〈続続 小泉外交 9：政治判斷で円借款中止〉。

參、對阿富汗、伊拉克與非洲的援助

2001 年阿富汗戰爭是以美國為首的聯軍，在 10 月 7 日起對阿富汗凱達組織和塔里班政權的一場戰爭，為美國對九一一事件的報復，同時也標誌著反恐戰爭的開始。11 月 27 日至 29 日，阿富汗各派組織領袖，在德國波昂（Bonn）舉行會議，其中不包括塔里班政權，會議中取得組織臨時政府的共識，並允許聯合國維和部隊進入阿富汗。

中亞地區包括阿富汗在內，自古以來就是兵家必爭之地，因擁有豐富的石油和天然氣資源，乃更形重要。九一一事件爆發後，中亞的戰略地位迅速上升，美國在此建立十幾個軍事基地。日本一方面出兵印度洋海域，參與阿富汗戰爭後的後續反恐作戰任務，一方面亦透過政府開發援助的途徑積極介入，協助災後重建。如此，除提供國際貢獻，善盡大國責任，並可拓展能源的多元化，成為中亞地區棋局中的一個競爭者。

2006 年 8 月 10 日至 11 日，小泉首相訪問蒙古，在烏蘭巴托（Ulan Bator），與總統印夫波爾特（Miyeegombo Enkhbold）舉行首長會談，簽署經濟合作文件，並召開記者會。雙方同意互相交換亞洲區域情勢的資訊，日本支援蒙古地下資源開發有關環境整備事宜等，蒙古並表示支持日本成為聯合國安全理事會的常任理事國。[105] 同年 8 月 28 日至 31 日，小泉首相相繼訪問哈薩克與烏茲別克二國，這是日本首相第一次到訪，意義重大。鑒於中亞戰略日益重要，特地在卸任前訪問中亞三個國家，確立日本與中亞的利益契合點。

日本對阿富汗、伊拉克與非洲的 ODA，集中於 2001 年之後。日本除以 PKO 的方式派出自衛隊，擔任後方支援與戰後重建的任務，並以 ODA 協助兩國之民主重建與經濟發展。對非洲之政府開發援助，係因聯合國在 2000 年通過「世紀援助非洲方案」，日本始積極向非洲地區投入 ODA 各項支援工作。

---

[105] 飯島勳，《実錄小泉外交》，頁 288。

一、阿富汗的開發援助

小泉純一郎首相曾於 2002 年 9 月 12 日，出席聯合國大會期間，在紐約與阿富汗、印度及美國舉行三邊會談，論及參與戰後重建事宜。前任阿富汗總統卡薩伊（Hamid Karzai），自 2003 年 1 月起，先後數度訪問東京，晉見天皇，與日本首相、眾議院議長、外相和日本國際合作機構（JICA）總裁等人舉行會談。日本與阿富汗兩國雙邊關係日趨密切。

阿富汗重建會議 2002 年 1 月 21 日在東京開幕，共有 61 國與 22 個國際組織的部長級人士齊聚一堂，日本首相小泉純一郎，表示將針對阿富汗國民和解、人才培養、提高女性地位以及清除地雷等提供最大限度的支援。日本將於二年半之內提供 5 億美元，美國則到 2002 年 9 月為止提供 2 億 9,600 萬美元，歐盟（EU）則將於第一年提供 5 億美元。總計各國領袖已慨捐 40 億美元。日本這次是力排歐盟各國的反對，終於成功地在東京召開會議，因此對於呼籲各國出資等不遺餘力。[106] 日本為強力支持美國反恐戰爭，並彰顯大國地位，在阿富汗重建工作上，極欲發揮領導作用，因此，爭取在東京召開會議。據專家們的初步估計，阿富汗重建工作至少將耗時十年，無論農業、醫療、教育、清除地雷等工作，都是必須長時期投入的艱辛工作。

日本對阿富汗的支援，是基於外務大臣川口順子提倡「落實和平」的構想，以政治過程與治理、改善治安及復興工作三大支柱形成。有關政治過程與治理的支援，以回復政府組織基本體系為目的。例如支援臨時政府行政經費、監督 2004 年總統大選及其後的國會議員選舉。有關改善治安的支援，含解除動員與解除原軍隊武裝、社會重建、掃除地雷對策和警政事務等。有關復興工作的支援，為進行難民定居、農業與農村開發、教育與基礎建設的充實等支援任務。[107] 日本對阿富汗人道與戰後重建的 ODA 援

---

[106] 〈重建阿富汗國際慨捐 40 億美元〉，《中國時報》，2002 年 1 月 22 日，版 10。

[107] 日本外務省，《政府開発援助白書 2006 年版》，（Official Development Assistance），頁 134-135。

助，規模相當龐大，總額約 11 億 2,000 萬美元。其中人道支援，自 2001
年 9 月以來，支出約 1 億 5,700 萬美元；支援復興工作，自 2002 年 1 月至
2006 年 8 月，支出約 9 億 6,600 萬美元（參見圖 5-13）。

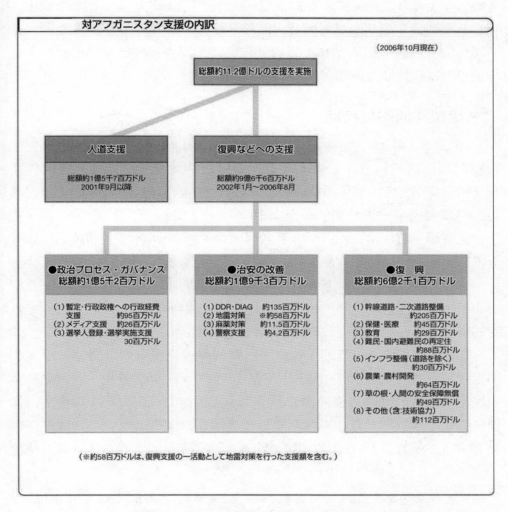

圖 5-13：日本對阿富汗援助分項內容圖

資料來源：日本外務省，《政府開發援助白書 2006 年版》（*Official Development
Assistance*），東京：国立印刷局，2006 年，頁 134。

2009 年 11 月 10 日，日本政府決定對阿富汗提供新的經濟援助，以取代 2010 年 1 月中止的印度洋海上加油支援行動，今後五年將提供總額最高達 50 億美元，協助阿富汗人民重建生活。具體的支援項目包括：提供阿富汗警方裝備器材提高維持治安的能力、協助前塔里班投誠士兵的職業訓練、充實基礎建設、農業、農村開發、能源、教育、醫療和保健等設備 [108]。基於美日安保同盟，日本須在美軍對外作戰時，提供必要的協助與配合，其增加對阿富汗援助，美國自然表示欣慰與歡迎。

二、伊拉克的開發援助

2003 年 3 月 20 日，美國因懷疑伊拉克擁有大規模毀滅性武器，在未獲聯合國授權的情況下，與英國等聯軍進攻伊拉克，美軍獲得壓倒性勝利，戰爭爆發後三星期，美軍進入巴格達，隨後迅速控制大半的伊境，其後因持續動盪不安，美國駐軍至 2010 年 8 月 31 日，始結束作戰任務。在伊拉克戰場，日本自 2003 年 10 月派兵前往，於 2006 年 7 月將陸上自衛隊全部撤回；航空自衛隊亦於 2008 年結束在伊拉克的空運任務。

伊拉克烽火之後，百廢待舉，極需國際援助，日本在小泉純一郎首相帶領下，全力配合聯合國的伊拉克重建使命，積極投入 ODA 各項工作，且有初步成效，受到伊拉克政府與民眾的歡迎與感謝。

2003 年 10 月，在西班牙馬德里召開的伊拉克復興國際會議，日本表明對伊拉克的 ODA 援助，願立即提供 15 億美元的無償資金，置重點於與國民生活相關的基礎重建與治安的改善，支援電力、教育、水與衛生、保健、僱用等事項。並以中期復興整備所需，以日圓借款為中心，提供最大 35 億美元的援助。[109] 日本的伊拉克復興援助（參見圖 5-14），含涉及伊拉

---

[108] 張芳明，〈日決定支援阿富汗 50 億美元 取代海上加油〉，中央社，2009 年 11 月 10 日。臺灣英文新聞網，http://www.taiwannews.com.tw/etn/news_content.php?id=1104271&lang=eng_news&cate_img=257.jpg&cate_rss=news_PD，上網檢視日期：2016 年 3 月 16 日。

[109] 日本外務省，《政府開発援助白書 2006 年版》，（Official Development Assistance），頁 100。

圖 5-14：日本對伊拉克復興支援圖

資料來源：日本外務省，《政府開發援助白書 2006 年版》（*Official Development Assistance*），東京：国立印刷局，2006 年，頁 101。

克全境的移動式變電設備、垃圾與污水處理特殊車輛、警用車輛、警用巴士與摩托車、救護車、通信網、市外電話交換機等整備計畫，以及緊急人道支援等。並包括以巴格達和南部薩瑪沃二個城市與周邊地區為主的各項區域建設整備計畫。例如：淨水設施、消防車、醫院、中小學校、道路橋樑建設等。

三、對非洲的開發援助

　　日本對非洲之援助，係因聯合國在 2000 年通過「世紀援助非洲方案」，日本始積極向非洲地區投入 ODA 各項支援工作。

　　自 1990 年代以來，非洲為日本提供展示其政治大國形象舞台或話題。日本開始與國際機構共同致力於聯合國制定的千禧年發展目標，加強對非洲的援助。隨著非洲的進步與開發愈來愈成為一個全球性的人類發展共同關心的課題，日本在大國外交中政治地位也在平穩地上升，松浦晃一郎（Kouichiro Matsuura）於 1999 年就任聯合國教科文組織總幹事即是一例 [110]。

　　經濟快速成長的中國，為尋求市場與資源，將非洲視為海外戰略重點地區。2000 年以來，舉辦「中非合作論壇」，旨在強化經貿關係，建設國際政治經濟新秩序，保護開發中國家的共同利益。今天，中國的經濟援助44% 使用於非洲（日本為 10.8%），派赴非洲的 PKO 有 704 人（日本未派遣）。中國與非洲貿易急速擴大，根據中國商務部發布的資料，2004 年雙邊貿易較前年增加 58.9%，總額約 3 兆 2,450 億日圓（日本約 1 兆 8,000 億日圓），僅次於美國和法國，為非洲的第三大貿易國。據稱在非洲有 50 萬中國人居住（日本人為 6,000 人）。[111] 長期以來，日本疏於經營非洲地區。

---

[110] 潘華瓊，〈試析日本對非政策及其特點 —— 兼談第四屆東京非洲發展國際會議〉，北京外國語大學亞非學院編，《亞非研究（第三輯）》，北京：時事出版社，2010 年，頁154。

[111] 大森茂，〈日本のアフリカ外交と今後の支援のあり方〉，《国際問題》，548 号，東京：日本国際問題研究所，2005 年 11 月，頁 52-53。

尤其是 2000 年後，相較之下，日本對非洲的外交工作，無論使領館的建
立、外派人員、資金援助與聯合國 PKO 的派兵協助，均不如中國之積極與
活躍。

　　2005 年 4 月 22 日，小泉純一郎首相在萬隆（Bandung）亞非高峰會
議，向約 100 個國家的領袖演講，訴說聯合國安全理事會改革的必要性。
演說中受到注目的是，他表明日本會朝向 ODA 占 GDP 的比率達到 0.7%
努力，確保符合經濟大國日本的水準（日本現在 ODA 的水準約為 0.2%），
對非洲的政府開發援助將予倍增。[112] 日本為獲得聯合國安全理事會常任理
事國的席次，非常重視非洲 53 國的選票。同時，作為一個經濟大國，在非
洲困難的時期，自然必須率先樹立典範，提高援助額度。日本雖然在 9 月
的聯合國改革案中，沒有達成「入常」的目標，小泉純一郎首相依然遵守
承諾，開始履行關切非洲的行動。

　　2006 年 4 月 29 日，小泉首相訪問非洲的衣索比亞（Ethiopia），與
總理梅萊斯‧澤納維（Meles Zenawi）舉行首長會談，並參觀日本經濟援
助建造的給水訓練中心。5 月 1 日，拜會非洲聯盟柯納雷（Alpha Oumar
Konaré）委員長，提出設立「野口英世（Hideyo Noguchi）[113] 非洲獎」的
構想，獲得同意。隨後並在阿迪斯阿貝巴（Addis Ababa）的非洲聯盟總
部，向各國代表演講，表示將支援非洲解決紛爭、傳染病防治等工作，並
依各國需要提供各項事務之協助。5 月 2 日小泉首相訪問迦納（Republic of
Ghana），參觀在首都阿克拉（Accra）霍亂醫院的野口英世博士研究室，
並與約翰‧庫福爾（John A. Kufuor）總統舉行首長會談。[114] 日本已開始深

---

[112] 〈バンドン会議：首相アフリカ ODA 倍増〉，《讀賣新聞》，2005 年 4 月 23 日，版 3。
[113] 野口英世（1876-1928），日本細菌學者，京都大學醫學博士、東京大學理學博士。以研究
　　黃熱病與梅毒有名，是細菌學的權威。在非洲迦納感染黃熱病原去世，得年 52 歲。日本
　　銀行 2004 年發行的千圓紙鈔，印有其肖像。
　　日本 Wikipedia 網，「野口英世」，http://ja.wikipedia.org/wiki/%E9%87%8E%E5%8F%A3%
　　E8%8B%B1%E4%B8%96，上網檢視日期：2008 年 8 月 26 日。
[114] 飯島勲，《実録小泉外交》，頁 268-271。

化非洲的外交工作，只要與中國競爭的態勢存在，此一方向應不致改變。

2008 年 5 月 28 日至 30 日，日本在橫濱舉行「第四屆東京非洲發展國際會議」（Tokyo International Conference on African Development IV, TICAD IV）。這場會議突顯日本外交重心轉移到非洲。英文《日本時報》（The Japanese Times）形容「日本正在走上一場外交巨變」。TICAD 由日本和聯合國、世界銀行於 1993 年合作開辦，本屆邀請 52 個非洲國家，2,500 人出席。[115] 40 多位非洲國家元首與亞洲國家和國際組織的高級代表參加，議程包括推動經濟成長，保證人類安全，實現聯合國千年發展目標，鞏固和平和民主化，以及探討環境和氣候變遷問題。

「野口英世非洲獎」，旨在獎勵改善非洲人民健康的科技與行動，以表達日本人民對於非洲人民的關懷。獎金 1 億日圓，約 87 萬美元，在每五年舉辦一次的東京非洲發展國際會議上頒發。2008 年 5 月底，第一屆野口英世非洲獎頒獎，得獎人有兩位，一位是英國熱帶醫學研究機構的布萊恩·格林伍德（Brian Greenwood）教授，研究瘧疾超過三十年。另一位則是肯亞防治愛滋病有功的米里安·沃爾醫師（Miriam Were）。[116] 日本政府對非洲事務愈來愈熱衷，可見一斑。日本國內輿論界，亦支持政府擴大對非洲的援助。

日本《朝日新聞》在社論中呼籲：「非洲 9 億人中，每天生活費未達 1 美元的占四成以上。平均壽命 46 歲，正是日本處於工作最高峰的世代。世界愛滋病感染者 66% 集中在非洲。內戰與紛爭不斷，聯合國和平維持活動經費七成用在非洲。世界難民的四分之一，在非洲大陸。這種前所未有的人道危機，應予正視。然而政府開發援助經費縮減，特別是撒哈拉沙漠以南的非洲，在 2000 年有 7 國的最大援助國是日本，2004 年後日本的援助金額排序已降至第二位以下。今後，亞洲從 ODA 對象國畢業的國家將逐漸增加，應將非洲的 ODA 比重大幅提升。」[117] 日本的 ODA 政策，以往置重

---

[115] 劉必榮，《國際觀的第一本書》，台北：先覺出版，2008 年，頁 58-59。

[116] 王道還，〈奧運、日本賞、野口英世〉，《聯合報》，2008 年 8 月 24 日，版 A4。

[117] 大軒由敬，〈提言 日本の新戰略：7 アフリカ支援〉，《朝日新聞》，2007 年 5 月 3 日，版 19。

點於亞洲國家，特別是中國和東南亞，今天情勢已經改觀。一方面亞洲的經濟發展持續看好；另一方面，非洲發展的落後，讓人怵目驚心，因此，日本在 2005 年亞非會議中，承諾加倍支援非洲國家。

日本在提升對非洲經濟和技術援助基礎上，影響不斷擴大，2009 年對非洲的政府開發援助大幅增加為 1,885 億日圓，係有史以來最大規模。日本對非政策是其外交戰略的一個重要組成部分。隨著「世界政治大國」逐漸成為日本國家戰略的目標，日本對非洲政策的重心，也從「注重經濟利益」調整到「經濟政治利益並重」。[118]

中國與非洲的貿易額，自 2003 年至 2008 年，五年間由 185 億美金激增約 6 倍為 1,072 億美金；同期日本對非洲貿易亦增長約 3 倍，但只有中國對非洲貿易額的三分之一。此外，中國在非洲的直接投資金額和日本相較，亦有極大差距。2008 年中國在非洲的直接投資金額為 54.9 億美金，比日本的 15.4 億美金大幅領先。[119] 從日本學者的分析可知，日本在經營這具有 9 億人口的未來市場方面已屈居下風，中國在 2010 年超越日本成為全球第二大經濟體，中國的經濟大國化在非洲彰顯的實際影響力，使曾以「日本第一」為傲的東亞經濟巨人頗為震驚與警惕。

在增進與非洲國家交流方面，中國也遠比日本做得好，中國國家主席、總理、外交部長頻繁訪問非洲，僅國家主席胡錦濤就對非洲許多國家進行過友好訪問。日本除 2001 年森喜朗（Yoshiro Mori）首相和 2006 年小泉純一朗首相訪問非洲之外，再無政府首腦訪非。[120] 中國在非洲有 47 個大使館，而日本只有 27 個；在維和方面，中國已經向非洲派出 1,273 人的維和部隊，而日本的自衛隊現今卻沒有參與非洲的維和行動。[121] 這顯示長

---

[118] 國防大學戰略研究所編，《國際戰略形勢分析（2009/2010）》，北京：時事出版社，2010年，頁 142-143。

[119] 丸川知雄，〈九億人市場に向う中國ビジネス〉，《外交フォーラム》No. 261（Gaiko Forum），東京：都市出版株式会社，2010 年 4 月，頁 35。

[120] 廉德瑰，〈日本的對非洲政策與中日關係〉，劉江永，《當代日本對外關係》，北京：世界知識出版社，2009 年，頁 461。

[121] 同前註。

期以來，日本疏於經營非洲地區。日本對非洲的外交工作，無論使領館的建立、外派人員、資金援助與聯合國 PKO 的派兵協助，均不如中國之積極與活躍。21 世紀的國際政治權力結構已經改變，日本大國意識抬頭，已正視此一現象，以經濟大國的實力，有意在非洲地區採取積極作為力挽狂瀾，朝向政治、軍事與文化大國邁進。

　　2009 年 1 月 31 日，麻生太郎（Taro Aso）首相在瑞士達沃斯（Davos）世界經濟論壇（World Economic Forum）年會上承諾向亞洲國家提供 170 億美元政府開發援助；3 月 21 日，對非洲追加 5 億美元援助；在 G20 峰會上，承諾向亞洲國家追加 60 億美元融資援助。5 月 23 日，在日本與太平洋島國首腦會議上，答應今後三年將提供 6 億美元，建立「太平洋環境共同體」，應對氣候變遷。[122] 2009 年 9 月鳩山由紀夫首相，在聯合國大會發表演說，表明：「日本將與國際組織及非政府組織合作，加倍努力，在質與量二方面強化對開發中國家的援助。透過『非洲發展國際會議』的進程，達成『千禧年開發目標』，並推展人類安全保障的工作。」[123] 日本歷屆政府均重視政府開發援助，近期更特別置重點於「開發中國家的貧困削減與和平建構」以及「地球環境保護與安全」的外交核心工作。

肆、小結

　　ODA 是日本長期以來在國際社會，經營兩國間良好關係及建立和平安全的國際環境，不可或缺的手段，深獲信賴。日本迄今，在 185 個國家與地區，透過總額 210 億美金的援助，對世界上開發中國家的經濟發展與繁榮進步有極大的貢獻。[124] 日本的政府開發援助規模龐大，是對國際社會貢

---

[122] 中國現代國際關係研究院編，《國際戰略與安全形勢評估 2009/2010》（Strategic and Security Review），北京：時事出版社，2010 年，頁 344。

[123] 〈世界金融・經濟危機と開発途上国支援〉，日本外務省，《2009 年版 政府開発援助（ODA）白書》，日本の国際協力 / 本編，http://www.mofa.go.jp/mofaj/gaiko/oda/shiryo/hakusyo/09_hakusho/index_shiryo.html，上網檢視日期：2010 年 11 月 5 日。

[124] 谷内正太郎，〈日本の ODA の現状と課題〉，《国際問題》，548 号，東京：日本国際問題研究所，2005 年 11 月，頁 4。

獻的重要支柱，且使日本成為一個建設性的經濟大國。然而，日本的 ODA
仍有許多不足之處，需要改革與充實。

　　日本 ODA 預算自 1997 年逐年減少，與整體國家預算的其他項目比
較，是被主要刪減的項目（參見圖 5-15）。2006 年 ODA 編列 7 億 5,970
萬日圓 [125]，與設定 1997 年預算為 100% 相較，減少 35% 為 65%；其他項
目，一般歲出略增，為 106%；防衛關係費略降，為 97%；公共事業關係
費為 84%。顯然在預算編列上，ODA 項目較不受重視。ODA 預算如能與

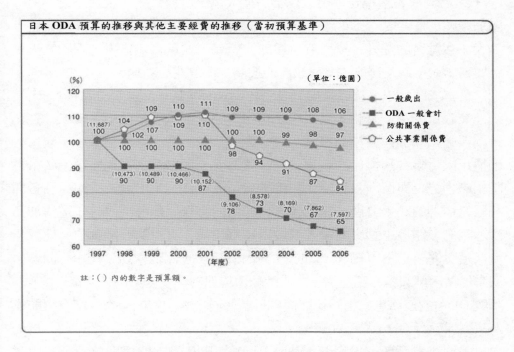

圖 5-15：日本 ODA 預算的推移與其他主要經費的推移圖

資料來源：日本外務省，《政府開発援助白書 2006 年版》（*Official Development
　　　　　 Assistance*），東京：国立印刷局，2006 年，頁 67。

---

[125] 日本政府 2017 年 ODA 編列 5 億 5,270 萬日圓。日本外務省，「ODA 預算」網頁，上網檢
　　視日期：2017 年 3 月 12 日。http://www.mofa.go.jp/mofaj/gaiko/oda/shiryo/yosan.html。

一般歲出或防衛關係費預算，同等考量，日本 21 世紀的政府開發援助，才較有更為蓬勃發展的可能。

日本的 ODA 經常受到開發中國家的批判，諸如：與日本的經濟力相對而言，ODA 的規模很小，並偏重亞洲，對撒哈拉沙漠以南非洲的援助有限；日本 ODA 的內涵，對開發中國家的援助，以附加輕微條件的借款為主，無償援助不多；日本 ODA 重視道路、港灣等基礎建設，及電力、通訊設備及教育健保制度，關乎總體經濟發展的方案，並非直接嘉惠貧困階層的計畫。[126] 據霸權穩定理論，作為一個大國，應有能力提供國際公共財。國際發展也是重要的公共財，如果日本要追求大國地位，其 ODA 規模宜予擴大，注意質的提升，提高無償援助的比率，並以實際嘉惠貧困國家人民為要務，避免助長無能或貪腐政府的控制，或浪費援助物資。

日本成蹊大學名譽教授廣野良吉（Ryokichi Hirono），認為日本 21 世紀外交政策的第一基軸，已由「強化西方陣營一員的地位」，變成「強化日本與美國歐洲綜合性的協調合作」；第二基軸的「聯合國中心主義」，已轉化成「聯合國機能的強化，以及成為安全理事會常任理事國」；第三基軸的「強化與亞洲各國關係和確立適切的地位」，已改成「與亞洲各國共同為亞洲的和平發展，強化各方面的協同合作關係」；同時，還增加第四基軸的「開發中國家的貧困削減與和平建構」；與第五基軸的「地球環境保護與安全」。[127] 日本 21 世紀的外交和 ODA 關係密切。無論「開發中國家的貧困削減與和平建構」或「地球環境保護與安全」的外交核心工作，都與 ODA 的任務息息相關。然而，日本一向優秀的官僚體系，卻有可能成為策劃或執行 ODA 的潛在障礙。

美國學者亞蘭・里克斯（Alan Rix）指出，日本的援助政策，非由政治壓力、菁英的裁決或開放論壇激盪出來的結果，而係官僚權衡利害、說

---

[126] 浅沼信爾，〈日本の ODA の評価と将来の課題〉，《国際問題》，548 号，東京：日本国際問題研究所，2005 年 11 月，頁 28。

[127] 廣野良吉，〈日本の外交政策と ODA —— 半世紀の経験から将来への展望へ〉，頁 17-18。

明日本援助及經濟協力政策的具體內容而形成。官僚決策,此一關鍵性的因素,導致日本欠缺嶄新的援助政策、沒有獨創性、柔軟性不夠、拙於政策調整,政策形成的時間太長等。[128] 此種政策決定的模式,不易保有機動性。官僚權力太大,政策決定除可能與民間脫節,也容易形成濫權和腐化。

　　2004 年 10 月 9 日,日本亞洲太平洋資料中心、國際協力 NGO 中心和上智大學亞洲文化研究所,共同主辦「與亞洲人談論日本 ODA 五十年」學術研討會。亞洲太平洋資料中心提出相關建議:1. 制定 ODA 基本法;2. 設置「國際援助省」;3. 援助與被援助雙方住民參加為原則;4. 所有貸款免利息;5. 非附帶條件的貸款達 100%;6. 將 NGO 納入援助團隊等。[129] 其中 1-2 項可一併考量,制訂 ODA 基本法,設置「國際援助省」或權責獨立事權統一的機構,以凝聚共識,提升海外開發援助工作的層次與規模,有清楚的目標與全盤的規劃,由政府主導,國會監督,結合 NGO 的力量,並讓全民共同參與。3-6 項已列入改革方案,並逐次納入每一 ODA 計畫。以上建議倘能全部實現,的確可以大幅提升日本 ODA 的外交政策效能,並獲得國際社會更多的肯定與敬意。事實上,金融危機後,日本已強化對外援助,力求擴大國際秩序影響力。

　　2003 年日本新的政府開發援助大綱,包含「和平建構」與「環境保護」外交新基軸的議題,第六章將試從另一個角度,以日本在公眾外交的框架下,追求「文化大國」的外交解說與分析。日本作為一個世界大國,「和平建構」與「環境保護」,是日本 ODA 在物質面,對國際社會提出經濟上的貢獻,彰顯「經濟大國」的實力;在精神面,則配合推動在建設新世界秩序的理念上,鼓吹和平、環保和民主等普世價值,以樹立「文化大國」的典範形象。

128　稻田十一,〈対外援助〉,頁 188-189。
129　村井吉敬編著,《徹底検証ニッポンの ODA》,東京:コンモズ,2006 年,頁 299-303。

第 6 章

公眾的文化外交

公眾外交（The Public Diplomacy）有時被譯為「公共外交」，起初這個說法跟運用是來自美國，由曾擔任美國塔夫茲大學（Tafts University）福萊契爾外交學院（Fletcher School of Law and Diplomacy）院長的艾德門·格里恩教授（Dean Edmund Gullion）在 1965 年提出。當時他致力於設置「穆羅公眾外交中心」（Edward R. Murrow Center），他在該中心一本小冊子說明「公眾外交」的意義：[1]

> 公眾外交是……處理外交政策建構與施行時，公眾對於這些過程的影響。這包含傳統外交的國際關係領域；政府培養別國國民輿論；推動民間團體交往，及推動本國與他國利益的交流，外交事務與對本國影響的陳報；與別國傳播界進行交流，像是外交官與外國特派員間的互動；以及不同文化間傳遞的過程等。

「公眾外交」被視為一種手段，用以影響外國民眾對於外交政策形成與執行。學者專家與外交實務工作者都對公眾外交的意義與內容有不同的解讀。比較具有操作性的定義，是前美國新聞總署（United States

---

1　李明，〈中共公眾外交的策略與成效〉，國立政治大學外交學系：「公眾外交」學術研討會，2009 年 6 月 26 日，頁 3-4。"Public Diplomacy: Alumni Association"，http://www.public diplomacy.org/1.htm，上網檢視日期：2009 年 8 月 18 日。

Information Agency, USIA）退休官員漢斯‧特西（Hans N. Tuch）的說法：
「公眾外交是本國政府與外國民眾的溝通過程，本國政府試圖藉由這樣的
過程，使得外國民眾瞭解本國的意圖和想法、制度和文化，以及本國的目
標和現行的政策。」[2] 本章根據此一定義，以日本公眾文化外交中三個主要
面向，即 1.和平、反戰與反核的國策；2.積極投入維護環境生態的新世紀
議題；3.民主開放的價值體系，分析說明日本政府在與文化內涵相關的制
度、政策上，如何經營國家精神層面的軟實力，建立大國威望和影響力。

　　在國際社會，一個國家追求權力和利益，須兼顧文化、歷史和道德因
素。19 世紀的英國和 20 世紀的美國均如此，任何要在 21 世紀以大國地位
影響世局的國家，更不能忽視文化價值的力量。

　　冷戰結束，集團型兩大陣營的軍事對抗和意識形態對立宣告終結，許
多國家開始致力於社會改革、經濟發展和文化振興，加之全球化潮流的衝
擊，各國各民族之間的交往日益頻繁，大大強化民族和文明意識，從而使
衡量一個國家的強弱，不再單純從政治、軍事的角度，而是以「綜合國力」
為標準。綜合國力不只包括經濟、軍事、科技、自然資源等客觀的實力
要素，也包括民族文化、民族意識、民族性格、民族精神等主觀的精神要
素。前者為硬實力，後者為軟實力。這些事實充分說明文化的地位已極大
地上升，它已經同政治、經濟、軍事、科技等成為決定國家實力的主要因
素之一。[3] 這是一個突顯文化力量的時代。杭廷頓甚至強調，文明之間的
衝突將主宰未來世界的政治，同時，不同文明的新國際秩序也是避免戰爭
的最佳安全保障。他雖將文明與文化混為一談，然依其題旨按最廣義的解
釋，文化定位就是文明定位。

　　談到綜合國力中的文化因素，約瑟夫‧奈伊稱之為柔性權力（Soft

---

[2] Hans N. Tuch, *Communicating with the World: U.S. Public Diplomacy Overseas* (New York: St. Martin's Press, 1990), p. 3. 姜家雄，〈美國對中東國家的公眾外交〉，國立政治大學外交學系：「公眾外交」學術研討會，2009 年 6 月 26 日，頁 3。

[3] 郭潔敏，〈文化強權與文化衝突〉，俞新天主編，《國際關係中的文化：類型、作用與命運》，上海：上海社會科學院出版社，2005 年，頁 121。

Power）。他把這種力量概括為導向力、吸引力和仿效力，是一種同化式的實力。[4] 由於柔性權力對國際關係的影響日益彰顯，世界上一些主要大國對增強柔性權力都十分重視。法國前總統席拉克（Jacques Chirac）提出文化歐洲的構想，謀求建立歐洲文化共同體。俄羅斯總統普亭在代任總統時就著手實施「文化擴張」戰略。美國前總統喬治布希，也強調美國文化是一種新的可以利用的柔性力量。[5] 所有的世界大國，重視文化力量，經營文化戰略，成為一種必然的趨勢，日本也不例外。

日本為東亞國家中，最早在外交政策中導入公眾外交的國家，1973 年 1 月 27 日，日本外相大平正芳在國會演說，首次提出應將「文化外交」置於外交政策的重點之一。1977 年日本福田赳夫首相，即隨著日本逐漸上升的經濟力，將其軟國力包裝成公眾外交的政策工具，向全球擴大其影響力，其中特別是在所處的東亞地區，提高日本國際地位，實現政治大國的發展戰略。[6]

1988 年 5 月，日本首相竹下登訪英，在倫敦演講中提到日本要對國際作出貢獻時，表示日本外交的三大支柱，即：「為和平協力」、「強化國際文化交流」和「擴充政府開發援助」組成的國際協力構想。把對外文化交流視為日本國際合作政策的三大支柱之一。這是日本在首長外交上，初次明確把「文化」置於外交中心地位。[7] 深入分析「為和平協力」和「擴充政府開發援助」，仍隱含文化價值因素。進入 21 世紀，日本的外交政策，特別強調「貧困削減與和平建構」及「地球環境保護與安全」兩項核心工作，同樣表現出對廣義公眾文化外交範疇的擴充和重視。

日本小泉政府的外交工作，在政治軍事層面，必須配合美國全球外

[4]　朱馬杰，〈國際關係力量結構中的軟國力〉，俞新天主編，《國際關係中的文化：類型、作用與命運》，上海：上海社會科學院出版社，2005 年，頁 69。

[5]　同前註，頁 75。

[6]　何思慎與何欣泰，〈日本公眾外交的策略與成效〉，國立政治大學外交學系：「公眾外交」學術研討會，2009 年 6 月 26 日，頁 2。

[7]　包霞琴與臧志軍主編，《變革中的日本政治與外交》，頁 377。

交政策的實踐，多少會受到牽制。而經濟層面的外交，則以政府開發援助的型式大放異彩，對國際社會已作出相當的貢獻。至於執行大國化外交政策，另一可表現自主性的外交領域，乃文化層面的公眾外交。其範圍廣泛，包括和平反戰、環境保護、人才培育、促進觀光、藝術領域的交流等，主要目的在於弘揚日本文化的優越性，倡導 21 世紀主流的和平、環保及民主開放多元的普世價值。

　　本章將針對日本小泉政府承先啟後的文化外交政策內涵中，在「公眾外交」的框架下，以最具代表性的三項指標，即「反戰非核與和平的國策」、「生態環境保護的旗手」以及「塑造開放多元的形象」，作為分析的重點。

第一節　反戰非核和平的國策 [8]

　　從公眾外交的角度觀察，國家可以視為一種「國際品牌」，並在國際社會中成為與其他國家並列出現的「全球商品」之一，所以，國家品牌在國際政治市場上必須與其他的國家品牌相互競爭，爭取觀光客、投資設廠、商品出口及專業人才。為搶占品牌的國際地位，一個國家必須發展具備本國與國外公眾最大共識的「國家品牌」，才能為全球人民所接納，也才能爭取國家的最大利益。[9] 論及日本的國際品牌，俯拾皆是，例如「和平國家」的國策，傳統的藝術表演、美麗的國土與文化遺產、節儉的精神與珍惜自然的心緒，具有國際競爭力的高科技產業，性能優越的日製商品，以及風行世界的卡通、漫畫等流行文化。

　　社會和文化的確會改變。這可能來自一次重大的衝擊事件：第二次世

---

[8]　2015 年 10 月 13-14 日，中央研究院近代史研究所舉辦「近代東亞國際秩序的變遷與原理」國際學術研討會，作者以尚未出版之博士論文，修正補充第六章第一節後，發表論文〈小泉政府非核反戰與和平的國策及其後續〉。

[9]　連弘宜，〈俄羅斯的公眾外交 —— 俄羅斯國營傳媒對形塑俄國國家形象之研究〉，國立政治大學：「公眾外交」學術研討會，2009 年 6 月 26 日，頁 5。

界大戰的全面潰敗使世界上兩大最窮兵黷武的國家改頭換面，成為最講和平主義的國家。[10] 日本由明治時代的富國強兵策略，走上軍國主義擴張侵略的途徑，最後在兩顆原子彈的巨大殺傷力之下，宣布投降，並進行戰爭反省。國際關係上，日本戰後整個社會的主流價值觀，由英勇好戰變為崇尚和平，「反戰」、「非核」與「和平」成為國家的策略。外交決策的表現，亦處處強調這些核心價值，並化為實際行動。其中以宣揚「非核與廢除核武的主張」，以及「實踐人類安全保障政策」二方面的成效最為顯著。

壹、非核與廢除核武的主張

日本一直積極支持聯合國裁軍與禁止核子擴散計畫。1970 年日本簽署禁止核子擴散條約，並於 1977 年正式承認。日本延遲批准係肇因於國內不滿該條約合法化美國和其他核子國家保留核子軍備、規避裁軍的權力，加上日本核子工業憂心該條約阻礙日本發展和平用途核子技術。日本反對核子國家訴諸禁止核子擴散條約豁免實際裁軍行動，惟日本仍支持此架構為遏止核子擴散最可行機制。[11] 日本作為一個唯一經歷核子切膚之痛的國家，其外交政策，對相關議題，一向堅持防止核武擴散與對其他大規模毀滅性武器的管制立場。

1994 年朝鮮半島核子危機後，日本對北韓研發核武與長程飛彈，戒慎恐懼，朝野極為不安，對是否發展核武由一種無形的禁忌變成可以公開討論。一方面亦考量擁有核武才是真正的軍事大國，不必依賴美國核子傘的保護，可以成為正常國家，主張擁核的言論，甚至見之於政府首長的相關談話。

10　Samuel P. Huntington, *The Clash of Civilizations and the Remaking of World Order* (New York: Simon & Schuster, 1996), p. 226.

11　克里斯多福・休斯（Christopher W. Hughes），《日本安全議題》（*Japan's Security Agenda: Military, Economic & Environmental Dimensions*），台北：國防部史政編譯室，2008 年，頁 238。

　　安倍晉三曾指出：「日本半世紀以來，堅守自由、民主主義及基本的天賦人權，並且為世界和平做了諸多貢獻，全世界都目睹日本人表現。日本人雙手打造出來的國家，值得我們抬頭挺胸。今後，我們也無意改變這個國家對自由、民主、人權及和平的堅持。」[12] 但安倍曾在早稻田大學一場非公開的演講會中表示：「日本擁有核武在憲法上沒有問題」，言下之意，即使擁有核武仍會堅持非戰憲法的和平主義，不輕易開啟戰端。如此會因人而有不同的解讀，甚至失去國際社會對日本堅持和平主義的正面觀感與長久信賴。

　　2002 年 6 月 1 日，小泉政府當時的日本官房長官福田康夫在記者會中曾明言：「日本如果是專守防衛的話，也能擁有核武」，顯示日本未來似有改變核武政策的可能性，因此引起朝野政黨的強烈反應。隨後，小泉首相卻在韓國首爾市表示：「我的內閣並不考慮修改非核三原則」、「在能力及技術上日本雖然能擁有核武，但並不擁有，這本身便有很大的意義，日本即使成為經濟大國也不成為軍事大國，是很有價值的事」。[13] 此舉，無論是否一種政策風向球的試探，日本政府繼續保持低調，採取維持非核政策，予人非真心熱愛和平之感，暗藏負面評價。

　　二次大戰後六十年，亦是廣島與長崎被原子彈轟炸六十週年紀念。日本眾院議長河野洋平將原爆悲劇歸因於當年軍國政府不當作為。他說，日本當年應該協助亞洲國家推翻西方殖民主義，不過非但沒這麼做，反而剝奪朝鮮獨立、入侵中國，仿效西方強權走帝國主義之路。[14] 有反省、改過向善之意涵。河野洋平對歷史的反省，不將廣島與長崎遭受原子彈轟炸，歸罪於美國的違反戰爭法或不人道等，而檢討當年日軍的侵略行為。日本朝野菁英，至今多數仍以反核、反戰，追求永久和平為治國信念。

---

[12]　安倍晉三，《美しい国へ》，頁 69。
[13]　〈日非核原則小泉保留彈性〉，《中國時報》，2002 年 6 月 2 日。
[14]　〈原爆 60 週年廣島敲和平鐘〉，《中國時報》，2005 年 8 月 7 日，版 A5。

迄今，由各種現象顯示，日本要成為核武國家仍是極不可能的事。身為曾遭核武攻擊的國家，日本社會各階層民眾幾乎都有一種深刻的認同感，即他們不會容許日本政府發展核武。日本反核遊說團體有來自政界左派或右派的人士，而且勢力比一般的和平主義遊說團體大許多；在其他多數國家中，通常是一般的和平主義者勢力較大。在日本，就連一小群力主君權復辟及建立大日本帝國的極端主義分子，也排斥發展核武。[15] 核子武器的殺傷力愈來愈大，日本一般民眾普遍認為經不起再被一、二顆核子彈攻擊，即使擁有核子武器也無法在戰爭中倖存。發展核武只會使日本增加成為被核武攻擊目標的機率，而非增進國家安全。玉碎還是倖存？核武還是和平？日本正面臨考驗。

小泉純一郎首相亦表示，日本將致力維護和平，堅決反對核子武器擴散。為避免廣島、長崎的悲劇重演，日本將遵守以和平為宗旨的憲法，「帶頭」推動全球廢除核武。他說：「我深信廣島一直會是和平象徵。」[16] 事實上，日本自 1990 年代以來，一直在聯合國從事反核廢核的倡議活動。日本亦反對核武國家或其他有意擁有核武的國家，進行核子試爆。目前為止，日本雖有能力製造或擁有核武，卻從未有擴充核武軍備的構想和計畫。同時，日本自 1968 年以來主張非核化，即不擁有、不製造與不引進核武。然而，美國核子航空母艦進駐橫須賀港，卻讓此一政策出現動搖。

2005 年 10 月，日本官員宣布，日本已經同意在 2008 年讓美國一艘核子動力航空母艦「喬治華盛頓號」駐紮日本，[17] 以接替傳統動力航母「小

---

[15] 米爾頓・艾茲拉提（Milton Ezrati），《日本巨變——從日本經濟文化變革到全球勢力的重分配》（Kawari：How Japan's economic and cultural transformation will alter the balance of power among nations），頁 226。

[16] 〈原爆 60 週年廣島敲和平鐘〉，《中國時報》。

[17] 美國核子動力航空母艦「喬治華盛頓號」（排水量：9 萬 7 千噸），2008 年 9 月 25 日抵達日本東京附近橫須賀港。
「美國核子動力航空母艦進駐橫須賀」，Starport Express 樂多日誌網，2008/9/25，http://blog.roodo.com/starport/archives/7244647.html，上網檢視日期：2009 年 11 月 21 日。

鷹號」的防務。這是日本首度同意讓核子動力航母進駐。日本內閣官房長官細川博之（Hiroyuki Hosokawa）說，透過此一替換行動，美國駐日海軍將為維持日本安全以及遠東地區的國際和平安全做出貢獻。[18] 事實上，美國核子動力船艦，自 1960 年代以來仍有上千航次進入日本港口停泊的記錄。日本反核政策宣示與事實存在的矛盾，雙方政府只能心照不宣或淡化處理，亦象徵日本反核政策的鬆綁。

被解職的日本前航空自衛隊幕僚長田母神俊雄（Toshio Tamogami），接受《產經新聞》專訪，主張日本應檢討非核政策，與日本政府堅持的「非核三原則」立場大相逕庭。他說：民主國家應該可以容忍持有核武器的主張，沒有核武器的國家，最終會被迫從屬於擁有核武器的國家。[19] 日本政府在國際社會，一直倡議反核與廢核，一旦進行核武裝，必然予世人言行不一的不良印象，以為軍國主義再起。東亞國家，亦可能與日本保持距離並提高警惕，甚至群起圍剿，日本或將得不償失。

從守護人類文明的觀點，廣島和長崎的教訓絕對不能使之煙消雲散。戰爭是一種罪惡，不僅不得重蹈覆轍，它還屬於道德和倫理層次的問題。廣島和長崎將此種道德與倫理的嚇阻力量帶到日本和整個世界。日本有必要將其視為超越國家的利益，和普及人類全體的遺產，運用它在外交上產生更大的效益。[20] 今天的國家安全為一綜合性的概念，對外敵入侵的嚇阻力，不限於軍事方面，它還包含整體國力所展現不可輕侮的「沒有武器的嚇阻力」或稱「形象嚇阻力」，以及國際道德說服與國際法規範的制約作用。「反戰」、「非核」與「和平」的訴求，更具有普世價值的號召力，日本如捨易求難，反向操作擴充核武軍備，將再度把國家帶向不確定與危險的境地。

---

[18]　〈接替小鷹號打破非核原則，日允美核動力航母進駐〉，《中國時報》，2005 年 10 月 29 日，版 A11。

[19]　〈日前空軍司令 再嗆敏感史觀〉，《聯合報》，2008 年 12 月 2 日，版 AA。

[20]　神余隆博，《国際危機と日本外交：国益外交を超えて》，頁 239。

　　一橋大學名譽教授有賀貞（Tadashi Ariga）指出：日本有一部和平憲
法，但是日本的軍費排名居高不下，給予外國原則和實際相違的印象，真
擔心日本成為一個無法讓人信任的國家。如果在國際公共利益的非軍事面
提出政策，且有績效，才能在國際社會受到敬重與信賴。[21] 日本軍費支出
高居全世界第五位[22]，如再發展核武，固然有助於其成為軍事大國，但在
柔性權力方面卻會失分，亦即文化的無形力量會從正面翻轉，讓人認為這
是軍國主義的復甦，以往致力和平的所有努力都會變得沒有意義。在此世
紀之交，日本人民又如何展現其愛國心，以支撐其國家主義的走向？

　　愛國心有兩面性，肯定面是自然的對自己鄉土國家的愛，否定面是人
為的製造對其他民族的恐懼、猜疑、蔑視、威脅和壓迫。如果依照林房雄
（Fusao Hayashi）的「大東亞戰爭肯定論」[23]，否定日本的「大東亞戰爭」
是侵略戰爭，而積極培養「愛國心」的話，不可避免的日本的愛國心，將
由肯定面轉向否定面，這就是東南亞以至世界各地的人們所憂慮的「日本
軍國主義的復活」。[24] 日本漫畫家小林善紀（Yoshinori Kobayashi）在漫
畫《戰爭論》中要求日本人脫離第二次世界大戰後由美國扶植的「自虐史
觀」，重新檢視大東亞戰爭，有意激發日本的民族意識。然而在日本國內

21　有賀貞、宇野重昭、木戶蓊、山本吉宣と渡辺昭夫，《講座国際政治：5 現代世界的課
　　題》，東京：東京大学出版会，1989，頁 352。
22　世界各國軍事費用支出最多的國家，前五名分別是美國、英國、法國、中國與日本；其次
　　六至十名依序為德國、義大利、俄羅斯、沙烏地阿拉伯、印度；十一至十五名為韓國、澳
　　大利亞、加拿大、巴西與西班牙。
　　「日本の軍事費、世界第 5 位」，法新社（Agence France Presse, AFP），發訊地：瑞典・
　　斯德哥爾摩，2007 年 6 月 14 日。http://www.afpbb.com/article/politics/2239380/1691328，上
　　網檢視日期：2009 年 4 月 30 日。
23　「大東亞戰爭肯定論」，是日本作家林房雄於《中央公論》1963 年 9 月號至 1965 年 6 月
　　號發表的文章，後集結成書出版。其立論中心為，日本近代史係幕府末年（1853）美國培
　　里將軍黑船開港以來，對西方殖民亞洲勢力的反擊的歷史；而 1941 年 12 月 8 日開始的大
　　東亞戰爭，即其全程的總結。同時主張其全部過程（包括兼併韓國、進出東南亞各國）
　　的原動力，是民族主義而非經濟因素。日本 Wikipedia 網，「林房雄」，上網檢視日期：
　　2009 年 1 月 30 日，http://ja.wikipedia.org/wiki/%E6%9E%97%E6%88%BF%E9%9B%84。
24　許介鱗，《日本政治論》，台北：聯經出版，1977 年，頁 104-105。

受到主張和平人士的批判。[25] 林房雄與小林善紀的言論，並不符合當今日本多數人民維持「沒有戰爭和平的社會」的幸福願望。

　　2005 年，根據日本《讀賣新聞》「國家觀」的民意調查，讓人注目的是，在複數選答中 88% 受訪者，認為自己「非常的」或「多多少少」以身為日本國民為榮。然而約 50% 表示，將來日本無法保障國民的生命財產或領土。民意調查中針對「戰後六十年間日本的得失」的提問，其中，回答：「得到最好」的是「沒有戰爭和平的社會」，占 72%；其次，答：「物質豐富的生活」57%；而「失去最多」的是「不珍惜物質的想法」，59%。[26]二次大戰後六十年，日本民眾最感滿意的是「沒有戰爭和平的社會」。一些右翼的民族主義者，雖積極推動培養國民的愛國心與大國意識，遊說修改非戰憲法第九條，然而民意支持度偏低。「和平」仍然是人民的最愛。追求核武建軍的主張，雖屬言論自由，惟現今仍不易為一般日本國民所接受。

　　日本以非戰憲法為其最大特色，在美國核子傘的保護下，擁有六十年的和平；但相對的軍事上沒有獨立自主的軍隊，只有地位曖昧不明的自衛軍，外交上必須依附美國的戰略布局，顧及美國的國家利益。在遠東，冷戰時代有蘇聯和中共的威脅，冷戰後有中國的和平崛起和北韓的核子威脅。進入 21 世紀，由於反恐作戰和美日安保條約的擴充解釋和運用，自衛軍必須派遣至中東參與維和任務，一旦形勢改變處理不當，不無可能與美軍同時被阿拉伯回教國家視為同一陣線的敵人，難怪多數日本國民即使在長期的和平中，仍然覺得沒有安全感。[27] 日本人民對自衛軍派赴海外，充滿對比與矛盾的觀點。一方面認為日本已經是個大國，應該負起大國的國

---

[25] 渡辺賢二，《平和のための戦争論：戦争の時代をどう教えるか》，東京：教育史料出版社，1999 年，頁 29。

[26] 〈國家観本社世論調查：誇りの影に不安感〉，《讀賣新聞》，2005 年 9 月 16 日，版17。

[27] 〈國家観本社世論調查：誇りの影に不安感〉，《讀賣新聞》，2005 年 9 月 16 日，版17。

際責任，對國際社會多作貢獻；一方面卻又擔心自衛軍在外失控，捲入國際衝突甚至戰爭。

　　上述民意調查問卷中，另有一題：「日本受到別的國家侵略時，你將採取什麼行動？」答「逃跑」和「投降」的分別是 35% 與 8%，是自從 1980 年從事同樣的問卷調查以來，回答「逃跑」和「投降」比率最高的一次。而答「拿起武器抵抗」降低為 17%。這和自由派人士主張的民族主義高漲並不符合。論及日本在國際社會中的印象和外交戰略，否定的看法甚高。認為「日本是否獲得與其國力與文化水準相等的地位或尊敬？」答「並不以為」的高達 65%。回答「戰後六十年日本成為什麼樣的國家？」答「需要看他國臉色的國家」74%，答「欠缺國家戰略或明確國家長期戰略」71%。[28] 這又是另一種矛盾情緒的展現。

　　從心理層面分析，日本國民以和平的國家為傲，無意拿起武器對抗外敵入侵，在今天的國際社會，或可成為東方瑞士，但相對地不易成為一個大國，更不太可能轉化成軍國主義國家。一個國家的國民對自己的國家，沒有高度的自信心，如何領導世界其他的國家？日本可以追逐大國地位，但需要改變和充實的地方仍然不少。其實，非戰憲法有其珍貴的地方，可繼續保留，並不一定要修改，必要時透過司法程序，作較大彈性的解釋即可。日本自衛隊雖然沒有核子武器，無論以何種標準衡量，其整體戰力在全世界排名仍然在十名之內。即使擁有核子武器亦無用武之地，充其量只有嚇阻作用，或正式成為大國俱樂部的象徵之一。在無法使用或禁止使用核子武器的世界，雖無核子武器，憑綜合國力的表現，仍然可以成為大國。更何況防止核子武力擴散與最終廢除核武，已漸漸成為世界的主流思潮。

　　2008 年 7 月 24 日，美國參議員歐巴馬（Barack Obama）以總統候選人的身分，在德國柏林演講，以「一個團結的世界」（A World that Stands as One）為主題，闡述他的世界觀，當中提及以追求沒有核武的和平世界

---

[28]　同前註。

為目標。[29]《全面禁止核子試爆條約》（Comprehensive Nuclear Test Ban Treaty, CTBT）[30] 已有 176 國簽署，但美國等 10 個主要核武或有意發展核武的國家拒絕簽署或通過，條約無法生效。美國前總統柯林頓在 1996 年簽署該條約，但未獲參議院通過，主要理由之一是認為試爆與否無法查證，此條約之執行有其事實上的困難。

2009 年 4 月 8 日，美國總統歐巴馬承諾，美國將帶頭實現全面除去核子武器的無核世界，他呼籲各國合作，舉行核子安全全球高峰會，並組成新夥伴關係阻止核武擴散。[31] 歐巴馬在競選期間亦曾表示，他會鼓勵美國聯邦參議院簽署核可《全面禁止核子試爆條約》，並且鼓勵其他國家也這樣做。美國自從 1992 年以來就不曾進行過任何核子試爆。歐巴馬說，他會致力於廢除核武的最終目標，這讓全球反核武人士十分振奮，包括在 1945年受到原子彈攻擊的日本廣島和長崎兩個城市的倖存者在內。但是印度公開反對，並稱該禁令有差別待遇。[32] 欲達成核武廢除的目標，仍有一段長遠的路，但是，日本作為一個唯一被原子彈攻擊的國家，提倡廢除核子武器，自然有高度的影響力；超級強國美國的領導，更是不可或缺。我們難以企盼一步到位，但無核武的世界至少已非遙不可及的夢想。

---

[29] 聯合報編譯，《敢於大膽希望：歐巴馬七篇關鍵演說》，台北：寶瓶文化，2009 年，頁74-105。

[30] 「全面禁止核試驗條約」（Comprehensive Nuclear Test Ban Treaty, CTBT），1996 年 9 月24 日在紐約開始簽署，當時的簽約國有 71 個，包括 5 個擁有核武器的國家。目前有 176個國家簽署，其中 132 個正式批准。至今（2006 年 7 月）未簽署該條約的主要國家有：美國、中華人民共和國、哥倫比亞、埃及、印度尼西亞、伊朗、以色列。目前該條約還不滿足生效的條件。

維基百科網，上網檢視日期：2017 年 3 月 12 日。

https://zh.wikipedia.org/wiki/%E5%85%A8%E9%9D%A2%E7%A6%81%E6%AD%A2%E6%A0%B8%E8%AF%95%E9%AA%8C%E6%9D%A1%E7%BA%A6。

[31] 〈無核武世界 歐巴馬帶頭推動〉，《聯合報》，2009 年 4 月 6 日，版 AA。

[32] 苦勞網，〈印度警告歐巴馬勿批准全面禁止核子試爆條約〉，法新社，2009 年 3 月 24 日。

http://www.coolloud.org.tw/node/37251，上網檢視日期：2009 年 4 月 18 日。

貳、實踐人類安全保障政策

曾任聯合國副秘書長的日本外交官明石康，對日本志在成為安理會常任理事國，表示：「日本在經濟的、社會的與文化領域的人道面，有意擁有積極與巨大的影響力。日本已不尋求成為主要軍事大國。日本要達成非軍事性的任務，有比參與聯合國和安全理事會更佳的方式嗎？」[33] 日本希望在聯合國有更多機會，扮演更積極的角色，以對國際和平有所貢獻。日本的文化外交政策，許多透過聯合國在政府開發援助名義下，於各種不同的計畫方案中，出錢出力從事以「人類安全保障」為中心的外交工作。

日本經由各種不同的途徑，落實「人類安全保障」的援助。1999 年在日本主導下，聯合國設置「人類安全保障基金」，至 2006 年 4 月，日本已繳交分擔金累計超過 315 億日圓。透過同一基金的運作，日本支援的實際績效達 149 項計畫案，總額約 2.04 億美元 [34]（參見圖 6-1）。凡此均在支應各個區域或國家，應付由於恐怖主義、環境破壞、傳染病肆虐和國際犯罪等跨越國境的威脅，以保障世界上每個人都能有尊嚴的、和平的生存權利。

日本聯合國外交的實際績效中，列有考察軍備縮減的領域，因此在 1992 年倡議設立「一般武器移轉登錄制度」。自 1994 年至 1999 年，每年提出「朝向最終廢止核子武器的核武軍備縮減」相關議案，列入議程；2000 年以後，改提「核子武器全面廢止進程」決議案。[35] 日本因以貿易支撐龐大的海外市場，需要和平穩定的國際環境，故在冷戰後更認真的在傳統武器削減與核武擴散之防止方面發揮影響力，並逐漸產生若干效益。

---

[33]　明石康監修，日本国際連合学会，《21 世紀の国連における日本の役割》，頁 118。
[34]　日本外務省，《政府開発援助白書 2006 年版》（*Official Development Assistance*），頁 73。
[35]　西川吉光，《国際平和協力論》，頁 211。

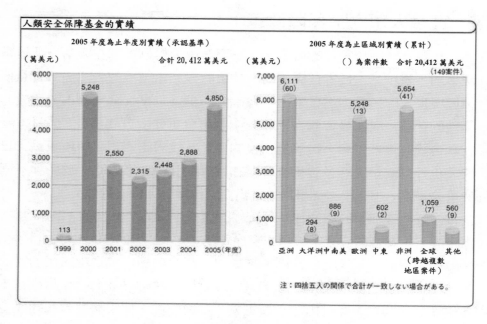

圖 6-1：人類安全保障基金實績圖

資料來源：日本外務省，《政府開発援助白書 2006 年版》（*Official Development Assistance*），東京：国立印刷局，2006 年，頁 72。

　　日本特別關心小型武器管制問題，於 1996 年促成設置專家委員會全面性檢討相關事宜，2001 年主導召開小型武器會議；2002 年提出「有關小型武器非法取得的決議案」，並獲通過。[36] 日本以一連串的行動，積極致力於小型武器管制，避免戰爭後的武器擴散傷及平民，尤其是婦女與孩童，對開發中國家在衝突與戰爭後的和平建構與秩序維護，貢獻良多。

　　小型武器係自動步槍、衝鋒槍、迫擊砲、攜帶型地對空火箭彈等戰場用殺傷性兵器的總稱，是一種一人或少數人即可操作的武器。戰爭結束後，小型武器在開發中國家非法擴散至社會各階層，造成大量被戰爭牽連波及的死亡。犧牲人數每天超過 1,000 人，當中過半為與戰爭無關的婦女

---

[36]　西川吉光，《国際平和協力論》，頁 211。

和小孩。少年戰士的增加，也是由於此種便於操控武器的氾濫。1994 年至 2003 年，十年間有 200 萬孩童被小型武器殺害，另有數百萬受到重傷害。前聯合國秘書長安南稱小型武器為「事實上的大規模毀滅性武器」，希望喚起各國注意。[37] 小型武器擴散造成的災難，與開發中國家政府治理的失敗有關。由於全球化的激盪，非法武器買賣陡增，並涉及恐怖組織和跨國組織犯罪集團，相當複雜，取締困難。

　　小型武器擴散縱使造成極大的傷害，長久以來在國際社會，仍然無法引起管制的共鳴，乃由於其危害性不致影響大國戰略的平衡，致使各主要國家未予重視。此外，受傷害的幾乎全是開發中國家的弱勢下層民眾，其悲慘情況與呼籲管制的聲音，不易傳達至主流社會。日本在聯合國，結合開發中國家代表，經過不斷的關注和努力，終於使此一涉及區域國際和平的議題，受到世界各國的重視，並同意採取規範和制裁行動。

　　以削減非法流通的小型武器為目標，日本在放棄武器的社區，從事道路、水井、學校等基礎建設的整修與重建工作，進行結合武器回收與開發援助的計畫。2003 年起至 2006 年 3 月，在柬埔寨回收四千枝以上的小型武器；2006 年 3 月，透過「聯合國開發計畫」（United Nations Development Programme, UNDP），決定出資 4 億日圓，在利比亞及獅子山共和國進行武器回收計畫，以強化被小型武器危害至深之非洲地區的援助方案。2006 年 4 月至 5 月，小泉總理在訪問衣索比亞及迦納，及同年 6 月舉辦的聯合國小型武器行動計畫履行檢討會中，均表明日本今後將更強化小型武器對策的支援措施。[38] 小泉純一郎首相執政時期，日本政府涉外部門劍及履及的在第三世界各個戰亂後的地區，從事小型武器回收及掃除地雷等事工，並協助災後重建，對國際和平建構與區域安定的維繫，頗多建樹。

　　2004 年 12 月，日本在《禁止地雷條約》（The Mine Ban Treaty）（渥

---

[37]　猪口邦子，《戰略的平和思考：戰場から議場へ》，東京：NTT 出版，2004 年，頁 51-52。

[38]　日本外務省，《政府開発援助白書 2006 年版》（*Official Development Assistance*），頁 141。

太華條約）第一次檢討會上，根據：1.貢獻於「和平建構」；2.重視「人類安全保障」；3.產官學界與民間的合作與相關技術的研發等三項原則，發表新的地雷政策，表示以同樣規模的地雷政策，置重點於亞洲、中東與非洲地區的援助工作。日本在「犧牲者零計畫」的目標下，積極展開地雷掃除等相關支援方案，至2006年3月已支出總額230億日圓，超過1998年預期達成的100億日圓甚多。[39]日本由安全性與效率性著眼，從事地雷掃除技術的研發；同時，不僅關注人道問題，並且兼顧區域開發與未來的國家建設。

此外，日本對於人道救助東亞難民亦貢獻卓著。日本政府已將移民視為區域安全議題，強調難民問題乃人類安全議題，並偏向將之與本身經濟議題加以區隔。日本乃「聯合國難民事務高級專員公署」（United Nations High Commissioner for Refugees, UNHCR）和「世界糧食計畫署」（World Food Programme, WFP）的全球第二大贊助國，亦是國際紅十字會（International Committee of the Red Cross, ICRC）的主要贊助國。日本外務省推行「非政府組織救助計畫」；總務省（Ministry of Public Management）則藉由「國際自願救助郵政儲金」（Post Savings for International Voluntary Aid）資助日本非政府組織援助戰場上的難民。[40]日本將人口遷徙視為人道與安全問題，並支援難民救濟行動，值得稱道；惟對難民入境採取嚴格標準，政策觀點與實際執行前後不一，整體而言，仍有改善空間。

日本從人類安全保障的觀點，關心保護難民並提供經濟援助，卻消極的不易接受難民入境。國際難民條約，將認定難民的手續交由各國負責，日本根據出入境管理及難民認定法辦理。以往二十年被認定為難民者有300多人。以2001年為例，被日本政府認定為難民的有26件，同年，美國為

---

[39] 同前註。

[40] 克里斯多福·休斯（Christopher W. Hughes），《日本安全議題》（*Japan's Security Agenda: Military, Economic & Environmental Dimensions*），頁262-263。

[41] 西川吉光，《国際平和協力論》，頁219。

28,300 件，德國為 22,720 件，英國為 19,100 件，法國為 9,700 件。[41] 以日本與德國比較，日本面積 37.78 萬平方公里，人口 12,746 萬人，平均每一萬平方公里住約 335 萬人；德國面積 35.7 萬平方公里，人口 8,242 萬人，平均每一萬平方公里，住約 230 萬人。日本的人口密度比德國高，因此，日本從嚴審核接受入境難民，應可理解，復因國情、區域及語言等因素，申請入境難民較少。[42] 縱使如此，一年認定 26 件的難民，與德國 22,720 件比較，差 874（398）倍，未免落後太多。

　　截至 2015 年底，日本當局收到 1 萬 3,831 件庇護申請。此數據與歐洲國家的數百萬難民申請相比，簡直小巫見大巫，卻已是日本破記錄的數量。相較於歐洲接納大量難民與庇護者，日本 2015 年只認可 27 位難民。[43] 因此，日本應有放寬難民入境的空間。倘未能適度調整，更易讓國際社會對日本產生孤立與封閉的觀感，有失大國風範，當然對推動公眾的文化外交相當不利。

第二節　生態環境保護的旗手

　　全球化的時代，在國際社會變化中，公眾的文化外交也有質變的必要。與少數有力人士互動，使其對日本懷抱好感，並理解日本立場的作法，已不足因應今日情勢。以擁有政治決策極大影響力的一般市民為對象的公眾文化外交，其重要性與日俱增。公眾文化外交，政府能力有限，無法單獨承擔此一重任。公眾的文化外交，需要企業、地方公共團體與民間機構等廣泛的支持，並發揮團隊合作的精神。[44]

---

[42] 2008 年申請難民身分者有 1,599 人，被認定者 57 人。「2008 年向日本申請難民人數劇增」，大紀元新聞網，2009/1/31，http://news.epochtimes.com.tw/9/1/31/104319.htm，上網檢視日期：2009 年 11 月 21 日。

[43] 陳韻涵，〈日人排擠外勞 庫德難民的日本夢步步艱辛〉，《聯合報》，2016 年 9 月 9 日，版 B1。

[44] 岡田真樹，〈民主化グローバル化時代における広報と文化外交〉，東京：《外交フォーラム》（Gaiko Forum），2006 年 5 月号，頁 78。

　　以生態環境保護領域的經營而言，無論發明新科技、創造新制度、組織新團體、樹立新榜樣，都須要政府與民間所有公私團體，甚至個人積極投入，才能蔚為風潮，形成特色與典範，對全世界發揮巨大的影響力。其中，日本政府對環保議題的專注與投入，產生帶頭作用，已有全球規模的建樹；而日本私人企業、團體與一般市民的支持與配合，如同豐田企業集團籌辦 2005 年愛知萬國博覽會的成功案例。

　　世界人口急遽增加，各國持續追求本身的經濟發展，以致於地球資源快速衰竭。以地球暖化為首的環境問題，自 1970 年代以來成為國際議論的焦點，經過 1992 年在巴西里約熱內盧舉開聯合國環境開發會議（United Nations conference on Environment and Development, UNCED）即「地球高峰會」，以及 2002 年在南非召開的約翰尼斯堡高峰會，即「持續可能開發全球高峰會」（World Summit on Sustainable Development, WSSD）[45] 的討論，確認環境問題的重要性，一致支持重視環境與經濟永續發展的理念。

　　聯合國 1992 年通過《聯合國氣候變化綱要公約》（United Nations Framework Convention on Climate Change, UNFCCC），並於 1997 年 12 月第三次締約國大會，通過採納《京都議定書》（Kyoto Protocol）公約的附件，要求各國政府做出溫室氣體減量的承諾，溫室氣體排放量將於 2008 年至 2012 年達到 1990 年的水準平均再減 5.2%，以減緩全球氣候暖化的現象。

　　日本自 1990 年代，即以世界生態環境保護旗手的姿態，主導簽訂《京都議定書》，投入大量資金，積極帶領並呼籲世界各國從事環境安全的維護與保障工作。進入 21 世紀，更進一步藉舉辦愛知博覽會，推動綠色地球的概念，提高節能及降低污染的技術，研發再生能源產業，在環保科技領域開拓新的貿易能量。

---

[45] WSSD 召開時間：2002 年 8 月 26 日至 9 月 4 日。「2002 年約翰尼斯堡首腦會議」，http://www.un.org/chinese/events/wssd/basicinfo.html，上網檢視日期：2009 年 4 月 26 日。

壹、主導簽訂京都議定書

　　21 世紀日本外交政策的新基軸「地球環境保全」，可追溯至 1992 年聯合國環境開發會議（地球高峰會）時，日本承諾五年期間提供 9,000 億至 1 兆億日圓的環境政府開發援助（ODA）。1997 年在聯合國環境特別大會，提出「21 世紀的環境支援構想」，同年展現帶頭領導力，而有京都議定書的簽訂。[46] 自 1992 年以來，日本表明「環境立國」的立場，認真追求「環境安全」的普世價值，並推動國際合作。

　　日本視環境問題為全人類的課題，2002 年在南非約翰尼斯堡高峰會，有關持續可能開發的世界領袖會議中，小泉首相提出「為永續可能開發的環境保全計畫」（Environmental Conservation Initiative for Sustainable Development, EcoISD），針對地球規模的環境問題執行支援工作。2005 年度日本在環境領域援助的實際績效，含無償資金合作、日圓借款、技術合作及繳納國際組織各項分擔費用等，合計約 3,092 億日圓，占政府開發援助款約 29%。[47] 1990 年代日本在外交政策上，將經濟援助轉化成具有多重意義的政府開發援助；進入 21 世紀，小泉政府更進一步將「環境議題」文化外交的援助金額大幅提升，以彰顯並宏揚具有「綠色地球」與「環保立國」等內涵的普世價值。

　　日本根據《京都議定書》和「為永續可能開發的環境保全計畫」，致力提供政府發展援助，協助已開發國家建立環保能量。相關措施包括訓練 3,000 名開發中國家人士有關空氣污染防治、廢水處理、節能技術、森林保育及造林技術；提供貸款以發揮環保技術；以及派遣日籍人員分享環保資訊與技術。日本一直是「全球環境基金」（Global Environment Facility, GEF）的主要資助國。此一多邊架構由世界銀行、聯合國開發計畫署、聯合國環境規劃署（United Nations Environmental Programme, UNEP）聯合

---

[46] 廣野良吉，〈日本の外交政策と ODA ──半世紀の経験から将来への展望へ〉，頁 22。
[47] 日本外務省，《政府開発援助白書 2006 年版》（*Official Development Assistance*），頁 110。

運作，協助處理氣候變遷、生物多樣性、國際水域及臭氧層議題。同時，日本僅次於美國，是實施臭氧層保護措施的「執行蒙特婁議定書多邊基金」（Multilateral Fund for the Implementation of the Montreal Protocol）的第二大贊助國。[48] 日本在世界環境保護領域的經營與績效，與日俱增。

2005 年 8 月，日本環境省發表「2005-2014 環境國際合作」文件，申明日本今後地球環境保全國際合作的基本方向，期待國際社會擬定具體的實施計畫。[49] 日本小泉政府持續在各種國際會議，提議重視環保工作，並為後《京都議定書》時期，預為規劃更前瞻及更具體可行的內涵，儼然以環保主導國家自居。

防止地球暖化的《京都議定書》於 2005 年 2 月生效。議定書生效必須得到主要國家二氧化碳排出量（1990 年為準），超越 55% 以上國家的簽署。其中以排出量約占 17% 的俄羅斯的簽署，成為最後的難關。關鍵性的俄羅斯簽署的過程中，小泉純一郎首相盡了不少心力。2003 年 6 月 1 日，在法國舉行的主要工業國家高峰會，小泉向初次會面的普亭輕聲說：「《京都議定書》生效與否的鑰匙掌握在俄羅斯手中」。不過，普亭消極的表示：「我不以為議定書有什麼效用，頂多減弱暖化的速度而已。」小泉並沒放棄，第二天趁著布希總統中途離席，再度向普亭表示：「《京都議定書》的批准絕對必要」。普亭說：「會採取前瞻的態度，在成本和效果方面作檢討。」法國總統席拉克很高興的說：「小泉說得好」。其後，俄羅斯雖曾一度表示猶豫與後退，2004 年 6 月 25 日，俄羅斯安全保障會議書記（前外長）謝爾蓋‧伊凡諾夫（Sergei Ivanov），對前往訪問的川口順子外相表示：「不久的將來，會有正面的答覆」。約三個月後，俄羅斯政府簽署了《京都議定書》。[50]《京都議定書》於 2005 年 2 月 16 日生效。簽約國家

48　克里斯多福‧休斯（Christopher W. Hughes），《日本安全議題》（*Japan's Security Agenda: Military, Economic & Environmental Dimensions*），頁 277-278。

49　廣野良吉，〈日本の外交政策と ODA ——半世紀の経験から将来への展望へ〉，頁 22。

50　吉山一輝，〈統統 小泉外交 15：京都議定書批准渋る露説得〉，《讀賣新聞》，2005 年 6 月 15 日，版 4。

有 174 國與歐盟。

　　小泉政府的外交工作，將達成《京都議定書》的生效與付諸實踐列為重點目標；並配合「愛知萬國博覽會」的舉辦（2005 年 3 月 25 日開幕），以地球生態環境維護與環保科技為主題，將日本的美好形象傳送出去。

　　日本愛知縣舉辦的「2005 年日本國際博覽會」，主題為「自然的睿智」（Nature's Wisdom），再加上「人生的藝術與智慧」（Art of life）、「宇宙、生命與資訊」（Nature's Matrix）、「循環再生型社會」（Development for Eco-Communities）等三個副標題。包含主辦國日本在內，共計有全球 121 個國家參加，分別在長久手（Nagakute）和瀨戶（Seto）兩個會場展出，總面積達 173 公頃，是「世界博覽會」舉辦一百五十年以來最盛大的一次，也是頭一次以環境生態主題為訴求的博覽會，吸引 2,000 多萬人次的遊客前來參觀。[51] 這是一次非常成功的博覽會。

　　日本在全球領域，積極倡導環保理念，主持《京都議定書》會議，通過限制二氧化碳排放量的決議，在國內亦大力推動節能減碳運動，無論公共場所或新聞媒體，四處可見宣傳標語，連首相小泉純一郎和安倍晉三，都在報紙的整版防止地球暖化廣告上出現。這在日本與世界各國而言都非常少見。舉辦愛知萬國博覽會，更是傾日本全國之力，大肆鼓吹環保與生態的重要性，同時展現日本高科技的力量。在博覽會場的日本會館即以竹片編成其外型，豐田會館則以高科技的機器人吸引人潮。

　　「愛知萬國博覽會」日本政府代表，原駐印尼大使渡邊泰造（Taizo Watanabe）在閉幕（2005/9/25）前表示：「當今世界因種族、宗教的紛爭，追求發展經濟犧牲自然的結果，受到氣候變遷與天災的威脅。這次的世界博覽會，強烈呼籲與其人類互相爭鬥，不如朝向保護環境與自然共存，從事非常重要的文明交流和國際合作。這次的愛知萬博，同時也是從日本向全球發出普遍性的信念，讓自然的睿智與文明的大交流，成為世界普遍追

51　台灣環境資訊協會，「2005 回顧：愛知萬國博覽會 頌讚大自然的睿智」，環境資訊中心網頁，http://e-info.org.tw/node/1401，上網檢視日期：2009 年 4 月 23 日。

求的理想。」[52] 日本有意樹立環境維護大國的形象，呼籲世界各國重視地球環境維護的價值理念，愛護綠色自然生態，珍惜各種資源與能源的使用，創造發明減少污染環境的設備和器械，研發替代能源，普及太陽能發電設施，降低對石油的依賴，全力促成一個和平安寧和可以永續發展的世界。

石油能源是生產過程中的要素之一，但它會排放溫室氣體，特別是二氧化碳，加速全球氣候變遷。根據由世界科學家組成的「政府間有關氣候變動委員會」的報告，如果依靠石油等石化能源的高成長社會持續下去，本世紀末地球溫度會提高四度。全球水資源會欠缺、穀物生產減少、生物品種四成以上會滅絕。生態系統破壞、傳染病的分布地圖會改變，超出想像的怪異變遷的風險也很高。環保議題已經成為各國政府的施政主軸。日本更是大力呼籲氣候安全的重要性，並界定《京都議定書》的啟發作用。日本重視環保議題，其主要著眼點為，希望在保護生活方式的價值觀上，可以引領風潮；其次，由於減少二氧化碳的配額，使日本環境保護工程技術運用於各國，而產生經濟效益。

《京都議定書》對工業國家溫室氣體的排放量做出具體規範，以減緩全球暖化現象，直到 2004 年俄羅斯加入之後才正式生效，但溫室氣體排放量最高的美國拒絕加入。美國拒絕簽署的理由，係因議定書未對發展中大國如中國和印度的溫室氣體做出規範；而中國和印度為加速其經濟發展，也不願讓步。

2008 年起《京都議定書》進入實施階段，要求先進國家有義務削減二氧化碳等導致溫室效應的氣體排出量。然而，世界二氧化碳排出量（2003年），最大排出國的美國占 23%，尚未加入議定書的簽訂。歐盟占 16%、俄羅斯 6%、日本 5%、韓國與加拿大各占 2%。當中，占第二位的中國 16% 和印度 4%，由於係發展中國家，免除課以應負擔的義務（參見圖 6-2）。因

---

[52] 〈愛・地球博閉幕へ：自然と共存世界へ発信〉，《讀賣新聞》，2005 年 9 月 19 日，版11。

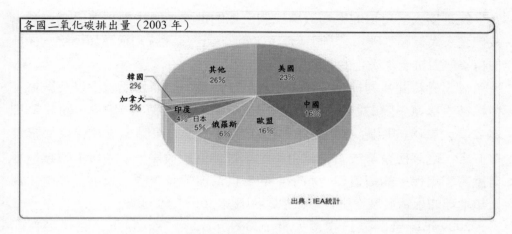

圖 6-2：2003 年各國二氧化碳排出量圖

資料來源：日本外務省，《政府開発援助白書 2006 年版》（*Official Development Assistance*），東京：国立印刷局，2006 年，頁 26。

此，有必要作進一步更合理的規範。

　　2008 年 3 月 31 日起五天，聯合國氣候變遷會議，在泰國首都曼谷舉行，共有 164 個國家的代表參加，為制定一個取代《京都議定書》的新氣候變遷協議展開正式談判。會中決議要在 2009 年底在丹麥哥本哈根舉行的聯合國氣候變遷會議，通過一個對抗全球暖化的新協議，以取代將於 2012 年到期的《京都議定書》。[53] 新氣候變遷協議，將首次納入至今一直拒絕加入的美國，以及中國、印度等主要開發中國家。

　　美國的動向具有指標作用。不過，美國的政治領導人，也會因胸襟導致格局差異，拘泥於國家利益的獨善其身，抑或以四海為家與鄰為善。美國新任總統歐巴馬，較小布希總統更具生態意識與世界觀，他於 2008 年 7 月競選期間，曾在柏林高倡四海一家的理念，表示：「此刻是我們必須攜手拯救地球的時候。讓我們下定決心，不要留給我們的孩子一個海平面上

---

[53]　〈聯合國氣候變遷會議曼谷登場〉，《中國時報》，2008 年 4 月 1 日，版 F2。

升、饑荒擴大、可怕的風暴毀壞我們土地的世界，讓我們下定決心，減少我們送入大氣層的碳。」[54] 同樣是民主黨的歐巴馬總統和柯林頓總統一樣，支持簽訂對抗全球暖化的國際協議。

《朝日新聞》的社論呼籲：「日本從對戰爭的深切反省，以及廣島、長崎被投擲原子彈的體驗，戰後踏出追求和平的步伐。『廣島』可說是日本二次大戰後的原點。同樣的，將 21 世紀日本的原點，放在《京都議定書》上，應該使京都成為跨越百年地球環保的出發點。」[55] 日本朝野似乎有意將「環保」的價值與「和平」的普世價值等量齊觀，或前後呼應，為人類地球的永續發展作出貢獻，以彰顯日本文化大國的地位。

2009 年聯合國氣候變遷大會（2009 年 12 月 7-18 日），在丹麥首都哥本哈根舉行。哥本哈根協議（Copenhagen Accord）規定：發達國家在 2010 年至 2012 年間共提供 300 億美元用於支持發展中國家應對氣候變化，並為此計畫建立「哥本哈根綠色氣候基金」。長期資金規定發達國家在 2020 年之前每年提供 1,000 億美元。[56] 2012 年 12 月 8 日，在卡達杜哈召開的第十八屆聯合國氣候變化大會（2012 United Nations Climate Change Conference）上，本應於 2012 年到期的《京都議定書》，被同意延長至 2020 年。[57]

聯合國氣候峰會更於 2015 年 12 月 12 日，簽訂巴黎協定（Paris Agreement），取代京都議定書，冀望能共同遏阻全球暖化趨勢。協議通過「加強《聯合國氣候變化框架公約》」：把全球平均氣溫升幅控制在工

---

[54] 聯合報編譯，《敢於大膽希望：歐巴馬七篇關鍵演說》，頁 99。

[55] 遠藤健，〈提言 日本の新戰略：2 氣候の安全保障〉，《朝日新聞》，2007 年 5 月 3 日，版 18。

[56] 美寶百科網，「哥本哈根氣候變遷高峰會議」，http://mepopedia.com/?page=380，上網檢視日期：2016 年 9 月 16 日。

[57] 「京都議定書」，維基百科網，上網檢視日期：2017 年 3 月 12 日。https://zh.wikipedia.org/wiki/%E4%BA%AC%E9%83%BD%E8%AE%AE%E5%AE%9A%E4%B9%A6。

業革命前水平以上低於兩度之內，同時認識到這將大大減少氣候變遷的風險和影響。[58] 全球最大經濟體美國和最大碳排放國中國大陸，2016 年 9 月 3 日，於 G20 杭州領袖峰會前，分別將「巴黎氣候協定」批准書交存聯合國，象徵全球氣候變遷協定邁出重要一步。

貳、研發再生能源產業

在地球暖化對策方面，日本在國內累積許多克服公害問題及努力推動節約能源發展出來的優秀技術和知能，在此一領域將日本的技術與經驗，運用到各項支援工作，在國際上居於相對優越的地位。日本根據 1997 年發表的「京都方案」（Kyoto initiative），為提升開發中國家應付地球暖化能力，1998 年至 2005 年間共 1 年，支援 1 萬 5,000 人的人才培訓工作，並累計支出約 1 兆 1,400 億日圓借款，用在實施節約能源、新能源及可再生能源、森林維護及造林等領域的推動上面。[59] 2000 年至 2004 年，日本在能源領域援助的分項內容，包括水力發電（26%）、天然瓦斯火力發電廠（21%）、瓦斯的供應（11%）、燃媒火力發電廠（11%）、輸配電設施（9%）、風力發電（2%）、能源政策及管理營運（2%）和其他各種發電設施（18%）（參見圖 6-3）。

---

[58] 維基百科網，「巴黎協定」，https://zh.wikipedia.org/wiki/%E5%B7%B4%E9%BB%8E%E5%8D%94%E8%AD%B0，上網檢視日期：2016 年 9 月 16 日。

[59] 日本外務省，《政府開発援助白書 2006 年版》（*Official Development Assistance*），頁 27。

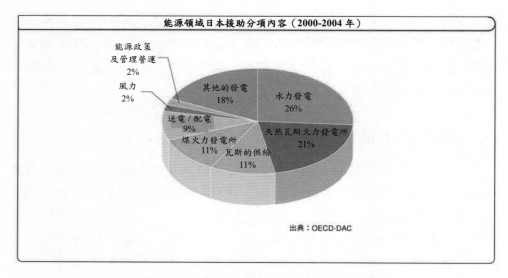

圖 6-3：2000-2004 年能源領域日本援助分項內容圖

資料來源：日本外務省，《政府開発援助白書 2006 年版》（*Official Development Assistance*），東京：国立印刷局，2006 年，頁 29。

　　日本政府開發援助實施的原則兼顧環保與開發的立場，向來重視環境領域的合作，在經濟合作暨發展組織開發援助委員會中，政府開發援助環境部分的比例，日本支援的金額，自 2000 年至 2004 年達到 71 億美元（含無償資金協力與日圓借款），在先進國家中排名最高。[60] 以 2000 年至 2004 年，能源領域各國援助實際成績為例，日本占 50%、美國 24%、德國 10%、英國 4%，其他國家 12%（參見圖 6-4）。

---

[60] 日本外務省，《政府開発援助白書 2006 年版》（*Official Development Assistance*），頁 26、28。

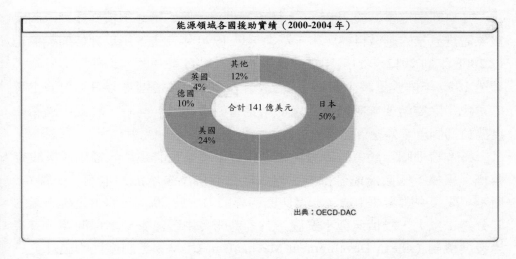

圖 6-4：2000-2004 年能源領域各國援助實績圖

資料來源：日本外務省，《政府開発援助白書 2006 年版》（*Official Development Assistance*），東京：国立印刷局，2006 年，頁 29。

　　日本致力於區域與全球增加處理能源不安的經驗。2002 年 3 月，日本於東京召開「亞洲能源安全研討會」（Seminar on Energy Security in Asia），表示有意和東亞國家共享儲油技術。接著，日本天然資源及能源廳發起東亞雙邊討論，籌設油價大幅上揚時的儲油共享機制。2002 年 9 月，日本在大阪主辦第八屆「國際能源論壇」（International Energy Forum），以期增進能源消費國和生產國之間的合作，並改善能源市場運作。日本藉由政府開發援助計畫鼓勵東亞國家分散能源供給；另外透過雙邊與多邊組織資助中國和印尼水力發電計畫，以及越南水力發電和火力發電計畫。就核能而言，日本透過朝鮮半島能源開發組織做出重大貢獻。[61]日本在能源領域，以科技大國的實力，充分發揮領導作用，無論在東亞地區或世界範圍，均扮演示範與傳承經驗的角色。

---

[61] 克里斯多福·休斯（Christopher W. Hughes），《日本安全議題》（*Japan's Security Agenda: Military, Economic & Environmental Dimensions*），頁 260。

　　《京都議定書》於 2005 年 2 月正式生效，簽約國必須積極達到限制溫室氣體排放量的削減目標比率，基準年以 1990 年為主，用以評估的數值是以 2008 年到 2012 年的平均排放量為對象。以日本為例，其平均排放量必須比 1990 年排放量減少 6%。在這當中，日本以東道國身分有意扮演主導的角色，除委婉要求美國接受京都議定書的規範外；同時，敦促中國和印度擔負抑制溫室效應氣體排放的義務，並提供必要的協助。

　　哥本哈根聯合國氣候變遷會議，發展中國家也必須納入提出減排設定目標。根據英國政府能源部，世界二氧化碳排出量增加的推測，如圖 6-5 所示，開發中國家（中國、印度與巴西等國），於 2025 年將占總排出量的三分之二以上，故情況極不樂觀。為協助開發中國家處理環保問題，有清潔發展機制（Clean Development Mechanism, CDM）等制度性的設計，日本即透過此一機制，參與降低「溫室氣體排放」，與各國合力解決全球氣候暖化的問題。

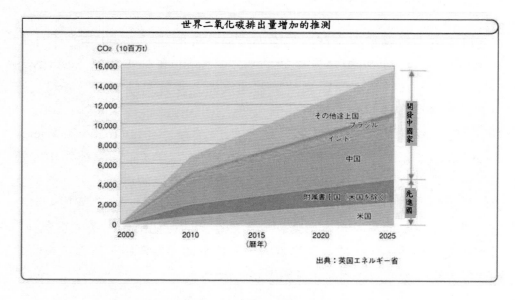

圖 6-5：世界二氧化碳排出量增加推測圖

資料來源：日本外務省，《政府開發援助白書 2006 年版》（*Official Development Assistance*），東京：国立印刷局，2006 年，頁 27。

　　根據《京都議定書》第十二條，日本透過所謂清潔發展機制方式（參見圖 6-6），以先進國家的立場，提供資金和技術，和開發中國家共同進行環保改善措施，溫室氣體削減事業，例如投資水力、風力等清潔能源發電、廢棄物管理或廢熱回收等不同計畫，其減少的二氧化碳等廢氣排放量，可折抵先進國家應該削減的額度。

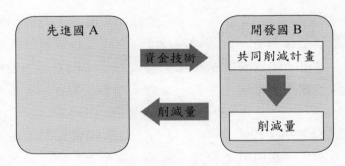

圖 6-6：京都議定書清潔發展機制圖

資料來源：「Kyoto Mechanisms Information Platform」網頁，http://www.kyomecha.org/seido/ s01.html，上網檢視日期：2008 年 12 月 2 日。

　　從各大商社、電力公司、鋼鐵公司到金融業，目前橫跨日本各大主要產業的熱門議題之一就是「溫室氣體排放」的相關計畫。這個表面上看來是環保問題的課題，事實上早已超越單純環保議題範圍，被日本許多企業視為掌握未來經濟發展的關鍵，並在全球與不同國家合作。一場熾熱的商場戰已在激烈地進行中。

　　2006 年 10 月，在日本千葉舉辦第一屆日本可再生能源會議暨展覽會。在展覽會上，來自日本、中國、德國、韓國的太陽能、風能、生物質能等 100 多家企業，如三菱、京瓷、富士、三洋、松下、夏普、豐田、殼牌和 MSK 等都展出了各自的最新技術和產品。參展企業太陽能占 50%，風能占 30%，生物質能占 10%，協會和研究機構等占 10%。三天內大約有

20,200 人參觀。[62] 日本舉辦再生能源會議暨展覽，可知其主導世界再生能源領域研究與開發的決心和積極作為；同時，日本與西班牙並列，為全世界開發乾淨的綠色再生能源最為出色的國家。

2009 年 1、2 月，西班牙的再生能源首度占全國能源產量的 30%，提前完成歐盟要求的目標。歐盟於 2001 年訂定 2010 年歐盟國家再生能源占 30% 的要求，西班牙一馬當先，提前抵達終點。西班牙風能協會指出，2008 年風能替該國節省 12 億歐元（約台幣 537 億元）的進口石化燃料開支，創造 4 萬個工作機會，且整體減少 5% 的二氧化碳排放，為政府與風能創造雙贏。[63] 在「聯合國氣候變化綱要公約」的引導下，含綠色能源的再生能源開發、運用與推廣，今後一定會更加普及並受到各國產官學界的重視。

以中華民國為例。2009 年 4 月 23 日，行政院會宣布，啟動「綠色能源產業旭升方案」，政府分波推動「能源光電雙雄」與「風火輪」計畫，國發基金也將大型綠能產業列入優先投資項目；至 2015 年時，預估綠能產業的產值將達 1 兆 1,580 億元，比目前產值增加 1 兆元，每年可創造 11 萬個工作機會，成為我國新的兆元產業。[64] 再生能源的研發與投資，可降低對石油等造成大氣暖化能源的依賴，並創造新的產業機會，日本在這方面正走在時代前端。

日本積極在削減溫室氣體事業上大量投資，不只是因為《京都議定書》的原因，更是因為他們認為在人類面臨緊迫的環境問題上，相關的環保技術和產業投資是新世代中絕對必須的產業和競爭力。如果說 20 世紀的最後二十年是相關資訊科技（information technology, IT）產業帶動的風潮，21 世紀就將是環保相關技術和產業被大量重用的年代。[65] 其中，太陽光電能

---

[62] 「第一屆日本可再生能源會議暨展覽會盛況」，企博網，http://gim130.blog.bokee.net/bloggermodule/blog_viewblog.do?id=409210，上網檢視日期：2009 年 4 月 19 日。

[63] 〈西班牙風能年省 500 億燃料〉，《聯合報》，2009 年 4 月 18 日，版 AA2。

[64] 〈綠能產業啟動 5 年後產值上兆〉，《聯合報》，2009 年 4 月 24 日，版 A2。

[65] 〈溫室氣體排放權爭奪戰〉，《工商時報》，2007 年 8 月 14 日，版 D3。

源科技的成長更是一枝獨秀。

　　近五年來，太陽能電池的成長率都超過 30% 以上，全球太陽能量 2003 年首度突破 500 百萬瓦特（megawatt, MW），2004 年總裝置量突破 1,000 MW，2007 年的總裝置量可突破 2,700 MW，裝置量的高度成長主要是因先進國家對環保及能源耗竭的重視，如日本早期對太陽能電力的獎勵措施，造成日本成為當時全球最大裝設國，太陽能電池工業獨步全世界。另外，德國自 2004 年起實施新再生能源法，使得當年裝設約達 500 MW，並首度超過日本成為全球最大裝設國；而美國加州 2006 年的百萬屋頂計畫及布希政府的再生能源政策，都使太陽能電池持續的高度成長，再加上受惠於石油價格飆漲、環保意識及《京都議定書》限制工業國家二氧化碳排氣量等因素，未來太陽能電池產業的發展將不可限量，估計到 2010 年總產能將接近 10 億瓦特（gigawatt, GW）。[66] 太陽光電科技之外，風力發電、潮水發電、地熱發電等再生能源，亦均繼續在擴充與研發之中。石油儲存量的日漸減少，石油價格上漲，以及環境污染等原因，使得替代能源的需求日增。另一方面，則是能源的節約使用與避免浪費。全球各大都市車輛進城費的徵收，即其一例。

　　全球暖化日趨嚴重，世界各國厲行節約能源，紛紛研議課徵交通擁擠費，其實在英國倫敦，早在 2003 年開始徵收車輛進城費，現在每輛車的進城費已增至 8 英鎊。倫敦徵收進城費，鼓勵民眾搭乘大眾運輸系統進城，既可紓解交通壅塞，也可節約能源。這筆進城費則用於改善大眾運輸系統。英國政府厲行徵收進城費以來，初期減少入城車輛數高達 25% 至 35%，但長期來看，仍約較往年減少 20% 車輛數進城，可見其成效顯著。[67] 隨著大眾運輸工具的普及，價格便宜又快速，許多大都會區的車輛數，已自然減少，如加收環境費或進城捐，對抑制二氧化碳的排放必有助益。

　　根據《京都議定書》規範，2008 年起到 2012 年，美國、英國、日本

---

[66]　〈太陽光電將投 30 億元擴產〉，《工商時報》，2007 年 6 月 13 日，版 B5。
[67]　〈每車進城費 8 英鎊倫敦進城車輛少 2 成〉，《工商時報》，2007 年 8 月 4 日，版 A8。

等 38 個先進國家，每年的二氧化碳排放量不得超過聯合國事先核定的配額，否則將被聯合國施予鉅額罰款，此一全球熱門環保議題，衍生以碳排放配額作為投資標的綠色商機。碳排放權（註：「權」即「配額」）為何有利可圖？根據《京都議定書》規範，歐美日等國家，若要因應在聯合國事先核算下，該國每年的二氧化碳排放量，不得超過一定數量的新規定，可以有兩種作法：這個富國自己主動減量、幫助其他窮國減量。因為富國幫窮國減量的部分，可以回饋給富國，做為富國的二氧化碳排放新增配額。由於對富國而言，減少二氧化碳排放量的成本很高，協助中國、巴西、俄羅斯、印度等發展中國家，減少境內企業的二氧化碳排放量，成為富國因應之道。[68] 《京都議定書》可說是將原本定性的環境問題用定量的經濟方式，來進行跨國界的重分配、轉讓和交易。溫室氣體減量的部分可被視為公司的有價資產，與其他企業進行交易買賣。

倫敦碳金融市場，不僅交易碳排放量，還包括投資有助於創造額外環保信用的計畫，其崛起大體上源自於歐洲各國政府決定，要開始限制產業的排放量。工廠若污染過多，就需要買更多的許可排放量；效益較高的工廠，則可將多餘的許可排放量轉售。這個制度從 2005 年開始實施，是《京都議定書》條款中的一環，也獲得聯合國的許可。即便如此，仍不免有人質疑，碳金融是否真能促成排放量具體減少，更不要說促成因應氣候變遷所需的龐大經濟轉型。[69] 環保議題愈來愈受重視，碳交易未來有可能是全球最大的商品市場之一。

歐盟推動的這一套《京都議定書》方案，目前事實上已經在操作，歐陸地區已看到一定的減少二氧化碳排放成效，並刺激產業的轉型與節能製程技術的精進。但是排放配額交易制的引進，本質上仍是一種資本主義下的思維和運作模式，其實不無以鄰為壑的意含。而且在企業國際化的潮流下，仍難避免跨國公司把高污染高耗能工廠移往開發中國家以規避減少排

---

[68] 〈京都議定書衍生商機〉，《工商時報》，2007 年 4 月 11 日，版 A5。

[69] 〈買賣二氧化碳排放量〉，《工商時報》，2007 年 7 月 16 日，版 A8。

放二氧化碳的限制。[70] 因此，也有歐洲企業家對嚴格執行環保評估，致使先進國家工業生產受到過度限制的作法，提出無法理解與接受的觀點。

　　法國阿塞洛米塔爾（Arcelor Mittal）公司，為全球最大的鋼鐵公司，在歐洲擁有 13.5 萬名員工。總裁麥可・吾育特（Michel Wurth）表示，歐盟更嚴格的抑制排放量政策可能威脅到該公司兩座工廠，因為成本將大幅提高。這些措施並無法達成對抗污染的目的，反而鼓勵歐洲減少生產並從環保限制較少的地方進口更多產品，這樣的結果「荒謬至極」。[71] 如何合理的規範企業經營的環保標準，的確要從全球層面及實際產生的影響，作綜合考量，以免造成劣幣驅逐良幣的反淘汰作用。

　　日本政府將砸重金帶頭做環保。日本經濟產業省宣布，2007 年起未來五年將斥資逾 2,000 億日圓（17 億美元），協助業者開發價格較低的油電混合車與較環保的燃料，以減少石化燃料使用以及溫室氣體排放。2006 年日本小泉政府設定要在 2030 年前，將該國交通運輸業對汽油及柴油等石化燃料的依賴程度，從目前的幾近百分之百降低到 80%。[72] 日本汽車產業以全世界為競爭市場的思維，投入大量研發經費，使其油電混合車的技術水準遙遙領先。油電混合車輛的研發與替代能源的使用，均是日本政府節能減碳政策的具體實施方案，同時，有降低對外能源依賴的作用。

　　日本政府提倡減少溫室氣體排放量，展現日本解決環境問題的積極態度，以期在 2013 年以後的新國際架構（後《京都議定書》）制訂過程中發揮領導作用。[73] 在「後京都時期」，很可能的發展方向是開發中國家也漸被要求承擔溫室氣體排放的減量目標，如巴西、中國、南韓等經濟快速增加國家。[74] 然而，包括日本在內的先進國家，其環保消費行為遠遠落後於

---

[70]　〈全球暖化議題的新一回策略對抗〉，《工商時報》，2007 年 6 月 9 日，版 A2。

[71]　〈歐盟越環保產業越苦惱〉，《工商時報》，2007 年 1 月 15 日，版 A8。

[72]　〈政府帶頭做環保日本將砸 17 億美元開發環保車〉，《工商時報》，2007 年 5 月 29 日，版 A8。

[73]　同前註。

[74]　莊春發，〈選擇與分配〉，《工商時報》，2007 年 5 月 8 日，版 D3。

開發中國家的事實，卻是一大警訊。

2008 年 5 月 7 日，美國《國家地理雜誌》公布首份全球綠色環保消費行為民調結果，巴西和印度的「綠色指數」並列第一名，中國第三。墨西哥、匈牙利、俄國分列四、五、六名，澳洲、德國、英國並列第七，西班牙第十，其後為日本、法國、加拿大，美國第十四。「2008 綠色指數：消費者的抉擇與環境 —— 全球追蹤民調」調查 14 個國家各 1,000 位消費者，問題包括居家（面積大小和省能程度）、運輸（通勤模式和距離）、飲食（例如是否多吃本地產品）、用水（是否以冷水洗衣）、商品使用（優先選購環保產品、東西壞了是修理還是換新、用品偏愛可重複使用式還是用後即棄式）等。[75] 先進各國政府應鼓勵國民，響應綠色環保消費行為，符合簡樸生活的要求，住家規模不宜過大、偏愛綠色產品、節制使用家電或昂貴的電子設備、多走路與騎自行車或儘量搭乘大眾運輸工具，節能減碳，珍惜資源，為環保工作盡一分力量。

日本在上述民調中排名殿後，原因之一是居家冷暖氣用油太多，食物偏愛豬肉和海產等。日本人生活習慣，一般而言可稱簡樸，居家空間不大，飲食營養簡單，少有胖子。惟隨著社會的進步繁榮，與選舉文化的惡質化，政治人物為討好選民，承諾太多不必要的公共建設，難免浪費公帑，而影響社會整體純樸的風氣。

小泉純一郎首相曾撰文表示，日本為建設公共事業，無論中央和地方都舉債，而且是無法一時償還的債務，將債留子孫，這種不負責任的政治無法讓人信賴。國家年度預算 85 兆日圓中，30 兆由國債支付的現況，讓人看不下去。今天日本經濟發展的停滯其原因在於精神的荒廢。[76] 為打造更美好的明天，兼顧環保與經濟發展，日本必須恢復刻苦耐勞的精神。只圖享受和奢侈揮霍的生活態度，將難以在國際上承擔大國的責任。全民響

---

[75] 〈綠色環保消費巴西印度第一〉，《聯合晚報》，2008 年 5 月 8 日，版 A8。

[76] 小泉純一郎，〈「いまを我慢して明日めざす」精神の復活こそ日本改造 10 年計画の礎〉，《日本の論点 2001》，東京：文藝春秋社，2000 年 11 月，頁 186-187。

應珍惜地球資源，建立永續經營家園的理念，並身體力行，展現公眾文化外交的實質內涵，將是一種無遠弗屆的力量。

第三節　塑造多元開放的形象

　　2007 年 5 月 3 日，日本戰後憲法施行六十年紀念日，《朝日新聞》以「地球貢獻國家」為主題的 21 篇社論，提供建言，規劃「日本的新戰略」架構。其中第 20 篇「柔性權力」論日本的外交，涉及公眾的文化外交的內涵。

　　「柔性權力」一文指出：1. 僅以硬體實力競爭，追求國家利益或國際公益都有極限；2. 在全球領域，發揚日本傳統文化中，無法袖手旁觀、珍惜物力與不氣餒的精神；3. 棄絕造成惡性循環無效的民族主義。[77] 日本以反戰反核的和平主義，濟弱扶傾，推動「人類安全保障」一連串的計畫，並以環境保護的旗手自居，促使國際社會簽訂《京都議定書》，遏止地球暖化，全力帶頭執行節能減碳各項方案，這些都屬國家柔性權力的運用。

　　該文引用德川幕府末期儒學者橫井小楠（Shonan Yokoi）[78]「日本開國之後，不是要成為『強國』，而是要承擔『照顧世界的責任』」的主張，表示日本要扮演救助的角色。只要在世界各處有人受到疾病、貧困、天災、戰火、人權等的侵害，就前往幫助。[79] 日本主流媒體呼籲，日本應承擔國際責任，有以天下為己任、民胞物與的思想，關懷弱勢，在世界各地從事救助工作。然而，外交是內政的延長，入世就不能孤立，日本推動

---

[77]　高成田亨，〈提言 日本の新戦略：20 ソフトパワー─〉，《朝日新聞》，2007 年 5 月 3 日，版 24。

[78]　橫井小楠（1809-1869），是一位主張開國論的思想家與政治家，曾寫詩致贈二位赴美留學的姪兒。詩文內容：「明堯舜孔子之道，盡西洋器械之術，何止富國，何止強兵，布大義於四海而已。」「橫井小楠」，http://www8.ocn.ne.jp/~s-yokoi/，上網檢視日期：2008 年 8 月 2 日。

[79]　高成田亨，〈提言 日本の新戦略：20 ソフトパワー─〉，版 24。

大國外交，發揮柔性國力，在一定程度上必需塑造國內社會多元開放的形象，一方面彰顯日本文化的特色，一方面可以和世界文化接軌。

日本雙日綜合研究所調查群主任經濟分析師吉崎達彥（Tatsuhiko Yoshizaki）指出：「公眾外交係影響或促成其他國家的政府和輿論，以形塑有利於我國政策決定的外交工作。」這是一個比較新的概念，能充分運用的國家並不多，即使是美國或中國亦有待努力。對日本而言，「誠實是最好的政策」，戰略性公眾外交最重要的一點是，樹立「誠實日本」的形象。幸運的，日本人在國際上有「認真、勤勉和正直」的風評，應該在既有的印象中，透過真實的公眾外交，描繪「安靜的秀才」的日本形象，生動的介紹日本文化豐富的內涵。[80]

日本重視公眾的文化外交，本節以「加強國際交流與促進國際化」，以及「調合民族核心價值使具普世吸引力」二個環節為焦點，分析日本刻意塑造自己成為一個民主、多元與開放的社會，並擁有與時俱進的美好形象。

壹、加強國際交流與促進國際化

日本加強國際交流與促進國際化的作法，約有下列數端：其一，增加培訓留日學生數量，推動留學生的交流工作；其二，提升日本國民英文能力，積極融入國際社會；其三，聘請優秀外國青年到日本地方階層從事交換教育計畫，減少與外界的隔閡；其四，在海外普及日語教學，廣結善緣，培養與日本親近的情感；其五，發揮日本文化優勢，彰顯民族魅力，使世界各國人士能夠欣賞日本獨特的真善美；其六，擴增外交部門人員編制，執行包括文化外交在內的大國外交。

---

[80] 吉崎達彥，〈静かな秀才、日本‐戦略的なパブリック・ディプロマシ‐のすすめ〉，東京：《外交フォ‐ラム》（Gaiko Forum），2007年2月号，頁29。

　　日本自 1980 年代以來，積極增加培育各國留日學生，有意促進日本進行徹底改革，適應新的世界；並帶動經濟再度復甦，創造具有活力的多元文化社會；賦予個人力量，鼓舞挑戰的精神，打破社會階層限制，使國民更有效的與外面的世界統合。基於地緣之便，日本留學生亞洲地區占 60% 以上，最多的國家是中國，其次是韓國、中華民國與馬來西亞。

　　美國是世界大國，同時也是追求深造教育學子之聖地，約有 50 萬名外國學生到美國求學，其中許多一流人才自此滯留就業。全世界每一個國家的內閣，幾乎都可以找到美國大學畢業校友的身影。[81] 日本要成為世界大國，在國際政治、經濟、社會或文化上產生特定的影響力，要有一定數量的留學生。日本政府有意通過留學生進行國際交流，培養知日派，成為日本與世界各國互動的優質管道。

　　日本在 1983 年，推動「培訓留學生 10 萬人計畫」，以此方案為基礎，籌劃接納公費留學生、協助私費留學生，施行交換留學生制度，充實留學生研究指導等各種留學生政策，於 2003 年達成目標。此後，留學生數繼續增加，至小泉政府時期（2005 年 5 月）有 12 萬 1,812 人。政府開發援助具體展開的人才培育計畫，針對開發中國家派遣學生赴日留學，設有「無償支援留學生」及「留學生借款」等方案，提供資金 [82]（參見圖 6-7）。

　　日本為協助各開發中國家培育人才，強化其自主性，並透過人員交流的過程，促進相互理解，鞏固邦誼，以二十年的時間，將外國留學生數，從 1 萬多人增加到 12 萬人以上，績效相當顯著。

　　2008 年 1 月 18 日，福田康夫首相在總理施政方針演說中，更進一步表明計畫推動「留學生 30 萬人計畫」方案，預計日本在 2020 年前，接納 30 萬個留學生。文部科學省、外務省等相關 6 省廳，在同年 7 月 29 日策訂完成整個計畫大綱。此一計畫係在全球化進展中，日本向世界展示更

---

[81]　Zbigniew Brzezinski, *The Grand Chessboard*, p .25.

[82]　日本外務省，《政府開発援助白書 2006 年版》（*Official Development Assistance*），頁 100。

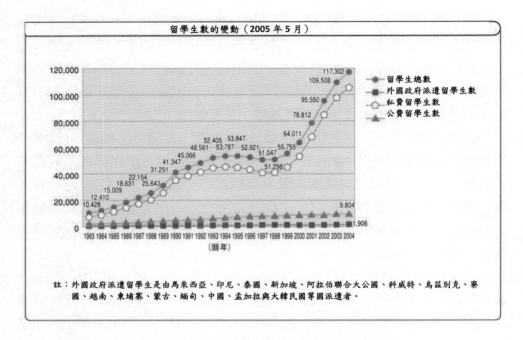

圖 6-7：日本留學生數的變動圖

資料來源：日本外務省編，《政府開發援助白書 2006 年版》（*Official Development Assistance*），東京：国立印刷局，2006 年，頁 101。

為開放的「全球戰略」，以獲得優秀的留學生，對亞洲等世界各國，提供知識性的國際貢獻為目標。[83] 2006 年英國約有 33 萬名留學生、法國有 26 萬、德國 19 萬，中國與加拿大各約 16 萬；2007 年美國有約 58 萬名留學生，日本約有 12 萬名外國留學生（2011 年為 138,075 人 [84]；2015 年 5 月

---

[83] 〈留學生 30 萬人計画とは〉，東京：《外交フォ-ラム》（Gaiko Forum），2008 年 10 月号，頁 34。

[84] 櫻花日語學園，「日本的留學生數」，http://www.sakura-jp.com.tw/overseastudy/knowledge-number/，上網檢視日期：2016 年 9 月 16 日。

有 20 萬 8,379 人[85]），從日本的留學生政策，可以看出在公眾文化外交上，日本有經營大國的雄心壯志。

　　不過，明治大學教授橫田雅弘（Masahiro Yokota）認為，30 萬留學生計畫提出的背景，雖有著眼於在日本少子高齡化時代，確保優秀人才的考量。留學生問題，畢竟與永久居留權和移民問題相關。基於政策的一貫性，學生畢業後如果繼續在日本生活，亦應有支援外國夫婦或家族生活的各種配套措施。10 萬人留學生倍增計畫和 30 萬人的計畫，不單是數量的多寡，其中亦有質的差異存在。[86]日本必須因應比以往任何世代更為開放的局面，才能克服留學生倍增而衍生的種種問題。

　　日本文部科學省認為推動留學生交流，具有三點意義：1. 留學生回國以後，在自己的國家成立留日同學會等組織，等於在留學生母國與日本之間架起一座橋樑，因此能對維持、發展兩國的友好關係作出貢獻；2. 日本的大學通過具有多種文化背景的優秀人才，能刺激日本的教育研究、增加活力。同時，留學生的交流也能促進地方社會的國際化；3. 隨著發展中國家社會與經濟的持續發展，需要具有高度知識和技能的人才，因此接受留學生也是在協助發展中國家培養人才。[87]日本為將來推動外交的便利、刺激教育研究、促進地方的國際化，以及協助各國培植人才等目的，提供各種優惠方案，吸引各國青年到日本留學，展現大國風範。此外，日本對國際學術交流，亦頗為用心經營。

　　日本的對外學術交流，主要採用以下四種形式：1. 共同研究；2. 互派

---

[85] 日本經濟新聞報導，日本學生支援機構（JASSO）統計，包括日語培訓機構在內，2015 年 5 月在日本留學的外國留學生有 20 萬 8,379 人，較去年同期增加 13%。報導指出，在上述超過 20 萬人的外國留學生中，來自亞洲國家的留學生就超過 19 萬人，居壓倒性多數。其中，來自大陸的留學生就有 9 萬 4,111 人。
　　邱國強，〈日本外國留學生 陸生占 45% 居冠〉，中央通訊社，2016 年 10 月 18 日。http://www.cna.com.tw/news/acn/201610180157-1.aspx。上網檢視日期：2017 年 3 月 12 日。

[86] 橫田雅弘，〈「留学生三〇萬人計画」実現のために何が必要か〉，東京：《外交フォーラム》（Gaiko Forum），2008 年 10 月号，頁 28。

[87] 包霞琴與臧志軍主編，《變革中的日本政治與外交》，頁 392。

研究員；3. 參與國際研討會；4. 交流學術信息。1998 年世界上有 103 個國家和地區，與日本的大學和研究機構締結 5,597 個交流協定。和日本締結學術交流協定最多的國家是中國和美國，其次分別有韓國、英國、澳大利亞和德國。[88] 推動國際學術交流，主要目的在提升日本各大學、研究機構的國際級學術能力，並與世界各國相互觀摩與激勵。而且，通過國際學術交流，可提高日本學術界的國際地位，促進國際學術研究的合作。日本爭取聯合國大學設立於東京，亦有相同的考量。

聯合國大學（United Nations University, UNU）[89] 主要研究世界規模有關人類生存、發展以及福利方面的各類問題，總部在日本東京，1995 年，又把「高等研究所」設在東京，說明聯合國在教育與科學研究方面對日本的重視。日本不僅提供總部的設施，還在資金上作了援助。並利用總部設在日本的有利條件，積極地促進與日本學術界的合作。[90] 聯合國以維護世界和平為主要宗旨，聯合國大學之研究主題亦以人類生存、發展及福利議題為中心。這與日本戰後揚棄戰爭追求和平的國策一致。透過學術文化的薰陶，日本可以將和平的理念發揚光大，並化為實際的外交政策加以執行，樹立新的典範。

在世界經濟論壇總會開會，印度與中國一年比一年熱烈發言，對照之下，日本的存在感即顯薄弱。論及強化日本對世界的發言力量，發現深化政策議論的民間智庫或腦力集團的設立，嚴重不足。美國在九一一事件發生後，布魯金斯研究所（The Brookings Institution）或戰略及國際問題研究中心（Center For Strategic International Studies, CSIS）等民間的獨立智庫，

---

[88] 同前註，頁 398。

[89] 「聯合國大學」是一個為達成聯合國憲章所倡導的世界和平以及人類進步事業，針對國際共同的議題進行研究及人才培養為目的國際共同體。聯合國大學根據在 1973 年 12 月的聯合國全體大會上通過的聯合國大學創建決議而成立，全球 12 個國家裡設有 13 個研究培訓中心，並且與多所聯合國大學關聯機構建立合作關係，聯合國大學總部位於日本東京。維基百科網，上網檢視日期：2017 年 3 月 12 日。https://zh.wikipedia.org/zh-tw/%E8%81%94%E5%90%88%E5%9B%BD%E5%A4%A7%E5%AD%A6。

[90] 包霞琴與臧志軍主編，《變革中的日本政治與外交》，頁 400。

立即製成詳細報告，發表美國應該採取的對策。反觀日本，日本國際研究所、和平安全保障研究所，分別與外務省和防衛省關係密切，政府色彩濃厚，而且經費不充分。[91] 對外發言力道不足，一個國家的代表，在國際論壇上要能暢所欲言，其背後必須要有經費充分能獨立研究的國內智庫的支援；此外，提升對外談判的能力，第一線涉外人員的甄選，其英文能力更是不可或缺。在國際化、全球化的時代，英語的重要性隨處可見。日語書籍英譯之相對不足，即其一例。

近二十五年來，日語書籍被翻譯成英語者，僅 2,200 冊。從德語翻譯成英語的有 2 萬 2,000 冊；法語有 2 萬 1,000 冊；俄語有 1 萬 5,000 冊；連匈牙利語和丹麥語，翻成英語的冊數都比日語的多，可知日本資訊發表力之弱化，同時亦失去讓人追求探知的魅力。[92] 長期而言，日文書籍外譯數量有限，會影響世界各國對日本的認識和瞭解，不利於日本外交工作的推展。日本執行大國外交，必須從多面向考量，默默耕耘，長久經營。日語英譯的出版事業，亦是不可忽視的一環。

再者，國際網際網路使用的語言是英語，全球電腦通話絕大部分發自美國，影響到全球會話的內容。[93] 日本重視外語教育，普及中小學，且熱衷國際文化交流，深入地方，冀望不久的將來，多數日本人可以藉著流利的英語，及熟悉與外國人的互動交往，在國際舞台上有更大的成就，展現更多的活力。

國際文化交流不僅在國家的層面，在地方層面上，以公共團體為中心推進國際化，也是日本邁向 21 世紀的一個重要課題。日本在推進地方國際文化交流方面，採用一項頗有成效的手段，那就是「日本教育交換計畫」（The Japan Exchange and Teaching Program, JET）。按照「JET 計畫」來日本的青年，主要從事兩項工作：一項是擔任「國際交流員」，協助推行

---

[91] 三浦俊章，〈提言 日本の新戰略：21 外交力〉，《朝日新聞》，2007 年 5 月 3 日，版24。

[92] 堺屋太一，〈「國家の品質」危機〉，東京：《中央公論》，2007 年 10 月，頁 25。

[93] *Zbigniew Brzezinski, The Grand Chessboard*, p. 25.

地方的國際化。另一項稱為「外語輔導員」，在初中、高中等學校，對日本的學生進行外語輔導。[94] 此一「JET 計畫」得到日本各縣市町村的好評，以後由於地方的要求，邀請人數年年增加，邀請的對象國也不斷擴大。

　　「JET 計畫」是 1987 年開始的，當初從美國、英國、澳大利亞、紐西蘭 4 個英語國家，邀請 848 名優秀的外國青年來到日本，協助推進地方的國際化。據自治省國際室統計，1999 年日本共邀請 5,835 名 JET 青年，他們來自 37 個國家，其中近半來自美國。「外語輔導員」的語言雖然還是以英語為主，但已擴大到英語、法語、德語、漢語和韓語 5 種語言。[95] 2002年，JET 招募外國青年人數，達 6,273 人，為最多的年度，其後緩降，至2006 年為 5,508 人，2007 年為 5,119 人。累計參加 JET 者已有 48,623 人（參見圖 6-8），對日本縣市地方的國際化，有相當深遠的影響。以「JET

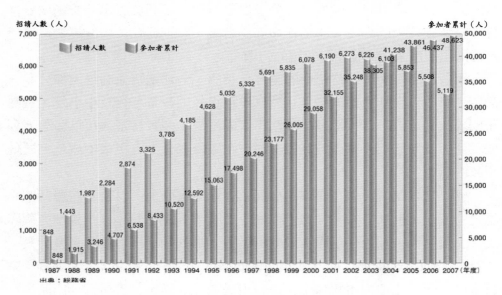

圖 6-8：JET 參加者招募人數及參加者的推移圖

資料來源：日本外務省，「外交青書 2008」網頁，http://www.mofa.go.jp/mofaj/gaiko/
　　　　bluebook/2008/html/h3/h3_20.html#04，上網檢視日期：2008 年 12 月 2 日。

---

[94]　包霞琴與臧志軍主編，《變革中的日本政治與外交》，頁 402-403。

[95]　同前註，頁 404-405。

計畫」來到日本的外國青年，被分派至地方縣市鄉鎮，協助地方階層公共機構的國際化活動，並建立制度；同時教導初高中生學習外語，對日本年輕一代開拓國際視野和習慣與外國人交往助益甚大。

　　相對的，外國人通曉日語者不多，以致日本的文化生活，在很大程度上由於語言障礙傳不出去而與世分隔。日本文化受到大量外國翻譯作品的影響，但日本對外國文化的影響卻微不足道。[96] 因此，日本政府在三十年前，即有意通過對外普及日語，促進外國人認識日本，以利日本文化向世界傳播。

　　根據日本國際交流基金會與日本文化廳的調查，1998 年，在海外學習日語的人數已達 209 萬人。這與日本國際學友會 1967 年統計的海外日語學習人數約 3.7 萬人相比，三十一年來已增加 50 多倍。日本在不算太長的時間內，把日語這門通用性並不強的語言，在海外普及得如此之廣，學習的人數增加得如此之快，這和日本政府以及日本的日語教育機構的體制和採取的推進手段有關。[97] 在海外 2006 年有 297 萬多人在學習日語（參見圖 6-9），學習的目的且已呈多樣化，不僅是為就職、留學等實用的目的，也有對動畫、漫畫的關心，或對異文化的好奇與理解的動機，學習的人變多了。[98] 根據日本國際交流基金，2012 年調查結果為 3,985,669 人，2015 年 3,651,715 人，減少 333,954 人（8.4%）。減少原因主要係中國、韓國和印尼教育課程修改。[99] 儘管學習人數有增減，整體而言，日本推動海外學習日語的績效，相當驚人，這亦是日本從事文化大國外交重點工作項目之一。愈多人認識日本文化，自然愈多人知日，知日的國際人士愈多，愈會傾向支持或贊同日本，讓日本的國際化減少阻力，並增加助力。

---

[96]　賴世和（Edwin O. Reischauer），《日本人》，台北：五南圖書，1991 年，頁 401。
[97]　包霞琴與臧志軍主編，《變革中的日本政治與外交》，頁 382。
[98]　日本外務省，《外交青書 2007》，東京：佐伯印刷，2007 年，頁 175。
[99]　日本國際交流基金，〈2015 年度「海外日本語教育機関調查」結果（速報）〉，2016 年 11 月 10 日，上網檢視日期：2017 年 3 月 14 日。
　　https://www.jpf.go.jp/j/about/press/2016/dl/2016-057-1.pdf。

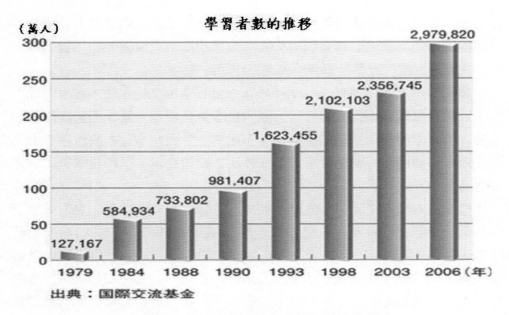

（萬人）　　　　　　　　　學習者數的推移　　　　　　　2,979,820

圖 6-9：海外日本語教育學習者數推移圖

資料來源：日本外務省，「外交青書 2008」網頁，http://www.mofa.go.jp/mofaj/gaiko/
　　　　　bluebook/2008/html/h3/h3_20.html#04，上網檢視日期：2008 年 12 月 2 日。

　　日本在世界各地積極推動日本語教育，以期出現日語的「越境」，並
透過散居世界各地的日本語人口，傳播日本文化，讓渠等扮演日本與他國
間窗口的角色。然而，多數的日語學習人口未能將日語的學習連結後端的
「日本學」的探究，亦令日本公眾外交的效果大打折扣。[100] 日本外務省確
實在「公眾外交」著力甚深，且日本文化等軟實力對國家形象的提升效果，
亦令人印象深刻。文化已成功向全球行銷日本，讓日本成為歐美人士最喜
歡造訪的國家，日本的經濟力也讓日語成功的「越境」，在台北、夏威夷
或巴黎，日語竟成為可溝通的語言。然而，語言的學習並非必然地帶來對
日本的認識與好感。因此，從日本推動公眾外交的經驗觀之，語言學習的

---

[100] 何思慎與何欣泰，〈日本公眾外交的策略與成效〉，頁 12。

推廣與強勢的文化商品行銷，並非是公眾外交成功的保證。[101]

　　有鑑於此，日本政府正提供相關協助，獎勵國外大學或研究機構，從事日本學研究，培育知日人才。在日本交流協會[102]支持下，2009 年 9 月，政治大學成立台灣第一座日本研究中心，以日本政治、經濟與社會等社會科學為發展主軸，透過在相關系所授課、成立資料庫，舉辦學術研討會等，整合學界的日本研究，並成為台灣與日本間學術平台。

　　文化優勢是美國全球權力受到低估的部門。不論你對美學價值有何評價，美國的大眾文化具有磁性吸引力，全世界青少年尤其趨之若鶩。其吸引力可能源自它提出的生活方式具有享樂主義色彩，但畢竟不容否認它們已風靡全球。美國電視節目及影片約占全球市場的四分之三。美國大眾音樂也同樣搶盡風頭，美國的時尚、飲食習慣，甚至衣服穿著都受到全球仿效。[103]世界大國不只是政治大國、經濟大國和軍事大國，往往它也是文化大國。文化生活的潛在優勢，無形中塑造出一個難以撼動的大國地位。文化根據不同的認知，包羅萬象，它也是一種柔性權力。

　　在亞洲國家之中，日本擁有最多潛在的柔性權力資源，它是第一個完全現代化的非西方國家，國民所得與科技都和西方國家並駕齊驅，在此同時，日本仍保有獨特的文化，今天的日本是全世界擁有最多專利的國家；研究發展經費占國內生產毛額的百分比，高居全球第三；國際空運量全球第三；書籍與音樂銷售量位居全球第二；連網主機數量排名全球第二；高科技產品出口量為全球第二；是全世界國民平均預期壽命最長的國家。[104]日本的文化優勢，或許可歸結於日本人喜愛讀書和學習，無論政府與民間皆重視教育的成果。

　　另據日本貿易振興會調查顯示，2002 年日本漫畫卡通相關產業，在美

101　何思慎與何欣泰，〈日本公眾外交的策略與成效〉，頁 13。
102　2017 年 1 月 1 日，交流協會更名為「公益財團法人日本台灣交流協會」（Japan-Taiwan Exchange Association）。
103　Zbigniew Brzezinski, *The Grand Chessboard*, p. 25.
104　Joseph S. Nye, Jr., *Soft Power: The Means to Success in World Politics*, p. 85.

國的市場規模約為 43.59 億美元，包括絨毛玩偶、電視遊戲、電視節目等的造型人物版權收入約 39.37 億美元，錄影帶、DVD 等軟體銷售約 4.14 億美元，電影票房收入約 811 萬美元。日本的文化出口相當於日本對美鋼鐵出口額的 4 倍。[105] 以中華民國而言，台灣地區的「哈日族」青少年，對日本的衣著、打扮、裝飾、音樂、食物和日用品等的喜愛，與流行時尚同步，幾乎沒有免疫力。

日本文化的魅力不僅止於大眾文化，日本傳統藝術、設計和日本料理也使不少外國人趨之若鶩。在文壇，諾貝爾文學獎得主大江健三郎（Kenzaburo Oe）的讀者遍及世界各地；在電影圈，黑澤明（Akira Kurosawa）被譽為有史以來最偉大的導演之一；在古典樂界，曾任波士頓交響樂團指揮的小澤征爾（Seiji Ozawa）舉世聞名。日本古老的心靈修行傳統，例如禪學和武術，也擁有文化吸引力。[106] 日本的各行各業，均以專精為尚，許多人終其一生完全投入一個領域鑽研，自然可以有機會達成世界級的水準。不過，日本文化的困難點在於民族特色遠大於國際化，日本期待保留日本的特色遠高於走向國際化，例如相撲，日本的有識之士還是希望它保持日本的美感，而忽略了缺少一流力士時的國際化必要與時機。

誠然，日本重視文化建設與精神修養，惟日本文化藝術的美，不論茶道、花道、和服、相撲、庭園、建築、繪畫、書法等，均侷限於日本本土，未普及世界。日本的武士道是菁英階級所恪遵奉行的一套行為準則，標榜正義、勇氣、仁慈、守禮、真誠、榮譽、忠誠及自制等德行，有其特殊的價值和成就。不過，那是屬於大和文化的一部分，且易流於偏狹和排外。似櫻花短暫燦爛人生的比喻，也使日本很不容易規劃長遠的外交格局和策略，因為對日本而言，未來充滿不可測的變數。

儘管如此，日本文化廳向外國介紹日本的優秀文化財產，仍然不遺餘力。為加深外國人對日本的歷史及文化的理解，從 1951 年開始，在海外舉

---

[105] 包霞琴與臧志軍主編，《變革中的日本政治與外交》，頁 415。

[106] Joseph S. Nye, Jr., Soft Power: The Means to Success in World Politics, p.86。

辦日本古文化文物展覽，展覽品包括國寶級文物及全國重點文物。1990 年至 1999 年，日本就在海外舉辦了 19 次各類主題的文物展。從 1992 年開始，文化廳還舉辦多次日本古代美術品交流展。[107] 日本為宣揚其獨特優美的文化，促進與世界各國的文化交流，幾乎每年均前往海外，舉辦各種不同性質的展覽與藝文活動，以增加國家的吸引魅力。

　　2002 年是中日邦交正常化三十週年，中日兩國各以「日本年、中國年」為題，舉辦一系列紀念活動。日本國際交流基金會特別把重點放在：1. 以年輕人為對象的活動；2. 地方城市間的交流；3. 運用影視媒體的活動；4. 中日知識對話。日本派出歌劇、歌舞伎、管弦樂、雅樂、偶像劇、流行樂隊、古典音樂等藝術團體，並舉辦版畫展、電影節等，還召開各類有關日本研究的中日研討會。[108] 日本為敦睦邦誼及擴展市場，與中國的互動與日俱增，文化交流亦成為重要的一環。

　　文化外交有其全面性，外交陣線需要許多人力資源。外務省在日本政治中向來十分重要，是日本通往大國之路的關鍵部門。小泉政府時期的 2006 年 8 月，日本決定擴大外務省編制，要逐年增加 2,000 多名外交官。此前，日本外務省編制約 5,500 人，比中國外交部少 1,700 多人。因缺乏人才和經費，日本只能在聯合國 192（2011 年 7 月 14 日南蘇丹加入，目前為 193）個成員國中的 116 個國家設使領館，即在五分之二的國家沒有設立大使館。[109] 惟據最新統計，截至 2016 年 1 月 1 日，日本在外設立 149 個大使館、63 個總領事館及 8 個常駐代表團，共 220 個駐外單位。[110] 日本致力於大國化外交，除政治、經濟、軍事層面，發現以往較受忽略的文化外交工作，益形重要。因此，增設常設外交使團，擴編外交人員數量，強化公眾文化外交工作，實是大勢之所趨。

---

[107] 包霞琴與臧志軍主編，《變革中的日本政治與外交》，頁 388。

[108] 同前註，頁 414。

[109] 趙憶寧，《轉軌中的日本：一個中國記者跨越邊界的國際調查報導》，頁 113-114。

[110] 日本外務省，「日本常駐外交使團數量」，Google 網，上網檢視日期：2017 年 3 月 12 日。http://www.mofa.go.jp/fp/pp/page24e_000157.html。

　　非洲有 53 個國家，面積占全世界的五分之一，人口占 14%，又有經濟開發遲緩、愛滋傳染病、難民、沉重債務及內戰武裝衝突等問題。然而，日本在非洲只開設 24 處大使館（2016 年統計為 31 處大使館[111]），外交官員 295 人。顯然需要調整並強化外交體制。[112] 在非洲地區，中國和美國都設有 45 個大使館。[113] 非洲問題叢生，且距離較遠，日本外務省長久以來，疏於經營在非洲地區的外交工作。不過，為達成聯合國安全理事會常任理事國的外交目標，非洲國家的支持必不可少。

　　日本外務省編制有 5,453 人，與英國 7,261 人和德國 7,478 人的規模相比，並不充分，外交問題堆積如山，人員始終不夠。因此，外務省正繼續努力增加人員，2007 年度再增加 100 人。[114] 各國外交人員總數，依人口一萬人有幾個外交人員的比率，世界各主要國家依高低排序，分別是加拿大 1.97 人、法國 1.5 人、英國 1.35 人、德國 0.97 人、義大利 0.88 人及美國 0.72 人。日本最少為 0.43 人（參見圖 6-10）。

　　日本有意成為大國，增加外交人員，似乎成為另一個潛藏的基本條件，否則難以大幅提升外交工作績效。趁此機會，日本外務省亦可斟酌考慮，大力任用在海外取得學位的日本人，成為外交團隊的一員，或派為政府間國際組織的代表，以擴展國際視野，充實對外交事務的分析與研究能力，強化與各主要國家的互動。

　　日本外務省草擬的 2007 年度預算總額比 2006 年增加 10.7%，即 7,649 億日圓，而主要增長體現在政府開發援助（ODA），增加 5,305 億日圓。日本政府近年強調要削減財政支出和公務員人數，在財政拮据，削減政府

---

[111] 維基百科網，「日本駐外機構列表」，2016 年 8 月 25 日，https://zh.wikipedia.org/zh-tw/%E6%97%A5%E6%9C%AC%E9%A7%90%E5%A4%96%E6%A9%9F%E6%A7%8B%E5%88%97%E8%A1%A8。上網檢視日期：2016 年 9 月 16 日。

[112] 大森茂，〈日本のアフリカ外交と今後の支援のあり方〉，《国際問題》，548 号，頁 56。

[113] 趙憶寧，《轉軌中的日本：一個中國記者跨越邊界的國際調查報導》，頁 114。

[114] 日本外務省，《外交青書 2007》，頁 205。

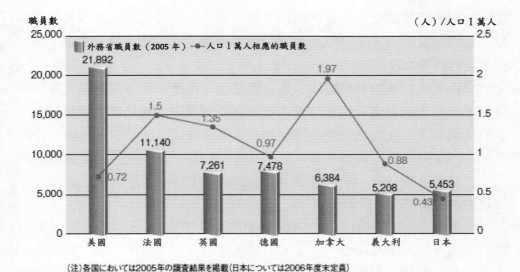

圖 6-10：世界主要國家外交部職員數比較圖

資料來源：日本外務省，《外交青書 2007》，東京：佐伯印刷，2007 年，頁 206。

開發援助呼聲日益高漲的情況下，外務省卻大量增加行政編制以及巨額財
政預算，十分引人注目。可以說，大國意識在日本政界和國民的內心有著
一種特別的位置。[115] 日本外務省提出擴充編制、增加外交人員的目的，是
為牽制中國在非洲地區及蘇聯解體後誕生的波羅的海地區國家中迅速增強
的影響力。此外，意在擴充外交工作的領域，從經濟外交擴展至政治、軍
事及文化外交領域，以建立全球性的大國地位。

貳、調合民族核心價值使具普世吸引力

日本對外為塑造多元開放的形象，突顯其具有與國際社會互動的良好
資質，加強並充實國際交流與促進日本的國際化，呈現有形的文化優勢；

---

[115] 趙憶寧，《轉軌中的日本：一個中國記者跨越邊界的國際調查報導》，頁 114。

並在無形的文化論述上，有意調和以武士道為根基的民族核心價值，使其具有普世的吸引力，以符合在 21 世紀作為一個文化大國，擁有讓世人感動與佩服的精神力量。

文化的核心是哲學價值觀，是一種理念，也是一種信仰力量。就一個民族而言，即是民族的內在特質；就一個國家而言，應是其立國精神。日本的大國外交，在文化上應有類似的根本價值論述，才足以在國際關係的互動中，發揮特定的領袖氣質，產生深遠的影響。日本學界對戰後的日本外交，批判最深之處，恐怕是整個外交工作沒有哲學思想的內涵與動能，以致欠缺大國文化的自信。

東京大學教授渡邊昭夫（Akio Watanabe）指出：日本的外交經常被批判的地方是，沒有理念的外交，或稱為沒有自己主張的外交。要言之，日本只在意賺錢，不知道在這個世界，要達成任何理想的社會目標，要採取什麼行動，或要發出什麼訊息。[116] 戰後數十年間，日本專心於建設和平和富裕的國家，對外關係採取低姿態，思想上並無特別的貢獻，文化上只強調獨自的特殊性，沒有努力於創造與世界各國分享的價值。現在最重要的是，明確化日本在國際社會的思想立場，廣義而言就是文化上的角色扮演。[117] 嚴格而言，日本如果繼續靜默無聲，無法創造與世界各國分享的價值，將難以在 21 世紀的國際舞台，與其他強權一較長短。

神戶大學名譽教授木戶蓊（Shigeru Kido）亦指出：日本政治哲學領域，除外來理念的傳授，全然沒有用心探討培育屬於自己的部分；在國會也沒有真正的政策辯論，政治人物的秘書並非政策智囊，而是選舉策劃的要角。政治領袖到國外去，只是隨意與檯面上的新聞人物握手照相。這種模式並非始自今日，而是長存於日本傳統之中。姑且不論好壞，它是一種

---

[116] 有賀貞、宇野重昭、木戶蓊、山本吉宣と渡辺昭夫，《講座国際政治：5 現代世界的課題》，頁 348。

[117] 入江昭，〈第 9 章 日本外交の批判〉，有賀貞等編，《講座国際政治 4 日本の外交》，東京：東京大学出版会，1989 年，頁 290-291。

不重視原理或原則問題風氣下的產物。[118] 或許是對這種缺陷的彌補，2006年日本數學家藤原正彥（Masahiko Fujiwara）著《國家的品格》，提出他對日本美好典範新的註解。

　　藤原提出日本人獨有的對「情緒」（審美情操）的尊重，並高舉「武士道」的「形」（典範）。[119] 他主張日本人應恢復武士道的傳統美德，以日本特殊的價值觀平衡西方主導的全球化大潮，保持日本國家的品格。[120]「情緒與形」，並不僅限於日本。美好的情緒與形，具有全球通用的普遍性。它重要的理由有六：1. 具普遍價值；2. 創造文化與學問；3. 培養國際人才；4. 擴大胸襟格局；5. 抑制人類本位主義；6. 成為消弭戰爭的手段。[121]這本書出版不到兩百天，銷售超過 200 萬冊，廣泛引起日本人的共鳴。該書最大的特色是，它的論點與主流的普世價值結合。

　　武士道透過各種方式，從發源的階層，經由多種管道向下滲透，在一般平民百姓當中發酵，為所有人民提供道德標準。武士道最初是菁英分子的榮耀，隨著時間逐漸擴大為整體國民的渴望與靈感的啟發。[122] 武士道並非歷史上某一能者，或某一知名人士以個人智慧創造出來的，而是日本武士從長達數個世紀的戰鬥與生活中所蘊育、累積的文化有機生命。對於日本的道德史來說，武士道可能跟英國憲法在政治史上的地位相當。[123] 明治維新時期的啟蒙學者，在西洋「文明開化」的波濤衝擊中，以具有日本獨

---

[118] 有賀貞、宇野重昭、木戶蓊、山本吉宣と渡辺昭夫，《講座国際政治：5 現代世界的課題》，頁 351。

[119] 蔡焜霖，〈中文版導論：用另類觀點挑戰你的先入之見〉，藤原正彥，劉子倩譯，《國家的品格》，台北：大塊文化，2006 年，頁 12。

[120] 于前，〈最暢銷的書：國家的品格〉，《中國時報》，2006 年 12 月 23 日，版 E3。

[121] 藤原正彥（Masahiko Fuziwara），Giles Murray 訳，2007 年，《国家の品格》（*The Dignity of the Nation*），東京：IBC パブリッシング株式会社，頁 188-231。

[122] 新渡戶稻造，《武士道》，東京：岩波書店，1938 年，頁 130。

[123] 同前註，頁 27-28。

特精神的「和魂洋才」[124] 思想對抗。「和魂」即日本傳統的武士道，是日本人品格的象徵。[125] 武士道是日本倫理價值規範的核心，有其特色和優勢，如何將其作現代意義的詮釋，並運用在外交領域，應是日本知識分子責無旁貸的使命。

日本要從歷史的軌跡中，質樸的走出自己的康莊大道，邁步向前。日本並非以哪個「大國」為典範來模仿，而應以成為日本式的一個普通「大國」為目標，正直又有自信，不做不必要的事，毅然勇敢面對應該做的事。[126] 日本的確可以在保留自己觀點的情況下，從容的成為一個大國。當今日本至少需要一、二位世界級的思想家或政治家，來完成這一個艱鉅的使命。

有些學者把日本和中國文明結合名之為遠東文明，但大部分學者不表苟同。相反的，他們認為日本是個獨特的文明，是在公元 100-400 年間由中國文明分出來的一支文明。[127] 每種文化都有其內在價值，只有差異之別而沒有優劣之分。把西方的文化價值觀作為全人類的唯一選擇是不現實的，不科學的，也是沒有道理的。世界各國都在反對世界的單級化傾向，這勢必進一步促進文化的多元化。[128] 今天要強力造成一個單一的世界文明，顯然並不可能。但可以在多元兼容並蓄中，尋求新的融合力量，形成讓各國都可以接受的普世價值。

一個大國應有宏偉長遠的願景和確實可行的階段性目標。日本在外交

---

[124] 「和魂洋才」意指「堅持日本人的精神，學習西洋的學問與知識」。（三省堂，《大辭林》，上網檢視日期：2009 年 1 月 30 日，http://dic.yahoo.co.jp/dsearch?enc=UTF-8&p=%E5%92%8C%E9%AD%82%E6%B4%8B%E6%89%8D&dtype=0&dname=0ss&stype=0&pagenum=1&index=121061800000。）

[125] 岬龍一郎，《日本人の品格：新渡戸稲造の「武士道」に学ぶ》，東京：PHP 文庫，2006 年，頁 11。

[126] 西尾幹二，《日本の不安：世界史の転机に考えること》，東京：PHP 文庫，1993 年，頁 51。

[127] Samuel P. Huntington, *The Clash of Civilizations and the Remaking of World Order*, p. 45.

[128] 郭潔敏，〈文化強權與文化衝突〉，頁 125。

政策上的表現，在生存與發展的前提下，長於見招拆招的適應外在環境的
變化，隨時機動調整，卻難見大格局的戰略布局，及有所為與有所不為的
原則性信念。日本作家長谷川如是閑（Nyozekan Hasegawa）在《日本的性
格》著作中分析其原因，談到日本的地理環境：「日本的地勢南北長，從
北端的寒帶到南端的亞熱帶，氣候差別很大，中央部屬溫帶，氣候溫和，
可是由於地勢狹長，中間縱貫險峻的山脈，兩側土地分向日本海及太平洋
急遽傾斜，缺乏平原；河川除少數外，大多淺而急促，雨量一多，就有氾
濫之虞，加之常有火山、地震和颱風等災害，這些自然條件，殆無法使人
有幽悠的心情，因此日本人往往為一時打算，而不為永遠打算。日本人雖
然敏捷，可是不夠持重，日本人對外界的刺激非常敏感，往往陷於盲目模
仿，日本人還有其他非真正大國民所有的特質。」[129] 今天的日本已經以世
界為舞台，如果無法調整其被生長環境侷限的弱點，難望對國際社會有大
開大闔的建樹。論者分析日本的階層制度，亦可能是使日本無法融入具多
元文化特質的世界。

　　日本人在建構其世界時，無時無刻不顧慮到階層制度。在家庭和人
際關係中，年齡、世代、性別、階級支配著適當的行為。政治、宗教、
軍隊、工業等各種領域內，都有周全階層區分；在上者或在下者如果踰越
權限，都會受到制裁。在國內，階層制度符合人民的意念，因為他們的意
念就是被階層制度塑造出來的；在那裡他們有野心，都是那個世界所能塑
造的野心。但是當日本人把階層制度向外輸出時，它就變成一項致命的物
品。別的國家對日本誇張的聲音，認為是鹵莽，甚至更糟的，而深惡痛絕
之。[130] 基於歷史的經驗，以階層式的觀點看待這個世界，很可能在外交政

---

[129] 何懷碩，〈自卑的罪孽 —— 讀《菊花與劍》隨想〉，潘乃德（Ruth Benedict），黃道琳
譯，《菊花與劍：日本的民族文化模式》（*The chrysanthemum and the Sword-Patterns of
Japanese Culture*），台北：桂冠圖書，1992 年，頁 18。

[130] Ruth Benedict, *The chrysanthemum and the Sword-Patterns of Japanese Culture*, (Boston:
Houghton Mifflin Company, 1946), pp. 95-96.

策的表現上，有如德川時代的大名，會出現對比自己弱小的國家，視為藩臣，對比自己強大的國家，視為朝廷或幕府。在小國的感受中，日本變得盛氣凌人；在與大國交往時，卻缺乏卓然不俗的自信，以致瞻前顧後，不知如何從容應對。

　　不過，日本社會亦非全然沒有平等競爭的文化，它潛藏在表層之下。東京大學名譽教授猪口孝認為：「日本的國民文化一方面在表面上披上所謂的一致性或縱社會、臣民文化等的外衣；另一方面在底層中卻抱有競爭、對立、變革的意識。在家庭、學校或工作場所，雖然強調調和、連帶感、團結，但其實這些可以說是表層的文化，在底層中經常存在著矛盾、不一致、分裂。」[131] 日本外交菁英應該將日本國民文化中，競爭、對立、變革的內在潛意識，完全運用到外交政策的制訂與執行之中，以適應國際環境的矛盾、不一致與分裂多元的特質。

　　舊金山加州州立大學教授大衛·松本（David Matsumoto）在其著作《新日本》中認為，在世代分歧、年輕人反叛及全球化浪潮的推波助瀾之下，其實日本正處於蠢蠢欲動的變遷中。他深感憂心的不是日本不會變，而是變革不可避免，可能造成社會突然失序。松本指出：「日本往昔是一個根同源、單文化的社會，而今它所面臨的最大挑戰可能就是，如何有效肆應隱然成形的文化多元主義，並世世代代對此做出貢獻。」[132] 變革固然會帶來某些混亂或失序，卻是一條必然要經歷的旅程。日本政府已漸進地嘗試更大尺度的開放與迎接變革，前述大量接受留學生的政策，即一顯例。

　　日本模仿外國榜樣和借鑒外國經驗的程度往往因時而異。事實上它是一種鐘擺式的來回擺動，學習一陣子，消化一個時期，然後又重新堅持日本傳統的特點。在現代歷史上，我們可以看到明治維新初期那種幾乎一切都向西方學習的熱情，接著是從 1880 年代開始的強烈的民族主義時期，然後在第一世界大戰後的最初幾年裡又出現一股新的崇尚西方的熱潮，接著

131　猪口孝，《日本：経済大国の政治運営》，頁 64。

132　湯姆·普烈特（Tom Plate），〈等待日本出現變革〉，《中國時報》，2004 年 12 月 27 日，版 A13。

又出現 1930 年代的軍國主義,最後,在美國占領下,外國的影響達到新的高峰,而近年來,這種影響正在讓位給某些更具日本傳統的價值觀念。[133] 不論日本以傳統的價值觀為主體,或傾向崇尚外國的主流思潮,不變的應該是如何日新又新,迎接變革。

與日本的人生哲學相較,禮記禮運大同篇的內涵,是中國自古以來,政治思想家所追求的「天下為公」、「世界大同」理想,實現國家永久和平,社會物阜民豐,百姓安居樂業的境界。北宋哲學家張載所言:「為天地立心,為生民立命,為往聖繼絕學,為萬世開太平。」亦是超越王道,包含天道、人道、道統……等思想的一個理想願景,幾乎是所有中國讀書人內心深處的自我期許,自然孕育出一種知識分子的風骨。有所為有所不為,超越生死的界線,使綿延不息的家(民)族生命,得以存續發展。禮運大同的境界與張載為天地立心為生民立命的思維,以及文以載道、政以德治,這種天下為公的胸襟與抱負,成為中國每一個知識分子人生價值觀的一部分。在 19 世紀中葉與西方國際社會接軌之後,中國的外交政策亦展現同樣的風格,即協和萬邦、濟弱扶傾,以大事小、事小以仁,以小事大、事大以智等的國交原則。處逆境可百折不撓,處順境能顧全大局。這就是一種「柔性權力」。

《朝日新聞》以「柔性權力」為題的社論指出,營造柔性權力需經漫長歲月並投入無限精力,但是很可能瞬間即毀。辛辛苦苦建立的友好關係,由於首相或政治人物的不當說辭與作為,招致他國的憤恨或失信於人,將使國家的「魅力」跌至谷底。英國 BBC 的世界性調查,日本對世界的「良好影響」,連續二年獲得最高評價;不過,中、韓二國卻視日本為「壞的影響」,歷史問題的刺,損傷了日本的柔性權力。其實,對中、韓關係,柔性權力的戰略應更有效。[134] 歷史問題應該可以用更有智慧的方式處理,不必弄得劍拔弩張;寧為玉碎不為瓦全的軍國主義式勇猛慓悍

---

[133] 賴世和(Edwin O. Reischauer),《日本人》,頁 426。
[134] 高成田亨,〈提言 日本の新戦略:20 ソフトパワー〉,版 24。

作風，並非處理外交難題的良策。日本外交領導階層，更應注意日本民族「同一性」的兩刃性。

　　就民族的「同一性」而言，日本民族的確有它優良的一面，但是評論家大野力（Tsutomu Ono）對日本民族在個體表現上的劣根性進行了無情的批判，並指出日本社會「同一性」的弊端。他認為「同一性」培養出來的人常常被別人稱為「強大的集體，軟弱的個人」。「同一性」社會造成日本人強烈的排他情感，很多日本人不能以正常的心態與外國人交往。因為對於一直生活在同一性社會的人來說，不同社會、文化背景的人有一定的威脅性。日本人自古以來就沒有養成與外界交往的習慣，因此缺乏交往的經驗和智慧。[135] 日本的「村」（mura），使日本人在「內」與「外」之間築起一道難以跨越的鴻溝。在歷史上，日本曾不斷地求知識於世界，豐富日本文化的內涵，但日本文化的內向性與封閉性，卻讓日本在與異文化溝通中，陷入「雞同鴨講」的困境。[136] 自明治維新以來與外國的交往經驗，只要用心思考，在政策上落實，應足夠使日本國民調整對外國的不信任感或威脅性。更何況在 21 世紀全球化的時代，開放與多元已經是一種世界的潮流與趨勢。所有的國家都要相互瞭解與尊重，異中求同，一起解決全球各種議題。因此，溝通與來往成為國家生存的基本哲學，無法迴避。

　　日本社會學家作田啟一（Keiichi Sakuta）曾說，如果日本人作為單獨的個體，既不愚蠢，也不殘酷，但如果日本人捲入某個集團，他們就會像狂人一樣行動，集團犯罪是日本人的原罪，日本人對集團犯罪根本沒有免疫力。日本人對規則的重視達到盲目的地步，只要是集團的規則，哪怕有違人性，也要強迫自己服從，以致鑄成滔天大禍。[137] 如何淡化強勢的集體力量，避免集團失控，培育自由多元的言論空間，即屬明智之舉。展望日本未來，個人主義和創新突破的價值觀，應可逐漸淡化集體歇斯底里的瘋狂舉動。

---

[135] 李濤，《大和魂：日本的根性窺探》，北京：中國友誼出版，2007 年，頁 140。
[136] 何思慎與何欣泰，〈日本公眾外交的策略與成效〉，頁 12。
[137] 李濤，《大和魂：日本的根性窺探》，頁 181。

讓強有力的外交發言影響力實現，必須在日本社會先有基於專門學識的寬闊自由的議論空間，可以準備或訓練與價值觀不同的人辯論，並予以說服。日本應該採取的戰略性思考，最終將於日本社會生根茁壯。日本是否自發性的鍛鍊民主主義的內涵，與外交的成功息息相關。[138] 即使有社會位階的差異，相互的尊重才能忍受不同的觀點和立場，這也是民主文化的中心價值。

參、小結

在精神層面，日本沒有哲學內涵創新的普世價值，缺乏經營世界的大格局的理念和氣度，亦無多元文化的包容性，基本上也難以成為國際關係體系中的「文化大國」，但日本有足夠的能力成為一個世界強國或區域大國。

一切文化的核心都是價值觀念，不同文化具有不同的價值取向。沒有強盛的國民精神，就無法應付可能發生的國際性危機，沒有文化含量巨大的商業品牌和向全球輻射的文化傳播能力，一個國家在國際社會的活動能力就大打折扣。大國外交更需要這種公眾文化力量的支撐，方能成就文化大國的風範和內涵。

日本的公眾文化外交，要成其為大，需要有哲學理念的思辨，在武士道的基礎上，讓日本國民共同思考，如何克服「階層社會」的侷限，以平等的精神面對世界；如何避免「集團失控」的狂亂，注入個人主義的成就取向；如何跳脫「同一性」的邏輯，尊重個別差異，擴大容忍的界限；如何調和「忠誠、義理與順服」，認知創新與變革的可貴，鼓勵自由的議論國政與外交；如何欣賞「短暫精緻」之美，同時可以追求「長久宏偉」願景的實現。這樣的一個社會，才能展現真正開放與多元的特質，對世界各國產生號召的力量。

---

[138] 三浦俊章，〈提言 日本の新戦略：21 外交力〉，版 24。

第 7 章

結論

　　本書在理論基礎上以「大國外交」模式為研究架構，並以小泉純一郎擔任日本首相期間（2001-2006）的日本外交政策為研究事例，無論就大國地位的客觀條件，或大國化外交政策的主觀意志，均可驗證 21 世紀日本外交政策確已從「強國外交」的階段，試圖透過日美聯盟邁向影響全球的「大國外交」階段。亦即日本的外交政策作為，屬「準大國」的領域，在某種程度上，可藉添谷芳秀教授的「中等大國」或真鍋俊二教授的「中等國家」說明日本的外交政策。

　　美國學者隆納德・紐克特南（Donald Nuechterlein）分析不變的國家利益，即基礎利益有四，國防、貿易、世界秩序和意識形態的維護與宣揚。[1] 外交工作的第一要義，在維護國家利益。大國外交模式探討的政治、經濟、軍事和文化領域，即與紐克特南所指國家基礎利益的世界秩序、貿易、國防和意識形態吻合。

　　英國國際關係學者愛德華・卡爾（Edward Hallett Carr），強調國際政治須走向現實主義，並係以大國為主的國際政治。他表示政治學研究中，理想主義（卡爾用烏托邦主義的說法）所代表的是政治學的理想目的，現實主義所代表的是事實層面；而國際政治的研究可導向科學化，所以應從烏托邦主義走向現實主義，但是成熟的政治思想是應該融合理想目的與現

---

[1] Donald Nuecheterlein, "The Concept of National Interest: A Time for New Approach," *Orbis*, Vol. 23, No. 1 (Spring 1979), pp. 73-92.

實、應然與實然、主觀與客觀。[2] 在國際關係領域，現實主義的實踐偏向霸權強國的建立，大國外交除需有強國務實的條件和實力，更需強調務虛的理想主義，規劃未來世界的美好願景。

第一節 析論日本大國地位的條件

本書「大國」定義為：「具特定程度以上的人口、領土、資源，並擁有軍事與經濟的優越性，願意提供國際公共財、有遠見創立強化全球長期福祉的建制，且須在文化層面提出具全球格局之普世價值的國家。」在兼具國際關係理論現實主義與理想主義概念的基礎上，對照圖 1-3：「大國外交的基本條件圖」，分析日本從事大國化外交的基本條件，如日本符合大國地位（參見表 7-1）的各分項條件，以「○」示之；如不符合，以「×」示之；介於兩者之間者，則以「△」標示。原則上，大國必須擁有較完全的物質與精神條件，並涵蓋強國的條件。

依據表 7-1：日本大國地位的基本條件表，日本在物質條件方面，基本國力含：1. 國土面積 377,915 平方公里，排名全球第六十一名；2. 人口數量 127,288,419 人，是世界第十名；3. 天然資源缺乏，工業發展所倚賴的石油、天然氣、金屬等大部分都由外國進口，在世界各大國中排名殿後。軍事實力含：4. 2008 年軍費支出 464 億美金，居全球第七名；5. 無航空母艦，不具遠洋作戰能力；6. 沒有核子武器。經濟實力含：7. 2005 年 GDP 為 49,113.62 億美元，居全世界第二名；8. 2004 年出口貿易金額為 5,655 億美元，世界各國中排序第四；入口貿易為 4,545 億美元，世界各國中排序第六；9. 2007 年各主要政府開發援助國家，日本排名第五。綜合以上數據，日本大國地位基本條件的物質實力，其評等中有 5 個○、4 個 ×，應屬「準大國」。即擁有介於「強國」與「大國」之間的國力。

---

[2] Edward Hallett Carr, *The Twenty Years' Crisis, 1919-1939: An Introduction to the Study of International Relations*, (London: Macmillan, 1951).

表 7-1：日本大國地位的基本條件表

王霸區分	格局	國勢	物質條件（務實的實力）		精神條件（務虛的理想）	
			評等	大國的基本國力	評等	大國的精神條件
王道	大	大國	✕	1. 國土面積全球前 10 名。	△	1. 哲學內涵的普世價值：建立自由、民主、平等的憲政制度，尊重人權、追求永久和平等。
			◯	2. 人口數量全球前 10 名。	✕	2. 四海一家的大國格局：為天地立心，為生民立命，近悅遠來、濟弱扶傾、天下為公。
			✕	3. 天然資源全球前 10 名。	✕	3. 多元文化的包容力量：融合各種不同形式的宗教、人文、藝術、社會價值與生活方式。
					△	4. 永續發展的生態理念：倡議節能減碳，維護地球環境，研發替代能源，與大自然和諧共存。
			評等	強國的物質條件	評等	強國的精神條件
（霸道）	（中）	（霸道）	◯	一、軍事實力： 1. 國防預算全球前 10 名。	◯	1. 整軍經武的立國精神：富國強兵，以力服人，成王敗寇，以謀略和計策，遠交近攻，爭取國家最高利益。
			✕	2. 具遠洋作戰能力（航空母艦）。		
			✕	3. 擁有核子武器。	◯	2. 縱橫天下的民族意識：重視文化建設，凝聚愛國熱忱，號召國人以世界為舞台，發揮冒險拓荒的精神，開創新局。

王霸區分	格局	國勢	物質條件（務實的實力）		精神條件（務虛的理想）	
			評等	強國的物質條件	評等	強國的精神條件
			○ ○ ○	二、經濟實力： 1. GDP 全球前 10 名。 2. 全球貿易量前 10 名。 3. 援外金額全球前 10 名。	○	3. 權力平衡的宏觀戰略：參與國際組織，遵守國際公法與國際制度規範，維持國際秩序，追求和平穩定。

> 註：1. 分析日本是否合乎大國地位的相關條件，以「○」表示符合，以「×」表示不符合；介於兩者之間者，為「△」。
>
> 2. 本表係作者自製。

　　茲以相關數據資料，作為「表 7-1：日本大國地位的條件表」（物質條件）之輔助說明。

壹、大國的基本國力

一、「國家面積列表排名」[3]（單位：平方公里）

1. 俄羅斯 17,098,242；　　　　2. 加拿大 9,984,670；

3. 美國 9,629,091；　　　　　4. 中國 9,598,094；

5. 巴西 8,514,877；　　　　　6. 澳洲 7,692,024；

7. 印度 3,287,263；　　　　　8. 阿根廷 2,780,400；

9. 哈薩克 2,724,900；　　　　10. 蘇丹 2,505,813。

二、「2008 年世界人口最多的國家排名」[4]（人口數：億）

---

[3] 維基百科網，「國家面積列表」，http://zh.wikipedia.org/wiki/%E5%9B%BD%E5%AE%B6%E9%9D%A2%E7%A7%AF%E5%88%97%E8%A1%A8，上網檢視日期：2009 年 5 月 14 日。

[4] 文匯報網頁，「世界人口最多的國家排名」，http://paper.wenweipo.com/2007/10/18/CH0710180048.htm，上網檢視日期：2009 年 5 月 14 日。

1. 中國 13.06；　　　　2. 印度 10.65；　　　　3. 美國 2.97；
4. 印尼 2.38；　　　　5. 巴西 1.84；　　　　6. 巴基斯坦 1.59；
7. 俄羅斯 1.44；　　　　8. 孟加拉 1.41；　　　　9. 奈及利亞 1.27；
10. 日本 1.26。

註：「國家人口列表」[5]（人口數：億）

1. 中國 13.81；　　　　2. 印度 13.38；　　　　3. 美國 3.29；
4. 印尼 2.62；　　　　5. 巴西 2.06；　　　　6. 巴基斯坦 1.96；
7. 奈及利亞 1.89；　　　　8. 孟加拉 1.64；　　　　9. 俄羅斯 1.46；
10. 墨西哥 1.29；　　　　11. 日本 1.26；　　　　12. 菲律賓 1.04。

資料日期為 2017 年 1 月 23 日。

三、天然資源全球前十名[6]

1. 美國 392；　　　　2. 俄羅斯 315；　　　　3. 加拿大 211；
4. 巴西 210；　　　　5. 澳大利亞 203；　　　　6. 韓國 107；
7. 墨西哥 106；　　　　8. 英國 105；　　　　9. 中國 103；
10. 印度 103；　　　　11. 德國 102；　　　　12. 法國 101；
13. 義大利 101；　　　　14. 南非 101；　　　　15. 日本 98。

貳、強國的物質條件

一、軍事支出大國（參見表 7-2）

---

[5] 維基百科網，「國家人口列表」，https://zh.wikipedia.org/zh-tw/%E5%9B%BD%E5%AE%B
6%E4%BA%BA%E5%8F%A3%E5%88%97%E8%A1%A8，上網檢視日期：2017 年 3 月 14
日。

[6] 參見表 1-4：世界主要國家綜合國力對比表（2005 年）

表 7-2：2008 年十大軍費支出國表 [7]（單位：億美元）

排名	國家	軍費支出	2007 年排名
1	美國	6,070	1
2	中國	849	3
3	法國	657	4
4	英國	654	2
5	俄羅斯	586	7
6	德國	469	6
7	日本	464	5
8	義大利	407	9
9	沙烏地阿拉伯	382	8
10	印度	300	10

資料來源：瑞典斯德哥爾摩國際和平研究所。

二、航空母艦

　　世界各國海軍現役的航空母艦總共有 20 艘，包括美國 10 艘；印度與義大利各 2 艘；法國、俄羅斯、西班牙、巴西、泰國與中國各 1 艘。建造或維修中共有 7 艘，其中美國 3 艘、英國 2 艘、中國與印度各 1 艘。[8]

---

[7]　陳世昌與王麗娟，〈全球軍費新高 中美支出近半〉，《聯合報》，2009 年 6 月 9 日，版 A12。「2015 年世界國防預算大國排名」（億美元），1. 美國 5975；2. 中國 1458；3. 沙烏地阿拉伯 819；4. 俄國 656；5. 英國 562；6. 印度 480；7. 法國 468；8. 日本 410；9. 德國 367；10. 韓國 335；11. 巴西 243；12. 澳大利亞 228；13. 義大利 215；14. 伊拉克 211；15. 以色列 186。每日頭條網，2016 年 2 月 19 日，https://kknews.cc/zh-tw/military/9l6k8.htmlhttps://kknews.cc/zh-tw/military/9l6k8.html，上網檢視日期：2017 年 3 月 14 日。

[8]　維基百科網，「航空母艦」，http://zh.wikipedia.org/wiki/%E8%88%AA%E7%A9%BA%E6%AF%8D%E8%89%A6，上網檢視日期：2008 年 5 月 13 日 /2016 年 3 月 15 日。

三、核武國家

　　據統計，從 1945 年至今，世界上大約製造了 12.8 萬枚核彈，美國最
多 7 萬多枚，蘇聯／俄羅斯 5.5 萬枚。1986 年左右服役的核彈數量高達
69,478 枚，能把整個地球毀滅無數次。據《俄羅斯報》報導，除了世界上
公認的五大常任理事國是核武國家外，印度、巴基斯坦、以色列也是事實
上擁有核武器的國家。此外，還有約 40 個國家，能夠提煉高濃縮鈾，成為
「核門檻」國家。[9]

四、2005 年 GDP 前十名的國家 [10]

　　1. 美國 132,216.85 億美元 ------ 人均 -43,995 美元；

　　2. 日本 49,113.62 億美元 -------- 人均 -38,533 美元；

　　3. 德國 28,582.34 億美元 -------- 人均 -34,679 美元；

　　4. 中國 26,847.05 億美元 -------- 人均 -2,042 美元；

　　5. 英國 23,413.71 億美元 -------- 人均 -38636 美元；

　　6. 法國 21,537.46 億美元 -------- 人均 -35,377 美元；

　　7. 義大利 17,839.59 億美元 ----- 人均 -30,689 美元；

　　8. 加拿大 10,889.37 億美元 ----- 人均 -32,898 美元；

　　9. 西班牙 10,812.29 億美元 ----- 人均 -26,763 美元；

　　10. 印度 8,000.00 億美元 -------- 人均 -723 美元。

　　註：2015 年 GDP 排名前十名的國家 [11]（單位：十億美元）

　　1. 美國 16197.96；　　　2. 中國 10385.66；　　　3. 日本 4817.52；

　　4. 德國 3373.3；　　　　5. 法國 2565.62；　　　　6. 英國 2532.05；

9　新浪網，「世界核武國家一覽」，http://jczs.news.sina.com.cn/sz/worldnuclear/index.shtml，
　　上網檢視日期，2008 年 5 月 13 日。

10　百度知道網，「2005 年 GDP 前十名的國家」，http://zhidao.baidu.com/question/40169612.ht
　　ml?fr=qrl，上網檢視日期：2008 年 5 月 13 日。

11　百度知道網，「2015 年 GDP 前十名的國家」，http://zhidao.baidu.com/question/12421408353
　　36058499.html，上網檢視日期：2016 年 9 月 17 日。

7. 巴西 2503.87；　　　　8. 印度 2117.28；　　　　9. 俄羅斯 2109.02；
10. 義大利 1953.82。

五、世界十大貿易國 [12]（參見表 7-3）

表 7-3：世界十大貿易國一覽表（單位：十億美元）

排序	出口國	金額	份額	年增長 %	排序	進口國	金額	份額	年增長 %
1	德國	914.8	10.0	22	1	美國	1526.4	16.1	17
2	美國	819.0	9.0	13	2	德國	717.5	7.6	19
3	中國	593.4	6.5	35	3	中國	561.4	5.9	36
4	日本	565.5	6.2	20	4	法國	464.1	4.9	16
5	法國	451.0	4.9	15	5	英國	462.0	4.9	18
6	荷蘭	358.8	3.9	21	6	日本	454.5	4.8	19
7	義大利	346.1	3.8	16	7	義大利	349.0	3.7	17
8	英國	345.6	3.8	13	8	荷蘭	319.9	3.4	21
9	加拿大	322.0	3.5	18	9	比利時	287.2	3.0	22
10	比利時	308.9	3.4	21	10	加拿大	275.8	2.9	13

資料來源：世界貿易組織，「WTO 最新統計：中國 2004 年成為世界第三大貿易國」，2005
年 4 月 19 日，中國有色金屬科技信息網。

六、援外金額全球前七名

2007 年各主要政府開發援助（ODA）國家排名 [13]，依序為美國、德
國、法國、英國、日本、義大利和加拿大。

依據表 7-1，綜合評析日本大國與強國的精神條件，其評等有 3 個○、
2 個 × 和 2 個△。日本精神條件的國力，仍屬「準大國」，即擁有「中等

---

[12]　世界貿易組織，「WTO 最新統計：中國 2004 年成為世界第三大貿易國」，2005 年
4 月 19 日，中國有色金屬科技信息網，http://www.cnitdc.com/tongjishuju/news/2005-4-
19/20050419C101255.html，上網檢視日期：2009 年 5 月 9 日。

[13]　參見圖 7-1：「主要援助國 ODA 實績的推移圖」。

大國」的精神條件。

　　以下將另以相關事證分析，作為「表 7-1：日本大國地位的條件表」（精神條件）之輔助說明。

參、大國的精神條件

一、哲學內涵的普世價值

　　「建立自由、民主、平等的憲政制度，尊重人權、追求永久和平」等是日本憲法的主要內容，和平仍是日本國民追尋的立國重要理念，但對是否修改憲法第九條，在世紀之交成為日本國內一個爭議性的問題。對人權的尊重，有時囿於國家利益，在國際社會仍會受到若干批判。

　　東京大學教授北岡伸一（Shinichi Kitaoka）在其著作《日本的自立》中提到，日本不太可能輕易地通過憲法修正案，惟只要維持下列三個作為：1. 不持有大規模毀滅性武器，包括核武、化武、生化武器等；2. 沒有具備長程攻擊能力，例如洲際飛彈；3. 除聯合國或同盟國要求外，不會在其他國家單獨進行軍事活動。日本還是可以維持憲法規定的和平精神。[14]

　　1973 年 8 月 8 日，韓國前總統金大中被當時的韓國中央情報局從日本東京綁架回國，引起侵犯日本主權的國際事件，同年 10 月韓國金鐘泌總理，正式向日本致歉。[15] 1980 年，金大中因案被捕並以軍法判處死刑，後經卡特總統和雷根總統營救改判緩刑。對這件事，金大中在受訪時表示：「當時，日本政府對主權侵害的主張不遺餘力，但對我個人的人權問題，卻沒盡全力追究。」「國家被尊敬的條件，不是武力或經濟力，而是道德上的優越性。民主主義的核心是人權。能挺身而出維護人權，才能彰顯民

---

[14]　楊鈞池，《從「派閥均衡」到「官邸主導」——1990 年代日本政治體制改革之分析》，頁 270。

[15]　每日新聞網，「韓国：金大中事件 政府が KCIA の犯行と認定〉」，《每日新聞》，2007/10/24。http://mainichi.jp/select/world/graph/20071024/，上網檢視日期：2009 年 8 月 12 日。

主的真諦。」¹⁶

二、四海一家的大國格局

　　「為天地立心，為生民立命，近悅遠來、濟弱扶傾、天下為公」的外交作為，不僅須有哲學素養，且要能洞察歷史興亡之道。日本外交習於「將有利於吾國乎」的原則制訂政策，與上述高邁的思想格局，仍差距甚遠。無怪乎難以理解中國與韓國，為何極力反對日本首相參拜靖國神社，亦不明白美國小布希總統不表示意見，乃是基於美日同盟的邦誼。

　　京都大學教授矢野暢（Toru Yano）指出：日本以「論述的道理」為原理的外交，有其致命的缺點。例如：無法理解別的國家不容易有與日本共同的「論述的道理」；發現外交的對象國家，沒有「論述的道理」，外交的應對就流於恣意放縱。這時外交的對策，立即變成「實力」外交，也就是無法管束的外交，進行強壓式攻擊，最終走向侵略之路；對「國力」和「行動自由」的見解，傾向非現實的計算。會過度膨脹估算自己的「國力」，而輕忽別國的國力，以致「拿下中國」等輕率的舉動就會發生；日本沒有歐美式成熟內涵的外交作為，亦即日本的外交作法不會以合理計算國家利益和國家力量為基礎，展開進退自如的外交，拙於與複數國家為對象，執行柔軟的均衡外交；從缺乏現實感覺產生思考停止或思考過度。無法解讀現實的條件，而形成教條主義理論，變成像是修辭學的文字遊戲。¹⁷

　　哥倫比亞大學教授吉拉爾德・卡提斯（Gerald Curtis）指出，美國關心日本靖國神社問題的人，大別有三種意見。其一，對靖國神社的歷史有研究的人，去過靖國神社內遊就館¹⁸的人，反對首相參拜靖國神社。因為那

16　金大中、岡本厚，〈日本はもっと道徳的に尊敬される国になってほしい〉，東京：《世界》，2008 年 1 月号，頁 41-41。

17　矢野暢，《劇場国家日本 ── 日本はシナリオをつくれるか》，東京：TBS ブリタニカ，1987 年，頁 115-118。

18　「遊就館」為靖國神社內的設施，典藏並展示幕末維新時期至大東亞戰爭（太平洋戰爭）期間，因公殉職者及與軍事相關的資料和物件。1882 年建館，是日本最古老的軍事博物館。日本 Wikipedia 網，http://ja.wikipedia.org/wiki/%E9%81%8A%E5%B0%B1%E9%A4%A8，上網檢視日期：2009 年 8 月 13 日。

兒供奉甲級戰犯的靈位，並展示珍珠港事件是日本為自衛與生存的先制攻
擊的相關文物。其二，此一問題會造成中日關係惡化，非國際政治之福。
特別是會造成欲與中國維持良好關係的美國的困擾。要言之，基於現實需
要反對參拜靖國神社。其三，雖認為不去較佳，但日美關係非常重要，對
小泉首相是否參拜靖國神社，不宜表示意見。布希總統屬這一種看法。但
幾乎沒有聽到表示理解首相的參拜及贊成的聲音。**19**

三、多元文化的包容力量

　　「融合各種不同型式的宗教、人文、藝術、社會價值與生活方式」，
是今天全球化的時代，每一個國家都必須面對的現實。無論政府與人民都
須要有開放與接納的作風，才能生存與發展。日本限制移民、勞工與難民
入境，管制商品流通，與鄰近國家無法友善相處，顯然問題不小。單一文
化的侷限性，很難培養多元文化包容的力量。

　　日本曾任經濟企劃廳長官的知名作家堺屋太一指出：日本外交未建立
新的國家概念，表現在外的是慘不忍睹的狀態。這三十年，日本沒有解決
一件主要的外交問題。例如領土問題，至今仍未與中國、韓國與俄羅斯達
成任何協議。再者，德國早已和法國、波蘭及捷克解決歷史問題；然而，
日本至今仍未與韓國、中國、荷蘭和澳洲解決相關問題。自由貿易協定，
也排名各先進國家之後。今天，日本彷彿處於「半鎖國狀態」，尤其是對
亞洲。日本是世界上唯一幾乎沒有韓國的現代汽車跑在路上，以及中國的
海爾電氣產品未普及的先進國家。**20** 他同時指出：日本在 21 世紀中葉，能
夠繼續維持經濟活力和文化創造性，或許只剩開放移民此一確切的方法。
為避免誤解，應在三年內，針對移民的人數、方式、教育、住宅、僱用及
年金等問題，研議提出使國民可以安心接納勞工移民的可行方案。**21**

19　吉拉爾德·卡提斯（Gerald Curtis），〈二つの大国の共存を考えるべきだ〉，東京：《世
　　界》，2006 年 9 月号，頁 119-120。
20　堺屋太一，〈日本没落の理由：国家コンセプトをつくれぬ政治家、省益共同体に尽くす
　　官僚〉，《中央公論》，2008 年 7 月，頁 28-29。
21　堺屋太一，《あるべき明日：日本 いま決断とき》，東京：PHP 研究所，1998 年，頁
　　286。

日本防衛大學校長、神戶大學名譽教授五百旗頭真（Makoto Iokibe）表示，歷史上，日本與韓國、俄國與中國等鄰近各國的關係，一向並不友好。關係不和睦原因很多，可是如果每一個近鄰國家，都對日本不懷好感，那麼極有可能被認為，日本是個欠缺德行的國家。[22] 首都大學教授鄭大均撰文表示，美國學者杭廷頓指出，日本是個孤立的文明國家，具有文化的排他性，且欠缺與其他文化的連帶性。雖然用意有別，五百旗頭真也認為今天的日本在國際上是孤立的，與其他的文化缺少文化連繫。基本上，是由日本社會的均質性，造成此一現象。[23]

四、永續發展的生態理念

在環境保護議題方面，日本自 1990 年代，即以世界生態環境保護旗手的姿態，主導簽訂《京都議定書》，投入大量資金，積極帶領並呼籲「倡議節能減碳，維護地球環境，研發替代能源，與大自然和諧共存」。惟日本應防止工商企業藉環保議題行擴大商機謀取暴利；也要避免政治力過度介入，作為外交政策運用的工具。

2005 年，小泉純一郎首相在國際博覽會手冊序文表示：「我們為讓小孩子們繼承這個美麗的地球，一定要處理環境問題。匯集人類共同的智慧，學習大自然優美的組合，使環境保護與經濟發展同時成為可能。愛知博覽會以此為宗旨，發揮創意，籌備工作周詳，讓我們共同思考人類與自然共同生存之道。各國政府與民間人士齊聚一堂，同心協力，一定可以找到解決問題的方案。」[24] 博覽會政府代表渡邊泰造（Taizo Watanabe）亦指出：「今天的國際社會文化及宗教對立與紛爭表面化，比意識形態的對抗更嚴重，各國國民相互的理解和交流，變得非常重要。博覽會正提供一個

---

[22] 五百旗頭真，《戰後日本外交史》，頁 257-258。

[23] 鄭大均，〈なぜ帰化は在日のタブ —— となったのか〉，東京：《中央公論》，2008 年 6 月号，頁 132。

[24] 小泉純一郎，〈ごあいさつ〉，《2005 年日本国際博覧会 愛・地球博 公式ガイドブック》，東京：財団法人 2005 年日本国際博覧会協会，2005 年，頁 5。

絕佳的交流機會。[25] 博覽會會長豐田章一郎（Shoichiro Toyoda）認為，21
世紀的一大課題，是人類如何在地球這個大規模的範圍，與自然界相互調
和。以博覽會主題「自然的睿智」為縱，「地球的交流」為緯，世界各國、
不同的國際機構及市民們相互交流，向全球發出人類多種不同文化與文明
共存的訊息。[26]

　　2005 年，日本藉舉辦愛知博覽會，推動綠色地球的概念，提高節能
及降低污染的技術，研發再生能源產業，在環保科技領域開拓新的貿易能
量。小泉政府持續在各種國際會議，提議重視環保工作，並為後《京都議
定書》時期，預為規劃更前瞻及更具體可行的內涵，儼然以環保主導國家
自居。惟一個文化大國，不能予人以藉此綠色生態概念之推廣，營造經貿
利益的普遍化，易言之，必須有不計代價構建綠色理想國的務虛行為，才
配稱大國。

肆、強國的精神條件

一、整軍經武的立國精神

　　無論日本前首相中曾根康弘，或政治實力派人物小澤一郎，均強力主
張修憲，希望日本以「國際國家」或「正常國家」，對國際社會提出符合
其經濟實力的貢獻，亦即成為政治大國，將自衛隊派到世界各地參與聯合
國和平部隊，達到事實上的「富國強兵」目的。「富國強兵，以力服人，
成王敗寇，以謀略和計策，遠交近攻，爭取國家最高利益」等於是建構 21
世紀新日本戰略的主要訴求。

　　中曾根康弘表示，對日本欠缺國家戰略，政治家沒有擔當的批評，源
自日本國憲法係由美國占領軍制訂，當時日本幾乎沒有發言權，日本失去

---

[25] 渡辺泰造，〈ごあいさつ〉，《2005 年日本国際博覧会 愛・地球博 公式ガイドブック》，
　　東京：財団法人 2005 年日本国際博覧会協会，2005 年，頁 5。

[26] 豊田章一郎，〈ごあいさつ〉，《2005 年日本国際博覧会 愛・地球博 公式ガイドブック》，
　　東京：財団法人 2005 年日本国際博覧会協会，2005 年，頁 5。

獨立精神及民族尊嚴，長期功利主義的風潮影響政治家，以致無法獨自策訂長期國家戰略，建立長治久安的根基。在迎向 21 世紀的今天，應摒棄墮落頹廢的精神，修改制訂具有自主性的憲法與教育基本法。從毫無緊迫感、透明性模糊，政治權力不明確的國家體制中脫胎換骨，才能產生適當的國家戰略。[27]

小澤一郎論及國際安全保障的原則，解釋日本國憲法，認為無論是美國或任何其他國家，日本不允許派遣軍隊協助他們自衛。至於積極參與聯合國的行動，即使結果含有行使武力的作為，不僅不牴觸憲法，反而是合乎憲法的理念。換言之，國家自衛權的行使，和國際社會為維護和平與秩序的聯合國行動，是完全不同性質與層次的事情。聯合國的和平行動，超越屬於國家主權自衛權的範圍。[28]憲法第九條明載「基於正義與秩序，誠實的追求國際和平」。為維持國際社會的正義與秩序、衛護和平，日本必須與各國合作發揮最大的功能。自衛隊參加聯合國部隊的和平行動，不只在解釋憲法前言的理念和第九條的規範時行得通，事實上，是在實踐此一理念與規範。[29]

二、縱橫天下的民族意識

今天無論是日本極右派的國家主義思想，或中庸路線的中等國家外交理念，企求引導日本「重視文化建設，凝聚愛國熱忱，號召國人以世界為舞台，發揮冒險拓荒的精神，開創新局」，在新的世紀讓日本民族再度揚眉吐氣，仍是不言自明的願景。

東京都知事石原慎太郎描述，日本的和平主義或憲法第九條是獨善或偽善，在世界行不通。有一個使人願捨棄生命保護的「國家」存在。國家是愛的集合體，是文化、歷史與每個人記憶、人格的寄託。石原有一次

---

[27]　中曾根康弘，《二十一世紀日本の国家戦略》，頁 16-18。

[28]　小沢一郎，〈今こそ国際安全保障の原則確立を〉，東京：《世界》，2007 年 11 月号，頁 150-151。

[29]　小沢一郎，《日本改造計画》，頁 123。

參加日本隊正在爭取參與奧林匹克足球比賽的冠亞軍決戰,勝負未決前,大聲領唱國歌,剛開始體育館只有一部分人唱,後來在很短的時間內,近95% 的人跟著一起高聲大合唱。唱國歌「君之代」,那是對日本文化的愛,對親兄弟的愛,或對自己經歷過的一種集合體的愛。[30]

　　慶應大學教授添谷芳秀卻主張,戰後自吉田茂以來日本一向採取「中等大國」外交,今後也應走中道之路。他認為,事實上冷戰後的日本外交,些許與國內國家主義式的張揚自我主張的氣氛相反,穩健的傾向於「人類安全保障」的工作。雖然許多日本人沒注意而無法理解,在聯合國與多國間協調的場合,日本外交對軍備縮減、防止紛爭與禁止小型武器擴散等議題上,已達成重要的任務,並很踏實的擴大與加拿大和澳洲的合作關係。[31]

三、權力平衡的宏觀戰略

　　在涉外關係中,日本憲法規範的主要內容為「參與國際組織,遵守國際公法與國際制度規範,維持國際秩序,追求和平穩定」,此亦是日本外交政策的三大主軸之一,聯合國中心外交的實踐。日本戰後迄今的表現,已接近國際模範生,惟由於以和為貴的低姿態,或國防依賴美國核子傘保護等,外交欠缺自主性,而有自省的聲音。

　　中曾根康弘在其著作《21 世紀日本國家戰略》中指出,日本在傳統上並不講求國家戰略,如今亦然。那是因為從地緣政治的位置,日本由遠離亞洲大陸的太平洋列島形成,除蒙古外沒有承受來自大陸的侵襲,特別是德川幕府三百年的鎖國政策,與世界各國的關係淡薄。所以,幾乎沒有對外戰略思考的時期,對內則被「以和為貴」的一般情緒所支配。日本是由歷史和傳統蓄積而成的自然國家,無論對內或對外,均顯出穩健、溫和和順從的性格。與此相對,日本和美國、中國和前蘇聯,是性格完全不同的

國家。美國是從英國的基督徒，以理想主義為宗旨建立的契約國家；中國和前蘇聯，是以意識形態塑造的獨裁體制國家，他們和日本比較時，是個人工製造的國家。這些國家的戰略性很強。[32]

　　小澤一郎以民主黨代表的身分，針對日本年輕人宣揚治國理念，論及日本的外交。他表示，阿拉伯世界對歐美不信任，根本問題在於歐美與阿拉伯社會經濟上的落差，以及阿拉伯社會內部貧富差距的問題。結果，貧富不均成為戰爭與動亂的根源。如何解決此一世界規模的貧富差距呢？此一難題不易處理，但這正是日本 21 世紀必須面對的問題。日本戰後五十年，在美國保護下，不曾自問對世界的信念或哲學觀點，但新世紀卻不能如此。日本應以「自立的國家」，對世界有所貢獻。不能只以美國的好惡為依歸，而應仔細思考對世界可以做些什麼。[33]

伍、大國的地位

　　當今世界大國之地位，必有相應的物質條件與精神條件。在物質條件方面，包括基本國力的國土面積、人口與天然資源；足以展現軍事實力的高國防經費預算、遠洋作戰能力與擁有核子武器；具有經濟實力的高國民生產總毛額、國際貿易量與援外能力。在精神條件方面，包括哲學內涵的普世價值、展現遵守國際法、道德倫理與王道精神的格局與異中求同的多元文化等世界主義的觀點。事實上，此一「大國地位」的相關條件，係一理想型的設計，而非毫無彈性的適用。換言之，現實世界的大國，其外交政策之表現，不見得完全符合所有的條件，包括冷戰後的「超級大國」美國亦然。例如美國於 2003 年，以清除大規模毀滅性武器，及反恐怖主義名義，在未獲得聯合國授權的情況下，與英國、波蘭及澳大利亞等國聯軍入侵伊拉克，即與國際法主權獨立、和平解決爭端的原則衝突，美國雖也飽

---

[32]　中曾根康弘，《二十一世紀日本の国家戦略》，頁 14-15。

[33]　小沢一郎，《小沢主義 —— 志を持て、日本人》，東京：集英社，2006 年，頁 162-163。

受批評，但作為一個「大國」，幾乎無人可以否認；另外，冷戰時代的蘇聯，其共產主義的極權統治方式，顯然不符合建設「異中求同包容的多元文化」的條件，但它仍被列為「大國」看待，惟其不符合之處愈多，可能表現該國大國地位愈趨不穩。

　　要成為一個「政治大國」，廣土眾民與資源豐饒，應是必備的條件。日本的基本國力，日本國土面積排名世界第六十一（參見表 1-4：世界各國綜合國力排行榜表），顯然不夠大。雖然核子戰爭的爆發已接近於零，但在可能的大戰中，一個大國的面積應可應付核子戰的第二次攻擊。國土面積不夠廣大，亦影響天然資源的豐足與否，在世界主要十五個大國中，日本的天然資源最為缺乏。

　　一般而言，人口是一個國家能否成為「政治大國」的關鍵因素。英國人口 6,058 萬人排名第二十二、[34] 法國人口 6,507 萬人排名第二十，[35] 德國人口 8,325 萬人排名第十四，[36] 以綜合國力而言，英、法、德三國雖都排於前十名，惟時值今日已難以與廣土眾民的國家比較，轉為需以統合歐洲各國成為歐盟方足以展現大國實力。

　　比日本人口多出 10 倍的大國 —— 中國，雖然世界級優秀人才的比率比日本低，可是總數卻是日本的 3 倍或 5 倍。舉例而言，在運動領域方面，中國的奧運選手代表是從比日本多 3 倍或 5 倍的人口經過激烈競爭選拔，因此水準較高，比日本拿到更多獎牌，亦理所當然。所以，要找出擁有特定能力的優秀人才，如果其他條件差距不大，大集團在競爭上還是占有絕對優勢。[37] 2008 年日本人口 12,776 萬人居全球第十名（2016 年為 1.26

[34] 維基百科網，「英國」，http://zh.wikipedia.org/wiki/%E8%8B%B1%E5%9B%BD，上網檢視日期：2009 年 5 月 14 日。

[35] 維基百科網，「法國」，http://zh.wikipedia.org/wiki/%E6%B3%95%E5%9B%BD，上網檢視日期：2009 年 5 月 14 日。

[36] 維基百科網，「德國」，http://zh.wikipedia.org/wiki/%E5%BE%B7%E5%9B%BD，上網檢視日期：2009 年 5 月 18 日。

[37] 竹內靖雄，《「日本」の終り —— 「日本型社會主義」との決別》，東京：日本經濟新聞社，2001 年，頁 216-217。

億,被墨西哥的 1.29 億超越,排名第十一),惟日本在人口結構上正面臨高齡化與少子化危機,情況若繼續惡化,21 世紀中期日本的人口將比今天減少 30%。不論如何,依基本國力衡量,日本人口數量目前尚符合大國的條件,但就國土面積屬中型國家,天然資源不足需仰賴進口,在新世紀難以成為一個「政治大國」。

至於「物質條件」中的軍事實力,應是成為「軍事大國」或強國的必備條件。一般而言,倘無高額的軍事預算、遠洋作戰的能力及擁有核武,不用說無法成為「大國」,甚至連是否具有「強國」地位,亦成問題。今天的世代,雖然核武近乎備而不用,不過,沒有核武,在國防上易受挾持,甚至被視為被保護國。日本即面臨此等國防困境。米爾斯海默認為日本算不上當今的大國,儘管它經濟富足。因為它的軍事實力相對弱小,靠美國來保護它的安全。因此,均勢在很大程度上等同於軍事實力上的均勢。[38] 日本軍事預算支出排名世界第七(2008),整體軍事實力排名則為世界第五,但尚無航空母艦以支援遠洋作戰,更關鍵的是沒有象徵強權地位的核子武力,因此,在軍事方面也無法被肯定為一個「軍事大國」。

經濟實力中,高國民生產總毛額彰顯一國的科技創新的領先,產業規模的宏大,組織訓練的精良和豐富的生活品質等;對外貿易量愈高,表示這個國家與世界的依存度愈高,自然關心全球事務;援助發展中國家的做法,即為提供國際公共財的方式之一。援外金額居前,願意為國際體系的穩定與繁榮,貢獻心力,救難解困,這是作為一個「大國」或「強國」的必備條件,否則難稱其為「大」或「強」。在國家總體經濟實力方面,日本是世界第二大經濟體(2010 年被中國超越,排名第三);在國際貿易方面,日本是世界第四大出口國,與第六大進口國;對外援助方面,日本為世界排名第五個主要國家。整體而言,日本已是國際公認的世界「經濟大國」。

大多數學者與國際政治人物,仍會習慣性的,以表面的軍事、經濟

---

[38] Mearsheimer, *The Tragedy of Great Power Politics*, pp. 55-56.

力量的規模，來衡量一國國力的大小，判斷其優勢，而忽視其弱點，才
會難以預測蘇聯的崩解。在評估大國權力時，宜避免摩根索所指出的三種
錯誤，即應考量到一國國力的相對性、變遷性和全面性。今天，英國、法
國、德國已非世界大國的事實，正逐漸被人接受，代之而起的是團結的歐
盟。同樣的，我們也不能以日本經濟力量的豐沛，或軍事力量的逐漸壯
大，而誤判以為日本的「經濟大國」表現，就是一個十足的大國。事實上，
在物質層面，日本國土面積狹小，資源稀少，且軍事上無航空母艦遂行遠
洋作戰能力，亦無核武嚇阻力，因此稱不上是個「政治大國」與「軍事大
國」。

　　日本與冷戰時期美蘇二大強國比較（參見表 1-2：冷戰體制下美國與蘇
聯大國特徵表），可看出以下的特色、潛能與弱點：1. 日本在經濟上與美
蘇之實力相當，甚有過之。2. 日本傳統軍事實力具世界級的規模，排名全
球第五，但缺乏核子武力且採守勢戰略。3. 日本非聯合國安全理事會常任
理事國成員，對國際重大政經衝突等問題，難以發揮適當的影響力，因此
對建立或維持新的國際秩序，少一重要著力點。4. 在後冷戰時代多極國際
體系架構中，日本應可形成一股力量，與美國、歐盟、中國、俄羅斯和印
度或巴西等國協議建立新的遊戲規則。5. 日本與美蘇相同，亦重視文化建
設，教育普及國民素質極高，人民喜愛文學、藝術、建築、庭園之美，沉
浸於茶道、花道、劍道、語文及各種傳統技藝之學習，社會和諧，犯罪率
低，是個凝聚力極高的國家。6. 日本雖有足夠的經濟和軍事實力，但受和
平憲法的限制，軍隊無法正式參與作戰，目前僅能擔任美日軍事同盟中後
援補給協助的角色。7. 日本欠缺創新理念，並據此引領世界各國景從。換
言之，沒有足以號召全球的普世價值。8. 日本推崇自由民主法治，以及反
戰、非核與和平，但那是從西方來的制度與理念；日本全力投入世界環境
保護的議題，因應全球氣候變遷，引導通過《京都議定書》，主辦「愛知
博覽會」，惟「環保」的起初倡議者仍是歐洲，而非日本。

　　在靜態面，從大國的條件分析日本是否足以成為一個大國的同時，亦
應從動態面對日本政府在實際外交政策表現上，解說日本小泉純一郎政府

的外交決策，是否符合大國外交的模式。以下分別就政治、軍事、經濟與文化層面予以探討，並作歸納整理。

第二節　小泉政府邁向大國的外交政策

　　冷戰結束，國際體系由二極體系轉變為一超多強體系。九一一事件後，美國出兵阿富汗、伊拉克，加上國內金融次級房貸風暴等因素，美國經濟實力減弱，外交軍事均呈現疲態，需要借重聯合國之力量，國際體系漸次走向多極體系。而多極體系的國際環境與特質，必然對國家的外交政策及作為產生影響。依據權力平衡理論，日本自然會憑藉自身的力量抗衡各國的行為，俾在新國際體系中調整至最佳的戰略地位。小泉純一郎政府正是在此一國際局勢的變遷中，追求其成為「正常國家」的外交目標，經由成為聯合國安全理事會常任理事國、參加聯合國和平維持活動、以政府開發援助方案展現政經實力，並積極倡議環保理念及建立非核家園的普世價值，企圖達到成為「政治、經濟、軍事與文化大國」的國際地位。

　　本文之問題意識，聚焦於小泉純一郎執政期間的外交政策，是否符合「大國外交」之概念與作為？一個國家「大國」與否，須經國際公認，它必須全面性推動大國化政策，其外交政策的內涵，必須同時在「經濟大國」、「軍事大國」、「政治大國」與「文化大國」等不同層面實踐大國格局的外交政策（參見圖1-4）。在政治大國的外交領域，參與規則與議題的設定；在軍事大國的外交領域，展現軍事實力維持各該國際體系的秩序；在經濟大國的外交領域，協助貧困國家，濟弱扶傾；在文化大國的外交領域，宏揚普世價值，樹立典範。

　　小泉純一郎政府的外交政策，根據《外交藍皮書》歸納為四個重要部分，即：1.致力聯合國中心的外交政策。藉改革安理會為由，出任安理會常任理事國，然後以此為憑藉，解決國際協調的問題，確立日本在國際政治領域的主導地位；2.實踐美日軸心的外交政策。參與聯合國和平維持活

動，解決區域紛爭，投入戰後重建，贏得國際社會的尊重與信賴；3. 運用政府開發援助的外交政策。重點由亞洲地區漸次轉至處於困境中的非洲地區，協助開發中國家脫離貧困，建立良好的統治模式和穩定的經濟社會；4. 推廣文化的外交政策。宏揚民主、自由和平的理念，樹立反核反戰、綠色環保等有特色的普世價值。

客觀分析日本的綜合國力，表面上已具大國潛力，各項排序均名列前茅，然而除經濟層面，在國際關係領域，日本政治與軍事層面卻仍依附美國之下，未能獨立自主。嚴格而言，稱不上是個大國，甚至在美國軍事基地與核子傘的保護下，主權是否完整不無疑義。在文化層面，亦常有囿於島國特性，固步自封的舉止。因此，日本有識之士才會大聲呼籲，要成為一個「正常國家」，或更進一步追求「大國」的願景與榮耀。

壹、對小泉政府外交政策的綜合評價

小泉純一郎的外交政策，在日本國內的綜合評價，包括：小泉是個煽動家、無長遠施政措施、擅於劇場表演政治、走民粹主義路線、外交向美傾斜政策貧乏、以權力均衡處理國際政治問題、政治領袖的歷練不夠完整，難以綜觀大局等。整體而言，負面多於正面，卻在日本渴望成為「大國」的民族主義情懷下，擁有高民意支持度。

政治新聞記者岩見隆夫（Takao Iwami）表示，小泉純一郎施政的內容問題頗多，但對作為一個煽動家而言，他是個天才。麗澤大學教授松本健一（Kenichi Matsumoto）指出，小泉領導長期政權，卻沒長遠考量的政策措施，只給人經常在是非場合和人吵架的印象。政治分析家伊藤惇夫（Atsuo Ito）評曰，小泉政治是煙火大會，不斷的施放新的煙火，讓觀眾激賞。不過，實際上留下的盡是貧富差距擴大的負面結果，沒什麼正面的建樹。[39] 整體而言，以 3 顆星為滿分的評比標準，岩見隆夫給小泉 3 顆星，

---

[39] 岩見隆夫、松本健一と伊藤惇夫，〈政治家ミシュラン－この国のリーダー五人の通信簿〉，東京：《中央公論》，2008 年 7 月，頁 46-47。

松本健一給 2 顆星，伊藤惇夫給 2.5 顆星，合計 7.5 顆星，比起福田康夫的 4 顆星和麻生太郎的 5 顆星，小泉在一般日本人心目中仍然是個不錯的政治領袖。

小泉純一郎不聽別人的意見，執意參拜靖國神社，中曾根康弘認為：「簡單的說，那是民粹主義。小泉政府無論內政外交都是形式主義，沒把握住日本的綜合主體性」。他另外指出：「小泉對美外交在社交面是成功的，但欠缺從日本方面推動，積極的具有戰略性的外交，有向美國一邊倒的傾向。雖說美日雙方領袖關係良好，然而在外交上，美國布希政府較深謀遠慮，小泉政府顯得政策貧乏，只靠著直覺單打獨鬥。」[40] 小泉行事風格特殊，善於單打獨鬥，既不徵詢學者專家意見，也缺乏自民黨或官僚體系等組織的奧援，以致整體外交政策顯得較無深度。

慶應大學法學部教授細谷雄一（Yuichi Hosoya）指出，英國首相東尼‧布萊爾（Tony Blair），論及世界秩序時，他的思想中存著「國際社區」的概念，在區域而言是歐洲聯盟的統合，在全球而言是重視聯合國的架構。與此相對，小泉首相基於「權力均衡」的實力關係探討外交，是以輕視「東亞共同體」或聯合國的團結與合作，成為某種程度的必然。小泉首相認為只要日美關係穩固，日本的對外交涉力量即可隨之增強。將東亞各國互動視為勢力均衡的角逐，自然重視「對美基軸」的外交，以為這樣可以強化日本的國力。[41] 小泉外交的弱點，其實也一向是日本外交的罩門，亦即長於雙邊外交，而不擅於多邊外交。

慶應大學教授小林良彰（Yoshiaki Kobayashi）指出，歷代首相多數擔任過大藏大臣、外務大臣、通產大臣或官房長官，但小泉首相無此歷練，只任職厚生大臣和郵政大臣；同時在就任自民黨總裁之前，也沒當過幹事長、政調會長與總務會長的職務。因此，雖有郵政領域的長才，卻難以綜

---

[40] 中曾根康弘‧橋本五郎，〈小泉君、外交からポピュリズムを排除しなさい〉，東京：《中央公論》，2005 年 8 月，頁 45。

[41] 細谷雄一，〈小泉純一郎とトニ‐ブレア〉，東京：《中央公論》，2006 年 7 月，頁 224-226。

觀全局，站在體系的立場思考問題。[42] 顯然，小泉純一郎的領袖歷練不完整，因而造成政策決定不夠純熟；然而，有一弊亦可能有一利，他憑直覺和敢衝的勇氣，二次前往北韓訪問，差一點敲開北韓深鎖的門戶。

　　綜合評價，小泉純一郎政府的外交整體表現，應是瑕不掩瑜或功過參半。對美與對歐外交是成功的，對中國、韓國的外交是失敗的。不論如何，日本的大國形象，在小泉純一郎政府的領導下，比他上台前更加耀眼，則是無法否認的事實。

貳、尚待經營的政治大國外交

　　小泉純一郎執政期間，最具關鍵地位的外交使命，應是矢志成為聯合國安全理事會的常任理事國。亦即「聯合國中心的外交」，是小泉政府外交政策的核心工作。

　　小泉政府政治大國外交的成效，列舉如下：

　　一、小泉純一郎出國 51 次（兩國間會談 154 次）。訪問國家次數達 81 次，實際到過 49 國。

　　二、2002 年 9 月 13 日，小泉純一郎總理在聯合國大會發表演說。他強調，聯合國改革應包括安全理事會的擴大，以及舊敵國條款的刪除；2004 年 9 月 21 日，小泉純一郎總理在聯合國大會發表演講指出，相信日本扮演的角色，已提供一個符合成為安理會常任理事國的堅實基礎。

　　三、2004 年 10 月 16 日，聯合國大會選出日本、阿根廷、丹麥、希臘和坦尚尼亞五國為安全理事會非常任理事國，這是日本第九度獲選為安理會非常任理事國（此後，日本又二度當選）。[43]

[42] 小林良彰，〈創造にいたらぬ破壞：總括・小泉政權の四年半〉，東京：《世界》，2005 年 9 月号，頁 157。

[43] 2015 年 10 月 15 日，第七十屆聯合國大會選出 2016-2017 年度安理會非常任理事國，由日本、埃及、塞內加爾、烏拉圭和烏克蘭等五國當選。日本曾 10 次擔任非常任理事國，最近一次是 2009 年至 2010 年；日本政府計畫推動「入常」，也就是爭取成為安理會常任理事國。有分析認為現階段入常仍然困難，但成為非常任理事國能讓日本有機會推動聯合國改革。「日本當選非常任理事國 爭取聯合國改革」，2015 年 10 月 16 日，東森新聞雲，http://www.ettoday.net/news/20151016/580827.htm。上網檢視日期：2017 年 3 月 12 日。

2005 年為聯合國成立六十週年，9 月 13 日，聯合國發表特別高峰會「成果文件」。其中，關於聯合國改革案重點有二，一為允諾接受機構監督、外界稽核及調查；二為對日本等國提出的安理會擴充案僅表示支持早日進行改革。

檢視小泉政府是否在政治大國的領域，參與規則與議題的設定，答案是否定的。小泉政府沒有達成成為聯合國常任理事國的目標，在國際政治領域仍然與從前一樣，須透過非常任理事國的角色與地位，參與國際規則與議題的設定，嚴格分析，日本並未完成政治大國的外交使命。日本有必要從睦鄰政策開始調整，審視其對歷史問題的認知，誠摯的反省二次世界大戰造成的錯誤，完成總清算，才能真正重新出發，開創大局。

日本要成為一個政治大國，在領土面積與人口數量上，產生一些制約。日本國土面積 37.78 萬平方公里，比美國最大州加利福尼亞州的 41 萬平方公里還小，也比中國第五大省四川省的 48.5 萬平方公里為小。在世界各國中排名第六十一位，是各項大國要素中最弱的一環。國土面積狹小，自然資源貧乏，對國力的發展是直接而且永久的一個限制。

其次，日本和歐洲一樣，都面臨嚴重的人口問題。到 21 世紀中期，除非吸引到 1,700 萬移民，日本的人口會比現在少 30%，對這個長久以來抗拒移民的國家，將是極大的挑戰。今天日本面臨的人口問題，倘若無法解決，國力不免趨緩，甚至走向衰微。

從日本外交藍皮書中可以看出，日本外交政策有其一貫性。日本自 2001 年新世紀開展以來，作為亞洲太平洋主要民主先進國家，及世界性的領導國家，希望憑藉厚實的經濟與科技實力，在國際合作中發揮領導力，對建設世界有所貢獻。

日本對安理會改革的政策性論點，主要可從小泉首相數次在聯合國大會發表演說中得悉。他表示，日本可在反恐戰爭、追求和平穩定的國家建設、兼顧環境與開發，以及核子軍備緊縮等方面有所貢獻；並強調，聯合國改革應包括安全理事會的擴大。小泉亦指出，在聯合國安理會維持國際和平與安全的工作，日本扮演的角色變得愈形重要。事實上日本在這方面

的相關作為，已提供一個符合成為安理會常任理事國的堅實基礎。

　　日本的經濟實力早已是世界第二，更是最大的債權國，全球發生任何狀況，產生任何議題，日本均難脫干係。然而，由於沒有聯合國安全理事會常任理事國的身分，在國際政治領域，無法參與議題的設定和引導，只能被動的配合安理會的決議行事。日本即使是當選九屆非常任理事國，情況依然未變。有關安全議題的討論與決策、動亂地區派遣聯合國和平部隊、紛爭後的民主重建等，往往只能扮演置身事外、聽候差遣的角色。今天的日本雄心萬丈，不甘雌伏，於是興起走向獨立自主的外交路線。日本希望在聯合國最具影響力的組織中，與當今世界大國平起平坐，以實現「政治大國」的願望。安理會改革案的提出，正是日本等待已久的機會。

　　日本民意普遍支持政府積極成為聯合國常任理事國的外交政策，惟在小泉純一郎首相領導下，2005 年聯合國六十週年的既定目標，仍以頓挫告終，檢討日本「入常」失策的各項因素，主要可歸結為東亞外交戰略的失衡。

　　日本前首相中曾根康弘批評小泉純一郎政府的外交政策，認為是「欠缺展望的東亞戰略」。他認為：「處理聯合國改革的問題，小泉首相沒有中長期戰略。既然以成為聯合國常任理事國為目標，就要和中國、韓國敦睦邦誼，不應反打對峙的外交戰略。」小泉政府的外交政策，在對美協調上大有進展，建立二次大戰以來最親近的美日關係，惟在成為亞洲一員的外交上，整體而言，則少有建樹，甚至呈現倒退的局面。

　　相較於日本民眾普遍贊同加入聯合國安全理事會成為常任理事國，中韓方面則無論官方或民間都持反對的立場，特別是民間社會一般大眾的情緒更是慷慨激昂，紛紛透過網路或示威遊行等方式明顯表達反日的意見。2005 年 4 月 18 日大陸十多個城市爆發反日示威遊行，以深圳的規模最大，超過 3 萬人參加，民眾攻擊日資公司，破壞日貨廣告，多次與警方衝撞。

　　日本誠然一向缺少有遠見、有魄力的政治領導人物，小泉純一郎好不容易勇於改變舊日過度慎重的外交作風，配合美國反恐戰爭，參與聯合

國和平活動，並積極投入安全理事會改革，明言有意問鼎常任理事國的大位。另一方面卻刻意與中國對峙，遠交近攻，藉對外關係的緊張，凝聚民心士氣維持其施政支持度。然而此舉可謂有勇無謀，最後導致其主要外交政策目標「入常」的失敗。

參、舉步維艱的軍事大國外交

日本鎖定聯合國作為提升外交能力的工具，而不致違背先前的態度和理想。因此，1990 年代，日本積極讓軍事人員參與聯合國的維和行動。1992 年，日本外務省和防衛廳，促使國會同意日本軍隊參與這類行動。通過《聯合國維持和平活動法案》（PKO Bill），正代表日本已脫離過去，開始派遣自衛隊參與聯合國在柬埔寨、索馬利亞、莫三比克和中東進行有限度的行動。在聯合國旗幟下，透過參與維持和平活動，一個嶄新的日本正在形成。

小泉純一郎政府軍事大國外交的成效，列舉如下：

一、2001 年 10 月 5 日，日本政府內閣會議通過派遣自衛隊支援美國軍事行動以及救濟難民的「恐怖對策特別措施法」，以及能派遣自衛隊護衛駐日美軍基地等的自衛隊法修正案。

二、2003 年 7 月 4 日，日本眾議院於通過「伊拉克復興支援特別措施法」。自 2003 年 10 月下旬展開部署，派遣 1,000 多名自衛隊員協助重建慘遭戰火蹂躪的伊拉克。

三、2006 年 6 月 29 日，小泉純一郎首相與美國布希總統於華盛頓白宮會談。會後，二位領袖發表「新世紀同盟宣言」，稱：美日兩國將在政治、經濟、安保各方面深化合作，成立 21 世紀新的日美同盟。

檢視小泉政府是否在軍事大國的外交領域，展現軍事實力維持國際體系的秩序？答案是部分達到上述的境界。日本的自衛隊曾數次參與國際救災行動，1992 年起亦開始正式派兵至海外參與聯合國和平維持行動。在伊拉克戰場，日本於 2006 年 7 月把陸上自衛隊全部撤回；航空自衛隊亦於

2008 年結束在伊拉克的空運任務。2009 年 11 月，日本政府提供 50 億美元的經濟援助，協助阿富汗人民重建生活，以取代 2010 年 1 月中止的印度洋海上加油支援行動。日本派遣自衛隊赴海外執行任務，雖已漸漸得到國民的認同與支持，但都是附有條件的、有期限的、隨時接受檢驗的。

　　日本要成為一個「軍事大國」，最根本的難題是如何處理憲法第九條與日漸壯大的自衛隊之間的法理適用。採取正式修憲，或以形成憲政慣例，或以釋憲方式，在合情合理合法範圍內，逐次放寬對自衛隊行動的限制。

　　2008 年 4 月 8 日，日本《讀賣新聞》公布最新民調結果，顯示民眾對修改非戰憲法的熱潮退燒，反對修憲者達 43.1%，贊成者為 42.5%，反對者比率超越贊成者，是十五年來首見。針對日本憲法限制日本軍備並禁止日本重新使用武力的第九條條文，受訪者更一面倒的贊成予以保留，贊成保留比例高達八成二。

　　日本戰後憲法於 2017 年 5 月 3 日實施屆滿七十年，《朝日新聞》發布民調顯示，有 89% 日人認為目前憲法「對日本來說很好」；50% 民眾認為「沒有必要修改」，去年為 55%；41% 民眾認為有必要修改，去年為 37%。《每日新聞》民調顯示，贊成修改憲法第九條的僅有 37%，較反對的 46% 受訪者為低。惟《京都新聞》公布的民調，有 49% 的受訪者贊成修改憲法第九條，47% 反對。雙方的聲浪僅在伯仲之間。

　　日本自 1992 年開始派遣自衛隊官兵至柬埔寨，其海外參與聯合國維持和平行動已相沿成習，雖尚未將之列為自衛隊的「份內任務」，仍僅視為特殊任務，但其條件已逐漸放寬，海軍艦艇也已從南海駛向印度洋並進入波斯灣。自衛隊的下一個目標，應是允許參與「國際安全集體行動」，亦即在聯合國集體安全制度設計下，因國際爭端擴大，而和平手段又無法解決時，配合安理會為維持或恢復國際和平與安全，所採取的陸海空軍事行動。

　　小泉政府的大國化外交政策，包含「軍事大國」的外交，要設法使日本的軍隊在國際安全體系中，發揮穩定作用，做出國際貢獻。它雖非

如現實主義學派主張，直接以軍事實力展現國力，甚至有威嚇或對抗的姿態，但建立國家威望與保護國家利益的目標卻是一致。九一一事件發生，國際戰略形勢為之丕變，日本必須配合美國的全球反恐作戰。阿富汗戰爭爆發，日本派自衛隊遠赴印度洋，目的是為了支援阿富汗戰後和平重建，與繼續打擊恐怖主義。自衛隊派赴海外的行動，完全由小泉政府計畫與推動。

小泉政府的大國化外交政策，包含「軍事大國」的外交，要設法使日本的軍隊在國際安全體系中，發揮穩定作用，做出國際貢獻。它雖非如現實主義學派主張，直接以軍事實力展現國力，甚至有威嚇或對抗的姿態，但建立國家威望與保護國家利益的目標卻是一致。九一一事件發生，國際戰略形勢為之丕變，日本必須配合美國的全球反恐作戰。阿富汗戰爭爆發，日本派自衛隊遠赴印度洋，目的是為了支援阿富汗戰後和平重建，與繼續打擊恐怖主義。自衛隊派赴海外的行動，完全由小泉政府計畫與推動。

2001年11月25日，日本派三艘自衛隊軍艦，擔任美軍後方支援及輸送難民救援物資，在阿拉伯海支援美軍航空母艦戰鬥群的給油任務，並接替三艘已在印度洋上執行情報蒐集等活動的軍艦。這是自衛隊成立以來，第一次在戰時支援他國的軍事行動。日本的海上自衛隊由近海走向大洋，超出1,000哩的安全維護航線。只要日本維持相對強大的經濟實力，日本正逐步邁向「軍事大國」之國家目標。

2003年7月4日，日本眾議院於通過《伊拉克復興支援特別措施法》。政府自2003年10月下旬展開部署，派遣一千多名自衛隊員協助重建慘遭戰火蹂躪的伊拉克。空中自衛隊派遣最多6架「C-130」運輸機，海上自衛隊則部署大型運輸艦和護衛艦，運送淨水車、儲水槽和裝甲車等。陸上、海上與航空自衛隊同時出動，參與國際和平維持活動，這是自衛隊成立以來的第一次。而且是遠距離的運送部隊與裝備，到中東地區的伊拉克。因此，舉國上下，極為重視，自衛隊在伊拉克期間，日本國內媒體，幾乎每天都有相關報導。

　　依據日本內閣大臣官房政府宣導室，自 2006 年 2 月 16 日至 2 月 26
日，實施的〈有關自衛隊與防衛問題的民意調查〉結果顯示，多達 88.4%
的人回答，知道有關配合伊拉克國家重建的合作任務；84.6% 支持日本參
與協助國際和平的工作；亦有 66.9% 認為自衛隊對聯合國復興伊拉克的和
平活動有貢獻。因此，雖然派兵赴伊拉克涉及違憲爭議，日本最終仍會以
民意為導向，採政治途徑的方式解決。換言之，日本自衛隊走向海外，已
是必然之路。

　　小泉政府的外交工作，主要目標是使日本成為安全理事會的常任理事
國，在具體作法上，最重要的莫過於推動「美日基軸的外交」，強化與美
國的關係，增進彼此的信賴與互動。日本與美國的關係，由於美日安全諮
商會議聯合聲明的發布，更提高彼此之間的軍事、外交和政治的合作。然
而，另一個對日本成為「軍事大國」影響最大的國家是中國，日本與中國
之間的關係，在小泉首相參拜靖國神社、文部省通過檢定版中學歷史教科
書，及中國探勘東海海域和中國潛艦侵入日本水域等問題上，雙方相互指
責抗議，關係呈現建交以來最低潮的狀態。

　　中國自鴉片戰爭以來受盡屈辱，今日和平崛起，已非昔日吳下阿蒙，
日本曾是侵略者，應不致再次挑釁。日本已經有和航空母艦一樣大噸位的
戰艦，陸軍和空軍的裝備亦是一流。據瑞士信貸銀行（Credit Suisse）於
2015 年 10 月發布〈世界最強軍隊排行榜〉，其中日本軍力從全球第九躍
升至全球第四，僅在美國、俄羅斯、中國大陸之後。雙方的軍備競賽加上
國際援助，援助東南亞、中亞、非洲、中南美洲等國，一旦複製冷戰模式
能撐多久恐須先仔細斟酌財政負擔。

　　歐洲德法緊臨的兩大強國是世仇，千年來打了無數次戰爭，幾乎每個
家庭都有人因為戰爭死在對方手中，但他們和解了，歐盟、歐元區在此一
基礎上建立，足以和美、中、俄、日等強權一爭天下。有人說，人類的歷
史是大國的歷史，在今天單一的德國或法國不易出頭，沒發言權。當然，
歐盟或歐元區不是從此沒問題，但至少保證不再互相毀滅。對照而言，中
日強權相鄰，即使不合作，應不致火力全開彼此殘殺。從戰略觀點分析，

美國在東亞布局將日本拖下水，以後一走了之並非不可能，經濟力量不足、反戰聲浪高漲等因素，類似鐘擺效應的外交決策不斷改變，美軍如從亞洲撤退，那時日本將無退路，須單獨和中國對峙。長期消耗戰的結果，中日雙方，有一方極可能成為冷戰時代的蘇聯，經濟崩潰。

肆、疲態漸露的經濟大國外交

　　日本在 180 幾個國家與地區，以超過總額百億美金的援助，對世界上開發中國家的經濟發展與繁榮進步有極大的貢獻。日本的政府開發援助規模龐大，是對國際社會貢獻的重要支柱，且使日本成為一個建設性的經濟大國。

　　小泉純一郎政府經濟大國外交的成效，列舉如下：

　　一、日本政府於 2003 年 8 月內閣會議決議，修正《政府開發援助大綱》。ODA 大綱訂定的重點課題，包括：1. 削減貧困；2. 持續成長；3. 處理全球規模的議題；4. 和平建構。

　　二、日本對阿富汗、伊拉克與非洲的 ODA，集中於 2001 年之後。日本除以 PKO 的方式派出自衛隊，擔任後方支援與戰後重建的任務，並以 ODA 協助兩國之民主重建與經濟發展。小泉政府亦因聯合國在 2000 年通過「世紀援助非洲方案」，而提高對非洲之援助。

　　三、2004 年 12 月 26 日，印尼蘇門答臘近海大地震，伴隨產生在斯里蘭卡東南大海嘯，印度洋沿岸各地均遭受重創。日本提供印尼 146 億日圓的無償資金，協助推動各項災後重建工作。日本自衛隊於 2005 年 1 月 5 日，組成「國際緊急援助隊」派出陸海空自衛隊 1,600 人，參與救災與重建。

　　檢視小泉政府是否在經濟大國的外交領域，運用其充沛的經濟實力，協助貧困國家，濟弱扶傾？答案是肯定的。不過，由於格局不夠恢宏，仍有待加強與改進。例如，提升援外金額與國民生產毛額的比率至千分之七、制訂政府開發援助基本法、設置「國際援助省」、擴大結合 NGO 的

援外力量，以及重視非洲貧窮國家的需要等。日本的 ODA 仍有許多不足之處，需要改革與充實。日本的 ODA 經常受到開發中國家的批判，諸如與日本的經濟力相對而言，ODA 的規模很小並偏重亞洲，對撒哈拉沙漠以南非洲的援助有限；以及日本 ODA 的內涵，對開發中國家的援助，以附加輕微條件的借款為主，無償援助不多等。

據霸權穩定理論，作為一個大國，應有能力提供國際公共財。國際發展也是重要的公共財，如果日本要追求大國地位，其 ODA 規模宜予擴大，注意質的提升，提高無償援助的比率，並以實際嘉惠貧困國家人民為要務，避免助長無能或貪腐政府的控制，或浪費援助物資。

日本的 ODA，開始於 1954 年，有超過五十年的經驗和成效。政府開發援助的目的，在於日本對國際社會的和平與發展有所貢獻，並促使日本可確保安全與繁榮。ODA 作為政府外交政策的一環，以促進開發中國家自立自強為著眼點，對其整體社會建設發展、基本生活設施的改善等助益良多。同時，ODA 使日本在國際體系中，對全球和區域的穩定與和平，有機會發揮領導作用。

日本政府開發援助金額（參見圖 7-1），在世界各主要國家中，1998年至 2007 年近十年排名均領先，1998 年至 2000 年，一度超越美國成為最大援助國，惟 2001 年後因經濟發展停滯，援外金額下滑，再度被美國、德國、法國與英國超越，排名第五。援外金額亦從 2000 年的 135.08 億美元，逐漸遞減至 2007 年的 76.91 億美元。

自 1990 年代初經濟泡沫爆破後，日本就一直陷入工業生產下降、資本投資萎縮、企業獲利下滑和消費需求不振的惡性循環中。股市的崩盤和地產價格的迅速滑落，使日本經濟的紙面價值大幅縮減。接下來就是銀行普遍出現信貸危機。

小泉純一郎自從上台之後，便進行所謂的「構造改革」，在政治方面，包括政府體制改造、政府財政赤字的降低，及既得權的縮減；在經濟方面，則包括銀行不良債權的降低、企業過剩狀態的改善、企業交叉持股習性的轉變，及企業僱用型態的改變。小泉希望藉由這些改革，來改變日本

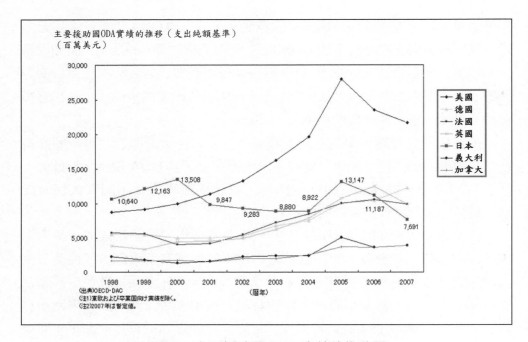

主要援助國ODA實績的推移（支出純額基準）
（百萬美元）

圖 7-1：主要援助國 ODA 實績的推移圖

資料來源：日本外務省，「ODA 實績」網頁，http://www.mofa.go.jp/mofaj/gaiko/oda/shiryo/
　　　　　jisseki.html，上網檢視日期：2008 年 5 月 13 日。

的政經體制，以挽救已經陷入谷底的經濟，但是看來成效似乎並不大。[44]

　　日本非常依賴出口，以貿易立國，並與歐美國家的經濟關係密切，但遇到目前的金融海嘯，日本也無法置身事外，因此日本的經濟未來一至兩年都無法好轉。[45] 東京股市一再探底，2009 年 3 月 9 日的日經指數以 7,086.03 點作收，創下二十六年來超低水準。股價是經濟的領先指標。股價所反應的主要還是基本面的問題。由於全球需求銳減，日本經濟陷

---

[44]　蔡增家，《日本轉型：九〇年之後政治經濟體制的轉變》，台北：五南圖書，2004 年，頁
　　　191。

[45]　陳鵬仁，〈麻生 8 個月政績體檢 逐漸起色〉，PChome 新聞，http://news.pchome.com.tw/
　　　internation/rti/20090511/index-12420131405338449011.html，上網檢視日期：2009 年 5 月 15
　　　日。

入二戰以來最嚴重的衰退，2008 年第四季國內生產總值按年率計算下降 12.7%，降幅是美國同期的 3 倍多。[46] 日經指數的最高點是 1989 年 12 月 29 日的 38,957.44 點；2017 年 6 月 30 日為 20,033.43 點。日本經濟大國的地位，今日仍然確立，惟除歐美先進國家的競爭優勢，金磚四國強勁的經濟實力，亦來勢洶湧，日本要長期保持領先地位，並非易事。

2009 年 12 月 24 日，聯合國大會全體會議，就經常預算及維和行動費用的分擔比例問題，通過繼續現行計算方式的決議。美國的分擔比例仍為 22%，日本的分擔比例從原來的約 16.6% 降至約 12.5%。中國的負擔比例則從約 2.7% 增至約 3.2%。[47]

2012 年 12 月 24 日，聯合國大會第五委員會（行政與預算委員會）通過決議案，確定 2013 年至 2015 年各成員國分攤聯合國預算的比例。中國在上一期計畫中負擔預算為 3.19%，而本次則增長到 5.15%，這也使得中國超過義大利和加拿大，成為分攤預算第六位的國家。2013 年至 2015 年間，美國將繼續負擔聯合國預算的 22%，是占比例最大的成員國。日本位居第二，負擔 10.83% 的預算，較上一期減少了近 2%，而較 2000 年峰值時期的 20.57% 相比，更是只有當時的一半。[48] 根據日本外務省 2017 年 1 月 27 日公布的資訊，2016 年至 2018 年，日本分擔聯合國會費的比率再降為 9.680%，中國上升為 7.921%，排名第三。聯合國會費分擔比例的減少，顯示日本經濟大國外交的優勢開始鬆動，如果此種狀況持續一段時間，有可能使日本在國際社會中的影響力逐漸下降。

此外，自 1990 年代以來經濟低迷不振，國內生產毛額每人平均數，從

---

[46]　林建甫，〈重傷的日本 談復甦是奢望〉，《聯合報》，2009 年 3 月 13 日，版 AA。

[47]　〈聯合國會費日本分擔比例下降 中國增至 3.2%〉，日本共同社（紐約），2009 年 12 月 24 日電。共同網，http://china.kyodo.co.jp/modules/fsStory/index.php?sel_lang=tchinese&storyid=76889，上網檢視日期：2009 年 12 月 26 日。

[48]　「2013-2015 年聯合國會費分擔比例」，台灣 WiKi，「聯合國會費」，http://www.twwiki.com/wiki/%E8%81%AF%E5%90%88%E5%9C%8B%E6%9C%83%E8%B2%BB，上網檢視日期：2017 年 3 月 14 日。

1993 年的第二名，降至 2006 年的第二十二名。[49] 根據國際貨幣基金組織統計，2014 年各國人均國內生產總值（購買力平價），日本更降至第二十八名。[50] 日本糧食不足，60% 以上依賴進口；天然氣與石油更是 95% 以上仰賴進口。且日本人口正日益老化。這些都使日本經濟大國的地位，不斷受到侵蝕以致疲態漸露。

伍、啟動公眾的文化大國外交

日本小泉政府承先啟後的文化外交政策內涵中，最具代表性的三項指標，即「反戰、非核與和平的國策」、「生態環境保護的旗手」以及「塑造多元開放的形象」等公眾的文化大國外交。

---

[49] 「各國人均國內生產總值列表」：（單位：美元）
1. 盧 森 堡 102,284；2. 挪 威 79,154；3. 卡 達 70,754；4. 冰 島 62,976；5. 愛 爾 蘭 58,883；6. 丹 麥 57,035；7. 瑞 士 56,711；8. 瑞 典 47,069；9. 美 國 45,594；10. 荷 蘭 45,429；11. 英 國 45,301；12. 芬 蘭 44,912；13. 奧 地 利 44,308；14. 澳 大 利 亞 42,738；15. 加 拿 大 42,553；16. 阿拉伯聯合大公國 42,275；17. 比 利 時 41,605；18. 法 國 40,782；19. 德 國 39,650；20. 義 大 利 35,386；21. 新 加 坡 34,152；22. 日 本 34,023；23. 汶 萊 32,501；24. 科 威 特 32,259；25. 希 臘 32,010；26. 西 班 牙 31,471。資料來源：International Monetary Fund, World Economic Outlook Database, April 2006. Xuite 日誌網，「人均 GDP（世界各國的國民平均所得）」，http://blog.xuite.net/wcywcywcywcy/blog/14627224，上網檢視日期：2009 年 5 月 9 日。

[50] 維基百科網，「各國人均國內生產總值列表（購買力平價）」，2016 年 8 月 10 日。https://zh.wikipedia.org/zh-tw/%E5%90%84%E5%9B%BD%E4%BA%BA%E5%9D%87%E5%9B%BD%E5%86%85%E7%94%9F%E4%BA%A7%E6%80%BB%E5%80%BC%E5%88%97%E8%A1%A8_(%E8%B4%AD%E4%B9%B0%E5%8A%9B%E5%B9%B3%E4%BB%B7)，上網檢視日期：2016 年 9 月 17 日。
國際貨幣基金組織（2014），以國際元計價，各國人均 GDP 如下：
1. 卡 達 143,426.98；2. 盧 森 堡 9204855；3. 新 加 坡 82,762.15；4. 汶 萊 73,233.03；5. 科 威 特 71,020.25；6. 挪 威 66,937.46；7. 阿 聯 64,478.67；8. 聖 馬 利 諾 60,664.33；9. 瑞 士 58,087.21；9. 香 港 54,722.12；10. 美 國 54,596.65；11. 沙 烏 地 阿 拉 伯 52,183.40；12. 巴 林 51,713.70；13. 愛 爾 蘭 49,194.77；14. 荷 蘭 47,354.53；15. 澳 大 利 亞 46,433.30；16. 奧 地 利 46,420.13；17. 瑞 典 45,986.38；18. 德 國 45,888.42；19. 中 華 民 國 45,853.74；20. 加 拿 大 44,843.44；21. 丹 麥 44,342.66；22. 冰 島 43,637.27；23. 比 利 時 42,973.43；24. 法 國 40,374.53；25. 芬 蘭 40,346.97；26. 阿 曼 39,680.52；27. 英 國 39,510.94；28. 日 本 37,389.79；29. 義 大 利 35,486.17；30. 韓 國 35,277.35。

　　2003 年日本新的《政府開發援助大綱》，包含「和平建構」與「環境保護」外交新基軸的議題，試從另一個角度，詮釋、分析日本追求「文化大國」的外交。日本作為一個世界大國，「和平建構」與「環境保護」，是日本 ODA 在物質面，對國際社會提出經濟上的貢獻，彰顯「經濟大國」的實力；在精神面，則配合推動在建設新世界秩序的理念上，鼓吹和平、環保和民主等普世價值，以樹立「文化大國」的典範形象。

　　小泉純一郎政府公眾的文化大國外交的成效，列舉如下：

　　一、日本自 1968 年以來主張非核化，即不擁有、不製造與不引進核武。2005 年 8 月 6 日，二次大戰後六十年，亦是廣島與長崎被原子彈轟炸六十週年紀念。小泉純一郎首相表示，日本將致力維護和平，堅決反對核子武器擴散。為避免廣島、長崎的悲劇重演，日本將遵守以和平為宗旨的憲法，「帶頭」推動全球廢除核武。

　　二、防止地球暖化的京都議定書於 2005 年 2 月生效。議定書生效必須得到主要國家二氧化碳排出量（1990 年為準），超越 55% 以上國家的簽署。其中以排出量約占 17% 的俄羅斯的簽署，成為最後的難關。關鍵性的俄羅斯簽署的過程中，小泉純一郎首相盡了不少心力遊說，而得以達成。

　　三、日本愛知縣舉辦的「2005 年日本國際博覽會」，主題為「自然的睿智」。包含主辦國日本在內，共計有全球 121 個國家參加，是「世界博覽會」舉辦一百五十年以來最盛大的一次，也是頭一次以環境生態主題為訴求的博覽會，吸引 2,000 多萬人次的遊客前來參觀，明顯提升日本在國際環保議題的領袖地位。

　　檢視小泉政府是否在文化大國的外交領域，擴展公眾外交，宏揚普世價值樹立典範？答案是模糊的。日本的公眾文化外交，在反戰、非核、和平、生態環境保護，以及開放性文化的培育上，均用力甚深，亦有相當的成就與作為，惟要其成為有大國相應地位的內涵，需要有哲學理念的思辨，在武士道的基礎上，讓日本國民共同思考，如何克服「階層社會」的侷限，以平等的精神面對世界；如何避免「集團失控」的狂亂，注入個人主義的成就取向；如何跳脫「同一性」的邏輯，尊重個別差異，擴大容忍

的界限；如何調和武士道的「忠誠、義理與順服」，認知創新與變革的可貴，鼓勵自由的議論國政與外交；如何欣賞「短暫精緻」之美，同時可以追求「長久宏偉」願景的實現。這樣的一個社會，才能展現真正開放與多元的特質，對世界各國產生號召的文化力量。

日本經由各種不同的途徑，落實「人類安全保障」的援助。1999 年在日本主導下，聯合國設置「人類安全保障基金」，至 2006 年 4 月，日本已繳交分擔金累計超過 315 億日圓。凡此均在支應各個區域或國家，應付由於恐怖主義、環境破壞、傳染病肆虐和國際犯罪等跨越國境的威脅，以保障世界上每個人都能有尊嚴的、和平的生存權利。

日本從人類安全保障的觀點，關心保護難民並提供經濟援助，卻消極的不易接受難民入境。國際難民條約，將認定難民的手續交由各國負責，日本根據出入境管理及難民認定法辦理。以往二十年被認定為難民者有 300 多人。

以 2001 年為例，被日本政府認定為難民的有 26 件，同年，美國為 28,300 件，德國為 22,720 件，英國為 19,100 件，法國為 9,700 件。「2008 年以來，共有 3,463 名土耳其國民向日本申請庇護。但移民團體指出，日本從未核准土耳其庫德族的難民身分。對此，日本政府官員拒絕回應。」[51] 日本應有放寬難民入境的空間，倘未能適時調整，更會讓國際社會對日本產生孤立與封閉的觀感，有失大國風範，當然對推動文化外交相當不利。

在亞洲國家之中，日本擁有最多潛在的柔性權力資源，它是第一個完全現代化的非西方國家，國民所得與科技都和西方國家並駕齊驅，在此同時，日本仍保有獨特的文化。日本的文化優勢，或許可歸結於日本人喜愛讀書和學習，無論政府與民間皆重視教育的成果。

日本由明治時代的富國強兵策略，走上軍國主義擴張侵略的途徑，最後在原子彈的巨大殺傷力之下，宣布投降，並進行戰爭反省。在國際關

---

[51] 陳韻涵，〈日人排擠外勞，庫德難民的日本夢步步艱辛〉，《聯合報》，2016 年 9 月 9 日，版 B1。

係上，日本戰後整個社會的主流價值觀，由英勇好戰變為崇尚和平，「反戰」、「非核」與「和平」成為國家的策略。外交決策的表現，亦處處強調這些核心價值，並化為實際行動。

日本政府開發援助實施的原則兼顧環保與開發的立場，向來重視環境領域的合作，在經濟合作暨發展組織開發援助委員會中，政府開發援助環境部分的比例，日本支援的金額，自 2000 年至 2004 年達到 71 億美元（含無償資金協力與日圓借款），在先進國家中排名最高。以 2000 年至 2004 年，能源領域各國援助實際成績為例，日本占 50%、美國為 24%、德國 10%、英國 4%，其他國家 12%。

日本政府並砸重金帶頭做環保。日本經濟產業省宣布，2007 年起未來五年將斥資逾 2,000 億日圓，協助業者開發價格較低的油電混合車與較環保的燃料，以減少石化燃料使用以及溫室氣體排放。2006 年日本小泉政府設定要在 2030 年前，將該國交通運輸業對汽油及柴油等石化燃料的依賴程度，從目前的幾近百分之百降低到 80%。日本汽車產業以全世界為競爭市場的思維，投入大量研發經費，使其油電混合車的技術水準遙遙領先。油電混合車輛的研發與替代能源的使用，均是日本政府節能減碳政策的具體實施方案，同時，有降低對外能源依賴的作用。

誠然，日本重視文化建設與精神修養，惟日本文化藝術的美，不論茶道、花道、和服、相撲、庭園、建築、繪畫、書法等，均侷限於日本本土，除柔道、空手道外，幾未普及世界。日本的武士道是菁英階級所恪遵奉行的一套行為準則，標榜正義、勇氣、仁慈、守禮、真誠、榮譽、忠誠及自制等德行，有其特殊的價值和成就。不過，那是屬於大和文化的一部分，且易流於偏狹和排外。神似燦爛人生短如櫻花的比喻，也使日本很不容易規劃長遠的外交格局和策略。文化須務虛，以策略論文化，則難有偉大成就，因為對日本而言，未來充滿不可測的變數。

日本對外為塑造多元開放的形象，突顯其具有與國際社會互動的良好資質，一方面加強並充實國際交流與促進日本的國際化，呈現有形的文化優勢；一方面在無形的文化論述上，亦有意調合以武士道為根基的民族核

心價值，使其具有普世的吸引力，以符合在 21 世紀做為一個文化大國，擁有讓世人感動與佩服的精神力量。

　　一切文化的核心都是價值觀念，不同文化具有不同的價值取向。沒有強盛的國民精神，就無法應付可能發生的國際性危機，沒有文化含量巨大的商業品牌和向全球輻射的文化傳播能力，一個國家在國際社會的活動能力就大打折扣。大國外交更需要這種文化力量的支撐。大國外交必然要有文化大國的風範和內涵。日本基於歷史的經驗，以階層式的觀點看待這個世界，在外交政策的表現上，有如德川時代的大名，會出現對比自己弱小的國家，視為藩臣，對比自己強大的國家，視為朝廷或幕府。在小國的感受中，日本變得盛氣凌人；在與大國交往時，卻缺乏卓然不俗的自信，以致瞻前顧後，不知如何從容應對。

　　總而言之，從政治、軍事、經濟以及文化來檢視小泉政府的大國化策略，在政治大國的領域，是否參與規則與議題的設定，答案是否定的。小泉政府沒有達成成為聯合國常任理事國的目標，日本並未完成政治大國的外交使命；在軍事大國的外交領域，是否展現軍事實力維持國際體系的秩序？答案是部分達到上述的境界。其最根本的難題是如何處理憲法第九條與日漸壯大的自衛隊之間的法理適用；在經濟大國的外交領域，是否運用其充沛的經濟實力，協助貧困國家，濟弱扶傾？答案是肯定的。不過，由於格局不夠恢宏，仍有待加強與改進；在文化大國的外交領域，是否宏揚普世價值樹立典範？答案是模糊的。日本需要有哲學理念的思辨，克服階層社會的侷限，避免集團失控的狂亂，跳脫同一性的邏輯，欣賞短暫精緻之美，同時追求長久宏偉願景的實現。日本邁向大國之路的外交策略，應以務虛的精神與文化價值為本，方能在務實的國際關係權力與安全領域，縱橫天下。

小泉內閣總理大臣外交記錄表 [1]

出國訪問：51 次（兩國間會談 154 次）

訪問地：計 49 個國家、地區（含北韓、巴勒斯坦）

訪問國家地區次數：計 81 次

一、2001 年（平成 13 年）

（1） 6 月 29 日～7 月 5 日訪問美國與歐洲：6 月 29 日～7 月 1 日，美國（6 月 30 日，日美首長會談）；7 月 1 日～3 日，英國（7 月 2 日，日英首長會談）；7 月 3 日～4 日，法國（7 月 4 日，日法首長會談）。

（2） 7 月 19 日～23 日出席日內瓦高峰會。兩國間會談：20 日，加拿大；21 日，義大利、俄羅斯、德國。

（3） 9 月 24 日～26 日訪問美國，25 日，日美首長會談。

（4） 10 月 8 日訪問中國，日中首長會談。

（5） 10 月 15 日訪問韓國，日韓首長會談。

（6） 10 月 19 日～22 日出席上海／APEC 高峰會。兩國間會談：20 日，美國、澳洲、韓國、新加坡；21 日，中國、俄羅斯、秘魯；22 日，

---

1 飯島勳，《実録小泉外交》，東京：日本経済新聞出版社，2007 年，頁 330-335。

馬來西亞、印度尼西亞。

（7）　11 月 4 日～ 6 日出席汶萊／ ASEAN ＋ 3 首長會議。兩國間會談：5
日，汶萊、緬甸、寮國。

（8）　12 月 7 日～ 9 日訪問比利時。8 日，日本與歐盟定期首長協議。

二、2002 年（平成 14 年）

（9）　1 月 9 日～ 15 日訪問東南亞 5 國：1 月 9 日～ 10 日菲律賓（9 日，
日菲首長會談）；10 日～ 11 日馬來西亞（10 日，日馬首長會談）；
11 日～ 12 日泰國（11 日，日泰首長會談）；12 日～ 13 日印尼（12
日，日本印尼首長會談）。13 日～ 14 日新加坡（13 日，日新首長
會談）。

（10）3 月 21 日～ 23 日訪問韓國：22 日，日韓首長會談。

（11）4 月 11 日～ 13 日出席博鰲論壇。兩國間會談：12 日，泰國、中國。

（12）4 月 27 日～ 5 月 3 日訪問越南、東帝汶、澳大利亞、紐西蘭：4 月
27 日～ 28 日越南（27 日，日越首長會談）；28 日～ 29 日印尼，
29 日東帝汶（日本與東帝汶首長會談）；30 日～ 5 月 2 日澳大利亞
（5 月 1 日，日澳首長會談）；5 月 2 日～ 3 日紐西蘭（2 日，日本
與紐西蘭首長會談）。

（13）5 月 31 日～ 6 月 1 日，出席韓國世界足球杯比賽觀看開幕戰。

（14）6 月 25 日～ 29 日，赴加拿大 Kanaskis 參加 G8 高峰會議。兩國間
會談：6 月 25 日，加拿大、美國；26 日，英國；27 日，俄羅斯；
28 日，德國（政府專機內）。

（15）9 月 1 日～ 4 日，出席約翰尼斯堡環境開發高峰會。兩國間會談：2
日，南非。

（16）9 月 9 日～ 14 日，訪問美國（波士頓、紐約）、出席聯合國大會。
兩國間會談：11 日，巴基斯坦；12 日，阿富汗、印度、美國。

（17）9 月 17 日訪問北韓，首長會談。

（18）9 月 21 日～ 25 日，出席哥本哈根／第四屆亞歐高峰會議（ASEM4）。兩國間會談：22 日，韓國、中國；23 日，法國；24 日，歐盟。

（19）10 月 25 日～ 29 日，墨西哥／ APEC 首長會議。兩國間會談：26 日，俄羅斯、美國與韓國、智利、印尼；27 日，中國、墨西哥。

（20）11 月 3 日～ 5 日，高棉／ ASEAN ＋ 3 首長會議。兩國間會談：4 日，日中韓；5 日，高棉、泰國、緬甸。

三、2003 年（平成 15 年）

（21）1 月 9 日～ 12 日訪問俄羅斯（莫斯科、伯力）。10 日，日俄首長會談。

（22）2 月 24 日～ 25 日訪問韓國。25 日，日韓首長會談。

（23）4 月 26 日～ 5 月 3 日，訪問歐洲各國（英、西、法、德、希臘）：26 日，日英首長會談；28 日，日西首長會談；29 日，日法首長會談；30 日，日德首長會談；5 月 1 日、2 日，日本與歐盟定期首長協議（於希臘），2 日，日希首長會談。

（24）5 月 22 日～ 26 日，訪問美國與中東各國（美國、埃及、沙烏地阿拉伯）：23 日，日美首長會談；24 日，日本與埃及首長會談；25 日，日本與沙烏地阿拉伯首長會談。

（25）5 月 29 日～ 6 月 4 日，訪問聖彼得堡與參加法國 EvianG8 高峰會。5 月 30 日，日俄首長會談；31 日，日中首長會談；6 月 1 日～ 3 日，G8 高峰會。

（26）8 月 17 日～ 23 日，訪問德國、東歐（德國、波蘭、捷克）：18 日，日德首長會談；19 日，日波首長會談；21 日，日捷首長會談。

（27）10 月 6 日～ 9 日，印尼／ ASEAN ＋ 3 首長會議（峇里島）。10 月 7 日，日中韓首長會談；7 日，日中首長會談；8 日，日韓首長會談。

（28）10月19日～22日泰國APEC高峰會（曼谷）。20日，日俄首長會談、日中首長會談、日韓首長會談。

四、2004年（平成16年）

（29）5月22日訪問北韓，首長會談。

（30）6月8日～12日，參加於美國喬治亞州Sea Island舉行的G8高峰會。8日，日美首長會談、日英首長會談、日法首長會談；9日，日本與約旦首長會談、日俄首長會談；10日，日德首長會談。

（31）7月21日～22日訪問韓國，21日，日韓首長會談。

（32）9月13日～23日，訪問巴西、墨西哥、美國。16日，日巴首長會談；17日，日墨首長會談；20日，日本與伊拉克首長會談、日本與阿富汗首長會談；21日，日美首長會談、聯合國安理會改革首長會談（日本、印度、德國、巴西）。

（33）10月6日～10日，參加越南／第五屆亞歐高峰會議（ASEM5）。8日，日法首長會談；10日，日越首長會談。

（34）11月19日～24日，出席智利／APEC高峰會。20日，日美首長會談、日本與印尼首長會談；21日，日俄首長會談、日中首長會談；22日，日本與智利首長會談。

（35）11月28日～12月1日，出席寮國／ASEAN＋3高峰會。11月29日，日本與印度首長會談、日緬首長會談、日菲首長會談；30日，日本與澳洲首長會談、日中首長會談、日本與寮國首長會談、日CLV（高棉、寮國、越南）首長會談。

五、2005年（平成17年）

（36）1月5日～6日，參加印尼／ASEAN主辦緊急高峰會。6日，印尼高峰會談。

（37）4月21日～24日，參加印尼／亞非高峰會。22日，日本與南非首

長會談、日本與阿富汗首長會談；23 日，日中首長會談、日本與印
尼首長會談。

（38）4 月 28 日～ 5 月 3 日，訪問印度、巴基斯坦、盧森堡與荷蘭。4 月
　　　29 日，日印首長會談；30 日，日本與巴基斯坦首長會談；5 月 2
　　　日，日本與盧森堡首長會談、日本與歐盟定期首長協議、日本與荷
　　　蘭首長會談。

（39）5 月 8 日～ 10 日訪問俄羅斯（出席第二次世界大戰終戰六十週年記
　　　念典禮）。9 日，日德首長會談、日俄首長會談。

（40）訪問韓國（6 月 20 日～ 21 日）。20 日，日韓首長會談。

（41）7 月 6 日～ 9 日，赴英國蘇格蘭，出席「G8 Gleneagles 2005」高峰
　　　會。6 日，日本與加拿大首長會談；7 日，日俄首長會談。

（42）9 月 15 日～ 16 日，出席第六十屆聯合國大會首腦會議。

（43）11 月 18 日～ 19 日，出席釜山／ APEC 高峰會。18 日，日韓首長
　　　會談、日本與智利首長會談；19 日，日本與加拿大首長會談。

（44）12 月 11 日～ 14 日，參加馬來西亞／東亞高峰會（ASEAN ＋ 3）。
　　　12 日，日越會談、日本與汶萊會談；13 日，日本與印尼會談、日本
　　　與印度會談、日本與新加坡會談、日本與紐西蘭會談、日本與 CLV
　　　（高棉、寮國、越南）會談、日本與馬來西亞會談；14 日，日本與
　　　澳大利亞會談。

六、2006 年（平成 18 年）

（45）1 月 9 日～ 13 日訪問土耳其。10 日，首長會談。

（46）4 月 29 日～ 5 月 5 日，訪問非洲、瑞典。4 月 30 日，日本與衣索比
　　　亞首長會談；5 月 1 日，日本與非洲聯盟首長會談；5 月 2 日，日本
　　　與迦納首長會談；5 月 4 日，日本與瑞典首長會談。

（47）6 月 27 日～ 7 月 1 日訪問加拿大、美國。6 月 28 日，日本與加拿大
　　　首長會談；29 日，日美首長會談。

（48）7 月 11 日～ 18 日，訪問以色列、巴勒斯坦、約旦，及出席聖彼得堡 G8 高峰會。12 日，日本與以色列首長會談，13 日，日本與巴勒斯坦首長會談；14 日，日本與約旦首長會談；15 日，日俄首長會談；16 日，日德首長會談；17 日，日本與印度首長會談。

（49）8 月 10 日～ 11 日，訪問蒙古。10 日，日蒙首長會談。

（50）8 月 28 日～ 31 日，訪問中亞。28 日，日本與哈薩克首長會談；29 日，日本與烏茲別克首長會談。

（51）9 月 7 日～ 12 日，出席芬蘭／第六屆亞歐高峰會（ASEM6）。8 日，日本與芬蘭首長會談；9 日，日本與菲律賓首長會談；10 日，日本與西班牙首長會談；11 日，日本與越南首長會談。

附錄二

1989-2003 年聯合國預算分擔率

一、一般預算分擔率

	1989	1992	1995	1996	1997	1998	1999	2001	2003
美國	25.0	25.0	25.0	25.0	25.0	25.0	25.0	22.0	22.0
英國	4.9	5.0	5.3	5.3	5.3	5.1	5.1	5.6	5.5
俄國	10.0	6.7	5.7	4.5	4.3	2.9	1.5	1.2	1.2
法國	6.3	6.0	6.3	6.4	6.4	6.5	6.5	6.5	6.5
中國	0.8	0.8	0.7	0.7	0.7	0.9	1.0	1.5	1.5
日本	11.4	12.5	14.0	15.5	15.7	18.0	20.0	19.6	19.5
德國	9.4	8.9	8.9	9.0	9.1	9.6	9.8	9.8	9.8

二、PKO 預算分擔率

	1989	1992	1995	1996	1997	1998	1999	2000	2003
美國	30.8	31.8	31.2	31.0	30.9	30.5	30.4	30.3	22.0
英國	6.0	6.1	6.6	6.6	6.6	6.2	6.2	6.6	5.5
俄國	12.3	11.4	7.1	5.5	5.3	3.5	1.8	1.2	1.2
法國	7.7	7.3	7.9	7.9	7.9	7.9	7.9	7.9	6.5
中國	1.0	0.9	0.9	0.9	0.9	1.1	1.2	1.2	1.5
日本	11.4	12.4	14.0	15.5	15.7	18.0	20.0	20.6	19.5
德國	9.4	8.9	9.0	9.1	9.1	9.6	9.8	9.9	9.8

	2001 前半	後半	2002 前半	後半	2003 前半	後半
美國	28.1	27.6	28.3	27.2	27.3	27.1
英國	7.1	7.0	6.9	6.9	6.9	6.8
俄國	1.5	1.5	1.5	1.5	1.5	1.5
法國	8.3	8.2	8.1	8.1	8.0	8.0
中國	2.0	1.9	1.9	1.9	1.9	1.9
日本	19.6	19.6	19.7	19.7	19.5	19.5
德國	9.8	9.8	9.8	9.8	9.8	9.8

註：1. 俄國 1992 年前為蘇聯的分擔率。德國 1990 年前為東西德合計之分擔率，其後為德國
之分擔率。2. 2001 年起 PKO 分擔率分成前半年與後半年計算。

出處：日本外務省聯合國行政課作成之資料。

資料來源：總合研究開發机構，田所昌幸・城山英明編，《国際機構と日本：活動分析と評
価》，東京：日本經済評論社，2004 年，頁 67。

國家圖書館出版品預行編目資料

小泉政府的外交政策／潘誠財著. -- 初版.
-- 臺北市 ： 五南, 2017.08
　　面；　　公分.

ISBN 978-957-11-9258-1（平裝）

1.外交政策　2.日本

578.31　　　　　　　　　106010956

4P03

小泉政府的外交政策

作　　　者 ― 潘誠財(363.4)

發 行 人 ― 楊榮川

總 經 理 ― 楊士清

副總編輯 ― 劉靜芬

責任編輯 ― 吳肇恩

封面設計 ― 姚孝慈

出 版 者 ― 五南圖書出版股份有限公司

地　　　址：106台北市大安區和平東路二段339號4樓

電　　　話：(02)2705-5066　　傳　　真：(02)2706-6100

網　　　址：http://www.wunan.com.tw

電子郵件：wunan@wunan.com.tw

劃撥帳號：01068953

戶　　　名：五南圖書出版股份有限公司

法律顧問　林勝安律師事務所　林勝安律師

出版日期　2017年8月初版一刷

定　　　價　新臺幣400元